Mielow-Weidmann/Weidmann · Textformulierung für Sekretärinnen

Ute Mielow-Weidmann
Paul Weidmann

Textformulierung für Sekretärinnen

Sprach- und Stillehre
Korrespondenz
Protokollführung

GABLER

Die Deutsche Bibliothek – CIP-Einheitsaufnahme

Mielow-Weidmann, Ute:
Textformulierung für Sekretärinnen : Sprach- und Stillehre, Korrespondenz, Protokollführung / Ute Mielow-Weidmann ; Paul Weidmann. – 2., neubearb. Aufl. – Wiesbaden : Gabler, 1997
   (Gabler Sekretariat)
   ISBN 3-409-29742-1
NE: Weidmann, Paul:

Der Gabler Verlag ist ein Unternehmen der Bertelsmann Fachinformation.

© Betriebswirtschaftlicher Verlag Dr. Th. Gabler GmbH, Wiesbaden 1997
Lektorat: Brigitte Stolz-Dacol

Das Werk einschließlich aller seiner Teile ist urheberrechtlich geschützt. Jede Verwertung außerhalb der engen Grenzen des Urheberrechtsgesetzes ist ohne Zustimmung des Verlags unzulässig und strafbar. Das gilt insbesondere für Vervielfältigungen, Übersetzungen, Mikroverfilmungen und die Einspeicherung und Verarbeitung in elektronischen Systemen.

Höchste inhaltliche und technische Qualität ist unser Ziel. Bei der Produktion und Verbreitung unserer Bücher wollen wir die Umwelt schonen: Dieses Buch ist auf säurefreiem und chlorarm gebleichtem Papier gedruckt. Die Einschweißfolie besteht aus Polyäthylen und damit aus organischen Grundstoffen, die weder bei der Herstellung noch bei der Verbrennung Schadstoffe freisetzen.

Die Wiedergabe von Gebrauchsnamen, Handelsnamen, Warenbezeichnungen usw. in diesem Werk berechtigt auch ohne besondere Kennzeichnung nicht zu der Annahme, dass solche Namen im Sinne der Warenzeichen- und Markenschutz-Gesetzgebung als frei zu betrachten wären und daher von jedermann benutzt werden dürften.

Satz: Publishing Service H. Schulz, Dreieich
Druck und Bindung: Wilhelm & Adam, Heusenstamm
Printed in Germany

ISBN 3-409-29742-1

Vorwort

Im Beruf werden Anforderungen gestellt, die ein umfangreiches Sprachverständnis voraussetzen. Sicherheit im treffenden Ausdruck, in der grammatisch richtigen Formulierung und in der Satzzeichenlehre sind die Grundlagen für die Textgestaltung. Im privaten Bereich sichern wir uns Rechte und Ansprüche, schaffen wir Zuwendung durch Kommunikation.

Nur die logische, in einwandfreiem Deutsch niedergeschriebene Aussage bringt Ordnung in unsere Gedanken. Wer nicht richtig schreibt, spricht häufig unverständlich. Sprache und Schrift kontrollieren Denkvorgänge.

Deshalb befassen wir uns im ersten Teil dieses Buches mit Grundlagen der Sprach- und Stillehre. Es wird nicht vorausgesetzt, dass Sie sich seit Ihrer Schulzeit ständig mit Wortarten, Wahl der richtigen Wortendung, Satzaufbau oder Rechtschreibung und Zeichensetzung beschäftigt haben.

Diese Kurzgrammatik baut auf der hinreichenden Beherrschung der deutschen Muttersprache auf, verlangt aber kein Detailwissen über grammatische Strukturen. Wissenswertes wird dargestellt. Tabellen und Beispiele dienen dem Überblick. Sie sollten einen Blick dafür bekommen an welcher Stelle des grammatischen Systems die Antwort auf eine konkrete Sprachfrage zu finden ist. Deklinations- und Konjugationstabellen verschaffen Klarheit für ähnliche sprachliche Anwendungen, sollten aber nicht auswendig gelernt werden. Wichtig ist, dass Sie die Gliederung des Ganzen erfassen.

Lange Zeit glaubte man, dass Rechtschreibung und Zeichensetzung nicht so wichtig seien, sondern dass es vielmehr darauf ankäme dem Gesprächspartner zu vermitteln, was man meinte. Das aber ist ein Widerspruch in sich. Es ist unmöglich Gedanken richtig schriftlich zu übermitteln ohne die Gesetze der Sprachlehre zu beachten. Wortarten und Satzteile stehen nicht beziehungslos zur Textformulierung, sondern sind Grundlage dafür!

Deswegen widmen wir die ersten Kapitel den Wortarten und ihrer Stellung im Satz, durchleuchten grammatische Zusammenhänge und geben Ihnen einen ersten Eindruck in die Stillehre. Anschließend wenden wir uns der nächstgrößeren Spracheinheit, dem Text, zu. Sie werden erkennen, dass die Diktion eines Textes abhängig ist von Sachlogik, Sprachlogik, Sprachrhythmus und Sprachangemessenheit sowie vom verwendeten Wortschatz.

Wenn es Ihnen Freude bereitet Texte aus Zeitungen zu analysieren und die Wirkung unterschiedlicher Darstellungen gleicher Inhalte zu empfinden und einzuordnen, dann sind Sie auf dem besten Wege Ihre Muttersprache zu beherrschen. Sprache begründet Sozialität, schafft also Bündnisse, verbindet Menschen; und wer kann schon allein leben!

Die Autoren

Erläuterungen zur Rechtschreibreform*

In unserem Buch sind die Rechtschreibregeln und die Regeln zur Zeichensetzung der Rechtschreibreform nur zum Teil übernommen. In allen Fällen, in denen das neue Regelwerk die alte und die neue Schreibweise zulässt, also „Kann"-Regeln formulierte, haben wir uns für die alte Schreibweise entschieden.

Sicher scheint die Reform einige Ungereimtheiten zu beseitigen und einige Regeln zu vereinfachen. In den Fällen, in denen auch vor der Reform selbst der Lehrer oft zweifelte, darf jetzt Toleranz bei der Korrektur geübt werden. Unsere bedeutenden Schriftsteller und auch die Zeitschriften-Verleger bezeichnen – durchaus begründet – die Reform als überflüssig. Jedenfalls ist nicht erreicht worden, dass diejenigen, die sich durch schlechte Deutschkenntnisse, durch mangelnde Sprach- und Schreibkompetenz in ihrem Fortkommen selbst behinderten, es nun plötzlich einfacher haben, weil weniger zu lernen ist.

Im Einzelnen ist geändert worden:

A Laut- und Buchstaben-Zuordnungen

1. Laute und Buchstaben

Entscheidende Änderungen sind nicht vorgenommen worden. Die neue Regelung konzentriert sich darauf, Verstöße gegen den Wortstamm zu beseitigen, z. B. behende = behände, belemmert = belämmert, Gemse, Gams = Gämse, Quentchen = Quäntchen, Stengel = Stängel, Schenke, Ausschank = Schänke; aber Schneewehe, Eltern.

2. Vereinfachungen bei den Fremdwörtern (Kann-Vorschriften)

Bisher war es schon erlaubt Photographie oder Fotografie zu schreiben. Der dieser Vereinfachung zugrunde liegende Gedanke ist erweitert worden. Wer keine Beziehung zu der dem Ursprung nach entstandenen Schreibweise hat, wird die vereinfachte Form wählen.

Katarrh = Katarr, Myrrhe = Myrre, Hämorrhoiden = Hämorriden, Facette = Fassette, Necessaire = Nessessär (gewöhnungsbedürftig!), Panther = Panter, Thunfisch = Tunfisch, Portemonnaie = Portmonee (warum dann nicht „Geldbörse"?).

3. ss für ß

Zur Sicherung der gleichen Schreibweise der Wortstämme wird auch der Wechsel von ss zu ß nach kurzem Vokal aufgehoben, also Hass = hassen, küssen = Kuss, lassen = lässt, müssen = er muss, dass.

---

* Angelehnt an den Sprachreport des Instituts für deutsche Sprache

B Getrennt- oder Zusammenschreibung

In Zukunft wird von der Getrenntschreibung als Normalfall ausgegangen.

Die neuen Schreibweisen:

Rad fahren, Auto fahren, Teppich klopfen, Halt machen, sitzen bleiben, abwärts gehen, gefangen nehmen, übrig bleiben, aneinander fügen, zueinander finden, nahe stehend, Laub tragende Bäume, so viel (sehr viel) wie viel, irgendetwas, irgendjemand, irgendwann.

C Die Schreibung mit Bindestrich (Kann-Vorschrift)

Die Schreibung mit Bindestrich widerspricht der Schreibweise nach DIN 5008. Die DIN-Regeln verzichten nämlich auf den Bindestrich.

Neue Schreibweisen:

Ich-Form, 17-jährig, 2-Pfünder, Ballett-Truppe, Fluss-Sand.

Wird kein Bindestrich geschrieben, so sind grundsätzlich drei gleiche Mitlaute (Konsonanten) oder Selbstlaute (Vokale) zu schreiben, also: Zooorchester, Balletttruppe, Kaffeeersatz!

In Fremdwörtern können in Wortzusammensetzungen beide Nomen mit großem Anfangsbuchstaben geschrieben werden, also:

Job-Sharing oder Jobsharing, Midlife-Crisis oder Midlifecrisis, Sex-Appeal oder Sexappeal.

D Groß- und Kleinschreibung

Die Änderungen wollen formale Kriterien für die Großschreibung gelten lassen.

1. **Substantive in Verbindung mit einer Präposisiton:**

   in Bezug auf, mit Bezug auf, unter Bezug auf.

2. **Nur noch in Verbindung mit den Verben „sein", „bleiben", und „werden"**

   werden Angst, Bange, Gram, Leid, Schuld und Pleite klein geschrieben: Mir wird angst, sie sind schuld, aber: ich habe (die) Schuld, Angst machen, Schuld geben, Pleite gehen.

3. **Groß geschrieben werden substantivierte Adjektive als Ordinalzahlen:**

   der Erste, der Letzte, der Nächste, jeder Dritte.

   Großgeschrieben werden auch den Indefinitpronomen nahe stehende unbestimmte Zahladjektive:

alles Übrige, nicht das Geringste, im Großen und Ganzen, des Näheren, im Allgemeinen, das Beste, auf dem Laufenden, auf dem Trockenen sitzen, den Kürzeren ziehen.

4. **Bezeichnung für Tageszeiten werden großgeschrieben, wenn sie in Verbindung mit**

heute, gestern oder morgen stehen.

Also: heute Mittag, vorgestern Abend, übermorgen Vormittag.

Ferner: am Sonntagabend, aber: sonntagabends

5. **Groß geschrieben werden Farb- und Sprachbezeichnungen in Verbindung mit Präpositionen**

z. B.: auf Deutsch, in Englisch, in Grün, ganz in Schwarz.

6. **Groß geschrieben werden Paarformeln mit nicht deklinierten Adjektiven zur Bezeichnung von Personen:**

Arm und Reich, Groß und Klein, Jung und Alt, Dick und Dünn.

Bei der Bildung von Superlativformen ist Großschreibung erlaubt (Kann-Regel), wir empfehlen aber, die Kleinschreibung beizubehalten:

aufs Beste, aufs Herzlichste; aufs beste, aufs herzlichste.

7. **Bei festen Fügungen wird das Adjektiv grundsätzlich klein geschrieben,** behält also sichtbar seine adjektivische Bedeutung und Form:

das schwarze Brett, der weiße Tod, die erste Hilfe.

Das gilt auch für adjektivisch gebrauchte Personennamen: das ohmsche Gesetz.

Wenn es sich allerdings um Eigennamen, also um singuläre Benennungen, um Titel oder klassifizierende Bezeichnungen in der Biologie, um besondere Kalendertage oder historische Ereignisse handelt, wird die Großschreibung beibehalten:

der Stille Ozean, Regierender Bürgermeister, Roter Milan, Heiliger Abend, der Westfälische Friede.

Wir sind gegen die Kleinschreibung der vertraulichen Formen von du und ihr. Die Höflichkeitsanreden „Sie" und „Ihr" und ihre Reflektionen werden ohnehin weiter großgeschrieben.

E Zeichensetzung

1. **Mit „und" oder „oder" verbundene Hauptsätze müssen nicht mehr durch ein Komma getrennt werden.**

2. Infinitiv- oder Partizipialgruppen werden nur dann noch durch Kommas abgetrennt,
   a) wenn sie durch eine hinweisende Wortgruppe angekündigt,
   b) wieder aufgenommen werden oder
   c) wenn sie aus der üblichen Satzstruktur herausfallen.
      (a) Darüber, bald zu einem Erfolg zu kommen, kann ich nichts sagen.
      (b) Bald zu einem Erfolg zu kommen, das war sein sehnlichster Wunsch.
      (c) Sie, um bald zu einem Erfolg zu kommen, schritt sofort zur Tat.

F Worttrennung am Zeilenende

1. **Die Trennung von s und t** wird analog zu der Trennung von s und p oder s und k (Wespe, Kas-ko) gehandhabt. Richtig ist jetzt:

   Wes-te, Schus-ter, Leis-ten, Kas-ten, Mus-ter, Meis-ter usw.

2. **Damit der Wortstamm erhalten bleibt, wird ck nicht mehr getrennt (analog zu ch und sch: rei-chen, wi-schen):**

   Zu-cker, wa-cker, Bä-cker, le-cker, Na-cken usw.

3. **Fremdwörter dürfen nach der Sprechsilbe getrennt werden:**

   Chi-rurg (= Chir-urg), Sig-nal (= Si-gnal), Helikop-ter (= Heliko-pter), Mag-net (= Magnet), Pä-dagoge (= Päd-agoge).

4. **Die Trennung des Selbstlautes am Wortanfang ist erlaubt:**

   U-fer, O-ber, A-der, O-fen, e-ben.

   Allerdings sollten Trennungen, die Leseschwierigkeiten verursachen, vermieden werden, z. B. Golda-der, Steino-fen.

Inhaltsverzeichnis

Teil 1 Sprach- und Stillehre 1

1 Sprache als System von Zeichen 3
   1.1 Sprache als Mittel des Informationsaustausches 4
   1.2 Kontext und Redundanz 5
   1.3 Dimensionen der Information 6
2 Vom Wort zur Sprache 8
   2.1 Guter und schlechter Stil 8
   2.2 Fremdwörter: Sinn und Unsinn ihrer Verwendung 10
   2.3 Der Klassenunterschied, den Sprache schafft 12
3 Wortarten 14
   3.1 Verben 15
      3.1.1 Die Stammformen 15
      3.1.2 Tempusstufen des Verbs (Zeiten) 17
      3.1.3 Aktiv (Tatform) und Passiv (Leideform) 17
      3.1.4 Indikativ (Wirklichkeitsform) und Konjunktiv
             (Möglichkeitsform) 18
      3.1.5 Der Imperativ (Befehlsform) 22
      3.1.6 Transitive und intransitive Verben (zielende und
             nichtzielende Verben) 23
      3.1.7 Finite (bestimmte) und infinite (unbestimmte) Form des Verbs 24
      3.1.8 Partizipien (Mittelwörter) 24
   3.2 Nomen 26
      3.2.1 Genus (Geschlecht) 27
      3.2.2 Numerus (Zahl) 27
      3.2.3 Die Deklination (Beugung) – Kasus (Fall) 28
      3.2.4 Arten der Nomen 30
   3.3 Der Artikel 35
   3.4 Das Adjektiv 36
      3.4.1 Deklination des Adjektivs 36
      3.4.2 Komparationen (Steigerungsstufen) 38
   3.5 Pronomen (Fürwörter) 40
      3.5.1 Personalpronomen 40
      3.5.2 Reflexivpronomen 40
      3.5.3 Das Possessivpronomen 41
      3.5.4 Demonstrativpronomen 42
      3.5.5 Interrogativpronomen 43
      3.5.6 Relativpronomen 44
      3.5.7 Determinativpronomen 45
      3.5.8 Indefinite Pronomen 45
   3.6 Numerale (Zahlwörter) 46

	3.7	Adverbien	47
	3.8	Präpositionen	49
	3.8.1	Präpositionen mit dem Genitiv	49
	3.8.2	Präpositionen mit dem Dativ	50
	3.8.3	Präpositionen mit dem Akkusativ	50
	3.8.4	Präpositionen mit dem Akkusativ und dem Dativ	50
	3.9	Konjunktionen (Bindewörter)	51
	3.10	Interjektionen (Ausrufewörter)	52
4	Ausgewählte Rechtschreibklippen	53
	4.1	Allgemeine Regeln	53
	4.2	„Das" und „dass"	54
	4.3	Das Zusammentreffen gleicher Konsonanten	54
	4.4	Trennungsregeln deutscher Wörter	54
	4.5	Die Trennung von Fremdwörtern	56
	4.6	Straßennamen	57
	4.7	Was schreiben wir zusammen, was getrennt?	58
	4.7.1	Zeitwörter in festen Verbindungen	58
	4.7.2	Zusammengesetzte Präpositionen	59
	4.7.3	Verb und Adjektiv oder Verb und Verb	59
	4.7.4	Worterweiterungen mit „zu"	60
	4.8	Orts- und Ländernamen als abgeleitete Adjektive	61
	4.9	Schreibweisen und Abkürzungen	61
	4.10	Ausnahmen von den üblichen Rechtschreibregeln	62
5	Die Satzteile	63
	5.1	Der einfache Satz	63
	5.2	Der erweiterte einfache Satz	66
	5.2.1	Das Attribut	66
	5.2.2	Das Objekt	69
	5.2.3	Die adverbiale Bestimmung	72
	5.3	Der zusammengesetzte Satz	74
	5.3.1	Die Satzverbindung oder die Satzreihe	74
	5.3.2	Das Satzgefüge	74
	5.3.2.1	Die Arten der Nebensätze	75
	5.3.2.2	Nebensätze in ihrer Funktion als Satzteil	78
6	Zeichensetzung	81
	6.1	Der Punkt	81
	6.2	Das Ausrufezeichen	81
	6.3	Das Fragezeichen	82
	6.4	Der Doppelpunkt	83
	6.5	Das Semikolon	83
	6.6	Die Anführungszeichen	84
	6.7	Die Klammern	86
	6.8	Das Komma	86

		6.8.1 Das Komma in Aufzählungen	86
		6.8.2 Das Komma in herausgehobenen Satzteilen	86
		6.8.3 Das Komma steht nach Interjektionen	87
		6.8.4 Einschübe und Zusätze	87
		6.8.5 Das Komma in Nebensätzen	89
		6.8.5.1 Der Konjunktionalsatz	89
		6.8.5.2 Die Relativsätze	91
7	Stilkunde		92
	7.1	Der treffende Ausdruck	93
		7.1.1 Wortfelder	93
		7.1.2 Wortbildungen und Wortfamilien	96
	7.2	Die Rangordnung der Begriffe	98
	7.3	Die Gliederung	99
	7.4	Die Wortstellung im Satz	102
	7.5	Ausdrucksfehler	104
		7.5.1 Verben	104
		7.5.2 Nomen	106
		7.5.3 Adjektive	106
		7.5.4 Adverbien	107
		7.5.5 Konjunktionen	107
8	Die Abhängigkeit von Diktion, Syntax und Inhalt		109
	8.1	Die Angemessenheit der Sprache	109
	8.2	Der Sprachstil	110
	8.3	Sprachrhythmus	111
	8.4	Sprach- und Sachlogik	112
	8.5	Vom Satz zum Text	114
		8.5.1 Das Präsens	114
		8.5.2 Das historische Präsens	114
		8.5.3 Das Perfekt	115
		8.5.4 Das Präteritum (Imperfekt)	115
		8.5.5 Das Plusquamperfekt	116
		8.5.6 Futur I	116
		8.5.7 Futur II	116
		8.5.8 Das Konjunktiv	117
9	Textformulierung		121
	9.1	Hauptabschnitte der Textgliederung	121
	9.2	Die äußere Form der Gliederung	122
	9.3	Die äußere und innere Gestaltung von Texten	123
	9.4	Formulierungsregeln	125
		9.4.1 Wortwahl	125
		9.4.2 Wie wird ein Text lebendig?	127
		9.4.3 Worterweiterungen im Satz	135
		9.4.4 Satzbildung – stilistisch betrachtet	137

9.5 Schreiben – eine Kunst des Weglassens 141
    9.5.1 Ein verwirrendes Wort 142
    9.5.2 Vorreiter 143
    9.5.3 Streckkonstruktionen 144
    9.5.4 Ausdrucksverdoppelungen 145
    9.5.5 Besonders häufige Fehler 147

Teil 2 Korrespondenz der Sekretärin 149

Schreiben – ein alter Hut? 151

1 Rationalisierung der Korrespondenz 153
  1.1 Vordrucke 153
  1.2 Der Kurzbrief 154
  1.3 Der Pendelbrief 154
  1.4 Schnellantwort (auch: Blitzantwort) 156
  1.5 Auswahltexte 157
  1.6 Die Arbeit mit Textkonserven 157

2 Die Briefgestaltung 159
  2.1 Die Papierformate 159
  2.2 Das Briefblatt ohne Aufdruck 160
  2.3 Normvordrucke im kaufmännischen Schriftverkehr 161
    2.3.1 Der Geschäftsbrief nach DIN 676 161
    2.3.2 Der 2/3-Brief 163
    2.3.3 Andere Vordrucke 163

3 Normgerechte Briefgestaltung im Sekretariat 165
  3.1 Die Schreib- und Anordnungsregeln nach DIN 5008 165
    3.1.1 Die Anschrift 165
    3.1.2 Bezugszeichenzeile und Betreffvermerk 171
  3.2 Anreden, Grußformeln, Unterschriften 172
    3.2.1 Die Anrede 172
    3.2.2 Gliederung des Brieftextes 176
    3.2.3 Die Grußformel 177
    3.2.4 Unterschriften 178
    3.2.5 Anlagen- und Verteilervermerk 180
  3.3 Zusammenfassung der Gestaltungsregeln für den Vordruck
    nach DIN 676 181

4 Textgestaltung 182
  4.1 Raumaufteilung 182
  4.2 Die Textgliederung 182
  4.3 Hervorhebungen 184
  4.4 Autorenkorrekturen 185
    4.4.1 Allgemeine Vorschriften 185
    4.4.2 Anwendung der Korrekturzeichen 186

5 Angewandte Textformulierung 189
   5.1 Private Korrespondenz 190
      5.1.1 Die Bewerbung 190
      5.1.2 Das Zeugnis 193
      5.1.3 Briefe an Behörden und Unternehmen 194
   5.2 Sekretariatskorrespondenz 198
      5.2.1 Allgemeine Regeln zur Gestaltung des Textes 199
      5.2.2 Gratulationen 201
      5.2.3 Genesungswünsche 213
      5.2.4 Die Kondolation 215

6 Handelskorrespondenz 220
   6.1 Formulierungsgrundsätze 220
   6.2 Der Kaufvertrag kommt zustande 222
      6.2.1 Von der Anfrage zum Angebot 223
      6.2.2 Vom Angebot zur Bestellung 230
   6.3 Störungen bei der Erfüllung des Kaufvertrages 242
      6.3.1 Die Mängelrüge 243
      6.3.2 Lieferverzug 247
      6.3.3 Annahmeverzug 251
      6.3.4 Zahlungsverzug 254

Teil 3 Protokollführung 261

1 Schriftliche Informationsspeicherung 263
   1.1 Bedeutung der Information 263
   1.2 Formen schriftlicher Informationen 264
      1.2.1 Der Bericht 264
      1.2.2 Das Erstellen von Manuskriptaufzeichnungen 266
      1.2.3 Tagebuchaufzeichnungen 266
      1.2.4 Die Aktennotiz 266
      1.2.5 Das Protokoll 268
   1.3 Die Protokollarten 268
      1.3.1 Das Beschlussprotokoll 268
      1.3.2 Das wörtliche Protokoll 269
      1.3.3 Das Kurzprotokoll 269
      1.3.4 Das ausführliche Protokoll 270

2 Das ausführliche Protokoll 271
   2.1 Die äußere Form 271
      2.1.1 Der Protokollrahmen 271
      2.1.2 Der Protokollkern 272
   2.2 Beispiel eines wörtlichen Protokolls aus dem daraus entstandenen
      ausführlichen Protokoll 273
   2.3 Die innere Gestaltung des Protokolls 279
      2.3.1 Probleme bei Textzusammenfassungen 279

		2.3.2 Verkürzte Wiedergabe der direkten Rede 280

    2.3.2 Verkürzte Wiedergabe der direkten Rede 280
    2.3.3 Wahl des treffenden Verbs 281
    2.3.4 Präsens oder Präteritum 283
    2.3.5 Überlegenswertes zum Konjunktiv 284

3 Protokollieren 286
  3.1 Anforderungen an eine Protokollantin/einen Protokollanten 286
    3.1.1 Sicherheit im Umgang mit der Sprache 286
    3.1.2 Sicher stenografieren 287
    3.1.3 Sachkenntnis 287
    3.1.4 Fach- und Fremdwörterkenntnis 287
    3.1.5 Charakterliche Qualifikation 287
  3.2 Vorbereitung der Protokollaufnahme 288
  3.3 Die Protokollaufnahme 289
  3.4 Nachbereitung der Protokollaufnahme 290
    3.4.1 Anfertigen des Entwurfs 290
    3.4.2 Genehmigung des Protokolls 290
    3.4.3 Terminüberwachung 291

4 Einladung und Tagesordnung 292
  4.1 Die Einladung 292
  4.2 Die Tagesordnung 295

5 Die Geschäftsordnung 297
  5.1 Grundlagen 297
  5.2 Beispiel einer Geschäftsordnung 298

  Stichwortverzeichnis 301

Teil 1
Sprach- und Stillehre

1 Sprache als System von Zeichen

Sprache dient der Weitergabe von Informationen und im Lateinischen ist Information „etwas mit einer Form versehen", also: Gestaltgebung. Letztlich ist Information mit „Bildung" zu übersetzen. Denn: Bildung setzt immer Information voraus und die Qualität der Information ist mitbestimmend für den Grad der Bildung.

Sprache setzt sich aus Sätzen, Sätze aus Wörtern, Wörter aus Lauten und Laute aus Buchstaben zusammen. Die Laute oder auch Silben bezeichnet der Sprachwissenschaftler als **Phoneme**. Geschriebene Silben sind Buchstaben oder Buchstabenfolgen. Um schriftliche Information verständlich zu machen muss sie in allgemein verständliche Buchstaben umgesetzt werden. Buchstaben lassen durch ihre Formgebung viele mögliche Schreibvarianten zu, die durch den Charakter der Handschrift bestimmt werden und unter denen ihre Deutlichkeit leidet. Anstelle der Buchstaben gibt es andere Zeichensysteme als Kodierung von Sprache, so z. B. das **Morsealphabet**, das zur absoluten Eindeutigkeit der Verschlüsselung und Wiedergabe von Informationen zwingt, oder aber die Kurzschrift, die durch die Vereinfachung eine besonders genaue Schrift erfordert.

Kodierung heißt, ganz allgemein ausgedrückt, die Umsetzung eines Zeichensystems in ein anderes, angefangen vom Laut zum Buchstaben, über Buchstaben in Morsezeichen oder Kurzschrift oder – was für uns heute von besonderer Bedeutung ist – in das Binär- oder Dualsystem.

➡ **Morsealphabet:**
```
e = ·           a = ·—          s = ···         w = ·——         g = ——·
t = —           n = —·          U = ··—         d = —··         o = ———
i = ··          M = ——          n = ·—·         k = —·—
SOS = ···———···
```

➡ **Kurzschrift:**
„Ich stehe auf dem Standpunkt" in Verkehrsschrift:

in Eilschrift:

in Redeschrift:

Mit zunehmender Verkürzung zeigt sich eine abnehmende Redundanz.

➡ **Binär-System:**
Die elektronischen Impulse, mit denen der Computer ausschließlich arbeitet, lassen sich schematisch darstellen durch 1 und 0 (1 = Strom fließt, 0 = Strom fließt nicht).
a = 1100 0001
b = 1100 0010
c = 1100 0011
usw.

1.1 Sprache als Mittel des Informationsaustausches

Informationsaustausch wird als **Kommunikation** bezeichnet. Grundlage für erfolgreiche Kommunikation ist, dass

- die Information ankommt,
- Informationssender und -empfänger sich gleicher Sprachkodierungen bedienen (die Information eines Japaners kann bei einem Franzosen ankommen, das nützt aber nichts, wenn der Franzose kein Japanisch kann),
- die Information verstanden wird, wobei hier „verstehen" im Sinne von „begreifen" gemeint ist. Das Begreifen einer Information ist abhängig von der Sicherheit im Umgang mit Begriffen, also von der möglichst gleichwertigen Sprachkompetenz zwischen Sender und Empfänger.

Goethe lässt in seinem Faust Mephisto sagen: „… im ganzen haltet euch an Worte, dann geht ihr durch die sich're Pforte zum Tempel der Gewissheit ein." Der Schüler gibt zu bedenken: „Doch ein Begriff muss bei dem Worte sein." Und Mephisto antwortet: „Schon gut, nur muss man sich nicht ängstlich quälen, dann eben, wo Begriffe fehlen, da stellt ein Wort zur rechten Zeit sich ein."

Sehr vereinfacht könnten wir sagen: Je weniger jemand zu sagen hat, um so mehr Worte macht er. Besonders treffend zeigt eine Anekdote, wie wichtig es ist, Begriffe ihrer ursächlichen Bedeutung nach zu erkennen und zu verwenden: Bismarck hat als Preußens Vertreter beim Deutschen Bundestag in Frankfurt auf die Frage eines Kollegen, welchen Rang der österreichische Vertreter hätte, geantwortet: „Er ist ein Gesandter, aber kein geschickter."

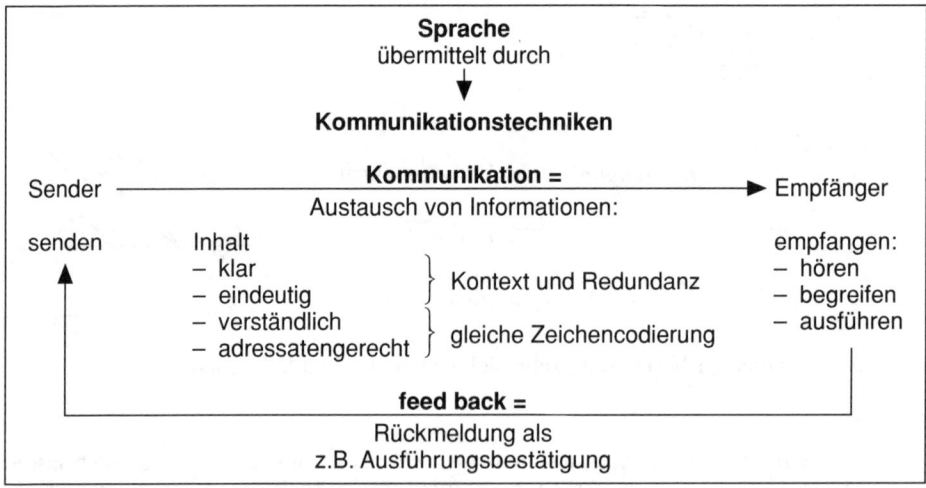

Außerdem müssen wir darauf achten, dass wir adressatengerecht senden, d. h., dass der von uns gewählte Sprachstil, die Diktion, dem Bildungsstand des Empfängers entspricht, also ihn befähigt die von uns übermittelte Information aufzunehmen (denken Sie zum Beispiel an den unterschiedlichen Sprachstil der Tageszeitungen, die bestimmte Zielgruppen ansprechen sollen, oder versuchen Sie einmal den Wirtschaftsteil des Handelsblattes zu lesen als Nichtfachmann).

Grundlage für die Ausbildung der Fähigkeit Informationen zu verstehen, ist die Sicherheit in der **Rechtschreibung**, der **Zeichensetzung** und dem **Satzbau**. Dies sind die Grundelemente der Sprache, die dem Verständnis dienen. Ohne logischen Aufbau der Sprache, entsprechend der Sprachgesetze, ist auch gedankliche Logik in Frage gestellt.

1.2 Kontext und Redundanz

Als **Kontext** lässt sich der Hintergrund und das Vorwissen zu einem Informationsvorgang bezeichnen. **Redundanz** ist das Mehr an Information, das eigentlich über den Rahmen der notwendigen Information hinausgeht. Redundanz kann überflüssig, aber auch notwendig sein. Überflüssig redundant sind weitschweifige Erklärungen, die im Grunde genommen ohne zwingende Notwendigkeit immer wieder dasselbe aussagen. Redundanz kann sinnvoll sein, wenn etwas, das an sich klar ist, durch Wiederholung abgesichert wird. Diese Art redundanter Rede finden wir zum Beispiel im Unterricht.

  Beispiele für notwendige Redundanz
 – Wiederholung des Scheckbetrages in Buchstaben
 – Datumsangabe mit Wochentagsangabe
 – Abfahrtssignal für einen Zug auf dem Bahnhof (Pfeifen, Kelle, Grün)
 – aus dem Unterricht: „Um 800 wurde Karl der Große in Rom zum Kaiser gekrönt … Karl der Große zog um 800 nach Italien. Dort wurde er zum Kaiser gekrönt … Karl der Große wollte die Macht der Franken sichern. Deshalb zog er nach Italien und wurde dort zum Kaiser gekrönt … (Diese Art des Redens macht Lehrer als Konversationspartner oft so unerträglich.)

Der Zusammenhang von Kontext und Redundanz wird am besten am Beispiel deutlich:

  Beispiel
 Aus der vorhergehenden Korrespondenz (Kontext) ist klar, dass Herr Peters, Prokurist der Hansa-Bank, Frankfurt, Ende September mit der Bahn in Hamburg eintrifft. Er will abgeholt werden. Der endgültige Termin soll durch Telex oder Telegramm noch mitgeteilt werden.
 1. Fassung des Telegramms (redundant):
 Unser Prokurist Herr Peters trifft am Dienstag, 17.09., 17:05 Uhr mit dem Intercity 951 in Hamburg-Hauptbahnhof auf Bahnsteig 14 ein. Bitte abholen.
 2. Fassung des Telegramms (nicht redundant):
 Peters, Eintreffen 17.09. um 17:05 Uhr.

Wir merken uns also:

> Je umfangreicher (oder informationsvitaler) das Hintergrundwissen ist (der Kontext), um so geringer kann die Redundanz sein.

1.3 Dimension der Information

Eine Information erreicht uns in einer bestimmten Form. Ihre Bedeutung ist nicht zu trennen von ihrem Gehalt (oder Inhalt). Die Bedeutung der Information nach ihrem Gehalt nennen wir „Dimension der Information". Wir unterscheiden:

- **syntaktische,**
- **semantische,**
- **pragmatische Information.**

➡ **Keine Zeichendimension**
Sie gehen im Wald spazieren und stolpern über einen Zweig. Das nehmen Sie gar nicht zur Kenntnis, ein Zweig ist für Sie ein Zweig. Er hat keine Zeichendimension.

➡ **Syntaktische Zeichendimension**
Sie sind immer noch im Wald und da fällt Ihnen auf, dass bestimmte Zweige offenbar nicht zufällig in einer bestimmten Art und Weise hingelegt wurden. Sie erkennen den Zweig als Zeichen. Er hat für Sie syntaktische Zeichendimension (Syntax = Zusammenordnung).

➡ **Semantische Zeichendimension**
Vergeblich versuchen Sie nun den Sinn dieser Zeichen herauszufinden und erst, als Sie einige Jungen, die offenbar ein Geländespiel durchführen, treffen, wird Ihnen die Bedeutung der Zeichen erklärt. Nunmehr wissen Sie das Zeichen zu deuten. Es hat damit eine semantische Zeichendimension.

➡ **Pragmatische Zeichendimension**
Ihnen macht dieses Spiel Spaß und Sie entschließen sich dem durch die Zeichen vorgegebenen Weg zu folgen. Sie ziehen für sich persönlich Konsequenzen aus der Erkenntnis des Zeichens. Das nennen wir die pragmatische Zeichendimension.

✘ **Noch ein Beispiel**
- **Keine Zeichendimension:**
  Auf dem Zettel befindet sich etwas Geschriebenes. Eine Kurzschrift?
- **Syntaktische Zeichendimension:**
  Sie erkennen: Das ist deutsche Einheitskurzschrift.
- **Semantische Zeichendimension:**
  Sie lesen die Information, weil Sie die Bedeutung und Zusammenfügung der Zeichen erkennen.
- **Pragmatische Dimension:**
  Sie rufen Paul an.

Hieraus folgt: Eine Sekretärin, die einen wissenschaftlichen Text schreibt, kann hierbei lediglich syntaktische Informationen empfangen. Wenn Sie einen fremdsprachlichen Text in einer Sprache schreiben muss, die sie nicht versteht, kennt sie lediglich einzelne Buchstaben, bei kyrillischer Schrift nicht einmal diese (keine Zeichendimension).

Ähnlich verhält es sich auch beim Lesen eines inhaltlich schwierigen Buches. Zunächst erfassen wir nur syntaktische Informationen und erst bei wiederholtem Lesen nehmen wir die Bedeutung auf und ziehen daraus Konsequenzen.

Das sollten auch Sie sich zur Regel machen und gerade das, was Sie nicht verstehen, noch einmal lesen. Zum Schluss eine kleine Geschichte aus meiner langjährigen Seminartätigkeit: Als eine Kollegin zum vierten Male an einem inhaltlich gleichen Seminar bei mir teilnahm, wurde mir das unheimlich, denn ich meinte, ich könnte ihr absolut nichts Neues mehr vermitteln. Deshalb fragte ich sie, warum sie noch einmal an diesem Seminar teilnimmt. Sie antwortete: „Beim ersten Seminar habe ich lediglich gewusst, dass ich an einem Seminar über Organisationslehre teilnehme. Beim zweiten Seminar konnte ich schon gewisse Dinge zuordnen. Beim dritten Seminar erkannte ich die Bedeutung der Inhalte. Und nun, nach dem vierten Seminar, hoffe ich, die Sache so gut zu verstehen, dass ich sie weitervermitteln kann." Eine kluge Frau!

2 Vom Wort zur Sprache

Sprache ist die sinnvolle Verbindung von Wörtern zu Sätzen, die das wiederzugeben vermögen, was wir tatsächlich sagen wollen. Darin liegt die Kunst mit Wörtern umzugehen.

Wer die wenigen Regeln beachten will, muss die Struktur der Sprache verstehen. Wenn Sie meinen, dass Wortarten, Satzteile, Grammatik schlechthin zur Textformulierung beziehungslos wären und eigentlich nur in den Unterricht für ABC-Schützen gehörten, dann zerstören Sie sich selbst das Material, das Sie brauchen um sich die Brücken zu bauen, mit denen Sie das Gebiet des Verständnisses für Sprache betreten könnten.

Die Fähigkeit Texte zu formulieren wird erworben durch die **Kenntnis von Grammatik und Syntax**.

Die Gesetze, unter denen Textformulierung steht, können nur angewandt werden, wenn Sie sich diese Kenntnisse aneignen. Lesen Sie einmal folgende Aussagen und prüfen Sie, ob Sie sie verstehen und auf Ihr sprachliches Handeln anwenden könnten:

1. Adjektive werden klein, nominisierte Adjektive wie nominisierte Verben groß geschrieben.
2. Lebendige Adjektive veranschaulichen Sprache.
3. Präpositionen als Vorwörter werden im Deutschen bei bestimmten Zeiten dem Stamm nachgesetzt (Beispiel: Ich trage es fort).
4. Präpositionen stellen das Verhältnis der Nomen zueinander her.
5. Nebensätze erkennen wir an einleitenden Konjunktionen oder einleitenden Pronomen.
6. Vermeiden Sie Nomen, drücken Sie sich verbal aus!
7. Ein Komma steht fast immer, wenn zwei Verben in einem Satzgefüge vorkommen.
8. In Nebensätzen steht das konjugierte Verb als Prädikat am Satzende.
9. Protokolle werden meist im Konjunktiv geschrieben.
10. „Würde" darf nicht in Konditionalsätzen stehen.

Wenn Sie diesen 1. Teil durchgearbeitet haben, wird Ihnen die Anwendung dieser Regeln kaum noch Schwierigkeiten bereiten.

2.1 Guter und schlechter Stil

➡ **Durch Worte nichts sagen**
Zeitungen, Fernsehen und unsere Politiker vergewaltigen Sprache. Es wird durch Sprachbarbarei absichtlich Missdeutung gewollt oder mit vielen Worten gar nichts gesagt.

✘ Beispiel

*„Meine Damen und Herren,
in diesen unruhigen Zeiten ist es mir eine Ehre zu Ihnen über die so bedeutsame ... zu sprechen. Es handelt sich um einen Bereich, in dem großartige Fortschritte erzielt wurden. Wir sind natürlich – und zu Recht – auf die auf unserem Gebiet erzielten Erfolge stolz. Doch wir müssen auch an jene Persönlichkeiten und Gruppen denken, die, in größerem Zusammenhang gesehen, so Außerordentliches dazu beigetragen haben, sei es im regionalen, nationalen und – darf ich es sagen? – im internationalen Rahmen. Wir sollten die Wunder, die durch persönlichen Einsatz, Entschlussfreudigkeit und Beharrlichkeit verwirklicht werden können, niemals unterschätzen. Doch ich glaube, es wäre vermessen, wenn wir erwarten wollten, dass wir die Probleme, mit denen die besten Köpfe der verflossenen und gegenwärtigen Generation vergeblich gerungen haben, kurzerhand lösen könnten. Lassen Sie mich zusammenfassend meine Haltung wertfrei, aber auch unmissverständlich darlegen. Ich unterstütze den Fortschritt; ich wünsche den Fortschritt; ich hoffe den Fortschritt zu erleben! Doch was ich verlange, ist ein echter Fortschritt, nicht eine bloße Veränderungssucht um der Veränderung willen. Meine Freunde, dieser tatsächliche Fortschritt wird nach meiner Meinung nur dann verwirklicht, wenn und solange wir uns innerlich unverbrüchlich unserem großen geschichtlichen Erbe verpflichtet fühlen, diesen großen Traditionen, auf denen jetzt und für immer unsere wahre Stärke beruht."*
(aus: „Das Peter-Prinzip", Peter & Hull, Rowohlt Verlag, S. 158)

Sicher können auch Sie nicht sagen, worum es in dieser Rede geht?

Überflüssig, das Beispiel, werden Sie vielleicht sagen, denn das erlebe ich ja täglich, wenn ich Zeitung lese, Rundfunk höre oder fernsehe. Wirklich? Bisher auch? Oder haben wir Sie jetzt schon etwas kritischer gemacht? Bedenken Sie immer: Jeder, der sich falsch ausdrückt, ist unwissend, oder er will Sie durch Sprache über einen Sachverhalt täuschen.

➡ Sprachschöpfungen der Jugendlichen

Erwachsene wundern sich über die Sprachschöpfung der Jugendlichen. Diese Sprachschöpfungen suchen aber im Gegensatz zu der Ausdruckslehre mancher Berichterstattung sehr treffende Ausdrücke.

✘ Beispiel

Wie würde sich eine der berühmtesten Szenen der Weltliteratur in der Szene-Sprache ausnehmen? Lesen Sie die in jeder Hinsicht freie „Übersetzung" von Claus Peter Müller-Thurau (Lexikon der Jugendsprache, Econ-Verlag, Düsseldorf 1985):

Murphy's Game
(Fred, Maggie auf der Piste.)
Fred: Hey, Babe!
Haste Bock auf'n Wuschermann?
Maggie: Schmier mich nicht so an! Ich brauch keinen Aufreißer-Typ.
(Macht 'ne Biege.)

Ur-Faust
(Faust, Margarete vorübergehend.)
Faust: Mein schönes Fräulein, darf ich wagen,
Meinen Arm und Gleit Ihr anzutragen?
Margarete: Bin weder Fräulein weder schön,
Kann ungeleitet nach Hause gehn.
(Sie macht sich los und ab.)

Fred: Mann, das ist 'ne zombige Tante!
Ist die scharf!
Die hat mir echt'n Kick gegeben.
Ein top-model!
Und das Rot ihrer Fressleiste!
Die ist nicht so'n teenie-Bopper, das ist eine,
die durchtickt, was so läuft,
die sich auch mal 'n Buch reintut und nicht nur den
alten Kappes nachlabert.
Echt einsame Frau!
             (Murphy kommt.)
Fred: Hör, Du musst mir die Braut 'ranschaffen!
Murphy: Welche Else?
Fred: Ist gerade vorbeigetigert.
Murphy: Die da, die kam grad von ihrem Macker,
mit der ist empty.
Ich hab' bei der schon mal 'nen Spruch losgelassen
… Hat mich abblitzen lassen, die Sumpfralle, die
Zippelgusse … Die Schnecke kann ich nicht angraben, die ist beinhart.
Fred: Aber rattenscharf ist sie!
Murphy: Ich find' das unheimlich abgespitzt von
Dir, so 'rumzuschwallen.
Du kannst doch nicht jede Käthe aufreißen! Du bist
doch nicht im Film!
Ist doch wirklich total oberfuzzi, so was.
Fred: Das haut doch die Wurst aus der Pelle!
Mach doch keinen Psycho-Terror!
Du nervst mich langsam!
Hau mal 'n bisschen aufs Blech, wenn Du mir die
Braut bis Mitternacht nicht keilen kannst, dann mach
ich 'ne Biege und Du siehst mich nicht wieder.
Murphy: Lass uns easy an die Sache 'rangehen.
Ich brauch' wenigstens vierzehn Tage für die Hasenjagd, bis ich die Tussi aufgerissen hab'.
Fred: Ich werd' gleich zum Elch!
Deine dumme Sülze brauch' ich nicht,
um die Alte zu knallen.
Murphy: Du quatscht wie 'n Bestseller.
Zieh Dich ruhig dran hoch!
Aber merk' dir: Es törnt die Tanten lange nicht so
an, wenn man gleich so 'ne Show abzieht.
Mach doch erst mal schön mit ihr, schmier ihr doch
erst mal 'was vor, seich ihr erst mal seicht in die Ohren!
Fred: Ich steh aber auf die Torte!

Faust: Beim Himmel, dieses Kind ist schön!
So etwas hab ich nie gesehn.
Sie ist so sitt- und tugendreich
Und etwas schnippisch doch zugleich.
Der Lippe Rot, der Wange Licht, die Tage der Welt
vergess ich's nicht!
Wie sie die Augen niederschlägt,
Hat tief sich in mein Herz geprägt: Wie sie kurz angebunden war,
Das ist nun zum Entzücken gar!
             (Mephistopheles tritt auf.)
Faust: Hör, du musst mir die Dirne schaffen!
Mephisto: Nun, welche?
Faust: Sie ging just vorbei.
Mephisto: Da die? Sie kam von ihrem Pfaffen.
Der sprach sie aller Sünden frei.
Ich schlich mich hart am Stuhl vorbei:
Es ist ein gar unschuldig Ding,
Das eben für nichts zur Beichte ging:
Über die hab ich keine Gewalt!
Faust: Ist über vierzehn Jahre doch alt.
Mephisto: Du sprichst ja wie Hans Liederlich:
Der begehrt jede liebe Blum für sich.
Und dünkelt ihm, es wär kein Ehr und Gunst, die
nicht zu pflücken wär;
Geht aber doch nicht immer an.
Faust: Mein Herr Magister Lobesan.
Lass Er mich mit dem Gesetz in Frieden!
Und das sag ich Ihm kurz und gut:
Wenn nicht das süße junge Blut
Heute nacht in meinen Armen ruht,
So sind wir um Mitternacht geschieden.
Mephisto: Bedenkt, was gehn und stehen mag!
Ich brauche wenigstens vierzehn Tag.
Nur die Gelegenheit auszuspüren.
Faust: Hätt ich nur sieben Stunden Ruh.
Brauchte den Teufel nicht dazu,
So ein Geschöpfchen zu verführen.
Mephisto: Ihr sprecht schon fast wie ein Franzos;
Doch bitt ich, lasst's Euch nicht verdrießen:
Was hilfts, nur grade zu genießen?
Die Freud ist lange nicht so groß, als wenn Ihr erst
herauf, herum, durch allerlei Brimborium.
Das Püppchen geknetet und zugericht't.
Wie lehret manche welsche Geschicht.
Faust: Hab Appetit auch ohne das.

Sprache unterliegt dem Zeitgeist. Sie ist immer Ausdruck dessen, was gedacht, und dessen, was und wie gelebt wird. Dabei bezieht sich das „was" auf die Wertvorstellung und das „wie" auf die Art ihrer Realisierung.

2.2 Fremdwörter: Sinn und Unsinn ihrer Verwendung

Die Zugehörigkeit eines Wortes zur eigenen oder zur fremden Sprache ist schwer zu erkennen. Von **Fremdwörtern** sprechen wir in der Regel nur noch dann, wenn sie sich erheblich durch die Schreibweise (ph, th, ion) von deutschen Wörtern unterscheiden oder wenn sie ohne umständliche Sprachschöpfungen nicht durch ein deutsches Wort zu ersetzen wären. Vermeintliche Übersetzungen von Fremdwörtern (wie „Schiffsführer" für „Kapitän") sind deshalb nicht treffend, weil sie sich im Bedeutungsinhalt unterscheiden. Ein Kapitän hat ein Kapitänspatent und ein Schiffsführer hat ein Schiffsführerzeugnis (Binnenschiffahrt).

Wie kompliziert der Zusammenhang zwischen der eigenen und der fremden Sprache ist, wird deutlich, wenn wir lesen, was Charles Berlitz in „Die wunderbare Welt der Sprachen" (Knaur 980) schreibt: „Obwohl die deutsche Sprache nicht so stark wie das Englische vom Lateinischen und Französischen beeinflusst ist, enthält sie doch genügend Wörter lateinischer oder französischer Herkunft um es einem Deutschsprachigen zu ermöglichen, eine große Zahl deutscher Wörter durch geringfügige Veränderungen in die romanischen Sprachen zu übertragen."

Beispiel

Französisch:	exporter	informer
Spanisch:	exportar	informar
Lateinisch:	exportare	informare
Deutsch:	exportieren	informieren

Es gibt Fälle, in denen die Verwendung von Fremdwörtern unvermeidlich ist, weil der Begriff in der eigenen Sprache entweder ganz fehlt oder den beabsichtigten Bedeutungsinhalt nicht abdeckt (Promotion, Manager, Party).

Andererseits werden Fremdwörter benutzt um dem Gesprächspartner gegenüber eigene Bildungslücken zu vertuschen. Die häufige Verwendung von Fremdwörtern am falschen Platz ist kein Zeichen gehobener Bildung, schon gar kein Zeichen von Herzensbildung, und bewirkt sehr häufig das Gegenteil von dem, was erreicht werden soll, vor allen Dingen dann, wenn Fremdwörter falsch benutzt werden. Peinlich ist es, wenn das Bedürfnis, Fremdwörter in die Rede einzubauen, zu sprachlichen Missgriffen führt, wie ich sie neulich im Bekanntenkreis erlebte, als Frau X. meinte: „Meine Mutter ist mit ihren 80 Jahren ja noch so ventil!" (statt vital). Und eine technische Neuheit beurteilte sie mit den Worten: „Das ist ja kongenital (statt kongenial)."

Und hier zu Ihrem Vergnügen ein Beispiel, in dem die Fremdwörter nicht immer zu vermeiden sind (aus: „Wörterbuch für Aufsteiger", Hrsg. Christian Strich, Diogenes Verlag):

„Die Boys und Girls in ihren Jeans und Boots und mit Buttons an ihren T- und Sweat-Shirts aus den Secondhand-Shops erscheinen zum Comeback der Band, deren Sound soviel Feeling, Power und Drive und deren Show ein so starkes Timing besitzt, dass sie keine Publicity nötig hat: Bei den Teenagern und den ausgeflippten People aus der Szene ist sie solch ein Hit, dass all die relaxten Fans und coolen Freaks beim Run auf die Tickets in der City ganz happy sind."

2.3 Der Klassenunterschied, den Sprache schafft

Viele Wörter tragen außer ihrer eigentlichen und ihrem Hof von Konnotationen (Mit-Bedeutung, zusätzlicher Bedeutungsinhalt) auch noch eine soziale Markierung. Sie gehören einer ganz bestimmten Gruppe von „Sprechern" an. Die Zugehörigkeit zu diesen Gruppen beruht sehr wesentlich auf dem gemeinsamen Gebrauch von Sprache, mit dem sie sich von der übrigen Gesellschaft bewusst absetzen. Sprache wird hier auch zur Provokation. Dies wiederum ist ein Teil des Identitätsverständnisses dieser Gruppen. Die Wörter solcher Sprachen, die sich als Gruppenkennzeichen erklären, werden nur sehr langsam von denen aufgenommen, die sich der allgemein gültigen Sprachnormen bedienen.

✘ Beispiel
aus einer Zeitungsanzeige unter dem Stichwort „Bekanntschaften"
> Habe tierischen Bock
> Ihren Typ kennenzulernen.

Dieses Inserat hätte vor 10 Jahren niemand verstanden. Oft entsteht der Eindruck, es gäbe eine Vielzahl neuer Wortschöpfungen. Das ist jedoch nicht der Fall.

➡ **Nomen** oder **Substantive** (Hauptwörter) können in der deutschen Sprache nach Belieben zusammengesetzt werden. Auf diese Weise wird in einem einzigen Wort etwas ausgedrückt, das eigentlich zumindest aus einem Adjektiv und einem Nomen hätte bestehen müssen, z. B. *großer Raum = Großraum*.
Die Zusammensetzung von mehreren Nomen führt zu fast abartigen Wortgebilden. Aus dem „Spiegel" wurden folgende Beispiele herausgesucht: *Potenzgeschrei, Laubsägenkulisse, Fitnesspedal, Wirbelsäulensprache, Bedienungslotse, Heizkostenteufel, Ex-und-hopp*.

➡ *Transitive Verben* (vergleichen Sie bitte auf Seite 23) lassen sich zu Adjektiven erweitern und dann außerdem auch noch nominisieren, z. B.: *verwandeln – wandelbar, verwandelbar, Verwandelbarkeit*.
Auch **nicht-transitive Verben** unterliegen diesem Prozeß. Auf „unverzichtbar" kann heute kaum noch verzichtet werden. Sehr modern ist die Erweiterung eines Wortes durch den Zusatz „gemäß". „Gemäß" darf niemals im Sinne von „bezüglich" verwendet werden, wie es z. B. im folgenden Satz geschah: „Frauenmäßig lief nichts." (Bildzeitung)

➡ Besonders in Verwaltung und Werbung wurden immer neue zusammengesetzte Adjektive erfunden. Beispiele: die *atmungsaktive* Kleidung, *umweltfreundliches* Waschpulver, *planungsrelevante, bereichsspezifische* Daten, *kostenneutrale* Gesetze, *strukturschwache* Gebiete.
Auch der Zusatz „*fähig*" erfreut sich zunehmender Beliebtheit: Da gibt es Leute, die sind *konfliktfähig, friedensfähig, zukunftsfähig* und *kompromissfähig*. Und so kommt es dann sehr schnell zu derartig unsinnigen Formulierungen, wie: „*Das ist ein kompromissfähiges Papier*" (gemeint ist der Inhalt, der auf dem Papier steht).

Die sogenannte nichtkonformistische Jugend aber hat sich am kreativsten sprachschöpferisch betätigt, wie *„echt"*, *„irre"*, *„unheimlich"*, *„tierisch"*, *„ätzend"*, *„fetzend"* und viele andere Ausdrücke beweisen.

Aber nicht nur die nichtkonformistische Jugend, sondern vielfach Junglehrer und -manager, die ihrem Ausdruck noch sehr unkritisch gegenüberstehen, bedienen sich gern solcher „Wegwerfwörter". In einem stenografisch aufgenommenen wörtlichen Protokoll einer Sitzung, an der hauptsächlich junge Akademiker teilnahmen, las ich

17-mal das Wort „kreativ",
19-mal das Wort „konkret",
12-mal das Wort „alternativ",
16-mal das Wort „relevant".

So viel sprachliche Großartigkeit auf wenigen Seiten ist bedrückend.

3 Wortarten

In einem „normalen" Wörterbuch, zum Beispiel im Duden, stehen mindestens 100 000 Wörter und dennoch ist das nur ein geringer Bruchteil aller Wörter, die wir im Deutschen haben. Wie viele gebrauchen wir davon? Erstaunlich wenig: wenn's ganz hoch kommt, einige tausend. Das ist unser **„aktiver Wortschatz"**. Tatsächlich kennen wir aber mehr, als wir gebrauchen; vielleicht dreimal soviel. Das ist unser **„passiver Wortschatz"**.

Wichtige Voraussetzung für Bildung und berufliches Fortkommen: Wir müssen unseren Wortschatz erweitern!

Wer viele Dinge von gleicher Art hat (z. B. Bücher, Briefmarken, Autogramme), versucht sie zu ordnen. Auch die Wörter sind geordnet. Jedes Wort gehört zu einer der folgenden zehn Wortarten:

		deutsche Bezeichnung	Beispiele
1.	Verben	Zeitwörter	hämmern, schlafen, lispeln
2.	Nomen	Hauptwörter	Haus, Fräulein, Leere
3.	Artikel	Geschlechtswörter	der, die, das, ein
4.	Adjektive	Eigenschaftswörter	schön, groß, süß
5.	Pronomen	Fürwörter	ich, du, er, unser
6.	Numerale	Zahlwörter	drei, einige, Million
7.	Adverbien	Umstandswörter	fast, beinahe, kaum
8.	Präpositionen	Verhältniswörter	im, bei, zwischen
9.	Konjunktionen	Bindewörter	und, sowohl, als auch, trotz
10.	Interjektionen	Ausrufewörter	aha, oh weh, donnerwetter

Wir werden uns bei der weiteren Erarbeitung der Grammatik grundsätzlich der lateinischen Ausdrücke bedienen, weil das in allen höheren Schulen üblich ist, und zwar schon deswegen, weil sie in allen Fremdsprachen gültig sind. Beim Sprechen und Schreiben machen sich Deutsche über Deutsch wenig Gedanken, weil sie weitgehend nach dem Sprachgefühl entscheiden. Dieses Sprachgefühl ist je nach Herkunft und Bildungsstand unterschiedlich stark ausgeprägt. Niemand aber ist so sprachsicher, dass er ohne Wörterbuch oder ohne Kenntnis der Grammatik in jedem Fall die richtige Form findet.

Nachschlagewerke werden unterschieden in
– Konversationslexika,
– Fachlexika,
– Fachbücher,
– Bibliographien,
– Monographien.

Konversationslexika enthalten Informationen über alle Wissensgebiete. Sie werden deshalb auch als **Enzyklopädien** bezeichnet. **Fachlexika** sind Fachwörterbücher, die sich auf gewisse Sachgebiete erstrecken, z. B. Wirtschaftslexikon, Handbuch der Pädagogik. Während Fachlexika nur sehr kurze Texte zur Information über ein Stichwort enthalten, finden Sie in **Fachbüchern** die entsprechenden Wissensgebiete hierarchisch gegliedert und ausführlich bearbeitet. Dieses Buch ist daher ein Fachbuch. Eine spezielle Form von Fachbüchern sind **Monographien**, z. B. „Bankbetriebslehre", während „Allgemeine Betriebslehre" als Fachbuch zu bezeichnen ist. **Titelbibliographien** sind Bücherverzeichnisse, die Titel, Autoren, Verlage, Erscheinungsdaten aufführen und diese nach Stichworten ordnen.

Eine besondere Stellung nehmen die **Wörterbücher** ein, unter denen der Rechtschreibduden für unseren Bereich das wichtigste darstellt.

3.1 Verben

Ein Satz ohne ein **Verb** ist nicht denkbar, weil es der wichtigste Bedeutungsträger ist. Der Wechsel des Verbs verändert den Sinn eines Satzes vollkommen:

✘ Beispiel

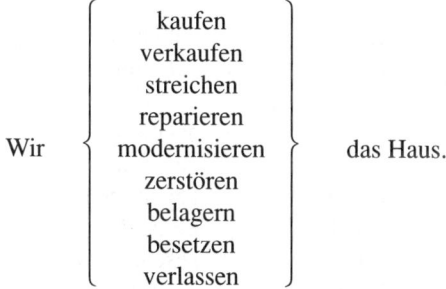

Alles Sein und Geschehen vollzieht sich in verschiedenen Zeitstufen (Tempusstufen), in der Sehweise des Aktivs oder Passivs, in einer bestimmten Aussageweise und unter dem Einfluss eines jeweiligen Geschehensträgers. All das zusammen mit den Aktionsarten des Verbs macht die sprachliche Wirklichkeit eines Verbs im Satz aus:

✘ Beispiele
Du kauftest das Haus.
Das Haus wird von dir gekauft werden.
Wenn du doch das Haus kauftest!

3.1.1 Die Stammformen

Jedes Verb hat **drei Stammformen**. Wenn Sie eine Fremdsprache gelernt haben, wird Ihnen sicher noch in Erinnerung sein, dass Sie die unregelmäßigen Verben haben auswendig lernen müssen, z. B. „go, went, gone". Dieses sind Stammformen. Es gibt sie auch für deutsche Verben, nur wird uns das nicht so bewusst, weil wir mit ihnen täglich umgehen. Ein Ausländer hätte genauso seine Mühe damit wie Sie mit den fremdsprachlichen Stammformen.

Die **erste Stammform** zeigt das Verb im **Infinitiv** (Grundform), die zweite die Veränderung des Verbs für die Darstellung des **Präteritums** (Vergangenheit, auch Imperfekt genannt). Die dritte Stammform wird benötigt für alle zusammengesetzten Zeiten *(ich habe gelesen)*. Es ist das **Partizip Perfekt** (Mittelwort der Vergangenheit).

Zusammengesetzte Zeiten bestehen aus einem Hilfsverb und einem Verb. Wir brauchen drei Hilfsverben für die Zusammensetzung von Zeiten: *haben, sein* und *werden*.

✖ Beispiele
- haben: Ich habe gelesen.
- sein: Wir sind gelaufen.
- werden: Die Häuser werden gebaut.

In der Regel werden die Verben der Bewegung (laufen, gehen usw.) mit „sein", die übrigen mit „haben" gebildet:

	Infinitiv	Präteritum	Partizip Perfekt
starke Verben:	gehen	ging	gegangen
	fahren	fuhr	gefahren
	nehmen	nahm	genommen
	halten	hielt	gehalten
	kommen	kam	gekommen
	sehen	sah	gesehen
	nehmen	nahm	genommen
	stehen	stand	gestanden
	schließen	schloss	geschlossen
	beginnen	begann	begonnen
	singen	sang	gesungen
	brechen	brach	gebrochen
	fallen	fiel	gefallen
	trinken	trank	getrunken
schwache Verben:	regnen	regnete	geregnet
	weinen	weinte	geweint
	leben	lebte	gelebt
	suchen	suchte	gesucht
	arbeiten	arbeitete	gearbeitet
	rasen	raste	gerast
unregelmäßige Verben:	bringen	brachte	gebracht
	nennen	nannte	genannt
	brennen	brannte	gebrannt
	denken	dachte	gedacht
	rennen	rannte	gerannt
	können	konnte	gekonnt
	usw.		

Schwache Verben besitzen in allen drei Stammformen denselben Vokal *(regnen, regnete, geregnet; zeigen, zeigte, gezeigt; sagen, sagte, gesagt)*. **Starke Verben** verändern den Vokal in mindestens einer der drei Stammformen *(gehen, ging, gegangen; schwimmen, schwamm, geschwommen; fahren, fuhr, gefahren)*. Ihr Partizip Perfekt endet immer auf -en. Daneben gibt es noch unregelmäßige Verben, die zwar den Vokal einer Stammform ändern, aber das Partizip Perfekt mit der Endung -t bilden *(nennen, nannte, genannt; denken, dachte, gedacht; können, konnte, gekonnt)*.

3.1.2 Tempusstufen des Verbs (Zeiten)

Wir unterscheiden sechs Tempusstufen:

einfache Zeiten		**zusammengesetzte Zeiten**	
Präsens	(Gegenwart)	Perfekt	(vollendete Gegenwart)
Präteritum	(Vergangenheit)	Plusquamperfekt	(vollendete Vergangenheit)
Futur I	(Zukunft)	Futur II	(vollendete Zukunft)

	Präsens	**Präteritum**	**Futur I**
einfache Zeiten	ich kaufe	ich kaufte	ich werde kaufen
	du kaufst	du kauftest	du wirst kaufen
	er kauft	er kaufte	er wird kaufen
	sie kauft	sie kaufte	sie wird kaufen
	es kauft	es kaufte	es wird kaufen
	wir kaufen	wir kauften	wir werden kaufen
	ihr kauft	ihr kauftet	ihr werdet kaufen
	sie kaufen	sie kauften	sie werden kaufen
	Perfekt	**Plusquamperfekt**	**Futur II**
zusammen-gesetzte Zeiten	ich habe gekauft	ich hatte gekauft	ich werde gekauft haben
	du hast gekauft	du hattest gekauft	du wirst gekauft haben
	er hat gekauft	er hatte gekauft	er wird gekauft haben
	sie hat gekauft	sie hatte gekauft	sie wird gekauft haben
	es hat gekauft	es hatte gekauft	es wird gekauft haben
	wir haben gekauft	wir hatten gekauft	wir werden gekauft haben
	ihr habt gekauft	ihr hattet gekauft	ihr werdet gekauft haben
	sie haben gekauft	sie hatten gekauft	sie werden gekauft haben

3.1.3 Aktiv (Tatform) und Passiv (Leideform)

Wenn wir die Verben im Passiv verwenden, benutzen wir das Hilfsverb „*werden*", das in allen Zeiten gebildet wird. Das eigentliche Verb finden wir im Passiv als Partizip Perfekt:

einfache Zeiten			zusammengesetzte Zeiten			
Präsens:	Ich werde	gefahren.		Perfekt:	Ich bin	gefahren worden.
Präteritum:	Ich wurde	gefahren.		Plusquam-perfekt:	Ich war	gefahren worden.
Futur I:	Ich werde	gefahren	werden	Futur II:	Ich werde	gefahren worden sein.
				Partizip Perfekt		

Wenn es irgendwie geht, sollte das Passiv vermieden werden und an seine Stelle das Aktiv treten, weil es die Sprache lebendiger macht.

✗ Beispiel

nicht:	sondern:
Ihnen wird geschrieben werden.	Ich werde Ihnen schreiben.
Die Ware wird am 17. März versandt.	Wir versenden die Ware am 17. März.
Die Ware wird Ihnen angeboten.	Wir bieten Ihnen die Ware an.
Du wirst geliebt.	Er liebt dich.

3.1.4 Indikativ (Wirklichkeitsform) und Konjunktiv (Möglichkeitsform)

Alle bisherigen Beispiele stehen im **Indikativ.** Oft müssen wir aber ausdrücken, welcher Zustand vielleicht eintreten könnte oder gewünscht wird. Es handelt sich meist um irreale Situationen. Wir bezeichnen diese Form als **Konjunktiv** oder **Möglichkeitsform.**

✗ Beispiele

irreale Situation (Wunsch)	reale Situation (Tatsache)
Wenn er doch käme!	Er kommt nicht.
Wenn es doch nicht regnete!	Es regnet.
Wenn wir doch Ferien hätten!	Wir haben keine Ferien.

Leider wird im Sprachgebrauch oft der Konjunktiv mit dem konditionalen „würde" umschrieben, was stilistisch unschön und grammatisch oft falsch ist.

✗ Beispiel

„Was hülfe es dem Menschen, so er die ganze Welt gewönne und nähme doch Schaden an seiner Seele." (Matth. 16,26)
Grauenhaft klingt dieser Satz mit dem konditionalen „würde": Was würde es dem Menschen helfen, so er die ganze Welt gewinnen würde und doch Schaden an seiner Seele nehmen würde.

Tempusstufen des Verbs im Konjunktiv			
	Präsens	**Präteritum**	**Futur I**
	ich sehe	ich sähe	ich werde sehen
	du sehest	du sähest	du werdest sehen
einfache Zeiten	er sehe	er sähe	er werde sehen
	sie sehe	sie sähe	sie werde sehen
	es sehe	es sähe	es werde sehen
	wir sehen	wir sähen	wir werden sehen
	ihr sehet	ihr sähet	ihr werdet sehen
	sie sehen	sie sähen	sie werden sehen
	Perfekt	**Plusquamperfekt**	**Futur II**
	ich habe gesehen	ich hätte gesehen	ich werde gesehen haben
	du habest gesehen	du hättest gesehen	du werdest gesehen haben
zusammen-gesetzte Zeiten	er habe gesehen	er hätte gesehen	er werde gesehen haben
	sie habe gesehen	sie hätte gesehen	sie werde gesehen haben
	es habe gesehen	es hätte gesehen	es werde gesehen haben
	wir haben gesehen	wir hätten gesehen	wir werden gesehen haben
	ihr habet gesehen	ihr hättet gesehen	ihr werdet gesehen haben
	sie haben gesehen	sie hätten gesehen	sie werden gesehen haben

Der Konjunktiv oder die Möglichkeitsform sollte etwas ausdrücken, was irreal ist, also tatsächlich im Augenblick gar nicht stattfindet. Schreiben wir also, *„Herr Ulrich meint, er habe von der Sache nichts gewußt"*, so sagte Herr Ulrich das ja bereits vor ein paar Stunden oder Tagen. Außerdem sagt er es ja nicht in der von uns gewählten Form der indirekten Rede und auch nicht in den von uns gewählten Worten, die fast immer eine Verkürzung der vom Redner gewählten Formulierung darstellt.

So also wird begründet, dass in der indirekten Rede der Konjunktiv zu verwenden ist.

Dieser Auffassung folgen durchaus nicht alle Verfasser von deutschen Grammatiken. Einige sagen, der Konjunktiv könnte fehlen, wenn deutlich wird, dass es sich um die Wiedergabe des gesprochenen Wortes in indirekter Rede handelt: Sinngemäß führt Herr Bertram aus, ihm hat (also nicht habe) es in der Heide ausgezeichnet gefallen. Diese Form, so wird behauptet, sei schon deswegen „richtiger", weil es Herrn Bertram ja tatsächlich in der Heide gut gefallen hat.

Andere begründen ihre Auffassung von der Verwendung des Konjunktivs mit dem Grad der Wahrscheinlichkeit, mit der das Gesagte auch wirklich stimmt oder eintritt.

  a) Herr Konrad sagt, Herr Diedrichs trinkt.
  b) Herr Konrad sagt, Herr Diedrichs tränke.
  c) Herr Konrad sagt, Herr Diedrichs würde trinken.

Nun würde das Beispiel noch deutlicher werden, wenn ich *„sagt"* durch *„meint"* ersetzte. a) drückt nun Gewissheit aus, b) Wahrscheinlichkeit und c) deutet an, dass es ziemlich unglaubwürdig ist, was dort gesagt wird.

Solche Feinheiten sind beim Erstellen eines Protokolls kaum zu beachten. Außerdem würden vermutlich die Meinungen auch in vielen Fällen auseinander gehen. Statt dass das Protokoll geschrieben wird, wären endlose Formulierungsdebatten notwendig.

Was also tun?

> Schreiben Sie Ihr Protokoll in der indirekten Rede und bedienen Sie sich in der indirekten Rede konsequent des Konjunktivs. Es sei denn, Ihre Vorgesetzten wünschen ausdrücklich eine andere Form.

Übrigens: In der Schweiz benutzt man den Konjunktiv nicht. Lesen Sie ein Protokoll einer Kantonssitzung in der „Züricher", werden Sie sich davon überzeugen können:

> Herr M. betonte, dass er der festen Überzeugung sei, dass sich die Anschaffung solcher Geräte schon bald bezahlt mache.

> Nach Herrn M.'s Ansicht wird sich die Anschaffung solcher Geräte bald bezahlt machen.

Hauptsätze, deren Prädikat bereits den Hinweis enthalten, dass etwas möglich sei, werden zunehmend von Nebensätzen im Indikativ ergänzt.

✘ Beispiel
Er sagt, er glaube, dass ich krank **bin.**

Steht das Prädikat allerdings im Präsens, so **muss** der Konjunktiv den Nebensatz regieren.

✘ Beispiel
Er sagt, er glaubte, dass ich krank **sei.**

➡ Die Bildung des Konjunktivs
Es ist zu unterscheiden
- der **I. Konjunktiv**, der ausdrücken soll, dass das Ausgesagte noch nicht Wirklichkeit ist (oder schon Wirklichkeit war), aber doch der Verwirklichung nahe steht.
- der **II. Konjunktiv**, der ausdrücken soll, dass das Ausgesagte nicht Wirklichkeit ist, nur in der Vorstellung als Wirklichkeit lebt oder nicht als Wirklichkeit gesehen werden soll.

Konjunktivformen werden gebildet durch Lautveränderung:
brächte, flöge, führen, hätte, wären, würde.

Aus der Sprachgewohnheit sind bei einigen Verben zwei Möglichkeiten der Konjunktivbildung entstanden, z. B. *schwamm = schwämme* oder *schwömme, stand = stände* oder *stünde*. Ist bereits im Indikativ ein Umlaut gebildet, so fällt der Umlaut im Konjunktiv fort, z. B. *du fällst,* aber: *du fallest.*

Infinitiv	Präteritum	Konjunktiv II
rennen	rannte	rennte
kennen	kannte	kennte
nennen	nannte	nennte
brennen	brannte	brennte
wenden	wandte	wendete
senden	sandte	sendete

und weiter:
schlugst – schlügest
sollst – sollest
ging – gingest
beende – beendete
schafft – schaffe
lasest – läsest
wischst – wischest

➡ Die Anwendung des Konjunktivs

Der Konjunktiv muss sich hör- und sichtbar vom Indikativ abheben. Diese Forderung erlaubt auf ältere Konjunktivformen zurückzugreifen, z. B.:
  half – hälfe – helfe
  besser:
  half – **hülfe** – helfe
oder auf eine andere Zeitstufe, z. B.:
  Ich gehe: Indikativ oder Konjunktiv?

In einem solchen Falle wird der Konjunktiv deutlicher, wenn Sie den Konjunktiv des Präteritums wählen: *„ginge"*.

✘ Und noch ein Beispiel

  Er sagte: „Es geht einfach nicht so weiter."
  Er sagte, dass es einfach nicht so weiterginge.
  Hier muss Konjunktiv II stehen, weil „sagte" Präteritum ist.
  Er sagt: „Ich schreibe dir."
  Er sagte, dass er dir schreibe (besser: schriebe).

Verwenden Sie den Konjunktiv I

– bei Aufforderungen: Seien Sie bitte so gut!
– bei Zugeständnissen: Wer sich bescheide, fordere auch.
– bei Annahmen: Ich nehme an, du (habest) hättest es gewusst.
     Ich nehme an, sie (finde) fände die Lösung.

Verwenden Sie den Konjunktiv II

– bei Nichtwirklichkeiten (Irrealitäten), z. B. bei Ereignissen, Zuständen, Umständen, deren Eintritt zwar möglich wäre, aber nicht erfolgt, weil bestimmte Bedingungen nicht erfüllt sind.

Er könnte Bankdirektor werden.

Gemeint ist: Er könnte Bankdirektor werden, wenn er nur wollte. Drückt der Hauptsatz die irreale Möglichkeit deutlich genug aus, kann der Konditionalsatz (Wenn-Satz) fehlen. Zur Verdeutlichung der Möglichkeit wird oft statt des Konjunktivs II das konditionale *„würde"* gewählt: *Ich ginge, wenn ...* oder: *Ich würde gehen, wenn ...*

Niemals darf allerdings in einem Konditionalsatz nach „wenn" das konjunktive „würde" stehen.

Falsch: Ich (schlüge) würde ihn schlagen, wenn er mich angreifen würde.
Richtig: Ich (schlüge) würde ihn schlagen, wenn er mich angriffe.

Der Konjunktiv II steht außerdem bei

- Fragen der Nichtwirklichkeit:
 Du hättest geholfen, wenn ...

- Wünschen:
 Wäre ich doch reich geboren ...

- Formulierung von Rücksichtnahme (Höflichkeit):
 Ich möchte bezahlen ...
 Du solltest anrufen ...
 Ich würde es untersagen ...

Also noch einmal:

Der Konjunktiv ist die Aussageweise, durch die der Sprecher der Aussage einen geringeren Sicherheitsgrad verleiht, durch die er seine persönliche Stellungnahme zum Geltungsgrad der Aussage kennzeichnet. Die Verdeutschung „Möglichkeitsform" ist zu vermeiden, weil sie den Konjunktiv nicht zutreffend charakterisiert.

Das mit der Verbform genannte Geschehen oder Sein ist objektiv nicht gegeben. Die Verwirklichung wird vom Sprecher angestrebt, und zwar nicht durch eine direkte Aufforderung an die angesprochene Person, wie im Imperativ, sondern mittelbar und indirekt. Die Realisierung, der Vollzug, ist möglich, aber nicht gewährleistet. Das Begehren des Sprechers kann eine Bitte, ein Wunsch, eine Forderung, eine Ermahnung, ein Befehl sein.

3.1.5 Der Imperativ (Befehlsform)

Der **Imperativ** drückt keine objektive, sondern eine subjektive, vom Willen einer Person abhängende Notwendigkeit aus. Er ist Ausdruck einer Bitte, eines Rates, einer Aufmunterung, einer Aufforderung, eines Befehls, einer Mahnung, einer Drohung, eines Verbots.

Der Imperativ steht nur in der zweiten Person Singular (Einzahl) oder Plural (Mehrzahl), also mit den Personen „du" oder „ihr (Sie)". Das Verb schließt die Person ein. Der Imperativ wird daher ausschließlich mit dem Verb gebildet und trägt die Endungen -t, -et und -en im Plural.

✘ Beispiel

kommen
- 2. Person Singular: Komm her! (auch: Komme her!)
- 2. Person Plural: Kommt her!
- Kommen Sie her!

Nach dem Imperativ steht immer ein Ausrufezeichen. Problematisch bei der Bildung des Imperativs ist es, dass viele Verben den Inlaut von „e" auf „i" in der zweiten Person Singular ändern:

helfen:	hilf mir!	helft mir!	helfen Sie mir!
geben:	gib mir!	gebt mir!	geben Sie mir!
aufessen:	iss es auf!	esst es auf!	essen Sie es auf!
messen:	miss es!	messt es!	messen Sie es!
nehmen:	nimm es!	nehmt es!	nehmen Sie es!

Der Imperativ drückt in der Sprache immer ein Pflichtgebot aus.

3.1.6 Transitive und intransitive Verben (zielende und nichtzielende Verben)

Transitive und **intransitive Verben** sind Verben, die in einem Handlungssatz stehen. Das von diesen Verben bezeichnete Geschehen ist auf das Akkusativ-Objekt (Satzaussage im vierten Fall) als Zielpunkt einer Handlung gerichtet und vollzieht sich an ihm. Nach dem Akkusativ-Objekt fragen wir mit „wen?" oder „was?".

✘ Beispiel

Der Architekt baut ein Haus.	Was baut der Architekt?
Ich gebe ihm das Buch.	Was gebe ich ihm?
Ich nehme ein Stück Zucker.	Was nehme ich?
Gisela beendet ihre Ausbildung.	Was beendet Gisela?

Alle Verben, die kein Akkusativ-Objekt als Zielpunkt haben, sind intransitive Verben.

✘ Beispiel

Wir besitzen (ein Haus).
Wir erinnern uns (an ein Ereignis).
Der Bauer pflügt (den Acker).

Einem transitiven Verb folgt immer ein **Akkusativ-Objekt** (Objekt im vierten Fall, siehe „Satzteile").

Neben den transitiven und intransitiven Verben unterscheiden wir die **reflexiven Verben** (rückbezügliche Verben). **Echte reflexive Verben** sind mit dem Reflexivpronomen (rückbezügliches Fürwort) im Akkusativ oder Dativ (dritter Fall) eine feste Verbindung eingegangen.

Beispiel
Ich schäme mich. (Akkusativ)
Ich eigne mir dieses Buch an. (Dativ)

Als **unechte reflexive Verben** bezeichnen wir die Verben, bei denen ein Geschehen nur gelegentlich und, um die Handlung zu verdeutlichen, auf das Subjekt (Satzgegenstand) zurückbezogen wird.

Beispiel
Ich kaufe mir ein Buch. (Das Buch ist für mich.)
Sie kämmt sich die Haare.
Ich nehme mir die Freiheit.

3.1.7 Finite (bestimmte) und infinite (unbestimmte) Form des Verbs

Die Unterscheidung dieser beiden Verbformen ist sehr einfach. **Finite Formen** beziehen sich immer in Person und Zahl auf das Subjekt.

Beispiel
Ich erwache, das Kind erwacht, du erwachst, die Kinder erwachen.

Verben, die keine Personalformen bilden, sind infinite Verben.

Beispiel
erwachen (Grundform)
erwachend (Partizip Präsens)
erwacht (Partizip Perfekt)
(Sie können nicht sagen: „Ich erwachend")

Die drei **infiniten Verbformen** „*erwachen, erwachte, erwacht*" können für sich allein kein Prädikat (Satzaussage) bilden, d. h., um einem Prädikat anzugehören, benötigen Sie ein Hilfsverb *(Peter ist erwacht.)*. Sie können aber das Nomen oder das Adjektiv vertreten.

Beispiel
Das Erwachen war fürchterlich.
Der erwachende Junge erschrak.
Die erwachte Natur zeigt den Frühling an.

3.1.8 Partizipien (Mittelwörter)

Die infiniten Formen „*erwachend*" und „*erwacht*" haben auf Grund ihrer Mittelstellung zwischen Verb und Adjektiv den Namen **„Mittelwort"** oder **„Partizip"**. Es wird unterschieden in

– **Partizip Präsens** (1. Partizip oder Mittelwort der Gegenwart) und

– **Partizip Perfekt** (2. Partizip oder Mittelwort der Vergangenheit).

Das Partizip Präsens wird gebildet aus der Stammform des Verbs und der Endung -end:

lesen	– lesend
fahren	– fahrend
tadeln	– tadelnd
erwachen	– erwachend

Es drückt das im Verb genannte Geschehen als ablaufend, andauernd, unvollendet und in **aktiver Bedeutung** aus.

Beispiele
Sie kam tanzend herein. („tanzen" ist das Geschehen, das als ablaufend ausgedrückt wird.)
Er steht trauernd am Grabe.
Zögernd öffnete sie den Brief.
Schweigend blickt das Paar sich an.
Singend durchstreiften sie den Wald.

Das Partizip Präsens zeigt dabei die Gleichzeitigkeit von zwei Handlungen. Während sie *„tanzt", „kommt sie herein"*, d. h., das Tanzen und das Hereinkommen geschehen zur gleichen Zeit. Das gilt aber nur, wenn sich das Partizip Präsens ausschließlich auf das Verb bezieht.

Sie kommt tanzend herein. – Wie **kommt** sie herein?
Sie wandern singend durch das Tal. – Wie **wandern** sie durch das Tal?

Das Partizip Präsens kann aber auch Nomen näher erläutern, also die Stelle eines Adjektives einnehmen:

Beispiele
der blühende Baum
das bedrückende Erlebnis
die eingehende Zahlung

Das Partizip Perfekt wird mit der Endung -en, -t oder -et gebildet. Bei den Verben, die keine Vorsilbe besitzen, tritt ge- hinzu.

Beispiele

Verben ohne Vorsilben	Verben mit Vorsilben	Verben mit Vorwörtern
trennen – getrenn**t**	verbrauchen – verbrauch**t**	vorgehen – vorgegangen
fahren – gefahr**en**	entwerfen – entworf**en**	ablaufen – abgelaufen
arbeiten – gearbei**tet**	bearbeiten – bearbei**tet**	einarbeiten – eingearbeitet

Im Gegensatz zu den Vorsilben *(be-, ent-, ver-)* werden Vorwörter vom Verb getrennt:

Vorwort	Vorsilbe (vom Verb nicht trennbar)
Ich habe es **vor**.	Sie **be**arbeitet die Angelegenheit.
Sie arbeitet sich **ein**.	Wir **ver**brauchen viel Wasser.
Das Geschehen läuft **ab**.	Wir **ent**werfen einen Plan.
Wir tragen es **aus**.	Wir **ver**nehmen den Angeklagten.

Ebenso wie das Partizip Präsens dient auch das Partizip Perfekt zur näheren Bestimmung der Umstände. Im Gegensatz zum Partizip Präsens ist es aber von **passiver Bedeutung**.

Partizip Präsens	Partizip Perfekt
der lobende Lehrer	der gelobte Schüler
der liebende Mensch	der geliebte Mensch
das beißende Tier	das gebissene Tier
das untergehende Schiff	das untergegangene Schiff
⇓	⇓
aktivischer Gebrauch	**passivischer Gebrauch**

Das gleiche gilt, wenn durch das Partizip Perfekt das Verb näher bestimmt wird:

Beispiele

Abgehetzt erreicht der Direktor den Bahnhof.
Wie **erreicht** der Direktor den Bahnhof? – abgehetzt –

Sie zog sich aufregend an.	Sie zog sich aufgeregt an.
Sie verließen schlagend den Platz.	Sie verließen geschlagen den Platz.
⇓	⇓
aktivisch verwendet	**passivisch verwendet**

Davon sind Sie nun sicherlich überzeugt, dass Sie die Bedeutung eines Wortes, alle seine sprachlichen Möglichkeiten erfassen müssen, um es sinnvoll zu verwenden. Das gilt in besonders hohem Maße für das Verb.

Allerdings ist über das Verb bei weitem noch nicht alles gesagt, was zu sagen möglich wäre. Es fehlen z. B. Ausführungen über die Verwendung der Tempusstufen und über die Zeitenfolge. Darauf gehen wir in Kapitel 9 ein.

3.2 Nomen

Der Begriff „Nomen" stammt, wie alle grammatischen Ausdrücke, aus dem Lateinischen und heißt soviel wie „Namen". Er bezeichnet also die Hauptsache, gibt ihr einen Namen. Die Bezeichnung „Nomen" wird der Bezeichnung **„Substantiv"** im Allgemeinen heute vorgezogen.

Nomen lassen sich nach **Genus** (Geschlecht) und **Numerus** (Zahl) unterscheiden. Außerdem lassen sie sich **deklinieren** (beugen).

3.2.1 Genus (Geschlecht)

Die Nomen stehen entweder im **Maskulinum** (männliches Geschlecht), im **Femininum** (weibliches Geschlecht) oder im **Neutrum** (sächliches Geschlecht). Dazugehörende Artikel sind:

– **der** für Maskulinum: der Mann
– **die** für Femininum: die Frau
– **das** für Neutrum: das Kind

Das Geschlecht ist in den Fällen, in denen es Personen zugeordnet ist, leicht zu bestimmen. In allen anderen Fällen richten wir uns nach der Spracherfahrung. In Zweifelsfällen müssen wir im Duden nachschlagen.

Beispiele
der Tisch   die Wand   das Haus
der Mond   die Sonne   das Licht

Die Willkürlichkeit der Zuordnung des Geschlechts bei Sachbegriffen lässt sich auch daran erkennen, dass in Fremdsprachen der Genus anders als im Deutschen sein kann *(the moon = she; the sun = he; le soleil = der Sonne; el sol = der Sonne; la luna = die Mond)*.

3.2.2 Numerus (Zahl)

Die Nomen stehen entweder im **Singular** oder im **Plural**. Im Plural haben die Wörter aller drei Geschlechter denselben Artikel: die.

Beispiele
Singular	**Plural**
der Mann	die Männer
die Frau	die Frauen
das Kind	die Kinder

Einige Nomen können keinen Plural bilden, weil sie nicht zählbar sind.

Beispiele
Atem   Honig   Sahne
Rahm   Zucker   Stahl
Scham   Neid   Ehrfurcht
Scheu   Gezänk   Eigensinn
Geld   Mehl   Wasser

Andere wiederum haben keinen Singular, weil das Nomen nur im Plural eine Bedeutung hat, wie z. B. *Ferien, Hundstage, Masern*.

3.2.3 Die Deklination (Beugung) – Kasus (Fall)

Nomen bilden im Singular oder im Plural vier **Fälle**:

Kasus	Genus (Singular)		
	Maskulinum	**Femininum**	**Neutrum**
1. Fall = Nominativ	der Mann	die Frau	das Kind
2. Fall = Genitiv	des Mannes	der Frau	des Kindes
3. Fall = Dativ	dem Mann(e)	der Frau	dem Kind(e)
4. Fall = Akkusativ	den Mann	die Frau	das Kind

Im Plural bleiben die Artikel bei allen Geschlechtern gleich:

Nominativ:	die Männer	die Frauen	die Kinder
Genitiv:	der Männer	der Frauen	der Kinder
Dativ:	den Männern	den Frauen	den Kindern
Akkusativ:	die Männer	die Frauen	die Kinder

Der jeweilige Kasus eines Nomens ist abhängig von seiner Verwendung im Satz:

 Beispiele
Der Mann gibt dem Kind einen Lutscher. (Nominativ)
Ich sehe den Hut **des Mannes**. (Genitiv)
Ich gebe **dem Mann** den Schlüssel. (Dativ)
Ich sehe **den Mann** auf dem Balkon. (Akkusativ)

Nach dem Kasus fragen wir mit den Interrogativpronomen (Fragefürwörter):

Nominativ:	wer? oder was?
Genitiv:	wessen?
Dativ:	wem?
Akkusativ:	wen? oder was?

Interrogativ-pronomen	Kasus	Maskulinum	Femininum	Neutrum
wer oder was?	1. Fall (Nominativ)	der Arzt	die Kraft	das Heft
wessen?	2. Fall (Genitiv)	des Arztes	der Kraft	des Heftes
wem oder was?	3. Fall (Dativ)	dem Arzt	der Kraft	dem Heft
wen oder was?	4. Fall (Akkusativ)	den Arzt	die Kraft	das Heft
Das gleiche gilt für die Formen des Plurals:				
wer oder was?	Nominativ	die Ärzte	die Kräfte	die Hefte
wessen?	Genitiv	der Ärzte	der Kräfte	der Hefte
wem oder was?	Dativ	den Ärzten	den Kräften	den Heften
wen oder was?	Akkusativ	die Ärzte	die Kräfte	die Hefte

✘ Beispiele

„Der Hund frisst den Knochen."
    Frage: **Wer** frisst den Knochen?
    Antwort: „**Der Hund** …"

„Das Zigarettenrauchen ist ungesund."
    Frage: **Wer oder was** ist ungesund?
    Antwort: „**Das Zigarettenrauchen** …"

„Des Kaisers neue Kleider konnte niemand sehen."
    Frage: **Wessen** neue Kleider konnte niemand sehen?
    Antwort: „**Des Kaisers** …"

„Der Docht der Kerze taugt nichts."
    Frage: **Wessen** Docht taugt nichts?
    Antwort: „… **der Kerze** …"

„Die Erziehung des Kindes ist in guten Händen."
    Frage: **Wessen** Erziehung ist in guten Händen?
    Antwort: „… **des Kindes** …"

„Spiel nicht mit dem Messer!"
    Frage: Mit **wem oder was** sollst du nicht spielen?
    Antwort: „… **dem Messer** …"

In vielen Wörterbüchern stehen hinter dem Hauptwort noch eingeklammerte Strichelchen: **Krokus** (-, - u. -se) …

Die erste Angabe zeigt den **Genitiv des Singulars**.

Da hier nur ein Strich steht, bleibt das Wort unverändert, der Genitiv des Singulars heißt also: **des Krokus**.

Die zweite Angabe bedeutet immer den **Nominativ des Plurals**. Da hier ein Strich und „-se" stehen, bleibt das Wort entweder unverändert oder es wird „-se" angehängt, der Nominativ des Plurals heißt also: **die Krokus** oder (gleichberechtigt:) *die Krokusse*.

✘ Noch drei Beispiele

Pony (-s, -s): des Pony**s**, die Pony**s**
Binde (-, -n): der Binde, die Binde**n**
Ski (-s, -er): des Ski**s**, die Ski**er**

Die **bestimmten Artikel** *„der"*, *„die"* und *„das"* können ersetzt werden durch einen **unbestimmten Artikel,** durch ein **Demonstrativpronomen** (hinweisendes Fürwort) oder sie fehlen ganz. An die Stelle des Artikels kann auch ein **Adjektiv** treten.

✘ Beispiele

1. Ersatz durch unbestimmten Artikel:
   Bitte lassen Sie uns **eine** Nachricht zukommen.
2. Ersatz durch Demonstrativ-Pronomen:
   Diese Nachricht hat uns erschüttert.
3. Ersatz durch Adjektiv:
   Schlechte Nachrichten sind wir gewöhnt.

4. Kein Artikel:
Nachrichten höre ich regelmäßig.

Zu 1.: Es handelt sich um eine nicht näher bestimmte Nachricht. Wir wissen auch nicht, um welche Art von Nachricht es geht.
Zu 2.: Hier bezieht man sich auf eine bestimmte Nachricht, deren Inhalt jeder kennt. Das demonstrative „diese" wird auch oft durch den Artikel schon ausgedrückt („**Die** Nachricht hat uns erschüttert.").
Zu 3.: Ohne Artikel wird der Bedeutungsinhalt des Nomens verallgemeinert. Das Adjektiv übernimmt in seiner Endung das Geschlecht.
Zu 4.: In diesem Fall tritt eine Verallgemeinerung des Nomens uneingeschränkt ein.

Wir unterscheiden **starke, schwache** und **gemischte Deklination** von Nomen:

Schwach dekliniert sind alle maskulinen und femininen Wörter, die außer im Nominativ des Singulars in allen anderen Fällen *-n* oder *-en* anhängen und keine Umlaute bilden (Ausnahme: Die femininen Wörter bleiben im Singular ohne Endung).

 Beispiele
schwache Deklination:

der Hase,	die Hasen	der Fürst,	die Fürsten	die Frau,	die Frauen
des Hasen,	der Hasen	des Fürsten,	der Fürsten	der Frau,	der Frauen
dem Hasen,	den Hasen	dem Fürsten,	den Fürsten	der Frau,	den Frauen
den Hasen,	die Hasen	den Fürsten,	die Fürsten	die Frau,	die Frauen

starke Deklination:

der Baum,	die Bäume	das Haus,	die Häuser
des Baumes,	der Bäume	des Hauses,	der Häuser
dem Baum,	den Bäumen	dem Haus,	den Häusern
den Baum,	die Bäume	das Haus,	die Häuser

gemischte Deklination:

das Ohr,	die Ohren	der Staat,	die Staaten
des Ohres,	der Ohren	des Staates,	der Staaten
dem Ohr,	den Ohren	dem Staat,	den Staaten
das Ohr,	die Ohren	den Staat,	die Staaten

3.2.4 Arten der Nomen

Nomen lassen sich durch andere Nomen ergänzen. Sie bilden dann Wortzusammensetzungen. Wenn sie durch Vorsilben, Vorwörter oder Schluss-Silben ergänzt werden, sprechen wir von Worterweiterungen. Außerdem lassen sich fast alle anderen Wortarten nominisieren.

➡ **Wortzusammensetzungen**
Wortzusammensetzungen bestehen aus mindestens zwei Wortstämmen, und zwar dem Bestimmungswort und dem Grundwort. Dabei richtet sich der Artikel stets nach dem Grundwort.

Beispiele

Bestimmungswort	Grundwort	Wortzusammensetzung
der Tisch	das Bein	das Tischbein
das Brot	der Korb	der Brotkorb
der Nagel	die Pfeile	die Nagelfeile

In einer Wortzusammensetzung muss das Grundwort stets ein Nomen sein, nicht aber das Bestimmungswort.

Beispiele

Selbstsucht	**Schweige**pflicht	**Nach**sommer
Wildschwein	**Klein**garten	**Treib**haus

Um Wortzusammensetzungen sprechbar zu gestalten, erhalten sie zwischen Bestimmungswort und Grundwort **Zwischensilben** oder **Zwischenlaute**.

Beispiele

Tasche + Lampe = Tasch**en**lampe
Gott + Dienst = Gott**es**dienst
Rat + Herr = Rat**s**herr
Mensch + Affe = Mensch**en**affe

Im Zweifelsfall bleibt uns nichts anderes übrig, als im Duden nachzusehen. Das Wort *„Schadensfall"* kann auch ohne Zwischenlaut stehen (Schadenfall), das Wort *„Kommunion"* allerdings steht immer ohne „-s-" als Zwischenlaut in Wortzusammensetzungen (Kommunionfeier).

➡ **Worterweiterungen**

Nomen werden durch Vor- und Schluss-Silben sowie Vorwörter erweitert.

Beispiel

	bind	⇒ (= Wortstamm)
ver	bind	lich
unver	bind	lich
Ge	bind	e
	Bind	ung
Unver	bind	lichkeit
	Bind	ungslosigkeit
ein	bind	en

Das Hinzufügen von **Vorsilben, Schluss-Silben** und **Vorwörtern** führt zu neuen Wortbildungen. Dabei üben Vorsilben häufig eine ganz bestimmte Funktion aus. Die Vorsilbe „ge-" z. B. erweitert den Bedeutungsinhalt des Nomens.

Beispiele

Stern – Gestirn
Berg – Gebirge
Horn – Gehörn
Hirn – Gehirn

Die Vorsilbe *un-* verwandelt die Bedeutung ins Gegenteil.

✘ Beispiele

Tiefe	– Untiefe
Recht	– Unrecht
Tugend	– Untugend
Schuld	– Unschuld

Aus diesem Grunde kann es z. B. keine „*Unkosten*" geben!

➡ **Nominisierungen von Verben und Adjektiven**

Aus Verben und Adjektiven werden durch Umformung oder Hinzufügen der Nachsilben *-schaft, -heit, -keit, -tum* und *-ung* Nomen gebildet.

✘ Beispiele

Adjektive		Verben	
gemein	– Gemeinheit	wissen	– Wissenschaft
schön	– Schönheit	verwalten	– Verwaltung
eigen	– Eigenschaft	bearbeiten	– Bearbeitung
böse	– Bosheit	brauchen	– Brauchtum
reich	– Reichtum	bestellen	– Bestellung

Wenn vor das Verb oder das Adjektiv ein Artikel oder Artikelersatz tritt oder wenn ein Adjektiv eine Deklinationsendung trägt, werden diese Wortarten zu Nomen.

✘ Beispiele

hoffen	– **Das** Hoffen lohnt sich.
schreiben	– Wir haben **das** Schreiben erhalten.
glauben	– Sie lebte **im** Glauben an Gott.
grün	– **Das** Grün der Bäume belebt die Landschaft.
gut	– **Das** Gute im Menschen tritt selten zu Tage.
schwer	– Sie müssen Schwer**es** ertragen.
groß	– Er hat Groß**es** geleistet.

In einigen Fällen lassen sich Groß- und Kleinschreibung vertreten, wenn durch fehlende Artikel die Nominisierung nicht ganz klar scheint.

✘ Beispiele

Großschreibung	**Kleinschreibung**
Bedenken Sie, dass Sparen notwendig ist.	Bedenken Sie, dass sparen notwendig ist.
Sie übte mit den Kindern Rechnen.	Sie übte mit den Kindern rechnen.
Gisela lernt Schwimmen.	Gisela lernt schwimmen.

Nominisierungen sollten Sie vermeiden, wenn Sie sich verbal ausdrücken können oder wenn die Nominisierung nicht dazu dient den Text zu verkürzen, wie das oft in Gesetzen oder Bekanntmachungen der Fall ist.

✘ Beispiel

Einen „Heldenfriedhof für Satzleichen" stellt das berüchtigte „Juristendeutsch" mit seiner „Hauptwörterei" dar. Ein Beispiel dafür fanden die Abgeordneten des Bundestages am 14. September 1966 auf ihren Plätzen im Plenarsaal vor. Es handelte sich um den Entwurf des sog. „Stabilitätsgesetzes". Darin war im ersten Absatz folgender Satz vorgesehen:

„Bei der Ausführung des Bundeshaushaltsplans kann im Falle einer die volkwirtschaftliche Leistungsfähigkeit übersteigende Nachfrageausweitung die Bundesregierung den Bundesminister der Finanzen ermächtigen, zur Erreichung der Ziele des Paragraphen eins die Verfügung über bestimmte Ausgabemittel zu vollziehen."

Wie einfach nimmt sich dagegen folgende Fassung aus, in der die Nominisierungen weitgehend durch Verben ersetzt wurden:

„Um die Ziele des Paragraphen eins zu erreichen, kann die Bundesregierung den Bundesminister der Finanzen ermächtigen über bestimmte Ausgabemittel zu verfügen, wenn die Ausweitung der Nachfrage die volkswirtschaftliche Leistungsfähigkeit übersteigt."

Verzichten sollten Sie vor allem auf Nominisierungen, die durch das Anhängen von Nachsilben entstehen, und auf Nominisierungen des Infinitivs.

✘ Beispiele

– Anhängen von Nachsilben –

falsch	richtig
Wir nehmen in Benutzung …	Wir benutzen …
Wir bringen in Abzug …	Wir ziehen ab …
Wir machen eine Schenkung …	Wir schenken …
Wir leisten sofortige Zahlung …	Wir zahlen sofort …
Wir versehen mit Gründen …	Wir begründen …
Wir tätigen einen Verkauf …	Wir verkaufen …
Zu meinem Bedauern …	Ich bedauere …
Die Aufbringung der Mittel …	Die Mittel aufzubringen …
Meine Genesung beginnt …	Ich genese (beginne zu) …
Es ist in Vergessenheit geraten …	Es ist vergessen worden …
Wein ist eine Belebung!	Wein belebt!
Die Instandhaltung der Räume fällt in Ihren Pflichtenkreis.	Sie müssen die Räume instand halten.
Eine Verzichtleistung in Bezug auf mein Erbteil kommt nicht in Frage.	Ich verzichte nicht auf mein Erbteil.
Die Erfüllung des Auftrages bereitet große Schwierigkeiten.	Der Auftrag ist schwierig zu erfüllen.
Sie haben das Recht zur Einsichtnahme.	Sie dürfen einsehen.

– Nominisierungen von Infinitiven –

falsch	richtig
Das Korrigieren der Arbeiten ließ er sich nicht nehmen.	Er ließ es sich nicht nehmen die Arbeiten zu korrigieren.

Das Schreiben von Briefen ist nicht seine starke Seite.
Sie war gegen das Tragen gebrauchter Kleidung.

Es ist nicht seine starke Seite Briefe zu schreiben.
Sie war dagegen gebrauchte Kleidung zu tragen.

 Und hier noch ein abschreckendes Beispiel
(Quelle: Hamburger Abendblatt)

Verstehen Sie diesen Satz?

Abweichend von Nummer 2.3 dürfen auch Verpackungen der Kodierung 4 G verwendet werden, die nach Anhang A.5 der Gefahrgutverordnung Straße vom 22. Juli 1985 (BGBl. I S. 1550) oder nach den „Richtlinien für die Bauartprüfung und die Erteilung der Kennzeichnung von Verpackungen zum Transport gefährlicher Güter mit Seeschiffen – RM 001 – (Beilage Nr. 157 A zum Bundesanzeiger vom 24. August 1985)" unter gleichen Bedingungen bauartgeprüft sind.

Auch Beamte mussten Übersetzung suchen

bz **Berlin** – Dieser Bandwurmsatz steht im Berliner Gesetz- und Verordnungsblatt, November-Ausgabe, auf Seite 2529.

Wir haben ihn nicht verstanden und deshalb Fachleute in den Behörden gefragt: Was bedeutet er?

Volker Kähne, Justizsprecher: Im Augenblick wüsste ich nicht, was das bedeutet. Da müssen die „Könner" ran.

Helmut Heinrich, Persönlicher Referent des Berliner Verkehrssenators: Da wüsste ich im Moment keine Antwort. Manchmal kommt es zu solchen Stilblüten.

Regierungsdirektor Dr. Peter Goehrmann, der für den „Gefahrgutbereich" zuständig ist: Was das genau heißt, müssen wir erst prüfen. Das hat bestimmt kein Jurist geschrieben, sondern ein Techniker. Die sind noch komplizierter in den Formulierungen als wir.

Nach zwei Stunden und etlichen Telefonaten endlich die Antwort: Werner Kluge von der Verkehrsbehörde wusste Bescheid.

Übersetzt heißt die Behördenvorschrift:

Natrium darf mit der Eisenbahn auch in einer Pappverpackung transportiert werden.

Justizsprecher Kähne: Wir werden wohl nicht umhinkommen, ein Wörterbuch für den Öffentlichen Dienst herauszugeben ...

Das nominierte Adjektiv wird in der Regel groß geschrieben:

schön – das Schöne   groß – das Große

➡ **Nominisierungen anderer Wortarten**
Auch andere Wortarten lassen sich nominisieren, wenn ein Artikel darauf hinweist.

 Beispiele
– das Wenn und Aber
– das Weh und Ach
– das Auf und Ab
– das Hin und Her
– das Auf und Nieder

3.3 Der Artikel

Mit den **Artikeln** haben wir uns im letzten Kapitel schon beschäftigt. Deswegen folgt an dieser Stelle nur eine kurze Wiederholung der wichtigsten Begriffe.

Wir unterscheiden
- **bestimmte Artikel** (der, die, das)
- **unbestimmte Artikel** (ein, einer, eines)

Bestimmte und unbestimmte Artikel gliedern sich in Kasus (Fall), Genus (Geschlecht) und Numerus (Zahl):

Bestimmte Artikel:

Kasus	Singular Maskulinum	Femininum	Neutrum	Plural
Nominativ	der	die	das	die
Genitiv	des	der	des	der
Dativ	dem	der	dem	den
Akkusativ	den	die	das	die

Unbestimmte Artikel:

Kasus	Singular Maskulinum	Femininum	Neutrum	
Nominativ	ein Mann,	eine Frau	ein Kind	
Genitiv	eines Mannes	einer Frau	eines Kindes	
Dativ	einem Mann	einer Frau	einem Kind	
Akkusativ	einen Mann	eine Frau	ein Kind	

Genus	Singular			Plural
Maskulinum	ein Pferd			Pferde
Femininum	eine Kuh			Kühe
Neutrum	ein Lamm			Lämmer

3.4 Das Adjektiv

Das **Adjektiv** ist meistens einem Nomen zugeordnet, das näher bestimmt werden soll.

✖ Beispiele

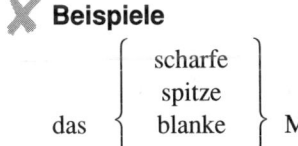

das { scharfe, spitze, blanke, silberne, neue } Messer

Das Adjektiv drückt Beschaffenheit, Qualität, Aussehen, Geruch, Geschmack, Herkunft und Größe aus. Oberflächlicher Sprachstil lässt sich sehr leicht daran erkennen, dass Adjektive unüberlegt verwendet werden. Zu den wenig ausdrucksstarken Adjektiven gehören z. B. *gut, schlecht, sehr, schön* und die Gruppe der nichtssagenden Modewörter *(echt, spitz, irre)*.

Der Brief auf Seite 37 sollte Ihnen als abschreckendes Beispiel dafür dienen, wie man Eigenschaftswörter nicht verwendet. Sie werden beim Lesen merken, dass der Stil unter dem übertriebenen Einsatz von Modewörtern erheblich leidet. Unterstreichen Sie einmal die sich wiederholenden und die nichtssagenden Adjektive.

3.4.1 Deklination des Adjektivs

Das Adjektiv steht entweder vor dem Nomen oder es wird zusammen mit einem Hilfsverb dem Nomen nachgestellt.

 Beispiele

der **scharfe** Senf	Der Senf ist **scharf.**
die **sauberen** Tassen	Die Tassen waren **sauber.**
das **laute** Geschrei	Das Geschrei ist **laut** gewesen.
der **bunte** Ballon	Der Ballon war **bunt.**
das **treue** Tier	Das Tier ist **treu.**
der **freiwillige** Dienst	Der Dienst wird **freiwillig** sein.

Steht das Adjektiv vor dem Nomen, ist es vom Kasus abhängig, wird also genauso dekliniert wie das Nomen.

 Beispiele

– Singular –

Kasus	Maskulinum	Femininum	Neutrum
Nominativ	der freiwillige Dienst	die freiwillige Hilfe	das freiwillige Jahr
Genitiv	des freiwilligen Dienstes	der freiwilligen Hilfe	des freiwilligen Jahres
Dativ	dem freiwilligen Dienst	der freiwilligen Hilfe	dem freiwilligen Jahr
Akkusativ	den freiwilligen Dienst	die freiwillige Hilfe	das freiwillige Jahr

– Plural –

Nominativ	die freiwilligen Jahre
Genitiv	der freiwilligen Jahre
Dativ	den freiwilligen Jahren
Akkusativ	die freiwilligen Jahre

Fehlt der bestimmte Artikel, übernimmt das Adjektiv die Beugung im Maskulinum:

der schöne Urlaub	– ein schön**er** Urlaub
der grüne Baum	– ein grün**er** Baum
der große Unterschied	– ein groß**er** Unterschied

Liebe Marion,   Kassel, 4. September 19..

heute will ich dir endlich über meinen tollen Urlaub berichten, den ich mit meinen Eltern in Spanien verbrachte. Ich werde dir alles genau beschreiben.

Wir fuhren von Kassel aus mit dem Alpen-See-Expreß direkt bis Marbella. Schon allein die Fahrt war dufte. Alle Urlauber hatten eine prima Stimmung – kein Wunder, denn aus dem Lautsprecher in jedem Abteil ertönte Musik, die einfach Klasse war.

Wir hatten einen Liegewagen und ich habe in der Nacht prima geschlafen, so dass ich am nächsten Morgen, als wir durch Südfrankreich fuhren, top-fit war und eine prima Laune hatte, was sicherlich auch an dem prima Wetter lag.

Wir hatten eine Unterkunft in einem ganz schnieken Hotel direkt am Meer mit einem Ausblick auf einen phantastischen Strand, der enorm lang ist. Das Baden im offenen Meer war einfach fabelhaft.

Nur mit dem Essen haute es für meine Eltern nicht so richtig hin; ich dagegen fand, dass es prima Sachen gab, wie Oliven, Tintenfisch, Auberginen, Orangen, Wein und Paella.

Ich habe auch an einem Segelkurs teilgenommen. Der Lehrer war einfach Klasse.

Abends haben wir uns oft amüsiert. Zuerst gingen wir meistens chic essen und dann in eines der vielen Tanzlokale. Das war eine Wucht! Es herrschte eine tolle Stimmung und die Spanier waren prima Tänzer. Eines der Tanzpaare legte einen astreinen Paso Doble aufs Parkett. An einem Tag waren wir zu einem Stierkampf in Sevilla. Ich fand ihn rasend interessant; meine Eltern nannten ihn eine Tierquälerei. Auch die prima Bauten aus alter Zeit haben mir gefallen, obwohl ich zu einer Besichtigung erst keine Lust hatte.

Leider ging der Urlaub so schnell vorüber. Wir haben sehr viel erlebt und uns noch toll erholt. Im nächsten Jahr möchten wir direkt wieder hinfahren, denn dieser Urlaub war prima. – Wie geht es dir, hattest du auch solch einen prima Urlaub?

Herzlich grüßt dich   deine Gaby

(Quelle: Bullerdiek/Bunn, Kurzweilige Deutschstunden, Gehlen Verlag)

In einigen Fällen herrscht in unserer Sprache ein beachtliches Durcheinander. Wir raten deshalb zum Nachschlagen, z. B. in den Vorbemerkungen des Rechtschreib-Dudens, in denen das Wichtigste zusammengestellt ist. Einiges davon sei hier wiedergegeben:

Schwache Deklination im Singular:
aller unnötige Aufwand
solcher unnötige Aufwand
welcher unnötige Aufwand

Starke Deklination im Singular:
vieler unnötiger Aufwand
einiger unnötiger Aufwand
anderer unnötiger Aufwand

im Plural:
alle klugen Reden
welche klugen Reden
sämtliche klugen Reden

im Plural:
mancher kluger Reden
folgende kluge Reden
viele kluge Reden

3.4.2 Komparationen (Steigerungsstufen)

Adjektive werden gesteigert, um Nomen oder Sachverhalte (Umstände) zu vergleichen. Die **Steigerungsstufen** heißen
- **Positiv** = 1. Stufe (Grundform des Adjektivs)
- **Komparativ** = 2. Stufe
- **Superlativ** = 3. Stufe

 Beispiele

Positiv	Komparativ	Superlativ
schön	schöner	am schönsten
gut	besser	am besten
wenig	weniger	am wenigsten
scharf	schärfer	am schärfsten
viel	mehr	am meisten
klein	kleiner	am kleinsten
Peter bekommt **so viel** Taschengeld wie Thomas.	Peter bekommt **mehr** Taschengeld als Thomas.	Paul bekommt **das meiste** Taschengeld.

Nomen werden verglichen.

 Beispiele

Positiv	Komparativ	Superlativ
Paul läuft **schnell**.	Thomas läuft **schneller** als Peter.	Paul läuft am **schnellsten**.

Umstände werden verglichen.

Wir beachten beim Umgang mit den Steigerungsstufen folgende Bedingungen:

➡ Endet das Adjektiv im Positiv bereits auf *-er*, dann tritt beim Komparativ ein weiteres *-er* hinzu:
ein sicherer Hafen – ein sichererer Hafen
ein bitterer Kern – ein bittererer Kern
Um diese umständlichen Wortgebilde zu vermeiden, wird der Komparativ dann besser umschrieben:
Der Hafen ist **weit** sicherer.
Der Kern ist **noch** bitterer.

➡ Die Steigerungsstufen führen häufig zu übertriebenen Redewendungen, die wir vor allen Dingen im „kaufmännischen" Deutsch finden, das den Superlativ oft sprachlich falsch verwendet:
– niedrigste Preise
– haltbarste Ware
– leistungsfähigste Geschäft
– aufmerksamste Bedienung
– vollste Zufriedenheit

In diese Gruppe gehören auch alle Adjektive, die bereits im Positiv Übertreibungen darstellen, weil sie nichts Genaues aussagen:
– fabelhaft   – fantastisch
– erstklassig   – großartig
– furchtbar   – enorm
– entsetzlich   – phänomenal

➡ Ganz falsch wird es, wenn zwei Steigerungsstufen in einem Wort verwendet werden:
– die meistgekaufteste Ware
– die nächstliegendsten Filialen
– die bestbewährtesten Modelle
Richtig müßte es heißen:
– die am meisten gekaufte Ware oder: – die meistgekaufte Ware
– die am nächsten liegenden Geschäfte – die nächstliegenden Geschäfte
– die am besten bewährten Modelle – die bestbewährten Modelle

➡ Eine Reihe von Adjektiven können keine Steigerungsstufen bilden:
das einzige Modell
das leere Gefäß
zur vollen Stunde

Zu dieser Gruppe gehören auch alle Farbadjektive (grün, rot, gelb usw.).

3.5 Pronomen (Fürwörter)

Wir unterscheiden

- **Personalpronomen** = persönliche Fürwörter
- **Possessivpronomen** = besitzanzeigende Fürwörter
- **Demonstrativpronomen** = hinweisende Fürwörter
- **Interrogativpronomen** = Fragefürwörter
- **Relativpronomen** = bezügliche Fürwörter
- **Reflexivpronomen** = rückbezügliche Fürwörter
- **determinative Pronomen** = bestimmte Fürwörter
- **indefinite Pronomen** = unbestimmte Fürwörter

3.5.1 Personalpronomen

Die **Personalpronomen** ersetzen den Namen der Person (pro Nomen = für den Namen) oder das Nomen in den vier Fällen Nominativ, Genitiv, Dativ, Akkusativ, im Singular und im Plural.

	Nominativ	Genitiv	Dativ	Akkusativ
Singular	ich	meiner	mir	mich
	du	deiner	dir	dich
	er	seiner	ihm	ihn
	sie	ihrer	ihr	sie
	es	seiner	ihm	es
Plural	wir	unser	uns	uns
	ihr	euer	euch	euch
	sie	ihrer	ihnen	sie

Beispiele
Nominativ: **Er** hat seinen Freund beraten.
Genitiv: Wir werden **ihrer** gedenken.
Dativ: Das hat **uns** gefallen.
Akkusativ: Wir werden **dich** besuchen.

3.5.2 Reflexivpronomen

Wenn sich ein Pronomen auf das Subjekt desselben Satzes bezieht, nennen wir es **Reflexivpronomen**:

Der Knabe (er) schämt sich.

Das Reflexivpronomen bildet den Genitiv, Dativ und Akkusativ:

Genitiv: Ich achte meiner selbst nicht.
Dativ: Ich gebe mir Mühe.
Akkusativ: Du sehnst dich danach.

„Selbst" und *„selber"* sind erstarrt und werden heute nicht mehr dekliniert, wobei „selber" der Alltagssprache und „selbst" der Hochsprache angehören. „Selbst" kann auch adverbial im Sinne von „sogar" gebraucht werden:

 Beispiele

reflexiv   **adverbial**
Ich selbst habe das gesagt.   Selbst ich habe das gesagt.

Nur in der dritten Person Singular und Plural heißt das Reflexivpronomen im Dativ und Akkusativ immer „sich":

Dativ   **Akkusativ**
Er gibt sich Mühe.   Er sehnt sich danach.
Sie geben sich Mühe.   Sie sehnen sich danach.

Das Reflexivpronomen „sich" wird leider häufig falsch in den Satz eingebaut. In Nebensätzen muss es unmittelbar auf den ersten Satzteil folgen (Beispielsatz 1) oder ihm vorausgehen (Beispielsatz 2):

Falsch: Richtig:
1. Der Kaufmann verlangt von seinen Angestellten, dass sie für die Interessen des Geschäftes sich einsetzen.
1. Der Kaufmann verlangt von seinen Angestellten, dass sie sich für die Interessen des Geschäftes einsetzen.
2. Der Nagel am Stuhlsitz wurde entfernt, damit die Kinder sich nicht verletzen konnten.
2. Der Nagel am Stuhlsitz wurde entfernt, damit sich die Kinder nicht verletzen konnten.

3.5.3 Das Possessivpronomen

Die **Possessivpronomen** drücken Besitzverhältnisse aus.

 Beispiel:

mein
dein
sein
ihr } Buch
sein
unser
euer
ihr

Sie werden wie Artikel oder Adjektive vor Nomen dekliniert:

Singular	Plural
seine Sache vertreten	meine Bücher verkaufen
in meinem Namen sprechen	eure Interessen vertreten
deinen Fall berücksichtigen	ihre Taten beschreiben

Wenn neben dem besitzanzeigenden Fürwort kein Nomen steht, hat es in allen Fällen eine Endung:

Wessen Buch hast du?
   – meins, das meinige, meines
   – ihrs, das ihrige, ihres
   – unser, das unsrige, unseres

Wem gehört der Hut?
   – Es ist meiner.
   – Es ist ihrer.
   – Es ist eurer.

3.5.4 Demonstrativpronomen

Demonstrativpronomen weisen auf einen Gegenstand hin, der näher oder weiter vom Sprecher entfernt ist oder von dem vorher gesprochen worden ist.

 Beispiele

Welcher Baum soll gefällt werden? **Dieser** (hier), **jener** (dort)
Du musst die alten Bäume schlagen lassen, denn **diese** nehmen den jungen Luft und Licht.
Im zweiten Beispiel wird das Personalpronomen demonstrativ verwendet:
…, denn **sie** nehmen den jungen Luft und Licht.

Wenn „*dieser*" oder „*jener*" miteinander verbunden werden, weist „*dieser*" auf den näheren, „*jener*" auf den entfernteren Gegenstand hin. Das Pronomen „*solch*" (solch ein, so ein) meint immer eine bestimmte Art oder Eigenschaft eines Gegenstandes.

 Beispiele

Solche Menschen musst du meiden.
Solch einen Unsinn habe ich lange nicht gehört.
So ein schönes Wetter haben wir selten.

Die Demonstrativpronomen „*dieser, diese, dieses*" können, wenn sie weniger stark betont werden sollen, durch die demonstrativ verwendeten Artikel „*der, die, das*" ersetzt werden.

 Beispiele

Das Haus da habe ich gekauft. (statt: Jenes Haus …)
Die Frau hier braucht Hilfe. (statt: Diese Frau …)

Stehen die Artikel als Demonstrativpronomen ohne Nomen, braucht man im Genitiv „*dessen*" und „*deren*" (statt „*des*" und „*der*"), im Dativ Plural „*denen*" statt „*den*".

Beispiele

Der Hut *des Mannes* dort liegt auf der Straße.
Der Mann, **dessen** Hut auf der Straße liegt, ...
Die Handtasche *der Frau* wurde gestohlen.
Die Frau, **deren** Handtasche gestohlen wurde, ...
Den Kindern wurde das Toben auf diesem Platz verboten.
Die Kinder, **denen** das Toben auf diesem Platz verboten wurde, ...
Dessen ungeachtet, unterschreiben wir den Vertrag.
Denen kann man nichts recht machen.

Anmerkung:

Anstatt des Neutrums *„dieses"* wird häufig das ungebeugte *„dies"* in gleicher Bedeutung verwendet, vor allem, wenn es allein steht. Entscheidend für die Wahl ist der Satzrhythmus:

Dieses Kleid gefällt mir.
Dies gefällt mir.
Dieses gefällt mir.

3.5.5 Interrogativpronomen

Interrogativpronomen sind Fragewörter (wer, was, welcher, was für ein), die Ergänzungsfragen einleiten. Als Ergänzungsfragen bezeichnen wir Fragen, die sich nach einer Person, einer Sache oder einem Umstand erkundigen.

 Beispiele

Wer war das?	Wann treffen wir uns?
Wen willst du einladen?	Wo finde ich es?
Was ist das?	Wodurch passierte es?
Welches Obst möchtest du?	Warum kommt er nicht?
Was für einen Schlüssel hast du da?	Womit soll ich die Flasche öffnen?
	Wie finde ich den Flughafen?
⇓	⇓
Frage nach Person oder Sache	**Frage nach dem Umstand**

Das Interrogativpronomen *„was"* hat keine Dativform. Es wird umgangssprachlich häufig falsch gebraucht.

Beispiele

falsch	**richtig**
Zu was soll das gut sein?	Wozu soll das gut sein?
Mit was ist er beschäftigt?	Womit ist er beschäftigt?
An was fehlt es dir?	Woran fehlt es dir?

Der **Interrogativsatz** wird ebenfalls mit einem Interrogativpronomen eingeleitet. Unter einem Interrogativsatz verstehen wir einen Fragesatz. Wir unterscheiden

direkte Fragesätze	indirekte Fragesätze
Wie lange ist das her?	Erzähle mir, was du gesehen hast.
⇓	⇓
mit Fragezeichen!	ohne Fragezeichen!

3.5.6 Relativpronomen

Relativpronomen sind „*der, die, das, welcher, welche, welches, wer und was*" mit den dazugehörigen Beugungen. Sie beziehen sich auf eine Person, einen Gegenstand oder eine Sache, die im vorangegangenen Satz benannt wurde und durch den Relativsatz näher erklärt wird (siehe Attributivsätze).

Beispiele

Der Mensch, **der** keine Freunde hat, ist beklagenswert.
Der Knochen, **den** der Hund gestohlen hat, war bereits verdorben.
Alle Schüler, **die** in der Nähe wohnen, helfen beim Sportfest.
Wir können in dem Raum, **der** uns zur Verfügung gestellt wurde, nicht tagen.
Ich kann das Haus, **das** du meinst, nicht sehen.

„*Wer*" oder „*was*" werden als Relativpronomen verwendet, wenn man sie mit „*jeder, der*", „*alles, das*" oder „*wenn einer, wenn etwas*" vertauschen kann.

Beispiele

Wer nicht hören will, muss fühlen. (jeder, der …)
Wer anderen eine Grube gräbt, fällt selbst hinein. (jeder, der …)
Was Hänschen nicht lernt, lernt Hans nimmermehr.

Häufig herrscht Unklarheit darüber, wann in Relativsätzen *das* und *was* zu stehen hat. Bitte merken Sie sich folgende Regeln:

1. Auf ein sächliches Hauptwort folgt stets das bezügliche Fürwort **das**. (*Das Bild, das* an der Wand hängt, …)
2. Nach einem unbestimmten Zahlwort bevorzugt der Sprachgebrauch **was**. (Es gibt *nichts, was* ihn erschüttern könnte. – *Vieles, was* ich gelesen habe, ist mir wieder entfallen.)
3. Nach einem zum sächlichen Nomen erhobenen Adjektiv schwankt der Gebrauch von **das** und **was**. Gebräuchlicher ist jedoch die Verknüpfung mit **was**.

Beispiele

Richtig	auch richtig:
Das war das Klügste, **was** du tun konntest.	Das war das Klügste, **das** du tun konntest.
Das Schöne, **was** uns im Leben begegnet, bleibt in der Erinnerung haften.	Das Schöne, **das** uns im Leben begegnet, bleibt in der …
Das Schlimmste, **was** er uns antun konnte, war der Verrat.	Das Schlimmste, **das** er uns antun konnte, war der Verrat.

Bitte beachten Sie:

Je allgemeiner das Wort ist, zu dem der Relativsatz gehört, desto mehr neigt der Sprachgebrauch zu „*was*".[1]

 Beispiele

Er trägt sein Herz auf der Zunge, **was** ihm oft schadet. Das schadet ihm oft.
Sie haben Ihre Leistung verbessert, **was** mich sehr freut. Das freut mich sehr.
Die beste Krankheit ist nichts wert, **was** jeder bestätigen wird. Das wird jeder bestätigen.
Sie hatten große Erfolge, **was** von allen anerkannt wurde. Das wurde von allen anerkannt.

3.5.7 Determinativpronomen

Determinative (bestimmende, zielende) Pronomen weisen auf Relativpronomen hin.

 Beispiele

Wir empfinden eine natürliche Zuneigung zu **den** Menschen, die uns
Liebes erweisen.

… zu denjenigen Menschen, die …
⇓
Determinativpronomen

Wähle **solche** Freunde, denen du vertrauen kannst.

Dieselbe Klippe, an der schon viele scheiterten, führte zu seinem Untergang.

Ich gedachte **derer**, die meine Gefährten gewesen sind.

3.5.8 Indefinite Pronomen

Die **indefiniten (unbestimmten) Pronomen** bezeichnen eine oder mehrere nicht näher bestimmte Personen oder Sachen. Man benutzt als indefinite Pronomen: *man, jemand, niemand, keiner, einer, wer, was, etwas, welcher.* Sie werden häufig durch „*irgend*" verstärkt. Infinit sind Verben, die nicht nach Person und Zahl bestimmt sind, also alle Infinitive (z. B. Schreiben) und alle Partizipien (z. B. schreibend, geschrieben).

 Beispiele

Niemand kann uns sehen.
Ich habe etwas gehört.
Ich habe irgendetwas gehört.

---

[1] Wenn sich der Relativsatz auf den gesamten Hauptsatz bezieht, verwenden Sie „*was*". Sie können den Relativsatz auch zu einem zweiten Hauptsatz umformen, aber dann benutzen Sie das relative „*das*".

Hast du irgendwelche Änderungen vorzuschlagen?
Keiner hätte das gedacht!
Einer wird es wohl gewesen sein.
Man spricht nur Gutes von ihr.
Wer soll das bloß alles bezahlen!
Was hat das damit zu tun?

Bitte beachten: Alle Verstärkungen mit „irgend" sind ein Wort: *irgendwelche, irgendwer, irgendeiner, irgendjemand, irgendetwas.*

3.6 Numerale (Zahlwörter)

Die **Zahlwörter** (lateinisch: **Numeralia**; Einzahl: **Numerale**) werden eingeteilt in **Grundzahlen** (Kardinalzahlen) und **Ordnungszahlen** (Ordinalzahlen).

Die Grundzahlen kennen wir aus dem Rechenunterricht: *fünf* plus *sieben* ist *zwölf, drei* mal *acht* ist *vierundzwanzig, neunzehn* weniger *sechs* ist *dreizehn, achtzehn* geteilt durch *neun* ist *zwei.*

Die Zahlen *eins, zwei* und *drei* werden gelegentlich noch gebeugt:

„Eines Mannes Rede ist keines Mannes Rede …"
„Wir beklagen den Verlust **zweier** wertvoller Mitarbeiter."
„Das Gepäck **dreier** Fahrgäste ging dabei verloren."

Die Zahlen *hundert, tausend, zehntausend* und *hunderttausend* werden oft hauptwörtlich gebraucht und dann gebeugt:

„**Hunderte** waren erschienen." „Alles zusammen ergibt ein volles **Hundert**."
„**Tausende** hatten die Grippe." „**Zehntausende** gingen zur Wahl."
„Die Zahl der Analphabeten geht dort in die **Hunderttausende**."

Million ist immer Hauptwort: eine Million, zwei Millionen usw. Ebenso: Milliarde, Billion.

Was wir schon beim Nomen festgestellt haben, gilt auch hier. Jede Zahl kann auch hauptwörtlich gebraucht werden; die Dreizehn (Buslinie), die böse Sieben, die Zwei (Fernsehserie), die Achtundzwanzig (die Zahl 28).

Die Ordnungszahlen drücken aus, um den (die, das) wievielte(n) es sich handelt: der *Erste,* die *Vierte,* das *Neunte,* der *Sechzehnte,* die *Fünfundzwanzigste* usw. Ordnungszahlen werden in Einzahl und Mehrzahl genauso gebeugt *wie* Eigenschaftswörter.

Zu den Numeralen gehören auch:

– *einmal, zweimal, dreimal* (mit Ziffer: 1-mal, 2-mal, 3-mal) usw. Man nennt sie Wiederholungszahlen (lateinisch: Iterativzahlen);
– *zweifach, dreifach, fünffach, siebenfach* (mit Ziffer: 2fach, 3fach, 5fach, 7fach) usw. Man nennt sie Vervielfältigungszahlen (lateinisch: Multiplikativzahlen);

- *zweitens, viertens, sechstens, achtens* usw. Man nennt sie Einteilungszahlen (lateinisch: Distributivzahlen). Sie entstehen, wie man sofort erkennt, durch Anhängen von -ns an die Ordnungszahl;
- *einerlei, zweierlei, fünferlei, siebenerlei* usw. Man nennt sie Gattungszahlen (lateinisch: Variativzahlen). Sie entstehen durch Anhängen von -erlei an die Grundzahlen;
- *halb, drittel, viertel, achtel, neuntel* usw. Man nennt sie Bruchzahlen (lateinisch: Fraktionalzahlen). Man bildet die meisten von ihnen durch Anhängen von *-tel* an die Grundzahlen. Ausnahmen: *halb* (statt „zweitel"), *drittel* (statt dreitel); *achtel* (statt „achttel"). Geht die Grundzahl auf *-g, -d* oder *-t* aus, so wird *-stel* angehängt: *zwanzigstel, tausendstel, hundertstel,* zwei drittel Liter. Aber: vier Fünftel des Ganzen. Der Bruchteil wird als Hauptwort angesehen.

Es gibt auch Numerale, die keine genaue Menge benennen, sondern nur eine unbestimmte Größe bezeichnen. Das sind die unbestimmten Zahlwörter (lateinisch indefinite Numerale). Zu ihnen gehören zum Beispiel: *einige, etliche, alle, viele, keinerlei, vielfach, ein paar, mannigfach.*

Merken sollten Sie sich, dass es Kardinal- und Ordinalzahlen gibt und dass die anderen hier genannten Arten auch zu den Numeralen gehören; denn wenn Sie das wissen, dann wissen Sie auch, wo Sie nachschlagen müssen, wenn Sie einmal etwas Genaueres erfahren möchten.

3.7 Adverbien

Adverbien können nicht gebeugt werden. Sie gehören damit zu den sog. unflektierbaren Wörtern. Es gibt Adverbien, die nur als Adverbien vorkommen, und andere, die eigentlich Adjektive sind, aber adverbial gebraucht werden, wenn sie ein Verb, ein Adjektiv oder ein Adverb näher bestimmen.

Beispiele
Nur als Adverb kommen vor:
- kaum, vergebens, gern
- sehr, genug überaus
- bald, immer, jetzt
- gestern, morgen, heute, wieder
- überall, nirgends
- einmal, zweimal, dreimal usw.
- erstens, zweitens, drittens usw.

Von Nomen abgeleitete Adverbien:
- rings, ringsum, teils, flugs, anfangs

Adverbien, die Adjektive näher bestimmen:
- ein schnell fliegendes Flugzeug   (wie fliegend?)
- ein bunt gemusterter Rock   (wie gemustert?)

Adjektive, die Verben näher bestimmen:
- Die Nachtigall singt schön. (Wie **singt** sie?)
- Er kam gestern. (Wann **kam** er?)
- Ich wartete vergebens. (Wie **wartete** ich?)

Adverbien, die Adverbien näher bestimmen:
- Die Nachricht muss streng vertraulich behandelt werden. (wie vertraulich?)
- Ich wartete heute vergebens. (wann vergebens?)
- Der Mann begegnete mir überaus freundlich. (wie freundlich?)

Bitte beachten Sie bei den Zeitadverbien folgende **Rechtschreibklippen**:

1. Groß und zusammen schreibt man die Wochentage und Tageszeiten als Nomen:

der Abend	am Morgen
des Morgens	diesen Vormittag
eines Nachts	zu Abend essen
gegen Mittag	gute Nacht sagen
den Nachmittag über	ein Mittwochabend
es ist Freitag	der Sonntagmorgen
es wird Nacht	an einem Dienstagnachmittag

2. Klein und getrennt geschrieben werden die Tage und Tageszeiten, wenn sie als Adverbien gebraucht werden, aber: Tageszeiten werden groß geschrieben, wenn sie in Verbindung mit *heute, gestern, morgen* stehen.

bis morgen	nachts
gestern Morgen	vormittags
heute Mittag	mittwochs
morgen Abend	sonntags
dienstags abends	spätabends
von morgens bis abends	abends spät
von abends bis früh	um 9 Uhr morgens
morgens	abends um 20 Uhr
abends	

   Ferner:

Sonntagvormittag	Dienstagabend
Montagnachmittag	Dienstagabends

Adverbien können *keine* Adjektive bilden. Deswegen sind Formulierungen, wie: „die morgige Sitzung", „das heutige Treffen", „die gestrige Veranstaltung", „die baldige Antwort", „die sofortige Bestellung" grammatisch falsch. Richtig muß es heißen: „die morgen stattfindende Sitzung", „das heute stattfindende Treffen" oder: „das Treffen von heute, morgen, gestern" oder auch: „Wir treffen uns heute." „Gestern veranstaltet", „bald beantwortet", „sofort bestellt". Im Beispiel „die morgen stattfindende Sitzung" muss das Nomen „Sitzung" erhalten bleiben. Es ist keineswegs so, dass *alle* mit „-ung" gebildeten Nomen stilistisch schlecht sind (dann gäbe es sie nämlich gar nicht). Man sollte sie vermeiden, wenn es möglich ist, und das Nomen durch das Verb ersetzen.

3.8 Präpositionen

Präpositionen sind Wörter, die dazu dienen, das Verhältnis eines Nomens oder Pronomens zu einem anderen Wort im Satz zu bestimmen.

 Beispiele

Der Hund liegt auf der Bank.
Der Hund liegt unter der Bank.
Der Hund liegt neben der Bank.

In diesen drei Sätzen dient das Wort „*Bank*" dazu den Ort zu bezeichnen, an dem der Hund sich befindet, aber näher bestimmt wird dieses örtliche Verhältnis durch die Wörtchen „*auf*", „*unter*" und „*neben*".

 Weitere Beispiele

Wir gingen während des Regens spazieren.
Wir gingen vor dem Regen spazieren.
Wir gingen nach dem Regen spazieren.

Hier dient das Wort „*Regen*" dazu die Zeit des Spazierens zu bezeichnen, aber bestimmt wird dieses zeitliche Verhältnis durch die Wörter „während", „vor" und „nach".

Präpositionen regieren (bestimmen) die Fälle.

3.8.1 Präpositionen mit dem Genitiv

Um sich merken zu können, welche Fälle nach welchen Präpositionen zu verwenden sind, mussten die Schüler früher kleine Verse in Gedichtform auswendig lernen. Da dies heute nicht mehr üblich ist, werden leider gerade die Präpositionen, die mit dem folgenden Nomen im Genitiv zu verknüpfen sind, nur noch selten richtig verwendet. Aus diesem Grund kehren wir zu den „Eselsbrücken" in Gedichtform zurück und raten Ihnen diese kleinen Verschen zu lernen:

Unweit, mittels, kraft und während,
laut, vermöge, ungeachtet,
oberhalb und unterhalb
innerhalb und außerhalb,
diesseits, jenseits, halber, wegen,
statt, auch längs, zufolge, trotz
stehen mit dem Genitiv
oder auf die Frage wessen?
Doch ist hier nicht zu vergessen,
dass bei diesen letzten drei
auch der Dativ richtig sei.

Neben „*halber*" ist die Form „*halb*" gebräuchlicher. „Halber" benutzt man nach Nomen ohne Bestimmungswort, z. B. *krankheitshalber*, „halb" braucht man in den Wörtern „*deshalb*", „*weshalb*".

3.8.2 Präpositionen mit dem Dativ

Auch hier soll Ihnen ein kleiner Vers als „Eselsbrücke" dienen:

> Schreib mit, nach, nächst, nebst, samt,
> bei, seit, von, zu, zuwider,
> gegenüber, aus, entgegen
> stets mit dem Dativ nieder!

Auch *„binnen"* und *„gemäß"* werden mit dem Dativ verbunden.

3.8.3 Präpositionen mit dem Akkusativ

Und noch ein Vers:

> Bei durch, für, ohne, um,
> auch sonder, gegen, wider
> schreib stets den Akkusativ
> und nie den Dativ nieder.

 Beispiele
Wir gehen durch die Tür.
Sie verlassen ihn gegen ihren Willen.
Die Spende ist für den Kindergarten.

3.8.4 Präpositionen mit dem Akkusativ und dem Dativ

Vielleicht erinnern Sie sich an den nächsten Vers noch aus Ihrer Schulzeit und aus Erzählungen Ihrer Eltern bzw. Großeltern?

> An, auf, hinter, neben, in,
> über, unter, vor und zwischen
> stehen mit dem vierten Fall,
> wenn man fragen kann „wohin?",
> mit dem dritten steh'n sie so,
> dass man nur kann fragen „wo?".

 Beispiele
Er steht hinter der Tür. (Wo steht er?)
Er geht hinter die Tür. (Wohin geht er?)

3.9 Konjunktionen (Bindewörter)

Die **Konjunktionen** richten sich nach dem gedanklichen Verhältnis der Redeteile, die sie verbinden. Danach lassen sich die nebenordnenden Konjunktionen einteilen in

- **anreihende (kopulative):** und, auch, ferner, noch, außerdem, bald – bald, weder – noch, teils – teils
- **gegensätzliche (adversative):** aber, hingegen, sondern, allein, doch, jedoch, dennoch, indes
- **begründende (kausale):** denn, nämlich
- **folgernde (konsekutive):** daher, deshalb, darum, folglich, also, deswegen
- **ausschließende (disjunktive):** oder, entweder – oder, sonst
- **zeitliche (temporale):** dann, damals, darauf, nachher
- **örtliche (lokale):** dort, da, hier

Anmerkung: Die zeitlichen und örtlichen nebenordnenden Konjunktionen waren ursprünglich Adverbien.

1. **Zeitsatz** = **Temporalsatz**	Wann? Seit wann? Bis wann? Während welcher Zeit? Wie lange? Wie oft?	als, da, ehe, bevor, nachdem, seit, seitdem, bis, sobald, solange, sooft, während, indes, wenn
2. **Ortssatz** = **Lokalsatz**	Wo? Wohin? Woher? Wie weit?	wo, wohin, woher, so weit, da
3. **Begründungssatz** = **Kausalsatz**	Warum? Weshalb? Aus welchem Grunde?	weil, da
4. **Folgesatz** = **Konsekutivsatz**	Was war die Folge? Mit welcher Wirkung?	sodass/so dass, dass, ohne dass
5. **Bedingungssatz** = **Konditionalsatz**	Unter welcher Bedingung?	wenn, falls, im Falle dass
6. **Absichtssatz** = **Finalsatz**	Zu welchem Zweck? In welcher Absicht?	damit, dass
7. **Artsatz** = **Modalsatz**	Auf welche Art und Weise? Wie?	indem, dadurch dass, ohne dass
8. **Vergleichssatz** = **Komparativsatz**	Auf die Frage Wie? folgt ein Vergleich	wie, wie wenn, als, als ob, je nachdem, je – desto
9. **Einräumungssatz** = **Konzessivsatz**	Was sprach dagegen? Trotz welchen Umstandes?	obgleich, obwohl, obschon, wenn – auch, wie – auch
10. **Gegenteilsatz** = **Adversativsatz**	Der Inhalt des Nebensatzes besagt das Gegenteil von dem des Hauptsatzes	anstatt dass, während, während doch, indessen

Beispiele
Birgit **und** Regina gehen zum Dom.
Bald spricht er so, **bald** so.
Er hat **weder** geschrieben **noch** angerufen.
Teils stimmte er mir zu, **teils** war er anderer Meinung.

Die **unterordnenden Konjunktionen** leiten verschiedene Konjunktionen als Sätze ein, und zwar Temporalsätze, Lokalsätze, Kausalsätze, Konsekutivsätze, Konditionalsätze, Finalsätze, Modalsätze, Komparativsätze, Konzessivsätze und Adversativsätze. Die Aufstellung auf Seite 51 wird Ihnen die Übersicht erleichtern.

Beispiele
Ich hoffe, **dass** sie wiederkommt.
Er handelte so, **als** hätte er davon nichts gewusst.
Er handelte so, **weil** er nichts davon gewusst hatte.
Sie übt Vokabeln, **damit** sie eine gute Arbeit schreibt.

3.10 Interjektionen (Ausrufewörter)

Interjektionen sind Lautgebilde, mit denen ohne besondere sprachliche Formung Empfindungen ausgedrückt werden.

Beispiele
Ach, ah, aha, oh, ei, hu, huch, pfui

Sie stehen außerhalb des Satzzusammenhangs.

Beispiele
Ach, wären wir doch schon zu Hause!
Pfui, bist du schmutzig!

Die mit Interjektionen eingeleiteten Sätze schließen immer mit einem Ausrufezeichen. Es sind vier Formen möglich:

1. Ach, wie ist das schön!
2. Na, na!!
3. So passen Sie doch auf!
4. „Pfui!" rief er entrüstet aus.

4 Ausgewählte Rechtschreibklippen

Von welchen Bedingungen und Regeln ist die Be- und Verarbeitung von Texten abhängig? Der Aufbau und die Zusammenhänge lassen sich am besten an einer Skizze darstellen:

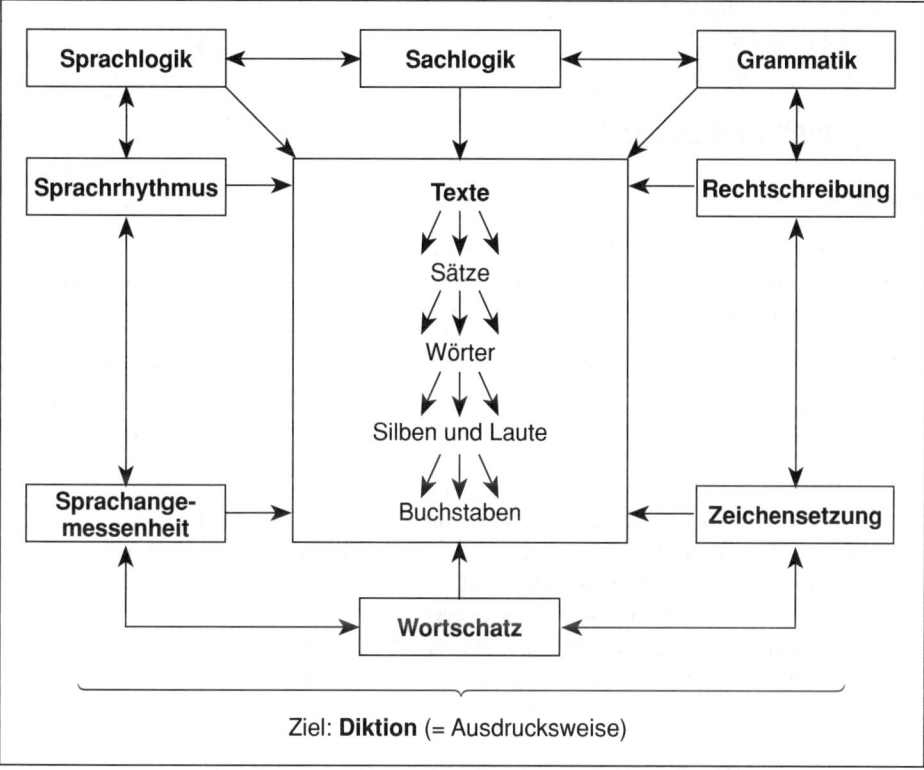

Die neuen Regeln für die deutsche Rechtschreibung (Orthographie) gelten ab 1. August 1998. Sie sind vollständig niedergelegt im Band 1 des Großen Dudens: **Rechtschreibung der deutschen Sprache und der Fremdwörter** (in der jeweils neuesten Auflage).

4.1 Allgemeine Regeln

Abgesehen von wenigen festen Regeln – z. B.: nach *l, n* und *r* folgt nie *ck* oder *tz; echte Hauptwörter* schreibt man *immer groß*; kein deutsches Wort beginnt mit *ie* – ist die deutsche Rechtschreibung kaum systematisch lehrbar. Rechtschreib-Lehrbücher sind daher in Wirklichkeit Übungsbücher, die bestimmte Arten von Schwierigkeiten (Verdoppelung von Konsonanten (Mitlauten) oder Vokalen (Selbstlauten), Dehnungs-h, Dehnungs-e, Großschreibung von hauptwörtlich gebrauchten anderen Wörtern (das Wenn und das Aber), Kleinschreibung von verblassten Hauptwörtern (dank, trotz), Zusammen- und Getrenntschreibung (einmal, das eine Mal u. a. m.) in Wortlisten und Übungstexten darstellen. Am Ende läuft Rechtschreibkenntnis doch darauf hinaus, dass man sich Vorschriften und Ausnahmen einprägt und (vor allem) im Notfall weiß, wo man verbindliche Auskunft bekommt, nämlich im Duden.

Merksatz:

> Nach l, n, r, das merke ja,
> steht nie tz und nie ck!

4.2 „Das" und „dass"

Das Wort „*das*" kann sein

- Artikel: das Haus, das Bett
- Relativpronomen: Das Buch, **das** (welches) ich gerade lese, ist spannend.
- Demonstrativpronomen: **Das** (dies) glaube ich nicht.

Das Wort „*dass*" ist eine nebenordnende Konjunktion. Sie leitet Nebensätze ein.

Beispiele
- Ich nehme an, **dass** sie mir Rabatt gewähren.
- **Dass** er bestellen würde, haben wir gehofft.
- Er sagte, **dass** er morgen eintrifft und die Unterlagen mitbringt.

Anmerkung: Bei mit „und" verbundenen Nebensätzen wird die Konjunktion (hier: dass) nach „und" meist nicht wiederholt.

Falsch ist in dem letzten Beispiel die Inversion, d. h., die Umstellung von Prädikat und Objekt in dem nach „und" stehenden Nebensatz. Falsch wäre es also zu sagen und zu schreiben: *Er sagte, dass er morgen eintrifft, und er bringt die Unterlagen mit.*

4.3 Das Zusammentreffen gleicher Konsonanten

Treffen in zusammengesetzten Wörtern zwei gleiche Konsonanten mit einem dritten zusammen, so wird keiner der Konsonanten weggelassen.

Beispiele
Fetttröpfchen, Pappplakat.

Bei der Trennung solcher Wortzusammensetzungen bleiben die Stammteile in ihrer ursprünglichen Form erhalten, also: *Schiff-fahrt, Brenn-nessel, Wett-turnen, Stoff-fülle* außer: *Drit-teil, Mit-tag, den-noch*

4.4 Trennungsregeln deutscher Wörter

Die Trennungsregeln erscheinen deswegen kompliziert, weil wir zwischen Sprach- und Sprechsilben unterscheiden müssen.

✘ Beispiel
geh/en = Sprachsilbe
ge-hen = Sprechsilbe

Wir trennen dieses Beispiel nach der Sprechsilbe. Das ist bei den meisten deutschen Wörtern der Fall.

✘ Beispiele
Schu-lung, Sen-dung, sit-zen, kel-tern, rei-sen, blei-ben, fei-ge, bren-nen

Mehrsilbige einfache und abgeleitete Wörter trennt man ebenfalls nach Sprechsilben, die sich beim Langsamsprechen von selbst ergeben.

✘ Beispiele
Auf-nah-me-lei-tung, Rei-se-ver-an-stal-tungs-pro-gramm

Das trifft auch auf Wörter mit „st" zu.

✘ Beispiele
Las-ten
Hus-ten
Fens-ter

Dabei sind nun einige Regeln zu beachten:

– ch, sch und ß werden nicht getrennt: *Bü-cher, Wä-sche, schie-ßen*
– Wird eine Schreibmaschine benutzt, die kein „ß" hat, stellvertretend für das „ß" also „ss" geschrieben wird, so dürfen die beiden „s" getrennt werden: *Grüs-se, schies-sen, fleis-sig*
– ck wird in der Silbentrennung nicht mehr in k-k aufgelöst: *Zu-cker, Bä-cker, me-ckern, si-ckern*
– In einigen Nomen fehlt ein ursprünglich zum Stamm gehörendes „h". Dieses fehlende „h" ist endgültig gestorben und tritt auch bei der Trennung nicht wieder in Erscheinung: *Ho-heit, Rau-heit*
– Ein einzelner Vokal kann abgetrennt werden: a-ber, U-fer, po-e-tisch
– Vokalfolgen dürfen auch dann nicht getrennt werden, wenn sie getrennt gesprochen werden: *die Seen, knien*

Worterweiterungen und Wortzusammensetzungen werden nach Sprachsilben getrennt.

✘ Beispiele
Emp-fangs-tag, Diens-tag, emp-fin-den

Wird ein Wort nicht mehr als Zusammensetzung erkannt oder empfunden, so ist auch die Trennung nach Sprechsilben korrekt.

✘ Beispiele
Wa-rum, da-rauf, wo-rin, da-ran, da-rin

4.5 Die Trennung von Fremdwörtern

Die **Trennung der Fremdwörter** geschieht ebenfalls nach Sprechsilben.

Beispiel
fle-xib-ler, Dip-lom

Am besten ist es, Sie prägen sich folgende Trennungen häufiger Fremdwörter ein oder sehen im Duden nach.

➡ **Trennungen**
- Einfache und abgeleitete Fremdwörter werden wie die deutschen Wörter nach Sprechsilben getrennt:
  Bal-kon, Fis-kus, Ho-tel, Pla-net, Kon-ti-nent, Re-mi-nis-zenz, El-lip-se, Ma-dei-ra
- Zusammengesetzte Fremdwörter werden nach ihren Bestandteilen, also nach Sprachsilben, getrennt:
  Atmo-sphäre, Mikro-skop, Inte-resse, Sy-no-nym, At-traktion, Ex-spektant, in-szenieren, Manu-skript
- Diese Bestandteile allerdings werden nach den obigen Richtlinien für einfache Fremdwörter getrennt:
  At-mo-sphä-re, Mik-ro-skop, In-te-res-se
- ph, rh, sh, th bleiben ungetrennt, weil sie einfache Laute bezeichnen:
  Pro-phet, Myr-rhe, Bu-shel, ka-tholisch
- Nach dem Vorbild der klassischen Sprachen können bestimmte Lautverbindungen (bl, pl, fl, gl. usw.) ungetrennt bleiben:
  Pu-bli-kum, Di-plom, Re-gle-ment, Zy-klus, Fe-bru-ar, Le-pra, Hy-drant, neu-tral, Chif-fre, Li-vree, Sa-kra-ment, In-du-strie, Ar-thri-tis, Ma-gnet, Si-gnal, py-knisch; aber auch *Pub-li-kum, Dip-lom, Reg-le-ment, Zyk-lus, Feb-ru-ar, Lep-ra, Hyd-rant, neut-ral, Chiff-re, Liv-ree, Sak-ra-ment, In-dust-rie, Arth-ri-tis, Mag-net, Sig-nal, pyk-nisch*
- Zwei Selbstlaute bleiben besser ungetrennt, wenn sie eng zusammengehören:
  Natio-nen, Flui-dum, Kolloi-dal, asia-tisch, ideal, idea-ler Mann, Idea-list
- Zwei Selbstlaute dürfen getrennt werden, wenn sich zwischen ihnen eine Silbenfuge befindet:
  Muse-um, Individu-um, kre-ieren, lini-ieren, partei-ische

Bei diesen Beispielen handelt es sich um Fremdwörter, die der Duden als **„reine Fremdwörter"** bezeichnet. Daneben kennen wir die **eingedeutschten Fremdwörter**. Sie unterliegen den deutschen Rechtschreibregeln. Bei fremdsprachigen Wörtern darf in Kurzzitaten ebenfalls nach deutschen Regeln getrennt werden, nicht jedoch bei längeren Textteilen.

Beispiele
In Kurzzitaten darf getrennt werden:
de-fi-cit-spen-ding; swin-ging London
(nicht schön, aber erlaubt)
In längeren fremdsprachlichen Zitaten:
deficit-spend-ing, swing-ing London

4.6 Straßennamen

- Straßennamen werden in einem Wort geschrieben, wenn

  a) das Bestimmungswort ... ensetzung übersichtlich ist:
  ... asse, Inselgässchen, Bäckerweg, ... lamm, Mühlendamm, Höhen- ... hallee, Börsenplatz, Domplatz, ... orte, Deutschherrnufer, Haupt- ...
  ... bergerstraße, Annenweg, Fer- ... platz
  ... ergeschlecht bezeichnet: ... ße, Wettinerplatz
  ... endet oder unverändert ist: ... ße
  ... ndung ist: ... sse, Langstraße
  ... wenn
  ... tein, Große Sandgasse, Großer ... iner Wallgraben, Lange Straße, ... Aussicht, Schmaler Weg ... abgeleitet sind: ... enheimer Warte, Cuxhavener ..., Friedberger Anlage, Münsterer Straße, Pfalzer Straße, Potsdamer Platz, Reichenbacher Weg, Sandhöfer Allee, Neue Mainzer Straße, Leipziger Straße

  c) eine Präposition einen Teil des Straßennamens bildet. (Die Präposition ist dann groß zu schreiben):
  Am Brückengarten, Am Burghof, Am Dammgraben, Am Rosengarten, An der Hauptwache, An der Steinmühle, Auf dem Mühlberg, Auf der Schanz, Im Grund, Im Trutz, In den Waldgärten, In der Au, In der Römerstadt, Nach dem Brand, Oberer Katzbacher Weg, Hinter den Eichbäumen, Hinter der Hecke, Unter den Akazien, Unter den Linden, Vor der Höhe, Vorm Wald

  d) nach der Präposition ein Adjektiv folgt. (Beide Wörter werden dann groß geschrieben):
  Am Alten Schloss, Am Weißen Stein, Im Kleinen Grund

- Straßennamen werden getrennt, aber mit Bindestrich geschrieben, wenn

  a) zwei Namen vor das Grundwort treten und damit die Zusammensetzung nicht mehr übersichtlich ist:
  Carl-von-Weinberg-Straße, Franz-Lenbach-Straße, Franz-Rücker-Allee, Friedrich-Ebert-Straße, Friedrich-Wilhelm-von-Steuben-Straße, Oskar-von-Miller-Platz

  b) ein Titel und ein Name als Bestimmungswort vor das Grundwort treten:
  Graf-Vollrath-Weg, Kaiser-Sigmund-Platz

4.7 Was schreiben wir zusammen, was getrennt?

4.7.1 Verben in festen Verbindungen

Für Verben in festen Verbindungen unterscheiden wir drei Schreibweisen, und zwar

➡ Grundform zusammen und klein:
kehrtmachen	standhalten	
haushalten	stattfinden	
preisgeben	zurechtfinden	aber: zuwege bringen (auch: zu Wege bringen)

✗ Beispiele
Sie können dem Druck nicht standhalten.
Hier findet sich kein Mensch mehr zurecht.

➡ Grundform getrennt und klein:
abhanden kommen	zugrunde gehen	zumute sein
außerstande sein	(auch: zu Grunde gehen)	(auch: zu Mute sein)
(auch: außer Stande sein)	zugute halten	zunichte machen
imstande sein	zuleide tun	zunutze machen
(auch: im Stande sein)	(auch: zu Leide tun)	(auch: zu Nutze machen)
zustatten kommen	zuliebe tun	zustande kommen
vonstatten gehen		(auch: zu Stande kommen)

✗ Beispiele
Die Fabrik ist außerstande sofort zu liefern.
Ihre Sprachkenntnisse kamen ihr sehr zustatten.

➡ Grundform getrennt und mit Nomen:
in Anspruch nehmen	Bezug nehmen	zu Werke gehen
in Betracht kommen	zu Ende gehen	Halt gebieten
in Frage kommen	zu Fuß gehen	Maß nehmen
(auch: infrage kommen)	zur Neige gehen	Schlittschuh laufen
in Kraft treten	zu Schaden kommen	Auto fahren

Bei Ableitungen von Grundformen mit Nomen bleibt das Nomen erhalten: zu Hilfe kommen – Er kommt ihm zu Hilfe.

✗ Beispiele
Das kommt für uns überhaupt nicht in Betracht.
Zum Glück ist niemand zu Schaden gekommen.
Wir würden gern Ihre Hilfe in Anspruch nehmen.

4.7.2 Zusammengesetzte Präpositionen

Präpositionen werden zusammengesetzt und damit in einem Wort geschrieben, wenn sie als Konjunktion verwendet werden; sie bilden also den 1. Teil einer Konjunktion.

 Beispiele

Seitdem ich in Hamburg bin, geht es mir besser.
Seit dem 1. April bin ich in Hamburg.

Dieses ist eine typische Regel, die nur beachtet werden kann, wenn man die Bedeutung der Wörter im Satz versteht, also die Wortarten und ihre Beziehung zu anderen Wörtern kennt.

 Beispiele

Nachdem er gegessen hatte, ging er aus dem Haus.
Nach dem Essen ging er aus dem Haus.
Soviel ich weiß, hat er großen Einfluss.
Er hat **so viel** Einfluss.
Sobald ich kann, komme ich.
Ich komme **so bald** wie möglich.
Ich schreibe ihr, **obwohl** ich nichts von ihr gehört habe.
Ob wohl bald ein Brief von ihr kommt?

4.7.3 Verb und Adjektiv oder Verb und Verb

Zusammen schreibt man, wenn durch die Verbindung zweier Wörter ein neuer Begriff entsteht, den die bloße Nebeneinanderstellung nicht ausdrückt. Dabei wird nur das erste Glied der Zusammensetzung stark betont. Getrennt schreiben wir zusammengehörige Wörter, wenn sie noch ihren ursprünglichen Sinn bewahrt haben.

 Beispiel: Zusammenschreibung (Es entsteht ein neuer Begriff.)

Er wird dir den Betrag gutschreiben.

Ist der erste Bestandteil ein Verb, wird immer getrennt geschrieben.

 Beispiele

Morgen wird sie ihn kennen lernen.
Hoffentlich wird er dieses Jahr nicht sitzen bleiben.

Zusammen	**Getrennt**
Er wird sich den Termin freihalten.	Du sollst ihn sofort gehen lassen.
Wie die Tage dahinfliegen!	Er wird seine Rede frei halten.
	Er wird dahin fliegen. (Paris z. B.)

Ist der erste Bestandteil ein Adjektiv, das gesteigert oder erweitert werden kann, schreibt man getrennt.

 **Beispiel**
Die Prüfung ist uns leicht gefallen.

(Diese sollten Sie im Zweifelsfall im Duden nachschlagen.)

4.7.4 Worterweiterungen mit „zu"

Ursprünglich tritt das Wort „zu" als Präposition auf. Es kann als Präposition allein stehen, aber auch als Vorwort verwendet werden. In der Regel tritt es in drei Formen auf:

1. Es ist nichts zu machen. (Präposition; Infinitiv mit „zu")
2. Er soll die Fenster zumachen. (Vorwort)
3. Ich versuche die Tür zuzumachen. (Vorwort + Infinitiv mit „zu")

Sie müssen die Wortbedeutung erkennen, weil Sie sonst die Regel nicht anwenden können:

– Im ersten Beispiel handelt es sich um einen Infinitivsatz. Dieser Infinitivsatz besteht aus einem Infinitiv mit *„zu"*. Diesen Fall schreiben wir immer getrennt.

– Das zweite Beispiel zeigt *„zu" als Vorwort*, das mit dem Verb – wie alle Vorwörter – fest verbunden ist *(zumachen, abmachen, vormachen)*. Mit dem Vorwort „zu" gibt es eine ganze Reihe von Verben: *zulegen, zuhören, zuziehen, zulassen, zunehmen, zufallen, zusperren, zugeben, zupacken*. Wie alle anderen Vorwörter auch, tritt „zu" im Präsens und Präteritum an den Schluss der Aussage: *Ich mache die Tür zu. Ich machte sie zu.* Aber: *Ich werde die Tür zumachen. Ich habe sie zugemacht.*

– Ist das Verb bereits durch ein Vorwort erweitert, dann tritt das zum Infinitiv gehörende „zu" hinter das Vorwort.

 **Beispiele**
abzumachen, vorzugehen, zuzuziehen
abmachen, vorgehen, zuziehen
Ich werde den Termin abmachen. Wir haben vergessen ihn abzumachen. Ich kann vorgehen. Ich hätte Lust vorzugehen.
Wir werden den Vorhang zuziehen. Hast du daran gedacht ihn zuzuziehen?

4.8 Orts- und Ländernamen als abgeleitete Adjektive

Adjektive, die Orts- und Ländernamen ergänzen, werden grundsätzlich groß geschrieben, wenn sie auf *-er* enden.

✘ Beispiele
Frankfurter Würstchen
Leipziger Messe
Emmentaler Käse
Bielefelder Leinen
Brüsseler Spitzen

Sie werden klein geschrieben, wenn sie auf *-isch* enden und nicht in Titeln oder Namen stehen.

✘ Beispiele
      türkische Teppiche
      dänische Butter
      westfälischer Schinken
      amerikanisches Dressing
aber: Hamburgische Landesbank
      der Westfälische Frieden
      das Rheinische Schiefergebirge
      Nordfriesische Hypothekenbank

4.9 Schreibweisen von Abkürzungen

Für die Schreibweise von Abkürzungen gibt es drei verschiedene Formen:

➡ Abkürzungen, die als ganzes Wort oder als Wortgruppe gesprochen werden, sind mit kleinen Buchstaben und mit Punkt bzw. Punkten zu schreiben: *u. a., vgl., s. o., b. w., usw., bzw., ev., i. V.*

➡ Abkürzungen, die allgemein bekannt sind und die nicht als Wort, sondern als Buchstabe gesprochen werden, schreibt man in der Regel groß und ohne Punkt: *SPD, CDU, LKW, ADAC, GmbH, AG, DIN, BGB, EU, USA*

➡ Abkürzungen für Maße, Gewichte, Himmelsgegenden, Münzen, chemische Verbindungen und Elemente werden immer ohne Punkte geschrieben: *kg, NO, m, ha, qcm, g, DM, hfl, Cu, Fe*

Beachten Sie bitte, dass hinter jedem Punkt in den Abkürzungen ein Leerschritt steht, wenn Sie sie mit der Schreibmaschine schreiben, also:

i. V. oder u. A. w. g. (Um Antwort wird gebeten.)

4.10 Ausnahmen von den üblichen Rechtschreibregeln

Grundsätzlich gilt, dass Hauptwörter groß geschrieben werden und alle anderen Wörter klein, sofern sie nicht nominisiert sind. Diese Generalregel lässt sich leider nicht in jedem Fall anwenden. Es gibt eine ganze Reihe von Wortzusammensetzungen, für die es keine Regeln gibt, die man auswendig lernen muss oder die man immer wieder im Duden nachschlagen muss.

Hier sind einige:
zuletzt   zu guter Letzt
zuzeiten (bisweilen)   zu Zeiten (Karls des Großen)

Beide Schreibweisen sind richtig:
an Stelle oder anstelle, auf Grund oder aufgrund

5 Die Satzteile

Die Stellung des Wortes bestimmt den Sinn des Satzes. Lässt man in einem Satz einzelne Wörter weg, gibt man neue hinzu, stellt man sie um, wechselt man sie gegen andere aus, so beeinflusst man jedes Mal den Sinn des Satzes – manchmal geringfügig und kaum bemerkbar, manchmal tief eingreifend bis hin zur Sinnverkehrung und zum Unsinn. Wer etwas Sprachgefühl mitbringt, wird es geradezu spannend finden, einen Satz allein durch Änderungen der Wortfolge wie in einem Kaleidoskop zu beobachten:

➡ Wir trinken abends Tee aus chinesischen Tassen.
 (Was tun wir abends?)
➡ Tee trinken wir abends aus chinesischen Tassen.
 (Und woraus trinken wir den Kaffee abends?)
➡ Abends trinken wir aus chinesischen Tassen Tee.
 (Und woraus trinken wir Tee morgens?)
➡ Trinken wir abends Tee aus chinesischen Tassen?
 usw.

Leicht könnten wir uns noch ein halbes Dutzend solcher Variationen zusammenstellen und immer käme ein neuer Sinn zustande, allein schon dadurch, dass einzelne Teile des Satzes durch Voranstellung oder Endstellung betont würden.

5.1 Der einfache Satz

Der **einfache Satz** gibt nur an, a) wie etwas beschaffen ist oder was geschieht, b) wer so beschaffen ist oder wer das Geschehen bewirkt:

Die Uhr geht vor.
Karl schläft.
Ulla schreibt.
Der Himmel ist grau.
Die Sonne wird scheinen.
Der Witz ist uralt.
Grammatik ist langweilig.
Das Reh ist scheu.
Es hat geregnet.

a) Wie etwas beschaffen ist oder was geschieht – das nennen wir das **Prädikat** (Satzaussage): *geht vor, schläft, schreibt, ist grau, wird scheinen, war uralt, ist langweilig, ist scheu, hat geregnet.*
Das Prädikat ist entweder ein Verb: *geht vor (vorgehen), schläft (schlafen), schreibt (schreiben), wird scheinen (scheinen), hat geregnet (regnen).* Oder es ist ein Adjektiv, das mit einem Hilfsverb angekoppelt wird: *ist grau, war uralt, ist langweilig, ist scheu.*

b) Wer so beschaffen ist oder wer das Geschehen bewirkt – das nennen wir das **Subjekt** (Satzgegenstand): *(Die) Uhr, Karl, Ulla, (Der) Himmel, (Die) Sonne, (Der) Witz, Grammatik, (Das) Reh.*

Das Subjekt ist „Träger der Handlung". Das Subjekt kann zum Beispiel auch ein Pronomen sein: „*Du* gehst", „*Jemand* kommt" – oder irgendein anderes Wort: „*Alle* sind da", „*Lesen* ist schön", „*Sauer* macht lustig", „*Reisen* bildet", „*Englisch* ist modern", „*Black* ist beautiful", „*Einmal* ist keinmal", „*Nobody* is perfect", „*Nichts* folgt", „*Grün* ist augenschonend".

Dreht man die Reihenfolge Subjekt – Prädikat um, so entstehen Fragesätze: *Schläft Karl? Schreibt Ulla?*

Bei mehrteiligen Prädikaten wird aber nur der erste Teil von der Umstellung betroffen: *Geht die Uhr* vor? *Ist der Himmel* grau? *Wird die Sonne* scheinen? *War der Witz* uralt? *Ist Grammatik* langweilig? *Ist das Reh* scheu? *Hat es* geregnet?

Es gibt auch Prädikate, die aus einem Nomen bestehen, das mit einem Hilfsverb angekoppelt wird, zum Beispiel:

Herr Müller **ist Bahnbeamter**.
Fritz **wird Schlosser**.
August **war Soldat**.
Das Eckhaus **ist ein Hotel**.
Die Wieskirche **ist eine Sehenswürdigkeit**.
Der Chef **ist eine Nervensäge**.
Die Schweiz **ist ein Bundesstaat**.

Ganz egal, wie das Prädikat beschaffen ist:

Das Subjekt steht immer im Nominativ!
Wer schläft? Antwort: **Karl.**
Wer oder was war uralt? Antwort: **Der Witz.**
Wer oder was ist schön? Antwort: **Lesen.**
Wer wird Schlosser? Antwort: **Fritz.**

Prädikate, die aus einem Nomen und einem Hilfsverb zusammengesetzt sind, stehen ebenso wie das Subjekt im Nominativ. Es werden also gewissermaßen zwei Nominative gleichgesetzt. Man spricht daher bei diesen Sätzen von einem **„Gleichsetzungsnominativ"**. Zuweilen ist auch tatsächlich nicht auszumachen, was Subjekt und was Prädikat ist.

Deutschland ist unser Vaterland.
Unser Vaterland ist Deutschland.

Sie könnten meinen, dass das, was zuerst steht, das Subjekt sein müsse. Mitnichten! Sehen Sie sich zum Beispiel folgende Feststellung an:

Erfüllungsort und Gerichtsstand ist Hamburg.

Hier ist „Hamburg" Subjekt, „Erfüllungsort und Gerichtsstand" sind gleichgesetzte Nominative und gehören zum Prädikat. Wäre es andersherum gemeint, dann müsste es heißen:

„Erfüllungsort und Gerichtsstand sind Hamburg" … Der Satz hätte dann zwei Subjekte und das Prädikat stände in der Mehrzahl (Plural).

Die letzte Bemerkung entspringt folgender allgemeinen Regel:

Hat ein Satz mehrere Subjekte oder ein Subjekt im Plural, so muss das Prädikat im Plural stehen.

Hierzu einige Beispiele:

>Karl geht spazieren.
>Beate geht spazieren.   Karl und Beate **gehen** spazieren.
>Fritz schläft.
>Karl schläft.
>Hugo schläft.
>Franz schläft.   Alle **schlafen**.

Achtung: Heißt es statt „und": „oder", dann steht das Prädikat je nach dem nächststehenden Subjekt im Singular oder im Plural:

>Karl oder **Fritz schläft.**
>Alle oder niemand **wird eingeladen.**
>Niemand oder alle **werden eingeladen.**

Der einfache Satz besteht also aus Subjekt und Prädikat, und zwar sowohl im Aktiv als auch im Passiv:

 Beispiele
>Der Hund bellt.
>Der Hund wird gerufen.

Auch Hilfsverben können Prädikate sein.

 Beispiel
>Der Hund ist ein Haustier.

Noch vor wenigen Jahren bezeichneten wir diese Form des Gleichsetzungsnominativs als Prädikatsnomen und das das Subjekt und das Prädikat verbindende Hilfsverb als Kopula. Der Begriff „**Prädikatsnomen**" ist leicht zu verstehen, wenn Sie sich vergegenwärtigen, dass hiermit das Nomen gemeint ist (Haustier), das zum Prädikat durch die Verbindung mit dem Hilfsverb (ist) wird.

Das Prädikat als Hilfsverb kann aber keineswegs nur durch ein Gleichsetzungsnominativ ergänzt werden, sondern auch durch ein Adjektiv oder durch andere nähere Angaben.

 Beispiele
>Der Hund ist wild.
>Du bist der Achte.
>Du bist zu bedauern.
>Du bist ohne Mittel.

Außer „sein" gibt es noch andere Verben, die in Verbindung mit einem Adjektiv oder Nomen das Prädikat bilden, und zwar die Verben: *scheinen, bleiben, heißen*.

✘ Beispiele
Er scheint zu schlafen.
Der Himmel bleibt blau.
Ich heiße dich willkommen.

5.2 Der erweiterte einfache Satz

Ein **erweiterter einfacher Satz** ist ein Satz, zu dem neben dem Subjekt und dem Prädikat noch andere Satzglieder hinzutreten. Diese bestimmen die bereits vorhandenen Glieder näher. Es sind

– das **Attribut** (Beifügung),
– das **Objekt** (Ergänzung),
– die **adverbiale Bestimmung**.

5.2.1 Das Attribut

Das **Attribut** ist ein Adjektiv oder ein Nomen, das sich auf ein anderes Nomen bezieht. Wir fragen nach Attributen stets mit *„was für ein?", „welches?"* oder *„welcher?"*.

➡ **Das Adjektiv-Attribut**
Das **attributive Adjektiv** bzw. **Partizip** stimmt in Geschlecht, Zahl und Fall mit dem übergeordneten Nomen überein.

✘ Beispiele
In dem **großen** Teich schwammen **viele kleine** Enten.
Rote Rosen blühen im Juni.
Der **verletzte** Mann wurde in das **nächste** Krankenhaus gebracht.

Mehrere vorangestellte Adjektiv-Attribute haben den gleichen Fall. Weil es sich um gleichartige Satzglieder handelt, sind sie durch Kommas getrennt:

✘ Beispiel
Er schlief in dem **großen, warmen, behaglichen** Bett.

Von einem Adjektiv-Attribut sprechen wir ebenfalls, wenn das gebeugte Adjektiv allein steht, das Nomen sich aber in Gedanken ergänzen lässt.

✘ Beispiele
Er ist der **größte** aller Feldherren. (der größte Feldherr)
Sie ist die **schönste** aller Frauen.

➡ Das Genitiv-Attribut
Das Nomen im **Genitiv als Attribut** steht normalerweise nach dem Nomen, mit dem es einen Begriff bildet.

✘ Beispiele
1. **Besitz, Zugehörigkeit und Herkunft eines Dinges:**
   Der Anzug **meines Sohnes**
   der Schornstein **des Hauses**
   ein Gedicht **Schillers**
   (häufig gesagt, aber stilistisch falsch: der Hut „von" meinem Vater, denn: „der Hut meines Vaters" ist ein anderer als der, der „von" ihm ist.)
2. **eine kennzeichnende Eigenschaft**
   eine Münze **wertvollster Prägung**
   Obst **aller Art**
3. **ein Ausdruck, von dem ein Teil Genitiv-Attribut ist:**
   eine Strecke **Weges** (üblicher: eine Strecke Weg)
   ein Glas **Weins** (üblicher: ein Glas Wein)
4. **der erklärende Genitiv:**
   die Tugend **des Fleißes**
   die Strafe **der Faulheit**
   die Würde **des Alters**
   die Weisheit **der Erfahrung**
5. **das Nomen im Zusammenhang mit einer Tätigkeit:**
   die Entdeckung **Amerikas**
   die Ankunft **des Zuges**
   der Beginn **der Arbeit**
   das Kochen **des Essens**

➡ Das adverbiale Attribut
Das **adverbiale Attribut** wird dem Nomen, zu dem es gehört, meistens nachgestellt und ordnet es in einen zeitlichen (temporalen) oder örtlichen (lokalen) Rahmen ein.

✘ Beispiele
der Baum **hier**
die Verhältnisse **dort**
der Anfang **morgen**
das Essen **abends**

➡ Das präpositionale Attribut
Ein **Nomen mit Präposition** erklärt ebenfalls das vorhergehende Nomen näher.

✖ Beispiele
Freude **über den Erfolg**
die Christel **von der Post**
der Glöckner **von Notre Dame**

Bei der Bestimmung der präpositionalen Attribute müssen Sie darauf achten, dass Sie sie nicht mit einem Objekt (siehe darunter) verwechseln oder mit einer adverbialen Bestimmung. Nach dem Attribut fragen wir immer *„was für ein?"* und die adverbiale Bestimmung erklärt nicht das Nomen, sondern das Verb näher.

➡ Das Infinitiv-Attribut
Auch ein **Infinitiv mit „zu"** kann Attribut sein und wird dann niemals durch Kommas abgetrennt.

✖ Beispiele
die Lust **zu lieben** (Denken Sie immer an die Frage: „was für ein?")
die Kunst **zu schwimmen**
der Genuss **zu rauchen**

➡ Andere Attributarten
Neben dem Nomen kann jedes Adjektiv oder Partizip durch ein Attribut näher bestimmt werden, niemals aber ein Verb.

✖ Beispiele
der **überaus** große Verbrauch an Strom
Die Arbeit war **sehr** ermüdend.
Ich sehe ihn **sehr** oft.
Er ging **weit** hinten.

➡ Die Apposition (der Beisatz)
Die **Apposition** ist ein Nomen im gleichen Fall wie das Nomen, dem es erklärend beigefügt ist. Die Apposition wird meist nachgestellt und in Kommas eingeschlossen.

✖ Beispiele
Apposition im
Nominativ: Schiller, **der große Dichter**, schrieb „Die Glocke".
Genitiv: Das ist ein Bild Adenauers, **des bedeutenden Kanzlers**.
Dativ: Wir verdanken dieses Werk Heinrich Böll, **dem deutschen Schriftsteller**.
Akkusativ: Ich bewundere Heinz Rühmann, **den bekannten Schauspieler**.

Die meisten Fehler werden bei der Datumsangabe gemacht und deshalb merken Sie sich bitte besonders:

Wir treffen uns am Mittwoch, **dem 12. September 1997**, in Hamburg.
Wir treffen uns am Donnerstag, **dem 4. August 1997**, um 09:00 Uhr am Hauptbahnhof.

Das Komma **nach** Datums- oder Zeitangabe ist freigestellt:

Wir treffen uns am Dienstag, 13. November 1997 vor der Schule.

In wenigen Fällen, wie bei den sog. **Beinamen,** wird die Apposition nicht in Kommas eingeschlossen.

Beispiele
Ludwig der Fromme
August der Starke
Friedrich der Große

Beachten Sie folgendes:

Unser Direktor, Herr Peters, wird sich mit Ihnen in Verbindung setzen. (Weil nur der Name die Apposition ist, können die Kommas entfallen.)
Herr Direktor Peters wird sich mit Ihnen in Verbindung setzen.

5.2.2 Das Objekt

Lesen wir den Satz *„Thomas kauft ..."*, so ist uns zwar seine Eigenart als reiner einfacher Satz, bestehend aus Subjekt und Prädikat, grammatisch klar, doch werden wir ihn nicht als vollständig empfinden. Wir werden vielmehr fragen: *„Wen oder was kauft er?"* Erst, wenn der Satz nun lautet: *„Thomas kauft eine Gitarre."*, werden wir zufrieden sein, denn jetzt ist er sprachlich vollständig.

Wenn das Prädikat eine Handlung beschreibt, bedarf es einer Ergänzung. Diese Ergänzung gibt das Ziel der Handlung oder den Gegenstand, der von der Handlung betroffen ist, an. Die Ergänzung des Prädikats heißt **„Objekt"**.

Dass das Objekt als notwendige nähere Bestimmung zum Prädikat erforderlich ist, zeigen die nachstehenden Sätze. Der reine einfache Satz bliebe sinnleer, wenn man ihn nicht durch ein Objekt vervollständigte.

Beispiele
Thomas kauft ...? **einen Ball**	wen oder was?
Meine Tante schickt ...? **mich**	wen?
Wir helfen ...? **einem Freund**	wem?
Wir gedenken ...? **des Verstorbenen**	wessen?
Er zielt ...? **auf den Feind**	auf wen?
Wir fragen ...? **nach dem Weg**	wonach?

Das Verb bestimmt, welchen Fall das Objekt im Satz bilden muss, denn es trägt als Prädikat die Handlung. Objekte können Nomen, Pronomen oder andere nominisierte Wortarten sein. Je nach der Form der Deklination unterscheiden wir

– Akkusativ-Objekt   (Thomas kauft **einen Ball**.)
– Dativ-Objekt   (Ich helfe **ihm**).
– Genitiv-Objekt   (Wir gedenken **seiner Schwester**.)
– präpositionales Objekt (Wir fragen **nach der Uhrzeit**.)

➡ Das Akkusativ-Objekt

Das **Akkusativ-Objekt** ist immer Zielpunkt einer Handlung. Um einen Zielpunkt handelt es sich bei einem Akkusativ-Objekt immer dann, wenn sich der Satz ins Passiv umwandeln lässt:

Aktiv:	Ich koche die Suppe.	**Passiv:**	Die Suppe wird gekocht.
	Wir begießen die Blumen.		Die Blumen werden begossen.
	Die Kinder essen Süßigkeiten.		Die Süßigkeiten werden gegessen.
	Sie tränken die Pferde.		Die Pferde werden getränkt.
	Der Chef lobt seine Sekretärin.		Die Sekretärin wird gelobt.

Nach dem Akkusativ-Objekt wird mit „*wen*" oder „*was*" gefragt. Das Akkusativ-Objekt steht

- immer nach transitiven Verben:
  Ich bestelle **ein Bild**.
  Die Kinder sangen ein **Lied**.
- seltener nach intransitiven Verben:
  Er wandelt **den Weg** des Verbrechens.
  Er schläft **einen** gesunden **Schlaf**.
  Wir kämpften **einen** guten **Kampf**.
  Er raucht **einen** guten **Tabak**.
- häufig nach reflexiven Verben:
  Ich kämme **mich**.
  Sie schämt **sich**.
  Wir freuen **uns**.
- nach unpersönlichen Verben („Verben, die mit „es" gebildet werden.)
  Es regnet **Bindfäden**.
  Es hagelt **Eisbrocken**.

Das **doppelte Akkusativ-Objekt** steht nur noch bei „*lehren*", „*lassen*", „*heißen*" (befehlen), „*sehen*", „*hören*", „*fühlen*" und bei „*heißen*" (nennen), „*nennen*", „*schelten*", „*schimpfen*", „*taufen*".

✘ Beispiele
Er lehrt **mich Englisch**.
Man nannte **ihn einen Bösewicht**.
Sie schalt **ihn einen Lausebengel**.
Man schimpfte **ihn einen Angeber**.

➡ Das Dativ-Objekt
Das **Objekt** steht **im Dativ** bei Verben, deren Handlung sich im persönlichen Bereich vollzieht. Es antwortet auf die Frage „*wem*".

✘ Beispiele
| Er gehorcht **seiner Mutter**. | (Wem gehorcht er?) |
| Es gelang **ihm**. | (Wem gelang es?) |

Das Dativ-Objekt steht nach unpersönlichen Verben, ferner nach einigen reflexiven Verben und solchen, die ein Verhalten gegenüber einer Sache ausdrücken (z. B. Nähe und Entfernung: *Sie begegnet mir; wir folgen ihm; Zuneigung und Abneigung*).

Beispiele
nach unpersönlichen Verben:
Das Essen (es) bekommt **mir** nicht.
Es graut **mir** vor der Dunkelheit.
nach reflexiven Verben:
Das bildest du **dir** ein.
Ich erbitte **mir** etwas mehr Ruhe.
nach Verben, die ein Verhalten gegenüber einer Sache ausdrücken:
Sie begegnet **mir**.
Der Fahrer wich **dem Auto** aus.
Ich stimme **dir** zu.
Wir danken **ihm**.
Wir helfen **meinem Vater**.

➡ **Das Genitiv-Objekt**
Das Genitiv-Objekt tritt immer mehr in den Hintergrund. Da es aber zur sog. gehobenen Sprache gehört, ist es wichtig, dass Sie es kennen. Es antwortet auf die Frage „*wessen?*".

Beispiele
Ich werde mich **deiner** annehmen.
Die Kranken bedürfen **der Hilfe.**
Der Schüler befleißigt sich **einer guten Mitarbeit.**
Das Mitglied enthielt sich **der Stimme.**
Die Trauernden gedachten **der Toten.**
Wir rühmen **des Himmlischen Ehre.**

Auch einige Redewendungen werden nach wie vor mit dem Genitiv-Objekt gebildet:

Beispiele
Der Richter waltet **seines Amtes.**
Mein Vater pflegt **seiner Ruhe.**
Der Preis spottet **jeder Beschreibung.**
Sie sollte sich **eines Besseren** besinnen.

➡ **Das präpositionale Objekt**
Es ist oft schwierig, ein **präpositionales Objekt** von einer adverbialen Bestimmung zu unterscheiden. Deshalb ist es zweckmäßig, sich zu merken, dass das präpositionale Objekt immer auf die Fragewörter *woran, worauf, wovon, wogegen, worin, wonach, worüber, wovor, worum* antwortet, die adverbiale Bestimmung dagegen auf die Fragen *wo, wohin, woher, wann, wie, warum, wozu*.

Beispiele

Das Kind hängt **von seiner Mutter** ab.	(wovon?)
Ich denke **an den letzten Film**.	(woran?)
Ich warte **auf meine Schwester**.	(worauf?)
Wir arbeiten **an diesem Studienheft**.	(woran?)
Ich wehre mich **gegen solche Vorwürfe**.	(wogegen?)
Er regt sich **über die Anschuldigungen** auf.	(worüber?)
Ich habe **vor dem Fliegen** Angst.	(wovor?)

▶ **Das doppelte Objekt**

Von einem **doppelten Objekt** sprechen wir, wenn zwei Objekte verschiedener Fälle aufeinander folgen.

Beispiele

Es folgen aufeinander
1. **Dativ der Person, Akkusativ der Sache:**
   - Ich gebe **ihm das Buch**.
   - Ich öffne **dem Bruder meine Tür**.
2. **Akkusativ der Person und Genitiv der Sache:**
   - Ich erinnere **mich der Angelegenheit**.
   - Der Kanzler enthebt **den Minister seines Amtes**.
   - Sie versicherte **sich seiner Treue**.
3. **Akkusativ-Objekt und präpositionales Objekt:**
   - Ich trage **mich mit den Gedanken**. (womit?)
   - Der Trainer bat **den Schiedsrichter um eine Verlängerung**. (worum?)
4. **Dativ-Objekt und präpositionales Objekt:**
   - Sie erzählte **mir von ihrer Reise**. (wovon?)
   - Die Eltern berichten **ihm von ihrem Ausflug**. (wovon?)

5.2.3 Die adverbiale Bestimmung

Adverbiale Bestimmungen erklären oder beschreiben das Prädikat des Satzes.

▶ **Lokaladverbiale (adverbiale Bestimmung des Ortes)**

Nach den **Lokaladverbialen** fragen wir mit den Interrogativpronomen „wo", „wohin", „woher", „wie weit".

Beispiel

Die Kinder befinden sich **draußen**.	(wo?)
Wir fahren **in die Berge**.	(wohin?)
Wir kommen **aus Amerika**.	(woher?)
Die Bahn fährt **von Hamburg nach München**.	(wie weit?)

➡ **Temporaladverbiale (adverbiale Bestimmung der Zeit)**
Temporaladverbiale antworten auf die Fragen *„wann", „seit wann", „bis wann", „wielange", „wie oft"*.

❌ **Beispiele**

Dienstags ist das Restaurant geschlossen.	(wann?)
Seit Anfang April ist er in Urlaub.	(seit wann?)
Wir warten noch **bis Mittag**.	(bis wann?)
Ich bleibe **drei Wochen** im Süden.	(wie lange?)
Er schrieb ihr **Tag für Tag**.	(wie oft?)

➡ **Modaladverbiale (adverbiale Bestimmung der Art und Weise)**
Wir fragen nach den **Modaladverbialen** mit den Interrogativpronomen *„wie", „wieviel", „wie sehr", „womit", „ohne was"* und *„woraus"*.

❌ **Beispiele**

Er arbeitet **sorgfältig**.	(wie?)
Ich kaufe Obst **für wenig Geld**.	(wieviel?)
Ihr Bildnis ist **bezaubernd** schön.	(wie sehr?)
Er kämpft **mit allen Mitteln**.	(womit?)
Er ging **ohne ein Wort**.	(ohne was?)
Die Statue wog **10 Zentner**.	(wieviel?)
Das Kleid besteht **aus Wolle**.	(woraus?)

➡ **Kausaladverbiale (adverbiale Bestimmung des Grundes)**
Die **Kausaladverbiale** werden gegliedert in
– **rein kausale** (Grund; Fragen: warum, weshalb, aus welchem Grunde),
– **konditionale** (Bedingung; Fragen: unter welcher Bedingung),
– **konsekutive** (Folge; Fragen: mit welcher Folge, Wirkung)
– **finale** (Zweck; Frage: wozu)
– **konzessive** (wirkungslos, unzureichend; Frage: trotz welchen Umstands)
– **instrumentale** (Mittel, Werkzeug; Fragen: womit, wodurch)

❌ **Beispiele**

Das Unglück geschah aus Unachtsamkeit.	(kausal)
Wir liefern nur gegen Vorauszahlung.	(konditional)
Er arbeitet zu unserer Zufriedenheit.	(konsekutiv)
Ich turne zum Vergnügen.	(final)
Trotz seiner Faulheit bestand er die Prüfung.	(konzessiv)
Ich reise mit dem Flugzeug.	(instrumental)

Wir haben zu Beginn dieses Gliederungspunktes gesagt, dass das Prädikat des Satzes näher bestimmt wird. Und genau mit dem Prädikat stellen Sie fest, ob es sich um eine adverbiale Bestimmung oder um ein Objekt handelt. Gehen Sie die letzten Beispiele noch einmal durch und bilden Sie die dazugehörenden Fragen:

Aus welchem Grunde **geschah** es?
Unter welcher Bedingung **liefern** wir?
Mit welcher Wirkung **arbeitet** er?
Wozu **turne** ich?
Trotz welchen Umstands **bestand** er die Prüfung?
Womit **reise** ich?

5.3 Der zusammengesetzte Satz

In den vorausgegangenen Abschnitten haben Sie sich im Wesentlichen mit den Wortarten und den Satzteilen auseinander gesetzt. Damit sind die Grundlagen gelegt worden, um das zu verstehen, was nun in den folgenden Abschnitten als Textformulierung erarbeitet wird.

Texte bestehen aus Sätzen. Darum müssen wir zunächst **Haupt-** und **Nebensätze** unterscheiden.

5.3.1 Die Satzverbindung oder die Satzreihe

Die **Satzreihe** besteht aus einer Folge von vollständigen Hauptsätzen. Ein **Hauptsatz** enthält mindestens **Subjekt** und **Prädikat**. Hauptsätze werden meist durch einen Punkt voneinander getrennt. Wenn sie gedanklich sehr eng miteinander zusammenhängen, wählt man statt des Punktes ein Komma oder ein Semikolon.

 Beispiele
Der Vater wäscht ab, die Mutter liest Zeitung.
Friede ernährt, Unfriede verzehrt.
Der Kaufmann stellte seine Zahlungen ein; außerdem meldete er Konkurs an.
Im Rohbau ist das Haus fertig; es wird im April bezogen.

Wenn der nachfolgende Hauptsatz durch die Konjunktionen „*und*" oder „*oder*" eingeleitet wird, **kann** ein Komma stehen, wenn es der Verdeutlichung der Satzstruktur dient.

 Beispiele
Friede ernährt und Unfriede verzehrt.
Der Chef diktiert und die Sekretärin schreibt.
Wir verreisen im nächsten Urlaub in den Süden oder wir fliegen nach Amerika.

5.3.2 Das Satzgefüge

Das **Satzgefüge** besteht aus einem Hauptsatz und einem oder mehreren Nebensätzen. **Nebensätze** können durch Nebensätze ergänzt werden und im Satzgefüge hinter dem Hauptsatz stehen, in den Hauptsatz eingeschoben werden oder das Satzgefüge einleiten.

 **Beispiele**

Ich kann mir nicht vorstellen, **dass du die Prüfung bestehen wirst.**
Er hat das Haus, **das er im letzten Jahr gebaut hat,** wieder verkauft.
Weil er krank ist, konnte er nicht kommen.

5.3.2.1 Die Arten der Nebensätze

Nebensätze sind meist daran zu erkennen,

- dass sie mit dem Hauptsatz durch eine unterordnende Konjunktion, durch ein Relativpronomen oder ein Interrogativpronomen verbunden sind,
- dass das konjugierte Verb oder Hilfsverb am Schluss des Satzes steht,
- dass sie allein stehend keinen Sinn ergeben.

 **Beispiele**

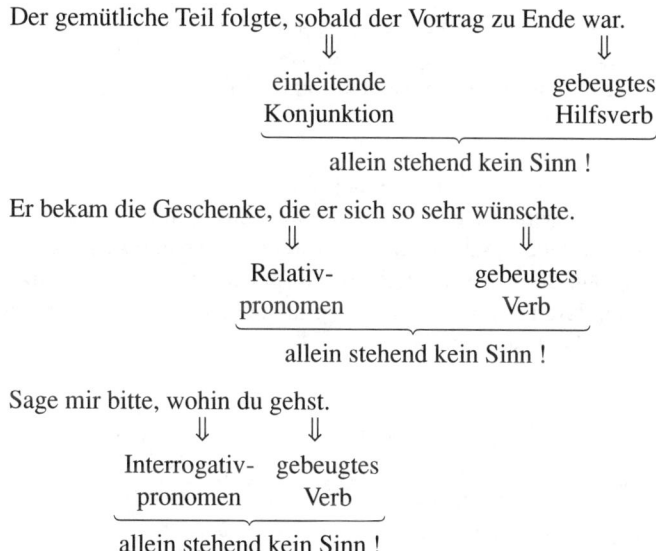

Nach ihrer äußeren Form unterscheiden wir

- **Konjunktionalsätze,**
- **Relativsätze,**
- **Infinitivsätze,**
- **Partizipialsätze,**
- die **Apposition.**

➡ **Konjunktionalsätze**

Konjunktionalsätze werden grundsätzlich durch eine **Konjunktion** eingeleitet. Dabei ist allerdings zu beachten, dass die Konjunktion auch manchmal fehlen kann.

a) wenn mehrere Konjunktionalsätze aufeinander folgen, die mit der gleichen Konjunktion eingeleitet werden,
b) wenn aus stilistischen Gründen ein Konjunktionalsatz um die Konjunktion verkürzt wird.

✗ Beispiele
a) Ich hoffe, **dass** der Antrag genehmigt wird und man euch rechtzeitig informiert (… und dass man euch …).
b) Ich nehme an, die Ware trifft pünktlich ein. (… dass die Ware pünktlich eintrifft.)
Das gebeugte Verb geht in diesem Fall wieder an seine ursprüngliche Stelle zurück.

➡ **Relativsätze**
Relativsätze werden durch ein **Relativpronomen** eingeleitet und auch bei ihnen steht das konjugierte Verb oder Hilfsverb am Ende des Satzes.

✗ Beispiele
Unser Papier, **das vollkommen holzfrei ist,** ist äußerst preiswert.
Der Mensch, **der träge ist,** kann es zu nichts bringen.
Ich habe den Brief, **der noch frankiert werden muss,** zur Seite gelegt.

➡ **Infinitivsätze**
Ein **Infinitivsatz** besteht aus der Grundform des Verbs und der Präposition „zu", die sich auf den Hauptsatz beziehen. Der mit „zu" verwendete Infinitiv kann im Gegensatz zum reinen Infinitiv dann aus dem Satz heraustreten, wenn er durch andere Wörter erweitert wird. Ein auf diese Weise erweiterter Infinitiv mit „zu" ist ein **satzwertiger** Infinitiv und kann durch Komma vom Hauptsatz abgetrennt werden, wenn dies der Klarheit des Satzes dient, sonst nicht.

✗ Beispiel
Er beabsichtigt zu reisen. (nicht erweitert, kein Komma!)
Er beabsichtigt morgen zu reisen. (erweitert durch „morgen")
Er beabsichtigt morgen nach München zu reisen.
Darüber, bald zu einem Erfolg zu kommen, dachte sie lange nach.

Das letzte Beispiel enthält drei Erweiterungen *(morgen, zu Freunden, nach München)*. „Satzwertig" werden auch dann Infinitive mit „zu", wenn sie durch *um, ohne, anstatt* eingeleitet werden.

✗ Beispiele
Er ging **ohne** zu bezahlen.
Sie ging in die Kirche **um** zu beten.
Er besuchte eine Diskothek **anstatt** zu arbeiten.

Sehr oft spricht man davon, dass die Infinitivsätze verkürzte Nebensätze darstellen. Das stimmt aber nur zum Teil, weil sich nicht alle Konjunktionalsätze in Infinitivsätze umformen lassen.

Beispiele
Ich beantrage, dass der Termin verschoben wird.
Ich beantrage den Termin zu verschieben.
Ich sagte ihr, dass ich morgen käme.
(nicht möglich: Ich sagte ihr morgen zu kommen.)

Partizipialsätze
Ähnlich wie beim Infinitivsatz sprechen wir vom **satzwertigen Partizipialsatz**, wenn er durch ein anderes Wort erweitert wird, denn ein solches erweitertes unkonjugiertes Partizip zwingt zu einer Sprechpause. Der Partizipialsatz kann durch Komma abgetrennt werden, wenn er der Gliederung des Satzes nützlich ist oder um Missverständnisse auszuräumen.

Beispiele
Singend wanderten sie durch das Tal.
Frohe Lieder singend wanderten sie durch das Tal.
Ich rate (,) ihm (,) zu helfen.

Weitere Beispiele
Zu dichten Kolonnen zusammengedrängt kriechen die Autos voran.
Viele Fahrer, über die Stockungen verärgert, weichen auf Nebenstraßen aus.
Jürgen hatte auf dem Rücksitz schlafend von dem Lärm nichts gemerkt.

Es gibt einige Partizipialsätze, die kein „sichtbares" Partizip aufweisen, weil die Partizipialformen der Hilfsverben *„sein"* und *„haben"* (= seiend, habend) im Deutschen nicht mitgesprochen und mitgeschrieben werden.

Beispiele
Rot vor Zorn zerschlug er das Geschirr.
(Rot vor Zorn „seiend" ...)
Gerade die Prüfung bestanden fuhr er nach Amerika.
(Gerade die Prüfung bestanden „habend" ...)

Die Apposition
Die **Apposition** (siehe Abschnitt „Attribute") sei hier nur der Vollständigkeit halber noch einmal erwähnt. Sie ist immer in Kommas einzuschließen und dann zu verwenden, wenn ein Relativsatz zu einem holperigen Ausdruck führte.

Beispiele
Herr Meyer, der unser Vertreter ist, wird Sie besuchen.
(schlechter Stil, deshalb besser:)
Herr Meyer, unser Vertreter, wird Sie besuchen.

5.3.2.2 Nebensätze in ihrer Funktion als Satzteil

➡ Subjektsätze
Der **Subjektsatz** drückt das Subjekt eines Satzes durch einen Nebensatz aus. Er kann wie das Subjekt mit *„wer"* oder *„was"* erfragt werden.

✘ Beispiele
Wer schnell schreiben will, muss stenografieren können.
(Wer muss stenografieren können?)
Es könnte verhindert werden, dass die Preise steigen.
(Was könnte verhindert werden?)
Es ist keinem bekannt, wo der Chef seinen Urlaub verbringt.
(Was ist keinem bekannt?)
Es ist unbestimmt, ob er morgen eintreffen wird.
(Was ist unbestimmt?)
Was gut schmeckt, muss gut gekocht sein.
(Was muss gut gekocht sein?)

➡ Prädikatsätze
Das aus dem reinen Verb bestehende Prädikat kann nicht durch einen Nebensatz ersetzt werden. **Prädikatsätze** lassen sich nur dann bilden, wenn das Prädikat aus Nomen besteht, die mit *„sein, werden, bleiben, scheinen"* verbunden sind.

✘ Beispiele
Herr W. ist Direktor der Bank.
Herr W. ist es, der Direktor der Bank ist.
Nobel ist es, der das Dynamit erfunden hat.
(Nobel hat das Dynamit erfunden.)

Auch der Prädikatsatz wird mit *„wer"* oder *„was"* erfragt: *Wer ist Nobel? ... der das Dynamit erfunden hat.* Da der Prädikatsatz sprachlich unüblich ist, findet man ihn eigentlich nur noch in der Dichtung: *Das Schöne ist es, das wir bewundern.* (Frage: Was ist das Schöne? ... das wir bewundern.)

➡ Attributsätze
Der **Attributsatz** enthält eine nähere Bestimmung zu einem Nomen und antwortet wie das Attribut auf die Frage *„was für ein?"*. Attributsätze sind immer Relativsätze, aber nicht alle Relativsätze sind Attributsätze.

✘ Beispiele
Das **artige** Kind wird gelobt. (Adjektiv-Attribut)
Das Kind, **das artig ist**, wird gelobt. (Was für ein Kind ...?)
Das ist die Stätte **seiner Geburt**. (Genitiv-Attribut)
Das ist die Stätte, **an der er geboren ist**. (Was für eine Stätte?)
Das vom Hafen tönende Heulen der Sirenen scholl weit ins Land.

Das Heulen der Sirenen, das vom Hafen tönte, scholl weit ins Land.
Der den Jungen gerettet habende alte Herr wollte seinen Namen nicht nennen.
Der alte Herr, der den Jungen gerettet hatte, wollte seinen Namen nicht nennen.

Gerade diese letzten beiden Beispiele zeigen, dass man keineswegs die Wahl hat zwischen Attribut und Attributsatz, weil stilistische Notwendigkeiten zum Attributsatz zwingen.

➡ Objektsätze

Alle Arten von Objekten lassen sich durch einen Nebensatz ausdrücken. Der **Objektsatz** wird eingeleitet durch Relativpronomen, Interrogativpronomen und die Konjunktion *„dass"*.

✘ Beispiele

Wir müssen die Bestätigung dieser Nachricht abwarten.
Wir müssen abwarten, **dass diese Nachricht bestätigt wird.**
(Was müssen wir abwarten? Objektsatz mit Konjunktion „dass".)
Wir wissen die Dauer dieser Abmachung nicht.
Wir wissen nicht, **wie lange** diese Abmachung dauern wird.
(Objektsatz mit Interrogativ-Pronomen)
Wie willst du diesen Fehler wieder gutmachen?
Ich frage mich, **wie** du diesen Fehler wieder gutmachen wirst.
Dem Lügner glaubt man nicht.
Dem, **der** lügt, glaubt man nicht. (Relativpronomen)

➡ Adverbialsätze

Die **Adverbialsätze** ersetzen in den meisten Fällen eine der angeführten adverbialen Bestimmungen (siehe darunter). Daher unterscheiden wir
– **Lokalsätze,**
– **Temporalsätze,**
– **Kausalsätze,**
– **Konsekutivsätze,**
– **Finalsätze,**
– **Konzessivsätze,**
– **Modalsätze.**

✘ Beispiele

	Frage	Art der Adverbialsätze
Ich gehe dahin, woher du kommst.	wohin?	Lokalsatz
Wir deckten den Tisch, bevor der Besuch kam.	wann?	Temporalsatz
Ich blieb zu Hause, weil ich krank war.	warum?	Kausalsatz
Ich werde anrufen, wenn es mir möglich ist.	unter welcher Bedingung?	Konditionalsatz
Er schreit so laut, dass es nicht zum Aushalten ist.	mit welcher Folge?	Konsekutivsatz

Wir fahren in die Berge, damit wir uns erholen.	wozu?	Finalsatz
Ich werde mir das Kleid kaufen, obwohl mein Geld knapp ist.	trotz welchen Umstands?	Konzessivsatz
Er kam auf uns zu, indem er winkte.	wie?	Modalsatz

Modalsätze wirken meist gekünstelt. Die Gleichzeitigkeit der Handlung lässt sich mit dem *Partizip Präsens* oder durch die Verbindung der Prädikate mit *„und"* besser ausdrücken: *Er kam winkend auf uns zu. Er kam auf uns zu und winkte.*

Hierzu gehören auch die **Komparativsätze:**
Er ist größer, als ich dachte.
Sie ist genauso klug, wie er meinte.

und die Komparativsätze, die mit *„je, desto"* gebildet werden:

Je fleißiger du bist, desto reicher wirst du.

Wir unterscheiden also

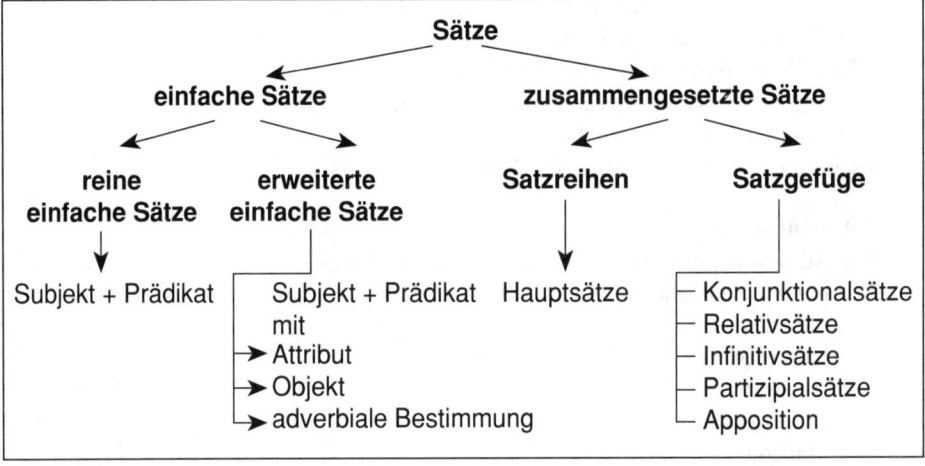

6 Zeichensetzung

Geanuso, wie die Groß- und Kleinschreibung zum wesentlichen Verständnis des Textes beiträgt, dient auch die **Zeichensetzung** der Erfassung von Inhalten. Sie bestimmt den Sprachrhythmus und ist damit nicht nur grammatische Form, sondern auch Stilmittel.

6.1 Der Punkt

Der **Punkt** drückt eine längere Pause aus und deutet zugleich eine Senkung der Stimme an. Er steht am Ende eines Aussagesatzes, am Ende eines Satzgefüges, schließt die indirekte Rede, den abhängigen Ausrufesatz, den Wunsch- oder Befehlssatz.

Beispiele

Die Sonne scheint.	Aussagesatz
Wir freuen uns, dass die Sonne scheint,	Satzgefüge
Er sagte, er wolle kommen.	indirekte Rede
Sie rief ihm zu, die Post sei da.	abhängiger Ausrufesatz
Ich wünschte, es wäre Nacht oder die Preußen kämen.	Wunschsatz

Kein Punkt steht im folgenden Fall:

Das Sprichwort „Der Klügere gibt solange nach, bis er der Dümmere ist" entspricht der Erfahrung.

Ohne Punkt stehen ferner:

1. Sätze und Satzstücke sowie einzelne Wörter, die innerhalb eines Textes besonders hervorgehoben sind; dazu zählt auch die Einrückung nach DIN 5008,
2. Grußformeln und Unterschriften,
3. Anschriften,
4. Überschriften, Schlagzeilen, Buch- und Zeitungstitel.

Drei Punkte schreiben wir zur Kennzeichnung von Auslassungen und als Hinweis auf die Fortsetzung des Textes auf einer nächsten Seite.

Anmerkung: Das Wort „Punkt" in Zeitangaben *(Ich komme Punkt 08:00 Uhr.)* wird im Deutschen groß, in Österreich klein geschrieben.

6.2 Das Ausrufezeichen

Das **Ausrufezeichen** unterstreicht immer die Aussage, hinter der es geschrieben wird. Es steht

– nach Aufforderungssätzen,
– nach Ausrufesätzen,
– eventuell nach der Anrede in einem Brief.

Das Ausrufezeichen steht nicht
- nach abhängigen Aufforderungssätzen, die ohne Nachdruck gesprochen werden,
- nach unbetonten Interjektionen,
- nach briefschließenden Wendungen.

Mehrere zusammengehörende Interjektionen werden durch Komma oder durch Ausrufezeichen getrennt.

 **Beispiele**

„Na! Na! Passen Sie doch auf!"
oder: „Na, Na! Passen Sie doch auf!"

Das Ausrufezeichen kann auch innerhalb eines Satzes stehen. In diesem Fall setzt man hinter das Ausrufezeichen ein Komma und es wird klein weitergeschrieben.

 **Beispiel**

„Oh!" rief sie entzückt.

Bei Einschiebungen, die durch Gedankenstrich gekennzeichnet sind, steht das Ausrufezeichen vor dem zweiten Gedankenstrich.

 Beispiel

Ich nehme an – hoffentlich zu Recht! –, dass er seine Rechnung bezahlen wird.

6.3 Das Fragezeichen

Das **Fragezeichen** steht
- nach direkten Fragesätzen,
- nach einzelnen Fragewörtern, wenn sie im Satzzusammenhang stehen.

Es steht nicht
- nach indirekten Fragesätzen,
- nach Ausrufen, die die Form einer Frage haben.

Folgen mehrere Interrogativpronomen aufeinander, dann wird das Fragezeichen nur am Schluss geschrieben. Wenn das Fragezeichen in einem Satzganzen vorkommt, steht nach dem Fragezeichen ein Komma.

Beispiele

Sie fragte: „Wann kommst du?"	direkter Fragesatz
Auf die Frage „wem?" steht der 3. Fall.	einzelnes Fragewort
Er fragte, wie lange sie bliebe.	indirekter Fragesatz
Wie lange haben wir uns nicht gesehen!	Ausruf in Form einer Frage
Wie, du wohnst nicht in München?	Fragewort nicht hervorgehoben
Das musst du erklären: warum, weshalb, wieso?	mehrere Interrogativpronomen
„Wo gehst du hin?", fragte er mich.	Fragezeichen im Satzganzen

Merke besonders:
„Kennst du den Roman ‚Quo vadis?' ?", fragte sie.
Dieses Theaterstück (erinnerst du dich?) hat uns damals sehr gefallen.
Auf dem Ball waren die schönsten (?) Frauen zu sehen.

6.4 Der Doppelpunkt

Der **Doppelpunkt** ist zu setzen
- vor angekündigter direkter Rede,
- vor Aufstellungen,
- vor zusammenfassenden oder folgernden Sätzen,
- bei Uhrzeit.

Werden **Gedankenstriche** verwendet, dann steht der Doppelpunkt nach dem zweiten Gedankenstrich.

Groß schreibt man nach dem Doppelpunkt das erste Wort einer direkten Rede oder eines ganzen Satzes und selbstverständlich alle Nomen. Klein schreibt man nach dem Doppelpunkt, wenn Aufzählungen folgen.

 Beispiele

Der Vorgesetzte führt aus: „In dieser Angelegenheit werden wir den Kürzeren ziehen."
Wir haben bestellt: ein Gemälde, drei antike Stühle, einen Esszimmertisch.
Er hat alles erreicht: Er hat studiert und sein Examen bestanden, ist glücklich verheiratet und bekleidet eine gute Position.
Reichtum und Macht: Das waren seine Lebensziele.
Liefern Sie bitte – wie vereinbart –: 6 Kopfkissen, 6 Bettlaken und 6 Bettbezüge in gleichem Farbton.

6.5 Das Semikolon

Ein **Semikolon** wird verwendet,
- wenn zwei Hauptsätze in sehr enger Sinnverwandtschaft zueinander stehen.
- Es kann stehen, wenn der zweite Hauptsatz durch „deshalb", „daher", „doch", „denn", „folglich", „außerdem", „trotzdem" oder „aber" eingeleitet wird.

 Beispiele

Es ist kurz vor Feierabend; die Sekretärin räumt ihren Schreibtisch auf. (sinnverwandt)
Ich habe dich schon mehrfach angerufen; aber ich habe dich nicht erreicht.
Er wurde beim letzten Kampf schwer verletzt; trotzdem trainiert er weiter.

6.6 Die Anführungszeichen

Anführungszeichen
- leiten die wörtliche Rede ein und schließen sie,
- heben Textteile besonders hervor,
- kennzeichnen Zitate als wörtliche Wiedergabe,
- stehen bei einzelnen Wörtern, Aussprüchen oder Titeln, wenn diese besonders hervorgehoben werden sollen.

In wörtlicher Rede und bei wörtlich wiedergegebenen Gedanken stehen die Anführungszeichen am Anfang und am Ende der Aussage:
„Ich verstehe nicht, wie ich das vergessen konnte", sagte er zu seinem Freund.

„So – das war also Hamburg", dachte Peter und verfolgte am Fenster seines Eisenbahnabteils, wie der Zug langsam die Stadt hinter sich ließ.

Bei wörtlicher Anführung einer Textstelle stehen die Anführungszeichen am Anfang und am Ende des Zitates. Wird das Zitat oder die Rede durch einen Einschub unterbrochen, ist jeder der getrennten Teile in Anführungszeichen zu setzen:

Über die Krawalle berichtet ein Reporter: „Die randalierenden Jugendlichen bewegen sich langsam auf die Polizeisperre zu. Aufschreie aus der Menge! ..."

„Da wir jetzt so fröhlich beisammen sind", sagte dann der Herr, „würde ich Sie Herr Landvermesser sehr bitten, durch einige Angaben meine Akten zu ergänzen" (Kafka, Das Schloss).

Bei der Hervorhebung einzelner Wörter, bei Aussprüchen, Titeln von Büchern, Gedichten, Zeitungen stehen die Anführungszeichen direkt vor und nach der Anführung. Dabei wird der dazugehörende Artikel in die Anführung einbezogen, wenn er im Nominativ steht. Unterscheidet sich der Artikel im Akkusativ nicht vom Nominativ, dann kann er in die Anführung einbezogen oder ausgeschlossen werden. Er wird immer von der Anführung ausgeschlossen, wenn er sich durch Beugung vom Nominativ unterscheidet:

✘ Beispiele
Lezens Stücke ... erfüllten vollkommen die Forderung, die er 1774 in seinen „Anmerkungen über das Theater" an das Drama stellte: ein „Raritätenkasten" zu sein (Fridell, Aufklärung).
Habe ich Ihnen erzählt, dass ich ab und zu für das „Sekretariat" schreibe?
„Die Zeit" ist eine Wochenzeitung.
Gestern kaufte ich mir die „Zeit" am Kiosk.
Gestern kaufte ich mir „Die Zeit" am Kiosk.
Ich las diesen Aufsatz in der „Zeit".

Anführungszeichen können fehlen, wenn aus dem Satzzusammenhang deutlich hervorgeht, dass es sich um einen Buchtitel, eine Überschrift o. Ä. handelt, oder wenn eine andere Schreibform (Sperren, Versalien, kursive Schrift, Fettdruck) gewählt wurde:

Wir lesen im Augenblick Goethes Iphigenie.
Was wir WIRKLICHKEIT nennen, ist in Wahrheit **Erscheinung**.

Schwierig wird die Schreibweise von Anführungszeichen, wenn sie mit Satzzeichen zusammentreffen.

– Punkt, Fragezeichen und Ausrufezeichen stehen vor dem schließenden Anführungszeichen, wenn sie zu der wörtlichen Rede oder der Anführung gehören:
Er sagte: „Diese Behauptung ist unwahr."
Sie fragte: „Werdet ihr morgen kommen?"
„Beeile dich!", rief er unfreundlich, „ich will nicht wieder zu spät in die Oper kommen!"

Hinter den schließenden Anführungszeichen wird in diesen Fällen kein Punkt mehr gesetzt. Wenn aber die Anführung aus einem vollständigen Satz besteht, dann fällt der Satzschlusspunkt nicht weg, wenn hinter dem Anführungszeichen noch ein anderes Zeichen folgt:
Hat er gesagt: „Ich komme morgen."?

– Punkt, Fragezeichen und Ausrufezeichen stehen nach dem schließenden Anführungszeichen, wenn Titel oder Überschriften o. Ä. angeführt wurden:
Dies ist ein Zitat aus „Don Carlos".
Der Artikel stand in der „Zeit".
Du kennst also auch den Roman „Das Schloss"!
Kennst du das Buch von Böll „Haus ohne Hüter"?
Kennen Sie den Roman „Quo vadis?"? (das erste Fragezeichen gehört zum Titel!)

– Das Komma steht immer nach dem schließenden Anführungszeichen:
„Es ist möglich", sagte er, „dass ich früher eintreffe."

Halbe Anführungszeichen werden verwendet, wenn innerhalb der Anführungszeichen eine weitere Hervorhebung erforderlich ist.

Beispiele zu allen Regeln

Sie fragt: „Begleitest du mich ins Kino?"	wörtliche Rede
In seinem Bericht führte er u. a. aus: „Die wirtschaftlichen Verhältnisse verbessern sich."	Textteile
„Wir freuen uns sehr", schrieb sie in ihrem letzten Brief, „dass die Sonne scheint."	Textteile
In seinem umfangreichen Bericht führt er aus, dass „die wirtschaftlichen Verhältnisse (sich) verbessern".	Zitat als wörtliche Wiedergabe
Das Modellkleid „Tunis" ist der größte Renner der Saison.	Hervorhebung eines Wortes
Dieser Gedanke stammt aus dem Gedicht „Der Erlkönig".	Hervorhebung eines Titels
Sie fragte: „Fahrt ihr auch mit dem Fährschiff ‚Prinz Hamlet' nach Hartwich?"	Hervorhebung in wörtl. Rede

6.7 Die Klammern

Auf nähere Ausführungen zu den **Klammern** verzichten wir. Nur eines sollten Sie beachten: Prüfen Sie stets sorgfältig, ob etwas wirklich durch einen Klammerausdruck erklärt werden muss oder ob es nicht besser ist einen Nebensatz zu formulieren.

6.8 Das Komma

Bereits bei der Darstellung der Struktur des Satzgefüges ist die **Kommasetzung** bei Haupt- und Nebensätzen behandelt worden, sodass Teile der folgenden Ausführungen als Wiederholung und Zusammenfassung zu verstehen sind.

6.8.1 Das Komma in Aufzählungen

Ein Komma wird geschrieben zwischen Wörtern gleicher Wortart und zwischen gleichen Wortgruppen, wenn sie nicht durch **kopulative** *(und, bald – bald, weder – noch, teils – teils)* oder **disjunktive** Konjunktionen *(oder, sowohl – als auch, entweder – oder)* verbunden sind. Es steht aber kein Komma, wenn das letzte Adjektiv oder Partizip einer Aufzählung, das unmittelbar vor dem näher zu bestimmenden Nomen steht, mit diesem einen Gesamtbegriff bildet.

> Es gab in dem Geschäft rote, schwarze, grüne und blaue Knöpfe.
> Der Lehrer zeigte den Schülern lehrreiche physikalische Versuche.
> Sie fuhren auf der dreckigen breiten Straße mit hohem Tempo.
> Er schrieb immer wieder Briefe an eine schöne geliebte Frau.

Die beiden letzten Beispielsätze zeigen das Problem auf. Ohne Kenntnis der Zusammenhänge ist kaum zu entscheiden, ob „breiten Straße" ein Gesamtbegriff ist, es also auch eine „enge Straße" gibt, die dreckig ist. Genauso unklar ist der letzte Satz. Soll hier die „geliebte Frau", also eine bestimmte zum Unterschied zu anderen schönen Frauen ausdrücklich so bezeichnet und gemeint sein, steht kein Komma: geliebte Frau ist dann ein zusammengehörender Begriff.

In diktierten Texten kann der Zweifel nur durch den beseitigt werden, der den Text diktiert. Formulieren wir selbst, ist es uns überlassen die Möglichkeit „Komma oder kein Komma" als Ausdruck- bzw. Stilmittel einzusetzen.

Bei Angaben von Gesetzen fällt das Komma weg, z. B.

> HGB § 61 Abs. 1 (Verletzung des Wettbewerbverbots)

6.8.2 Das Komma in herausgehobenen Satzteilen

Das Komma steht in herausgehobenen, besonders betonten Satzteilen, die durch ein Pronomen erneut aufgenommen werden. Das Komma steht auch bei Anreden.

Die Nacht, sie macht mir Angst. Brigitte, ihr ist wieder so bange. Sven, besuchst du mich? Sehr geehrter Herr Müller, lieber Egbert,

6.8.3 Das Komma steht nach Interjektionen

Nach Ausrufen steht ein Komma, wenn nicht gar ein Ausrufezeichen, nach dem dann allerdings meist mit kleinem Anfangsbuchstaben weitergeschrieben wird.

> Ach, du meine Güte.
> Oh, wie bist du schön.
> Au, das war mein Fuß!

Bei einem besonders engen Zusammenhang zum folgenden Wort kann das Komma auch fehlen, z. B. Ach Vater, Erlkönig hat mir ein Leids getan.

6.8.4 Einschübe und Zusätze

Einschübe und Zusätze werden zur Erläuterung des Vorhergesagten nachgestellt und häufig mit einem Hinweiswort eingeleitet: *insbesondere, d. h., z. B., unter anderem, namentlich, nämlich, und zwar, und das, d. i. (das ist).*

➡ **Die Apposition**
Die **Apposition** ist ein aus stilistischen Gründen verkürzter Relativsatz; ihr fehlt das Relativpronomen und das finale Verb.
> In Lübeck, der bekannten Hansestadt, findet ein Weihnachtsmarkt statt.
> Martin Luther, der deutsche Reformator, lebte in Wittenberg.
> Zur Beachtung!
> Unser Vertreter Herr Ulrich wird sie sicher bald besuchen.
> Herr Ulrich, unser Vertreter, wird sie sicher bald besuchen.
> Herr Vertreter Ulrich wird sie sicher bald besuchen.
> Und noch ein **Beispiel**:
> Unser Direktor Herr Dr. Friedrichs wird sie empfangen.
> Herr Dr. Friedrichs, unser Direktor, wird sie empfangen.
> Herr Direktor Dr. Friedrichs wird sie empfangen.

Will man die Apposition auflösen, muss auf „unser" verzichtet werden. Verlangt unsere Absicht aber dieses Possessivpronomen, muss in der Form einer Apposition formuliert werden.
Unschön wäre es, einen Relativsatz zu bilden:
Herr Dr. Friedrichs, der unser Direktor ist, wird sie empfangen.

➡ **Datumsangaben**
Das Datum kann als Apposition formuliert werden:
– Wir treffen uns Dienstag, den 15. Februar 1997 um 14 Uhr. Nach dem Datum kann ein Komma stehen.

- Wir treffen uns **am** Mittwoch, **dem** 22. Juni 1997, in Hamburg. Das zweite Komma kann entfallen.

Wichtige Regel: Die Apposition steht immer im Kasus des Nomens, das es näher erklärt. Das Komma steht nicht, wenn die nähere Erklärung zum Namen gehört.

Paul der Fleißige, Ute die Treue, Karl der Große, Otto der Dicke.

Einschübe werden teils durch Kommas (Kommata) vom übrigen Satz abgetrennt, teils steht das Komma nur am Anfang des Einschubs oder Zusatzes. In einigen Fällen wird auf das Komma ganz verzichtet.

Er las gern, insbesondere Kriminalromane, in seinem Urlaub.
Er liebt Opern, namentlich die von Verdi, seit vielen Jahren.

Die Einschübe werden in vorstehenden Beispielen durch Kommas abgetrennt und dadurch besonders hervorgehoben.

Fremde Gäste, und zwar englische und französische trafen ein.

Wird ein Adjektiv durch nachgestellte Adjektive näher bestimmt, steht kein schließendes Komma.

Das schließende Komma steht auch dann nicht, wenn das Personalpronomen des Vorsatzes nicht wiederholt wird, z. B.

Ohne Komma:

Er wird es mir umgehend mitteilen, d. h. bereits morgen.
Sie beendete ihren Liebesbrief, als sie ihr Herz offenbart hatte, d. h. alles gesagt hatte.

Mit Komma:

Sie beendete ihren Liebesbrief, als sie ihr Herz ausgeschüttet hatte, d. h., **sie** alles gesagt hatte.

Ebenfalls durch Kommas abgetrennt werden nachgestellte Adjektive und Partizpien, z. B.:

Die Mutter, die gute, half ihm. Das Mädchen, zart und rein, liebt ihn.

Von dieser Regel wird in der Dichtersprache allerdings abgewichen: Röslein, Röslein, Röslein rot.

Wird das Trennende nicht so deutlich oder soll der Einschub nicht hervorgehoben werden, können die Kommas ganz fehlen:

Sie legte insbesondere keinen Wert auf ein Wiedersehen mit ihm.
Wir sollten seine Sucht insbesondere ohne Tabletten bekämpfen.

Attribute, also dem Nomen vorangestellte Adjektive oder adjektivisch gebrauchte Partizipien dürfen **niemals** mit Kommas abgetrennt werden.

Der gute Mensch, das von ihr gewünschte Sommerkleid, der prüfende Lehrer, die gelungen gestaltete Ausstellung, die zunehmende Verschmutzung, der zu lobende Schüler.

6.8.5 Das Komma in Nebensätzen

6.8.5.1 Der Konjunktionalsatz

➡ **Vollständige Konjunktionalsätze**
Konjunktionalsätze werden von einer Konjunktion eingeleitet. Wir unterscheiden nebenordnende Konjunktionen, vor denen ein Punkt oder ein Komma stehen kann, und unterordnende Konjunktionen, vor denen immer ein Komma steht.
Werden zwei Hauptsätze mit anreihenden (kopulativen) Konjunktionen verbunden und enthält einer der beiden Hauptsätze kein eigenes Subjekt, steht vor der Konjunktion kein Komma. Wenn ein eigenes Subjekt vorhanden ist, kann ein Komma stehen, um die Gliederung der Satzverbindung deutlich zu machen.

✘ **Beispiele**
Er raucht nicht und er trinkt nicht.
Er raucht und er trinkt nicht.
Er raucht nicht und trinkt nicht.
Er raucht und trinkt nicht.

Zu den **kopulativen Konjunktionen** gehören: *und, oder, noch, außerdem, bald – bald, weder – noch, teils – teils.* Zu den **disjunktiven (ausschließenden)** gehören: *dann, damals, darauf, nachher, dort da, hier.* Sie stehen eigentlich grundsätzlich in einem Hauptsatz, und zwar meist an seinem Anfang. Die disjunktiven Konjunktionen *„oder, entweder – oder, sonst"* werden behandelt wie die kopulativen:

Ich komme heute oder ich komme morgen.
Ich komme entweder heute oder ich komme morgen.

Ich komme heute oder morgen.
Ich komme entweder heute oder morgen.

Vor den **adversativen (gegensätzlichen) Konjunktionen** *(aber, hingegen, sondern, allein, doch, jedoch, dennoch, indes)* steht ein Komma, manchmal ein Punkt, ganz gleich, ob ein vollständiger Hauptsatz folgt oder nicht:

Frederike ist zwar sehr klug, aber faul.
Paul schrieb nicht, sondern rief an.
Der Mensch soll gerecht werden, allein durch den Glauben.

Auch vor **kausalen (begründenden) Konjunktionen** steht immer ein Satzzeichen. Vor „denn" meist ein Semikolon (stilistisch besser ist es, wenn das Wort „denn" ganz weggelassen wird). Vor *„nämlich"* steht immer ein Komma. Vor den **konsekutiven (folgernden) Konjunktionen** *(daher, deshalb, darum, folglich, also, deswegen)* steht fast immer ein Punkt:

Er hat nicht angerufen. Deshalb wusste ich nicht Bescheid.
Sie hatte keine Hausarbeiten gemacht. Folglich fehlte ihr die Übung.

Unterordnende Konjunktionen (Übersicht siehe Seite 51) leiten Nebensätze ein und Nebensätze werden durch Kommas vom Hauptsatz abgetrennt, und zwar auch dann, wenn ihnen ein „und" oder „oder" folgt.

> Weil ich dich kenne, liebe ich dich.
> Dass die Ware rechtzeitig eintrifft, verspreche ich.
> Ich hoffe, dass Sie sich melden, und gebe ihnen dann weitere Informationen.

Nebensätze sind auch dann Konjunktionalsätze, wenn ihnen aus stilistischen Gründen die Konjunktion, meist die Konjunktion „*dass*" fehlt. Das „dass" sollte immer „unterdrückt" werden, sofern es vom Satzbau her möglich ist.

> Ich hoffe, dass ich dich morgen treffe.
> Ich hoffe, ich treffe dich morgen.
> Ich hoffe dich morgen zu treffen.

➡ Vergleichssätze

Sie sind eine Besonderheit innerhalb der Konjunktionalsätze. Selbstverständlich sind auch *„als"* und *„wie"* Konjunktionen, aber für sie gilt, besonders darauf zu achten, dass der ihnen folgende Gliedsatz vollständig ist, d. h. Subjekt und Prädikat besitzt. Nicht vollständige Gliedsätze haben kein Komma vor oder nach sich.

> Sie ist schöner als ich.
> Sie ist schöner, als ich dachte.
>
> Ich nehme an, er ist so klug wie du.
> Ich nehme an, er ist so klug, wie du sagtest.

➡ Verkürzte Konjunktionalsätze
Der Infinitivsatz

Erweiterte Infinitivsätze werden nicht mehr durch Komma vom Hauptsatz getrennt.

Erweitert: Wir glauben euch in Hamburg zu sehen.
             Er schrieb eine Karte statt zu erscheinen.
             Wir wünschen uns zu lachen und zu singen.

Besonders zu beachten ist, dass auch der nicht erweiterte Infinitiv durch Komma abgetrennt werden sollte, wenn ein hinweisendes Wort (oder eine hinweisende Wortgruppe: *es, das, darauf, daran, u. ä.* im Hauptsatz steht:

> Es ist gut, zu wissen, dass …
> Wie kam er darauf, anzunehmen, …
> Ich werde dazu in der Lage sein, zu zahlen …

Andererseits ist es nicht sinnvoll bei dem erweiterten Infinitiv ein Komma zu setzen, wenn das Verb des Hauptsatzes nicht als Vollverb verwendet wird, sondern den Charakter eines Hilfsverbs annimmt. Die Entscheidung ist kaum frei von Zweifeln.

Zu den hilfsverbmäßig gebrauchten Wörtern gehören: *sein, haben, brauchen, pflegen, scheinen, drohen, versprechen, annehmen, meinen* u. a.

Es war deutlich zu erkennen.
Er pflegt in die Alpen zu fahren.
Der Trinker droht hinzufallen.
Thomas verspricht ein guter Bankkaufmann zu werden.

Kann der Sinn des Satzes missverstanden werden, so muss selbstverständlich auch beim nicht erweiterten Infinitiv ein Komma stehen:

Wir raten dem Partner, zu kündigen.
Wir raten, dem Partner zu kündigen.

Die Partizipialsätze

Mit Komma kann abgetrennt werden das Mittelwort, zu dem eine nähere Bestimmung tritt, um die Gliederung des Satzes deutlich zu machen oder um Missverständnisse zu vermeiden. Partizipien mit nur einer kurzen zusätzlichen Bestimmung stehen in der Regel ohne Komma:

Singend zogen sie durchs Tal.
Laut singend zogen sie durchs Tal.
Schöne Lieder singend zogen sie durchs Tal.

Die Partizipien *„entsprechend"* und *„betreffend"* wirken wie Adjektive und werden deshalb auch näher bestimmt nicht durch Kommas abgetrennt. Grenzfälle sind *„wie vereinbart"* und *„oben genannt"*.

Wer sich nicht sicher ist, sollte statt des Kommas dann wenigstens (oder sogar besser) Gedankenstriche setzen.

✘ Beispiel

Wir treffen uns – wie vereinbart – am Hindenburgplatz.

Im Deutschen werden die Partizipien der Hilfsverben (habend, seiend, werdend) weder gesprochen noch geschrieben:

Schwach vor Hunger (seiend) fiel er um.
Die Regeln gelernt (habend) ging er ins Kino.
Immer wütender (werdend) knallte er die Tür zu.

6.8.5.2 Die Relativsätze

Relativsätze werden durch ein Relativpronomen eingeleitet und erklären das voranstehende Nomen näher. Relativpronomen im Nominativ sind *„welcher, welche, welches, was"*. Meist werden aber die Artikel *„der, die, das"* als Relativpronomen eingesetzt.

Der Geschäftsführer, der lange Zeit in England war, ist wieder im Hause.
Die Frau des Pastors, die ich gestern traf, sagte es mir.
Alles, was ich darüber weiß, weiß ich von dir.

7 Stilkunde

Wer nichts zu sagen hat, macht viele Worte. Das ist die eine Seite des Problems. Die andere ist nicht weniger bedrückend: Wer etwas zu sagen hat und nicht weiß, wie er sich ausdrücken muss, kann sich weder verständlich machen noch durchsetzen.

Sind wir im Ausland, ohne dass wir die fremde Sprache beherrschen, empfinden wir am deutlichsten, worum es hier geht. Wir sind im wahrsten Sinne des Wortes sprachlos. Viele, die dieses Unvermögen bedrückt, lernen dann die Fremdsprache oder wenigstens so viel, damit sie bestehende Verständigungsschwierigkeiten überwinden. Anders verhalten sich leider viele Menschen, die zwar fühlen, dass sie ihre Absichten nicht in Worte zu kleiden vermögen, sich aber dennoch in eine selbstverschuldete Abhängigkeit gegenüber denen bringen, die mit Sprache umzugehen verstehen. Sprachbarrieren erschweren das Miteinander. Sie behindern jeden sozialen Aufstieg.

Die Selektionsmechanismen der Sprache ordnen die Menschen immer wieder sozialen Schichten zu und selbst ein fachlich hochqualifizierter Spezialist bleibt Außenseiter unter Gleichrangigen, wenn er nicht heraustritt aus seiner selbstverschuldeten sprachlichen Unmündigkeit.

Wie oft hören wir: Vater ist zum Dienst.
Vater ist im Geschäft/im Dienst.
Vater arbeitet ...
Vater ist auf der Arbeit.
Vater ist auf Arbeit.
Vater is aufe Arbeit.

Merkwürdig, wie wenig kritisch Menschen ihren Bildungsstand offenbaren, Menschen, die ihr schulisches Versagen mit Sicherheit verschweigen.

Natürlich wissen wir, dass es manche Menschen gibt, die ihre Unkenntnis nicht belastet, die in ihrer gedankenlosen Welt zufrieden sind. „Wieso haben wir Deutsch als Unterrichtsfach? Wir werden Verkäufer, da brauchen wir nicht zu schreiben", haben uns unzählige Auszubildende gesagt, „und in der Prüfung wird es auch nicht verlangt." Alle diese jungen Menschen haben ihre beruflichen Chancen bereits im Ansatz verspielt.

Das Regelwerk der Grammatik, die Orthographie, sind die unverzichtbaren Grundlagen, die Sie benötigen, um ihren Aussagewert zu beurteilen. Dass das so ist, erfahren Sie in den folgenden Abschnitten.

Noch ein abschließender Gedanke: Ohne Lesen geht es nicht!

Verführt durch das Fernsehen wird leider immer nur Handlung (heute „Action") erfasst. Wenn auch lesend nur die Handlung verfolgt wird, geht das Gefühl für bildhafte und ausdrucksstarke Sprache verloren. Nur **bewusstes Lesen** hilft Sprache zu lernen.

Beispiel
Lesen Sie einmal aufmerksam den folgenden Text von Stefan Zweig aus „Sternstunden der Menschheit" (hier: die Weltminute von Waterloo):

Zwischen Tanz, Liebschaften, Intrigen und Streit des Wiener Kongresses fährt als schmetternde Kanonenkugel sausend die Nachricht, Napoleon, der gefesselte Löwe, sei ausgebrochen aus seinem Käfig in Elba; und schon jagen andere Stafetten nach; er hat Lyon erobert, er hat den König verjagt, die Truppen gehen mit fanatischen Fahnen zu ihm über, er ist in Paris, in den Tuilerien, vergeblich waren Leipzig und zwanzig Jahre menschenmörderischen Krieges. Wie von einer Kralle gepackt, fahren die eben noch quengelnden streitenden Minister zusammen, ein englisches, ein preußisches, ein österreichisches, ein russisches Heer wird eilig aufgeboten, noch einmal und nun endgültig den Usurpator der Macht niederzuschmettern: nie war das legitime Europa der Kaiser und Könige einiger als in dieser Stunde ersten Entsetzens. Von Norden rückt Wellington gegen Frankreich, an seiner Seite schiebt sich eine preußische Armee unter Blücher hilfreich heran, am Rhein rüstet Schwarzenberg, und als Reserve marschieren quer durch Deutschland langsam und schwer die russischen Regimenter.

7.1 Der treffende Ausdruck

7.1.1 Wortfelder

Solche Karten sollten besser nicht geschrieben werden. Ihr Mangel an Aussagekraft wird nur noch übertroffen von gedruckten Glückwunschkarten, die manchmal sogar noch mit Faksimile-Stempel „unterschrieben" werden.

Was ist falsch?

1. Fehlende Anreden in der Anschrift, leider üblich geworden durch die Datenverarbeitung, zeugen von Stillosigkeit. Herr, Frau, Fräulein gehören ausgeschrieben vor vollständigen Vor- und Zunamen.
2. „Hallo" ist eine hilflose Art jemanden anzureden. Sowohl die fehlende Anrede als auch „Hallo" sind Merkmal noch nicht ganz überwundener Pubertät, als solche zu verstehen und möglicherweise zu entschuldigen. Der Schreiber hat sich, ohne es zu merken, dort eingeordnet, wo er gar nicht hingehören will.
3. Die verwendeten Nomen, Adjektive und Verben sind nichts sagend. Wir müssen den treffenden Ausdruck suchen und überlegen: „Was sagt man noch?" oder fragen: „Wie sage ich es besser?" und: „Was will ich eigentlich sagen?"

Hier eine kleine allgemeine Auswahl, die den Ausdruck unseres Beispiels verbessern könnte:

Nomen

Ort: Ortschaft, Dorf, Kaff, Innenstadt, Stadt, Städtchen, Kleinstadt, Vorort
Angst: Ängstlichkeit, Befangenheit, Unsicherheit, Beklemmung, Scheu, Hemmungen, Phobie, Furcht, Panik
Essen: Nahrungsaufnahme, Mahl, Festmahl, Frühstück, Bankett, Mahlzeit, Gericht, Schmaus, Speise, Imbiss, Vesper, Jause, Snack, Menü

Adjektive:

schön: (auf Gegend bezogen): hübsch, ansprechend, abwechslungsreich, romantisch, bäuerlich, ländlich, waldreich, hügelig, flach, bergig
(auf Wetter bezogen): sonnig, warm, angenehm, erfrischend, erholsam, trocken
gut: erfreulich, fachmännisch, trefflich
(auf Ankunft bezogen): ohne Unterbrechung, pünktlich, sicher, erwartungsgemäß, schnell, zeitig
interessant: anregend, ansprechend, spannend, fesselnd, reizvoll, entzückend, ergreifend, mitreißend, herrlich, instruktiv, aufschlussreich, bemerkenswert, lesenswert, sehenswert, beachtenswert, wissenswert, anziehend, außergewöhnlich, hübsch, kennzeichnend, kurzweilig, nützlich, wichtig

Verben

gehen: fortbewegen, kündigen, weggehen, begleiten, besuchen, wandern, entlassen, spazieren, bummeln, besichtigen, erkunden, schlendern, laufen
sehen: beobachten, schauen, erkennen, unterscheiden, erblicken, erspähen, ausmachen, sichten, ansehen, blinzeln, bemerken, wahrnehmen

Allgemeiner Ausdruck	**Besonderer Ausdruck**
Fritz hörte heimlich dem Gespräch zu.	Fritz belauschte das Gespräch.
Im Saal wartete eine ungeheure Menge.	Hunderte von Menschen drängten sich wartend im Saal.
Ein junges Paar ging langsam über die Straße.	Ein junges Paar schlenderte über die Straße.
Vom Waldrand her blickte ein Reh zu uns herüber.	Vom Waldrand her äugte ein Reh zu uns herüber.
Ein Schlitten fuhr über die vereiste Bahn.	Ein Schlitten glitt über die vereiste Bahn.
Der scharfe Kiel des schnellen Schiffes zerteilte die Wogen.	Der scharfe Kiel des schnellen Schiffes durchschnitt die Wogen.
Ein schnittiger Wagen fuhr vorüber.	Ein schnittiger Wagen raste vorüber.

 Beispiel

Auszug aus einem Brief aus dem kaufmännischen Bereich:
… Wir haben Ihre Bestellung erhalten. Die bestellten Waren werden wir Ihnen schnell liefern. Sie werden mit unseren Waren zufrieden sein, die sicher pünktlich bei Ihnen eintreffen.

Auswahl treffender Ausdrücke aus dem kaufmännischen Bereich:

Nomen

Abweichung: Ausnahme, Sonderfall, Veränderung, Abänderung, Unstimmigkeit, Unterschied, Ungleichmäßigkeit, Missverhältnis, Divergenz, Differenz, Variante, Diskrepanz

Angebot: Offerte, Anerbieten, Anzeige, Inserat, Annonce, Vorschlag

Bestellung: Auftrag, Order, Subskription

Nachricht: Neuigkeit, Mitteilung, Botschaft, Kunde, Meldung, Auskunft, Information, Bescheid, Äußerung, Angabe, Bericht, Darlegung, Notiz, Ausführungen

Adjektive

günstig: preiswert, billig, erfreulich, angemessen, vorteilhaft, entgegenkommend

gewissenhaft: genau, gründlich, eigen, minutiös, pünktlich, sauber, engherzig, pingelig, ordnungsgemäß

sicher: geborgen, geschützt, behütet, beschirmt, ruhig, zweifellos, tadellos

Verben

antworten: beantworten, entgegnen, erwidern, versetzen, zurückgeben, eingehen auf, dagegen einwenden, einwerfen, Widerspruch erheben, widersprechen, begegnen, entgegenhalten

liefern: anliefern, ausliefern, zustellen, bringen, senden, absenden, versenden, schicken, verfrachten, aufgeben, expedieren, zusenden

loben: beloben, belobigen, anerkennen, würdigen, preisen, verherrlichen, verklären, idealisieren, glorifizieren, rühmen, feiern, ehren, auszeichnen

7.1.2 Wortbildung und Wortfamilien

Aus dem Stamm eines Wortes und seinen Grundformen lassen sich **neue Wörter** bilden. Auch das führt zu treffender und anschaulicher Darstellung. Unter **Wortfeldern** verstehen wir die Zusammenstellung sinnverwandter Wörter, und Wortfamilien sind Wörter mit gleichem Wortstamm.

✗ Beispiele zur Wortbildung

Gesondert zuge**schickt**, schickt es sich? Das ist unschicklich, er ist sehr geschickt. Alle loben seine Geschicklichkeit. Ein hartes Schicksal, die Geschichte der Menschheit, was ist geschehen?

Als **Druck**sache versandt. Der Aufdruck sollte geändert werden. Wo ist die Zeitung gedruckt? Die Übermacht war erdrückend. Es wurde ausdrücklich so bestimmt. Alle wollten sich gegen die Unterdrückung auflehnen.

Die Küche be**nutz**en, die Wasserkraft nutzbar machen, unnütz Geld ausgeben, nützliche Pflanzen anbauen; die Ferien genießen, der Genossenschaft beitreten.

Mit allem Zubehör ausge**statt**et; die Ausstattung war großartig, der Betrag wurde erstattet. Wann wird die Sitzung stattfinden? Sie hat schon stattgefunden. Sie wird statt meiner reden.

Kataloge sind Verzeichnisse von Bildern, Büchern usw., katalogisieren bedeutet übersichtlich in ein Verzeichnis aufnehmen, die Nummer des Katalogs angeben.

Im nachfolgenden Brief ist die Wortbildung praxisgerecht angewendet:

Wir danken Ihnen für Ihre Anfrage und senden Ihnen gesondert als Drucksache Kataloge aller unserer Erzeugnisse mit Preisangaben und den geschätzten Einbaukosten. Begutachtungen und Urteile von Benutzern unserer Küchenanlagen haben wir beigefügt. Sie können daraus ersehen, dass wir nicht nur in der Bundesrepublik, sondern auch im benachbarten Ausland viele Betriebe mit Küchenanlagen ausgestattet haben. Die uns zugegangenen Anerkennungsschreiben zeigen, wie zufrieden die Leitungen der Betriebe mit der Arbeitsweise und der Betriebssicherheit unserer Küchenanlagen sind. Lassen Sie uns bitte wissen, ob wir einen unserer Vertreter zu Ihnen schicken dürfen.

Übersicht über Wortbildungsmöglichkeiten:

➡ **Wortbildung durch innere Wortveränderung** (durch Veränderung des Stammes = Affix):

Band	Bund	Binde	Liege	Lage	Gelege
Rinde	Runde	rund	denken	Dank	Gedächtnis
Klang	Klingel		finden	Fund	

➡ **Ableitungen durch Vorsilben** (= Präfixe): – bei Verben –

fahren: abfahren, anfahren, befahren, durchfahren, einfahren, vorfahren, verfahren, überfahren, vorwegfahren, erfahren, unerfahren, auffahren, zufahren, ausfahren usw.

führen:	anführen, aufführen, überführen, verführen, durchführen, ausführen, hinwegführen, entführen, vorführen usw.
treiben:	antreiben, betreiben, abtreiben, eintreiben, übertreiben, vertreiben, austreiben usw.

– bei Nomen –

-fahr-:	Abfahrt, Fahrt, Anfahrt, Überfahrt, Gefahr, Durchfahrt, Vorfahrt, Gefährdung, Ausfahrt usw.

– bei Adjektiven –

-fahr-:	gefährlich, befahrbar, willfährig, unbefahrbar

➡ **Ableitungen durch Schluss-Silben (= Suffixe):** – bei Verben –

mit -ig:	kräftigen, reinigen, ängstigen, peinigen
mit -ier:	hausieren, planieren, polieren, pausieren, regieren, stolzieren, probieren, kurieren

– bei Nomen –

mit -heit:	Trägheit, Gottheit, Faulheit, Gesundheit, Torheit, Wahrheit, Dummheit, Einheit, Reinheit, Klugheit, Vermessenheit usw.
mit -keit:	Richtigkeit, Leichtigkeit, Genügsamkeit, Ewigkeit, Tapferkeit, Bitterkeit
mit -schaft:	Eigenschaft, Gemeinschaft, Gesellschaft, Freundschaft, Bürgerschaft, Mannschaft
mit -tum:	Eigentum, Reichtum, Siechtum, Heiligtum, Irrtum, Königtum, Herrschertum
mit -ung:	Verwaltung, Regelung, Einigung, Bereicherung
mit -nis:	Verhältnis, Gedächtnis, Bewandtnis, Wagnis
mit -sal:	Rinnsal, Schicksal, Drangsal, Labsal
usw.	

– bei Adjektiven –

mit -haft:	ehrenhaft, habhaft, leibhaftig, wahrhaft
mit -lich:	ehrlich, reichlich, häuslich, wahrlich
mit -sam:	genügsam, einsam, ratsam, behutsam, furchtsam
mit -ig:	fähig, bärtig, holzig, artig, lebendig, diesig
mit -(e)n:	golden, silbern, eisern, gläsern, ledern
mit -bar:	ehrbar, haltbar, fahrbar, erreichbar, sichtbar

Dies ist nur eine kleine Auswahl der vielen Möglichkeiten, die die Sprache bietet Ableitungen zu bilden. Jede dieser Ableitungen hat eine bestimmte Bedeutung. So bedeutet *-haft* (es kommt von *„behaftet"*), dass eine Sache mit etwas *„versehen ist"* und dieser Inhalt ist den entsprechenden Adjektiven *(krankhaft, fehlerhaft, meisterhaft)* auch zu entnehmen. *„-schaft"* hängt mit *„Beschaffenheit"* zusammen und dient meist der Formung von Sammelbegriffen *(Bürgschaft, Mannschaft* usw.). Die Schluss-Silbe *-heit* drückt einen Zustand aus *(Dummheit, Gesundheit)* und *-tum* bedeutet eigentlich *„Stand"* oder *„Würde"*.

7.2 Die Rangordnung der Begriffe

„Die Tiere auf dem Hof im Ort hatten gerade Futter bekommen. Die Versorgung der Tiere ist das Erste, was der Hofbesitzer macht, wenn er aus seinem Haus tritt."

An diesem schlichten Beispiel wird deutlich, wie nichtssagend auch die kleinste „Geschichte" ist, wenn die Kenntnis der Wortfelder nicht ausreicht. Ober- und unterbegriffliche Zuordnung der Wörter verbessert den Stil:

„Die Hühner auf dem kleinen Bauernhof des Dörfchens hatten gerade ihre Maiskörner bekommen. Die Fütterung der Hühner und anderen Haustiere ist das Erste, um das der Bauer sich kümmert, wenn er morgens aus seiner Kate tritt."

✗ Beispiele für Ober- und Unterbegriffe:

Oberbegriffe	Unterbegriffe
Mitarbeiter	Angestellter
Unternehmen	Bank
Vertrag	Kaufvertrag
Kapital	Eigenkapital
Konten	Aktivkonten
Lager	Warenlager

Selbstverständlich lassen sich diese Begriffe weit feiner gliedern. Dann entsteht eine Begriffspyramide.

✗ Beispiel
1. Menschen/Leute
2. Männer
3. Berufstätige
4. Mitarbeiter
5. kaufmännische Mitarbeiter
6. leitende Mitarbeiter
7. Abteilungsleiter
8. Leiter der Warenabteilung
9. Leiter des Wareneinkaufs
10. Herr Karl Peters

Weitere **Beispiele**:

Gewässer: See, Fluss, Gewässer, Teich, Bach, Tümpel
Pflanze: Tanne, Rose, Buche, Nelke, Flieder, Strauch, Busch
Kleidung: Kostüm, Gewand, Tracht, Uniform
Weg: Pfad, Steg, Allee, Schneise, Straße, Gasse
Geschirr: Teller, Tasse, Schüssel, Messer, Gabel
Gemüse: Erbsen, Wurzeln, Spargel, Rotkohl, Bohnen

7.3 Die Gliederung

Der sichere Weg zu einem logisch aufgebauten Text führt nur über eine Gliederung.

Die Arbeit beginnt mit der Sammlung der Begriffe zu den Inhalten. Dann werden die Begriffe geordnet und nach Ober- und Unterbegriffen gegliedert.

 Beispiel

Thema: Die Sekretariatsregistratur
Sammlung der Begriffe: *Sicherheit, Hängeregistratur, Registraturarten, Ort der Registratur, Behälter, alphabetische Ordnung, chronologische Ordnung, Ordnungsmerkmale, Organisation, Arbeit mit der Registratur, Kosten* usw.

Versuch einer ersten Gliederung:
1. Begriffserklärung
2. Anforderungen
   a) Notwendigkeit
      – Aufbewahrungsfristen
      – sonstige Gründe
   b) Übersichtlichkeit
   c) Zugriffsmöglichkeiten
   d) Sicherheit
3. Art der Registratur
   a) bibliothekarische Ablage (Ordnerregistratur)
   b) Hängeregistratur
   c) Pendelregistratur
   d) Mikrofilmablage
4. Unterbringung der Registratur
   a) Ort
   b) Möbel
   c) Behälter
      – geheftete Ablage
      – gelochte Ablage
      – Loseblattablage
5. Ordnungsmöglichkeiten
   a) alphabetische Ordnung
   b) numerische Ordnung
   c) alphanumerische Ordnung
   d) geographische Ordnung
   e) Ordnung nach Sachgebieten
   f) chronologische Ordnung
6. Die Organisation der Ablage
   a) Einrichtung der Registratur
   b) Arbeit mit der Registratur
usw.

Beispiel

Thema: Die Bedeutung der Zeitung für den Gewerbetreibenden

Sammlung der Begriffe: *Politische Ereignisse mit wirtschaftlichen Folgen, Mangel an Arbeitskräften, Streiks, neue Steuern, Änderung von Post- und Gütertarifen, Marktberichte, Wertpapierkurse, Handelsverträge usw. Stellengesuche, Immobilienverkehr, handelsgerichtliche Bekanntmachungen, Werbeanzeigen, Bekanntmachungen über Steuern, Bilanzveröffentlichungen*

Gliederung:

1	Einleitung: Allgemeine Bedeutung der Zeitung
2	Hauptteil: Bedeutung der Zeitung für den Gewerbetreibenden
2.1	Der Gewerbetreibende entnimmt der Zeitung
2.1.1	Nachrichten über das Tagesgeschehen, damit er „mitreden" kann
2.1.2	politische Nachrichten, die für sein Unternehmen von Bedeutung sein können
2.1.3	wirtschaftliche Nachrichten über
2.1.3.1	in- und ausländische Märkte
2.1.3.2	den Verlauf der Konjunktur
2.1.3.3	Preise und Preisnotierungen
2.1.3.4	den eigenen Geschäftszweig
2.1.3.5	andere Unternehmungen
2.1.3.6	sonstige Geschehnisse
2.1.4	Anzeigen und Bekanntmachungen, und zwar
2.1.4.1	Werbeanzeigen, Stellengesuche
2.1.4.2	Bekanntmachungen von Gesellschaftern, des Gerichts, des Finanzamts und sonstiger Behörden
2.2	Der Gewerbetreibende bedient sich der Zeitung
2.2.1	für seine eigene Werbung
2.2.2	für die Einstellung eines Mitarbeiters
2.2.3	für eigene Veröffentlichungen im redaktionellen Teil
3	Schluss: Die Zeitung muss kritisch und mit Nutzanwendung gelesen werden.

Das Thema in diesem Beispiel ist vom allgemeinen Begriff zum besonderen Fall gegliedert. Diese Vorgehensweise wird als **deduktiv** bezeichnet. Das Gegenteil wäre eine **induktive** Gliederung. Bei der induktiven Erarbeitung eines Themas kommen wir vom speziellen Fall zu einer allgemeingültigen Aussage.

Schwer verstehbare Allgemeinaussagen sollten aus Beispielen entwickelt werden (induktiv), leichtere dagegen veranschaulichenden Beispielen folgen (deduktiv).

Beispiel

Induktiver Gedankenaufbau

Sollen Sparer durch Entwertung um den wohlverdienten Zinsertrag auch weiterhin betrogen werden? Sollen Lohnempfänger ihren hart erkämpften Mehrlohn weiterhin für hohe Preise opfern müssen, statt am Wirtschaftswachstum teilzuhaben? Wie lange soll **das** noch **so** weitergehen?

Deduktiver Gedankenaufbau

Wie lange soll **das** noch **so** weitergehen: Sollen Sparer durch Entwertung um den wohlverdienten Zinsertrag betrogen werden; sollen Lohnempfänger ihren hart erkämpften Mehrlohn auf dem Markt für hohe Preise opfern müssen, statt am Wirtschaftswachstum teilzuhaben?

Die logischen Wege führen
- vom Allgemeinen zum Besonderen (deduktiv),
- vom Besonderen zum Allgemeinen (induktiv).

Die chronologischen Wege führen
- von der Vergangenheit zur Gegenwart,
- von der Gegenwart zur Vergangenheit.

Der terminologische Weg führt von der Begriffsdefinition in die Themenstellung ein.

Beispiel

Thema: Unterricht ist abhängig von anthroposophischen und sozialen Bedingungsfeldern.

Ein solches Thema zwingt dazu die **Termini** (Begriffe) zunächst zu **definieren** (zu erklären).

Im ersten Kapitel haben wir mit einem Goethe-Zitat auf die Bedeutung und den Zusammenhang von Wort und Begriff hingewiesen. Lassen Sie uns deshalb Goethe das Schlusswort zu diesem Abschnitt sprechen:

JOHANN WOLFGANG VON GOETHE: „FAUST" (ERSTER TEIL)

Geschrieben steht: „Im Anfang war das WORT!"
Hier stock ich schon! Wer hilft mir weiter fort?
Ich kann das WORT so hoch unmöglich schätzen,
Ich muss es anders übersetzen,
Wenn ich vom Geiste recht erleuchtet bin.
Geschrieben steht: Im Anfang war der SINN.
Bedenke wohl die erste Zeile,
Dass deine Feder sich nicht übereile!
Ist es der SINN, der alles wirkt und schafft?
Es sollte stehn: Im Anfang war die KRAFT!
Doch, auch indem ich dieses niederschreibe,
Schon warnt mich was, dass ich dabei nicht bleibe.
Mir hilft der Geist! Auf einmal seh ich Rat
Und schreibe getrost: Im Anfang war die TAT!

7.4 Die Wortstellung im Satz

Über die Arten der Sätze haben sie vieles erfahren. Sie wissen, dass es Hauptsätze in der Form der

- **Befehlssätze,**
- **Wunschsätze,**
- **Bedingungssätze,**
- **Fragesätze**

gibt. Sie kennen Nebensätze, die wir nach ihrer äußeren Form in

Konjunktional-,
Relativ-,
Infinitiv- und
Partizipialsätze

oder nach dem Satzglied(-teil), das sie vertreten, in

Subjekt-,
Prädikat-,
Objekt-,
Attribut- oder
Adverbialsätze einteilen.

Alles dreht sich um das Verb:
Er	träumt	gewiss schon seit Wochen von den Ferien.
Gewiss	träumt	er schon seit Wochen von den Ferien.
Schon seit Wochen	träumt	er gewiss von den Ferien.
Von den Ferien	träumt	er gewiss schon seit Wochen.

Schreiben Sie nicht, wie es Ihnen gerade einfällt, sondern prüfen Sie immer wieder, welche Wortstellung im Satz dem am meisten entspricht, was Sie vor allem, unbedingt, eigentlich zum Ausdruck bringen wollen.

➡ Satzteile, die Sie besonders betonen wollen, gehören an den Satzanfang.

 Beispiel
Ich kaufe für meine Mutter einen Blumenstrauß. (also nicht du)
Für meine Mutter kaufe ich den Blumenstrauß. (also nicht für dich)
Zu Weihnachten kaufe ich meiner Mutter einen Blumenstrauß. (also nicht zum Geburtstag)
Ein Buch kaufe ich für meinen Bruder. (also keine Krawatte)

➡ Oft zwingt uns das vorher Gesagte mit einem bestimmten Satzglied einzuleiten.

Beispiel

Gestern	kaufte	ich einen **Fotoapparat.**
Mit ihm	machte	ich amüsante Aufnahmen.
Diese Bilder	zeigte	ich gerade meinen Freunden.
Denen aber	gefielen	sie gar nicht so gut.

➡ In der Schriftsprache sollte die Frage in die Antwort immer einbezogen werden (Anschlusszwang):
Wo warst du? **Ich war** in Karlsruhe.
Wie lassen sich die Aufgaben der Sekretärin gliedern?
Die Aufgaben der Sekretärin lassen sich gliedern in …
Was bedeutet „Platzhalterschaft"? **Platzhalterschaft** bedeutet …

➡ Eine Aussage, die weder gefühlsbetont ist noch unter Anschlusszwang steht, wird mit „es" eingeleitet:
Es darf so nicht weitergehen.
Es wird bald schneien.

Während in den vorgenannten Beispielen überwiegend stilistische Gründe die Stellung der Satzglieder bestimmen, ist sie in anderen Sätzen wesentlich durch grammatische Regeln festgelegt.

Beispiel
Er arbeitet heute fleißig. Er hat heute fleißig gearbeitet.

➡ Das „Ich"/„Wir"-Problem. Wir haben festgestellt, dass im Deutschen große Freiheit in der Wortstellung besteht. Sie werden wissen, dass so etwas in anderen Sprachen nicht möglich ist. Es bedarf z. B. im Englischen eines zusätzlichen Regelwerkes, um das auszudrücken, was sich durch Wortstellung nicht deutlich machen lässt.

Beispiel

Falsch	**Richtig**
Wir danken Ihnen für Ihre Anfrage.	Vielen Dank für Ihre Anfrage.
Wir freuen uns, Ihnen die von Ihnen gewünschten Artikel anbieten zu können.	Gern bieten wir Ihnen die gewünschten Artikel an.
Wir senden Ihnen den Katalog und die Preisliste.	Sie erhalten unseren Katalog und unsere Preisliste.

Da wir also in der deutschen Sprache nicht gezwungen sind, die Wortstellung Subjekt/Prädikat/Objekt einzuhalten, nutzen wir diese Freiheit, um zu betonen, was uns wichtig ist.

Beispiel
„Ich bewerbe mich bei Ihnen."

So schreibt man es heute. Früher wurde gesagt: „Ich als Esel gehe voran" und deshalb dürfe man nie mit „ich" beginnen. Das ist inzwischen überholt, denn das Wichtigste gehört an den Anfang und das ist bei Bewerbungen der Bewerber.

Leider lesen wir in Briefen immer wieder den Wechsel zwischen den Personalpronomen im Singular und im Plural. Jeder Schreiber selbst als Privatmann und der Inhaber einer Einzelfirma schreiben im Singular (ich). Die Inhaber einer Gesellschaft, Vorstandsmitglieder oder Geschäftsführer schreiben im Plural (wir). Der angestellte Bevollmächtigte eines Unternehmens hat die Wahl zwischen dem Plural (die umfassendere Verantwortung deckt ihn) oder dem Singular (dann ist das, was er sagt, seine persönliche Meinung).

Ein Wechsel zwischen der Ich- und Wir-Form ist also die Ausnahme.

✗ Beispiel
Wir fordern Sie auf sofort zu zahlen, aber ich sage Ihnen außerdem, dass ich für Ihr Verhalten keinerlei Verständnis mehr habe.

7.5 Ausdrucksfehler

Achten Sie bei Ihrer Wortwahl immer auf die Zutrefflichkeit des Begriffes. Oft sind Aussageunterschiede nur gering und die Klangverwandtschaft führt ebenfalls leicht zu Verwechslungen, z. B.: *überbleiben, übrigbleiben*. Darüber hinaus werden viele Ausdrücke aus Unwissenheit falsch angewendet, z. B.: *scheinbar, anscheinend*.

7.5.1 Verben

➤ aufgewacht – aufgeweckt:
Wenn Sie von niemandem geweckt werden, sondern von selbst Ihren Schlaf beenden, dann wachen Sie auf.

✗ Beispiele
Karin war schon um 07:00 Uhr aufgewacht.
Meine Mutter hat mich aufgeweckt.

➤ aufmachen – offen stehen:
Das Adverb „*offen*" bezeichnet immer den Zustand, der nach dem „*Aufmachen*" eingetreten ist.

✗ Beispiele
Mache bitte die Tür auf!
Die Fenster standen den ganzen Tag offen.
Das Geschäft ist bis 18:00 Uhr geöffnet.

➡ bearbeiten – verarbeiten:
Bleiben Form oder Stoff eines Gegenstandes im Wesentlichen erhalten, so wurde er *bearbeitet*. Wird der Gegenstand verändert, wurde er *verarbeitet*.

❌ **Beispiele**
Die Steine wurden zu einer Mauer verarbeitet.
Der Stuhl muss noch bearbeitet werden.
Der Rohstoff „Öl" wird zu Benzin verarbeitet.

➡ brauchen – gebrauchen:
„Brauchen" bedeutet immer „*nötig haben*". „Gebrauchen" dagegen heißt „*benutzen, verwenden*".

❌ **Beispiel**
Ich brauche ein Fahrrad, weil ich es täglich benutzen (gebrauchen) muss.

Anmerkung: Im Sinne von „*muss*" kann „*brauchen*" heute auch ohne „zu" gebraucht werden: *Du brauchst nicht kommen.* Oder: *Du brauchst nicht zu kommen.*

➡ entschließen – entscheiden:
Das Verb „*entscheiden*" setzt immer zwei oder mehr Möglichkeiten voraus (entweder … oder). „*Entschließen*" ist Zustimmung oder Ablehnung.

❌ **Beispiele**
Ich entscheide mich Jura zu studieren (also nicht Theologie).
Ich entschließe mich zu studieren.
Ich entscheide mich für das blaue Kleid.
Ich entschließe mich ein Kleid zu kaufen.

➡ fortsetzen – wegsetzen:
Das Adverb „*weg*" bedeutet immer, dass „*etwas aus dem Wege geräumt*" wird, das Wort „*fort*" ist immer eine *Vorwärtsbewegung*.

❌ **Beispiele**
Geh' dort weg! (Tritt zur Seite!)
Er geht fort.

➡ zahlen – bezahlen:
„*Bezahlen*" drückt eine Gegenleistung aus, „*zahlen*" den Vorgang des Zahlens.

❌ **Beispiele**
Die Ware wird bezahlt.
Ich zahle per Banküberweisung.
Fahrgelder sind zu zahlen, die Fahrt ist zu bezahlen.

➡ Logischer Zusammenhang zwischen Subjekt und Prädikat: Das gewählte Prädikat muss eine Tätigkeit ausdrücken, die das Subjekt auch tatsächlich ausführen kann.

 **Beispiele**

falsch	richtig
Da taucht die Frage auf.	Die Frage muss noch geklärt werden.
Das Drama spielt in Spanien.	Der Ort der Handlung ist Spanien.

7.5.2 Nomen

Wir beschränken uns auf die Begriffe *„Betrieb"*, *„Unternehmen"*, *„Firma"*, *„Werk"*. Ein *„Betrieb"* ist die Stätte eines Unternehmens, in dem etwas hergestellt wird (etwas „betrieben" wird). Das *„Unternehmen* (die Unternehmung)" ist der geistige Oberbau eines oder mehrerer Betriebe. Deshalb kann sie auch nicht besichtigt werden. Sie ist die Stätte von Willensentscheidungen.

Die *„Firma"* ist der Name des Kaufmanns, unter dem er seine Geschäfte betreibt. Der Begriff *„Werk"* kann an Stelle von „Betrieb" verwendet werden, wenn es sich um einen großen Betrieb handelt, es wird aber auch für die Bezeichnung von Teilbetrieben verwendet.

 Beispiele
Er arbeitet in einem Handwerksbetrieb.
Ich hole den Wagen vom VW-Werk.
Die Ware wurde im Hamburger Werk gefertigt.
Karl Schulze unterschreibt mit dem Namen seiner Firma.
Die Unternehmensleitung hat so entschieden.
Er ist Betriebsleiter unseres Hamburger Werks.

7.5.3 Adjektive

Adjektive und Nomen müssen zueinander passen. Sie dürfen also nicht in einem sinnwidrigen Verhältnis zueinander stehen.

 Beispiele

falsch	richtig
Das ist ein preiswertes Angebot.	preiswerte Ware
billige Preise	billige Ware
niedrige Preise	günstige, erschwingliche, angemessene Preise

Auch Zahlenattribute werden oft leichtfertig verwendet: *„Der Gegner war uns hundertfach überlegen."* Hier wird eine Genauigkeit vorgetäuscht, die nicht besteht.

7.5.4 Adverbien

▶ scheinbar – anscheinend:
  „Anscheinend" heißt, dass etwas wirklich so sein könnte.
  „Scheinbar" bezeichnet eine Handlung, die mit Sicherheit nicht so ist.

✘ **Beispiele**
  Draußen ist es anscheinend kalt. (es ist möglich)
  Der Landstrich ist scheinbar ausgestorben. (es ist unmöglich)

▶ stündlich – stündig:
  Die Endsilbe *-lich* bezeichnet regelmäßig wiederkehrende Zeitabstände, die Endung *-ig* bestimmte Zeiträume.

✘ **Beispiele**
  Das Schiff verkehrt einmal monatlich.
  Das Schiff erreichte das Ziel nach einmonatiger Fahrt.

▶ Adverbien sind keine Attribute:

Falsch	**Richtig**
die obige Angabe	die oben genannte Angabe
dein gestriges Telefonat	dein Telefonat von gestern
die dortige Pension	die Pension dort

7.5.5 Konjunktionen

▶ aber:
  Die Konjunktion *„aber"* darf nur stehen, wenn sie das Vorhergesagte einschränkt oder einen Gegensatz dazu ausdrückt.

▶ als – wie:
  „wie" steht immer bei gleichrangigen Vergleichen und auch bei Ungleichheit, wenn keine Höherstufung vorliegt.

▶ da – weil:
  Alle selbstverständlichen und als bekannt vorausgesetzten Begründungen werden in Nebensätzen mit *„da"* eingeleitet. In allen anderen Fällen verwendet man *„weil"*.

▶ durch – infolge:
  Nach transitiven Verben benutzt man die Präposition *„durch"*, nach intransitiven Verben die Präposition *„infolge"*, wenn eine Ursache für eine Folge angegeben wird.

▶ trotzdem – obwohl:
  Die Konjunktion *„trotzdem"* leitet Hauptsätze ein, *„obwohl"* leitet Nebensätze ein.

➡ um zu:
Der Ausdruck „um zu" darf nur in solchen Nebensätzen verwendet werden, in denen die Absichten des Subjektes genannt werden, auf das sie sich beziehen.

✘ **Beispiele**

Falsch	Richtig
Er war klug, aber gut.	Er war klug, aber faul.
Peter ist so groß als ich.	Peter ist so groß wie ich.
Fernseher sind nicht mehr so teuer als früher.	… nicht mehr so teuer wie früher.
Er trägt den Ring, weil er verheiratet ist.	… da er verheiratet ist. …
Er ist nicht mehr mein Freund, da er mich betrog.	Er ist nicht mehr mein Freund, weil er mich betrog.
Peter ist größer wie ich.	Peter ist größer als ich.
–	Ich wurde durch ihn benachrichtigt.
Ich wurde durch seine Nachricht gewarnt.	Ich wurde infolge seiner Nachricht gewarnt.
Ich lebe in Stuttgart, trotzdem ich lieber in Köln wohnen möchte.	Ich lebe in Stuttgart, obwohl ich lieber in Köln wohnen möchte.
Er startete das Flugzeug um abzustürzen.	Er startete das Flugzeug um es zu erproben. Dabei stürzte er ab.

8 Die Abhängigkeit von Diktion, Syntax und Inhalt

Gutes Deutsch setzt voraus, dass wir die Sprache beherrschen. Dazu gehören Rechtschreibung, Grammatik und Stilkunde. Stilkunde aber erschöpft sich nicht in der treffenden Wortwahl, dem Satzaufbau, dem Satzumfang und der sinnvollen Verbindung von Sätzen zu Texten. Zum guten Stil gehören auch

- die **Angemessenheit der Sprache**,
- der **Sprachrhythmus**,
- der **Sprachstil**,
- die **Sprach-** und die
- **Sachlogik**.

8.1 Die Angemessenheit der Sprache

Der Sprachstil muss dem Zweck eines Textes: eines Briefes, Berichtes, Aufsatzes angemessen sein. Die Wortwahl ist also abhängig von dem Geschehen, das behandelt werden muss. Ein Sachbericht unterscheidet sich von der romanhaften Darstellung einer Liebesgeschichte, der Mahnbrief vom Werbeschreiben, die Einladung von der Beschwerde.

 Beispiel

unangemessen?
Leider haben wir bei der Überprüfung der Konten feststellen müssen, dass Sie die Rechnung Nr. ... vom ... noch immer nicht bezahlt haben. Wir können nicht verstehen, warum Sie Ihre Schulden nicht begleichen. Warum lassen Sie uns so lange auf das Geld warten? Sie müssten sich doch auch sagen, dass man Leistungen nicht in Anspruch nehmen kann ohne Gegenleistung. Wir bitten Sie daher inständig, den Betrag in Höhe von ... sofort zu überweisen.

angemessen?
Bei der Überprüfung der Konten stellten wir fest, dass Sie die Rechnung Nr. ... vom ... noch nicht bezahlt haben. Das Zahlungsziel wurde um vier Wochen überschritten, und wir bitten Sie, den Betrag in Höhe von ... umgehend zu überweisen.

Entscheiden Sie selbst. Bilden Sie sich ein Urteil, und begründen Sie Ihr Urteil!

Ein Text kann sachlich, schlicht oder hochtrabend, aber auch witzig, ironisch, zynisch, polemisch oder bewusst unfreundlich sein. Es gibt Menschen, die nicht fähig sind Schärfe in ihrem Stil zu unterdrücken, selbst, wenn sie es wollten. Meist fehlt solchem Schreiber jeder Funke Humor.

 **Beispiele**

angemessen?	unangemessen?
Sehr geehrter Herr …	Sehr geehrter Herr …
Endlich haben wir Ihre Ausarbeitung erhalten. Vielen Dank dafür, dass sie nun doch noch pünktlich eingegangen ist. Sie entspricht unseren Erwartungen, was wir erhofft hatten.	Wir danken Ihnen sehr für Ihre Ausarbeitung. Sie haben wieder genau das ausgedrückt, was gesagt werden musste. Wir freuen uns immer wieder mit Ihnen zusammenzuarbeiten.
Hochachtungsvoll	Freundliche Grüße

Der Stil ist auch an die Zeit gebunden, aus der er stammt. Das gilt aus unserer Sicht vor allem für die Werke der Klassiker. Ihre Größe besteht darin, dass das, was sie geschrieben haben, so, wie sie es geschrieben haben, anders zu schreiben heute nicht denkbar und nicht ersetzbar ist. Wenn man klassische Theaterstücke versucht zu modernisieren, wird der unauflösliche Bezug zwischen äußerer und innerer Form – die Harmonie – zerstört. Eine Zauberflöte als Klamaukstück, ein Hamlet im Frack, ein Wilhelm Tell mit einer Maschinenpistole, eine Faustaufführung mit wenigstens einem halben Dutzend Stahlträgern als Dekoration ist Barbarei gegen den Geist des Schönen, ist Auflösung gestalteter Harmonie. Courths-Mahler schrieb anders als Simmel, Karl May anders als Konsalik. Sie waren bzw. sind „Kinder ihrer Zeit", aber sie schrieben ja auch für die Kinder ihrer Zeit.

Selten schreiben wir für uns oder gar an uns, meistens schreiben wir für die anderen. Sie sollen uns verstehen, wissen, was, aber auch wie wir es meinen.

8.2 Der Sprachstil

Der **Stil** wird beeinflusst von der Form des Werkes. Prosa, Lyrik, Epik stehen unter unterschiedlichen Stilgesetzen. Ein Bericht verlangt einen anderen Stil als eine Erzählung oder Novelle. Drama, Komödie und Tragödie verkörpern die für sie typischen Ausdrucksmöglichkeiten, die sich z. B. wieder durch Merkmale realistischer oder naturalistischer Sprachgestaltung auszeichnen.

 Beispiel für naturalistische Sprachgestaltung

Die Sonne, welche soeben unter dem Rande mächtiger Wolken herabhing, um in das schwarzgrüne Wipfelmeer zu versinken, goss Ströme von Purpur über den Forst. Die Säulenarkaden der Kiefernstämme jenseits des Dammes entzündeten sich gleichsam von innen heraus und glühten wie Eisen.
Auch die Geleise begannen zu glühen, feurigen Schlangen gleich, aber sie erloschen zuerst. Und nun stieg die Glut langsam vom Erdboden in die Höhe, erst die Schäfte der Kiefern, weiter den größten Teil ihrer Kronen in kaltem Verwesungsgelichte zurücklassend, zuletzt nur noch den äußersten Rand der Wipfel mit einem rötlichen Schimmer streifend. Lautlos und feierlich vollzog sich das erhabene Schauspiel. Der Wärter stand noch immer regungslos an der Barriere. Endlich trat er einen Schritt vor. Ein dunkler Punkt am Horizont, da, wo die Geleise sich trafen, vergrößerte sich. Von

Sekunde zu Sekunde wachsend, schien er doch auf einer Stelle zu stehen. Plötzlich bekam er Bewegung und näherte sich. Durch die Geleise ging ein Vibrieren und Summen, ein rhythmisches Geklirr, ein dumpfes Getöse, das, lauter und lauter werdend, zuletzt den Hufschlägen eines heranbrausenden Reitergeschwaders nicht unähnlich war.

(aus: Hauptmann, „Bahnwärter Thiel")

Beispiel für realistische Sprachgestaltung
Als realistisch bezeichnet man in der Literatur die Sprache dann, wenn das Gesagte nicht durchgehend in der Hochsprache wiedergegeben wird, sondern wenn der Autor das macht, was Luther empfohlen hat: „Man muss den Menschen aufs Maul sehen", um realistisch zu erfassen, wie sie sprechen. Unter den Klassikern wird Lessings „Minna von Barnhelm" als Beispiel gewählt, weil alle handelnden Personen die Sprache ihres „Standes" sprechen: Der Offizier (Tellheim) spricht Hochdeutsch, sein Bursche (Werner) und das Hausmädchen (Franziska) sprechen berlinerisch, der Franzose gebrochenes Deutsch.

8.3 Sprachrhythmus

Auch sachliche Texte können **rhythmisch** gestaltet werden. Dabei ist natürlich wieder die Angemessenheit zwischen Inhalt, Zweck und Sprachstil zu beachten:

Beispiel
(aus: Stefan Zweig, „Die Weltminute von Waterloo")
„So furchtbar rächt sich die große Sekunde, sie, die selten in das Leben der Irdischen niedersteigt, an dem zu Unrecht Gerufenen, der sie nicht zu nützen weiß. Alle bürgerlichen Tugenden, Vorsicht, Gehorsam, Eifer und Bedächtigkeit, sie alle schmelzen ohnmächtig in der Glut des großen Schicksalsaugenblicks, der immer nur den Genius fordert und zum dauernden Bildnis formt. Verächtlich stößt er den Zaghaften zurück; einzig den Kühnen hebt er, ein anderer Gott der Erde, mit feurigen Armen in den Himmel der Helden empor."

Lesen Sie dieses Beispiel mehrfach und Sie werden herausfinden, dass der Prosatext einen Sprachrhythmus besitzt. Einen sprachlich angemessenen Rhythmus zu verwenden ist dem Gebildeten auf Grund seines Sprachverständnisses möglich. Stilgefühl kann man nicht erlernen.

Beispiele
„Des Ewigen und Wahren. Niemals – niemals
Besaß ein Sterblicher so viel, so göttlich
Es zu gebrauchen. Alle Könige
Europas huldigen dem span'schen Namen.
Gehn Sie Europens Königen voran.
Ein Federzug von dieser Hand, und neu

Erschaffen wir die Erde. Geben Sie
Gedankenfreiheit. –"
(aus: Schiller, Don Carlos, 3. Aufzug)

„Armer Catullus, lass von verblendeter Torheit
Und, was verloren du siehst, das gib du verloren.
Einstmals da leuchteten dir die Tage voll Sonne,
Als der Schönen du folgtest, wohin sie dich führte,
Sie, die geliebt war von uns, wie's keine mehr sein wird.
Dort gab's damals viel köstliches Scherzen und Kosen;
Nicht, was immer du wolltest, das sie nicht auch wollte.
Wahrlich, es leuchteten dir die Tage voll Sonne.
Nun, da sie nicht will, Schwächling, da wolle auch du nicht.
Flieht sie dich, lauf ihr nicht nach, noch sei darob elend,
Sondern standhaften Sinnes, halt aus und bleib fest nur.
…
Du doch, Catullus, der du entschlossen, bleib fest nur."
(aus: Thornton Wilder, „Die Iden des März")

Ein kaufmännischer Mitarbeiter ist nicht die Hilfskraft seines Vorgesetzten, sondern Gesprächspartner für viele, viele Stunden des Tages. Für ihn ist es also unerlässlich, sich dem Sprachniveau des Vorgesetzten und seiner Geschäftsfreunde zu stellen. Das ist der Grund, warum wir Ihnen Hintergrundwissen zur Vervollkommnung ihrer Allgemeinbildung anbieten.

8.4 Sprach- und Sachlogik

Am Anfang steht nicht das Wort, sondern der Gedanke. Seine logische Vollkommenheit wird uns immer dann klar, wenn wir versuchen ihn zu formulieren. Was sich erdacht so glanzvoll ausnahm, wird oft unmöglich niederzuschreiben.

Voraussetzung für die **sprachlogische** und **sachlogische Darstellung** ist die Beherrschung der Sache. Was wir selbst nicht verstehen, können wir auch nicht verständlich ausdrücken. Deshalb steht die Sachlogik an erster Stelle. Erst, wenn unsere Aussage sachlich folgerichtig ist, lässt sie sich sprachlich gestalten.

 Sprachunlogisch ist eine Gedankenfolge, die etwas Falsches aussagt.

✘ Beispiel
Wir schrieben schnell; trotzdem waren wir bald fertig.
„Trotzdem" ist hier falsch, weil kein Gegengrund vorhanden ist. Richtig müsste es *„deshalb"* heißen.

Denkschlüsse müssen bei jeder schriftlichen Arbeit zwingend sein. Bevor ein Schluss gezogen werden kann, müssen die Voraussetzungen (Prämissen) genannt werden.

✘ Beispiel

Prämissen: Mit Arbeit verdient man Geld, mit Geld kauft man sich, was glücklich macht. Glück bringt Zufriedenheit.
Schluss: Also ist Arbeit das Streben nach Glück (Zufriedenheit).

➡ Sprachlogik meint, dass das, was wir ausdrücken, im wörtlichen Sinne möglich sein könnte.

✘ Beispiele

Er griff nach den Sternen.
Sie umschifften die Probleme.
Sie erstiegen den Gipfel des Ertragbaren.
Der Vortrag erschien in leuchtenden Farben.

Die Grenzen zwischen Unsinn und erlaubter dichterischer Freiheit sind fließend. Je weniger Sie sich zum Dichter berufen fühlen, um so mehr sollten Sie solche „schiefen" Bilder vermeiden.

8.5 Vom Satz zum Text

An Handlungen, Ereignisse oder Erlebnisse erinnern wir uns aus der Vergangenheit, wir erleben sie im Augenblick oder wir planen, erahnen oder fürchten sie für die Zukunft. Diese zeitliche Zuordnung des Geschehens drücken wir in der Sprache aus, wenn auch das Deutsche keine so strenge Zeitenfolge kennt, wie z. B. das Englische. Wir werden uns daher auf das Notwendigste aus dem Regelwerk für den Gebrauch der Zeiten beschränken.

8.5.1 Das Präsens

Das **Präsens** drückt aus, dass die Handlung vom Standpunkt des Sprechers aus abläuft. Besonders geeignet ist es für die Wiedergabe von allgemeingültigen, beständigen und unter bestimmten Verhältnissen wiederkehrenden Ereignissen.

Beispiele
Helga singt so schön. (jetzt, morgen und immer wieder)
Michael hält sich für einzigartig.
Dem Reinen ist alles rein.

Will man im Deutschen dieses fortwirkende Ablaufen des Geschehens begrenzen, sind **einschränkende adverbiale Bestimmungen** hinzuzusetzen.

Beispiele
Helga singt heute so schön.
Michael fühlt sich im Augenblick besonders großartig.
Auch dem Reinen ist nicht immer alles rein.

8.5.2 Das historische Präsens

Vergangenes lässt sich ebenfalls im Präsens, eben dem **historischen Präsens**, erzählen. Es wird dadurch besonders lebendig und gegenwärtig.

- Der Berichter erzählt vergangenes Geschehen im Präsens:
  „Herzlich gratuliert Sie ihrem Vorgesetzten."

- Der Berichter **unterbricht** das Präteritum (Imperfekt), die von ihm für die Erzählung gewählte Zeit, und steigert die Aussage der Handlung durch das Präsens:
  „… und aus dem kleinen Tor, das sich plötzlich **auftat**, **bricht** etwas Elementares hervor."

- In Geschichtstabellen o. Ä. hat das historische Präsens nur formalen Charakter:
  1712 Friedrich der Große **wird** geboren
  1776 wird die **Unabhängigkeitserklärung** der USA verkündet

Auch in zukünftige Zeitabschnitte können wir das Geschehen mit dem Präsens verlegen. In allen diesen Fällen ist das Präsens durch das Futur I oder manchmal auch durch das Futur II austauschbar.

Beispiele

Ich sehe dich. (morgen) – Morgen sehen wir uns.
Ich werde dich morgen sehen.
Wenn du diese Bedingungen erfüllst, stimmen wir dir zu.
Wenn du diese Bedingungen erfüllt haben wirst, werden wir dir zustimmen.

8.5.3 Das Perfekt

Das **Perfekt** drückt eine vergangene, aber noch nicht abgeschlossene, also weiterhin wirksame Handlung aus.

Beispiele

Es hat geregnet.
Ich bin eben aus dem Theater gekommen.
Thomas ist heute geprüft worden.

Allgemeingültige Aussagen können vom Sprecher als vollendetes, auf sich bezogenes Geschehen gesehen werden.

Beispiel

Ein Unglück **ist** schnell **geschehen**.

Ebenso lässt sich das Perfekt anwenden, wenn das Geschehen in der Vergangenheit liegt, aber in die Gegenwart nachwirkt.

Beispiel

Das Haus ist 1901 erbaut worden.
Wir sind vor 10 Jahren nach Bayern gezogen.

Verlegt der Sprecher sein Tun in die Zukunft, kann das Perfekt das Futur II ersetzen.

Beispiel

In einer Stunde habe ich die Betten gemacht.
In einer Stunde werde ich die Betten gemacht haben.

8.5.4 Das Präteritum (Imperfekt)

Das **Präteritum** drückt die Vergangenheit im Aktiv in einem Wort aus *(lobte, saß, redete, ging)*, im Passiv wird das Präteritum mit *„wurde"* und dem Partizip Perfekt gebildet *(ich wurde gelobt)*.

Das Präteritum drückt aus, dass ein Geschehen, vom Standpunkt des Sprechers oder Schreibers aus gesehen, abgeschlossen ist. Die nähere Bestimmung des Präteritums (Imperfekts) verlangt eine nähere Zeitangabe.

Beispiel
Es schneite. Es schneite gestern. Es schneite drei Tage.

8.5.5 Das Plusquamperfekt

Das **Plusquamperfekt** ist die Vergangenheitsform des Präteritums, so wie das Perfekt die Vergangenheitsform des Präsens ist. Handlungen im Plusquamperfekt sind **mehr** als vollendet, sie sind vergangen.

Beispiel
Er bestand die Prüfung, weil ich ihm geholfen **hatte**.

8.5.6 Futur I

Das **Futur I** drückt ein Geschehen aus, das noch nicht begonnen hat, also erst erwartet wird.

Beispiele
Ein guter Mann **wird** stets das Bessere **wählen**.
„Doch **werdet** ihr nie Herz zu Herzen **schaffen**, wenn es euch nicht von Herzen geht." (Goethe, Faust I)

Das Futur I wird auch verwendet, um neben der Zeitangabe einen Wunsch (modaler Aspekt) oder eine Hoffnung auszudrücken.

Beispiele
Morgen wird die Sonne scheinen.
Du wirst das schon noch einsehen.

8.5.7 Futur II

Das **Futur II** oder die vollendete Zukunft wird gebildet mit „werden" + *Partizip Perfekt* + „haben" oder „sein". Die Formen drücken aus, dass sich ein Geschehen in der Zukunft vollendet haben wird. Man kennt den Zeitpunkt des Abschlusses der Handlung.

Beispiele
Ende März wird er seine Prüfung bestanden haben.
Bis dahin werden die Maschinen geliefert worden sein.

8.5.8 Der Konjunktiv

Wir unterscheiden zwei Konjunktive, und zwar **Konjunktiv Präsens** und **Konjunktiv Imperfekt**. Konjunktiv Präsens wird gebildet aus der Stammform des Verbs und den Endungen *-e, -est, -en, -et*. Konjunktiv Imperfekt wird gebildet aus dem Imperfekt der dritten Person Singular (z. B. *er stand*) und den Endungen *-e, -est, -en, -et (stände)*.

Beispiel

Verb: fahren	**Konjunktiv Präsens**	**Konjunktiv Imperfekt**
fahr-	ich fahre	ich führe
fuhr =	du fahrest	du führest
ergibt führ-	er fahre	er führe
	wir fahren	wir führen
	ihr fahret	ihr führet
	sie fahren	sie führen

Der Konjunktiv wird verwendet
– für die indirekte Rede,
– zur Darstellung irrealer Situationen,
– in Bedingungssätzen.

Konjunktiv für indirekte Rede

Steht das Verb, das die Rede ankündigt, im Präsens, dann verwenden wir für die indirekte Rede **Konjunktiv Präsens**. Steht es im Imperfekt, gebrauchen wir für die indirekte Rede den **Konjunktiv Imperfekt**.

Beispiele

Präsens: Er sagt: „Ich gehe jetzt in den Unterricht."
Er sagt, er gehe jetzt in den Unterricht.
Imperfekt: Er sagte: „Ich gehe jetzt in den Unterricht."
Er sagte, er ginge jetzt in den Unterricht.

Im Plural der schwachen Verben bilden Konjunktiv Präsens und Indikativ Präsens sowie Konjunktiv Imperfekt und Indikativ Imperfekt häufig die gleichen Formen.

Beispiele

Präsens: Er sagt: „Die Kirchenglocken läuten schon wieder."
Er sagt, die Kirchenglocken läuten schon wieder.
Imperfekt: Er sagte: „Die Kirchenglocken läuten schon wieder."
Er sagte, die Kirchenglocken läuteten schon wieder.

Hier sehen Sie deutlich, dass *„läuten"* sowohl Indikativ als auch Konjunktiv Präsens darstellt. Das wirft sprachliche Probleme auf, weil dann die Indirekte Rede nicht mehr deutlich abgehoben ist. Aus diesem Grunde verwenden wir den Konjunktiv Imperfekt auch dann für die indirekte Rede, wenn das Verb, das die Rede ankündigt, im Präsens steht.

✘ Beispiel
Er sagt: „Die Glocken läuten."
Er sagt, dass die Glocken läuteten.
Er sagt: „Die Kinder fahren jetzt ab."
Er sagt, dass die Kinder jetzt abführen.
Er sagt: „Die Kalender liegen auf dem Tisch."
Er sagt, dass die Kalender auf dem Tisch lägen.

In der deutschen Sprache wird also der Konjunktiv Imperfekt häufig für Präsens-Situationen benötigt, damit eine Unterscheidung zum Indikativ hörbar wird. In romanischen Sprachen ist das übrigens nicht erforderlich, weil alle Verben Stammformen für den Konjunktiv besitzen.

➡ **Konjunktiv zur Darstellung irrealer Situationen:**
Nach den Redewendungen
- „Stell dir vor, ..."
- „Wenn doch ..."
- ... als ob ...
- „Nimm einmal an, ..."

folgen Handlungen, die sich nicht wirklich vollziehen, also irreal sind. Das drücken wir aus mit dem Konjunktiv Imperfekt:

✘ Beispiele
Stell dir vor, die Welt **wäre** flach! (Sie ist nicht flach!)
Wenn er doch endlich einmal pünktlich **einträfe**!
Sie tut nur so, als ob ihr das Theaterstück **gefiele**.
Nimm einmal an, du **gewönnest** eine Million DM!

Leider wird in allen diesen Fällen häufig das erste Konditional *(würde haben, würde sein)* verwendet *(Stell dir vor, die Welt würde flach sein.)*. Grammatisch ist es zwar falsch, aber der Konjunktiv ist weniger geläufig, weil er sich in unserer Sprache ständig zurückentwickelt. Nutzen Sie daher den Konjunktiv auf jeden Fall in der Schriftsprache! Er führt zu eleganterem Stil.

➡ **Der Konjunktiv in Bedingungssätzen:**
Wir unterscheiden drei Arten von **Bedingungssätzen**, und zwar
- Bedingungen, die in der Zukunft für erfüllbar gehalten werden,
- Bedingungen, die im Präsens irreal sind,
- Bedingungen, die in vergangenen Situationen irreal waren.

Im ersten Fall verwenden wir im Hauptsatz Futur I und im Bedingungssatz das Präsens. Der Konjunktiv wird nicht benötigt.

✘ Beispiele
Wenn ich im Lotto gewinne, werde ich mir ein Haus kaufen.
Wenn ich in London bin, werde ich den Tower besichtigen.
Ich werde froh sein, wenn ich diese Arbeit beendet habe.

Bedingungen, die im Präsens irreal sind, erhalten im Hauptsatz das Konditional I und im Bedingungssatz den Konjunktiv Imperfekt.

✗ Beispiele

Wenn jetzt die Sonne schiene, würden wir spazierengehen. (irreal, denn die Sonne scheint jetzt nicht.)
Wenn heute Sonntag wäre, würde ich dich besuchen.
(irreal, denn heute ist nicht Sonntag.)
Wenn ich seine Telefonnummer hätte, würde ich ihn anrufen.
(irreal, denn ich habe seine Telefonnummer nicht.)

In Bedingungssätzen, deren irreale Handlungen abgeschlossen sind, benutzen wir im Hauptsatz das Konditional II und im Bedingungssatz den Konjunktiv Imperfekt.

✗ Beispiele

Wenn gestern Sonntag gewesen wäre, würde ich dich besucht haben. (gestern war aber nicht Sonntag …)
auch möglich: Wenn gestern Sonntag gewesen wäre, hätte ich dich besucht. (Konjunktiv Imperfekt in Haupt- und Nebensatz)
Wenn ich Zeit gehabt hätte, würde ich ihr geholfen haben.
Wenn ich Zeit gehabt hätte, hätte ich ihr geholfen.
(Die Handlung ist vergangen, die Möglichkeit des Helfens ist „jetzt" nicht mehr gegeben.)
Wenn die Waren pünktlich geliefert worden wären, würden wir mit unseren Kunden nicht so viel Ärger gehabt haben. (Wir haben aber Ärger gehabt, Handlung ist vergangen und irreal.) Auch möglich:
Wenn die Waren pünktlich geliefert worden wären, hätten wir mit unseren Kunden keinen Ärger gehabt.
Der „Ärger" kann auch gegenwartsbezogen sein, dann verwenden wir im Hauptsatz Konjunktiv Präsens oder das Konditional I:
Wenn die Waren pünktlich geliefert worden wären, hätten wir (jetzt) mit unseren Kunden keinen Ärger.
Wenn die Waren pünktlich geliefert worden wären, würden wir (jetzt) mit unseren Kunden keinen Ärger haben.

In dem nun folgenden Teil eines Protokolls wurde der Konjunktiv zur Darstellung der indirekten Rede verwendet.

PROTOKOLL

über die Verkaufsleiterbesprechung der Firma Adolf Reimer OHG

Tagesordnung:	1. Gestaltung des Katalogs
	2. Aufnahme neuer Artikel
	3. Einstellung eines leitenden Mitarbeiters
Vorsitzender:	Herr Rolf Homburg, Abt. Verkauf
Sitzungsteilnehmer:	Herr Hoffmann Herr Meister
	Frau Kurt Herr Adolf Reimer
Ort:	Hamburg; Konferenzraum 102
Tag:	Mittwoch, 12. April ...
Zeit:	09:00 – 11:00 Uhr

Herr R. Homburg eröffnet die Sitzung und begrüßt die Teilnehmer.

1. Gestaltung des Katalogs

Herr Hoffmann	führt aus, dass der neue Katalog vorbereitet werden soll, und bittet um Stellungnahme zu den Entwürfen.
Frau Kurt	schlägt vor den Katalog im Format A4 herzustellen. Sie meint, das bisher verwendete Format erschwere die Aufbewahrung.
Herr Reimer	schließt sich der Auffassung von Frau Kurt an und weist darauf hin, dass dieses Format auch die Übersichtlichkeit erhöhe.
Herr Meister	verteilt Kopien des Layouts. Über die Gestaltung wird nach kurzer Beratung beschlossen, sie in dem vorliegenden Format zu verwenden.

2. Aufnahme neuer Artikel

Herr Meister	führt aus, dass die Firma jetzt in der Lage sei, weitere Artikel in das Verkaufsprogramm aufzunehmen.
Herr Reimer	sagt, dass die Vorbesprechungen mit in Frage kommenden neuen Lieferern positiv verlaufen seien und man jetzt daran gehen könne, vor allem das neue Angebot im Bereich der Nachrichtentechnik auszubauen.
Herr Reimer	händigt den Teilnehmern der Besprechung Einkaufsbedingungen aus.

9 Textformulierung

Wir sind also jetzt endlich bei der Erarbeitung zusammenhängender Texte, der eigentlichen **Textformulierung**, angelangt. Endlich, so mag es Ihnen vorkommen. Aber ohne die Kenntnisse der Inhalte aus den vorhergehenden Abschnitten würden Sie die nächsten Kapitel nicht erfolgreich bearbeiten können.

9.1 Hauptabschnitte der Textgliederung

Die **Einleitung** ist die Wiedergabe des Themas mit anderen Worten, als sie in der Überschrift stehen. In der Einleitung darf kein Bezug auf das Thema genommen werden. Ist das Thema sehr frei formuliert, lässt es sich mit den Einleitungssätzen abgrenzen.

 Beispiel
  Thema: Was ist Treue?
  1. Möglichkeit: „Er ist mir treu", behauptete neulich eine Freundin von ihrem Freund. Da dachte ich: Worin besteht Treue eigentlich?
  2. Möglichkeit: Es kommt mir darauf an zu untersuchen, mit welcher Berechtigung eigentlich von jemandem behauptet wird, er sei treu. Dabei geht es mir vor allem um die Treue gegenüber dem Partner.

Die Einleitung muss zum Thema hinführen. Sie stellt das Problem vor, auf dessen Lösung der Leser hoffentlich mit Spannung wartet. Niemals gehören Inhalte des Hauptteils in die Einleitung.

Der **Hauptteil** behandelt das Thema. Die Handlung kann sich in zeitlichen und örtlichen Bedingungen vollziehen, die dann durchgehend stimmen müssen. Untermauern Sie Ihre Aussagen mit treffenden Beispielen. Beispiele fördern das Verstehen, wenn sie eindeutig und anschaulich, kurz sind und nachempfunden werden können. Zu den literarischen Formen des Beispiels zählen übrigens Gleichnisse und Fabeln.

Meinungen sind ohne Begründungen wertlos. Fremde Meinungen können herangezogen werden, sind dann aber auch als Fremderfahrung zu zitieren. Das gleiche gilt für Behauptungen. Selbst, wenn wir uns auf eine Behauptung einer anerkannten Kapazität beziehen, ist zu erläutern, warum wir gerade diese Behauptung übernehmen. Zitate können, als solche gekennzeichnet, die Aussagen veranschaulichen. Wichtig ist, dass Sie die Beziehung eines Zitats zum Thema und zum eigenen Standpunkt darstellen, es also interpretieren.

Begriffe müssen definiert werden. Allerdings ist es oft schwierig zu entscheiden, welche Begriffe als allgemeinverständlich vorausgesetzt werden können und welche zu erklären sind. Auf jeden Fall sollten Sie alle Begriffe erläutern, die eine unterschiedliche Definition zulassen. Zwei einfache Beispiele: Der Begriff „*Tugend*" hat nicht nur im Wandel der Zeiten einen Wertwechsel erfahren, sondern wird auch regional unterschiedlich gedeutet. Ähnlich verhält es sich mit dem Begriff „*Demokratie*". Der Begriff „*Kohlendioxid*" dagegen lässt nur eine Deutung zu und wird überall und zu allen Zeiten in dieser Deutung von allen verstanden, denn er entzieht sich ethischer Beurteilung.

Im Aufsatz muss ein „goldener Faden" erkennbar sein. Lesen Sie beim Durchblättern eines Romans einmal irgendeine Seite, müssten Sie nach einer Weile wissen, worum es sich handelt. Das Gleiche gilt für Werke darstellender Kunst (Theater, Film). Abweichungen vom Thema führen ungewollt in die Irre. Nur in Ausnahmefällen sollten Sie eine Nebenhandlung ausführlicher darstellen und sie als **Exkurs** hervorheben. Ein Exkurs ist wichtig für das Verständnis einer Sache, gehört aber nur entfernt zum Thema. Es kann vorkommen, dass Sie sich in bestimmte Formulierungen „verlieben". Nun, das ist noch kein Grund, sie stehenzulassen, wenn sie nicht zum Thema passen.

Der **Schluss** sollte möglichst kurz sein. In den Schlussbetrachtungen werden die Ausführungen zusammengefasst. Es kann auch eine allgemeine Aussage gemacht werden, eine überlegte Einschränkung oder ein weiterführender Gedanke angehängt werden, der die zukünftige Entwicklung betrifft.

✗ Beispiele
- Die einfachste Form des Schlusses lässt sich als Entfernung vom Thema bezeichnen. Das wird besonders deutlich in Filmen: eine Landschaft mit untergehender Sonne; die beiden Helden gehen, fahren, reiten dem Horizont entgegen.
- Aufgrund meiner bisherigen Erfahrungen musste ich das Problem in der vorgelegten Weise zu lösen versuchen. Es ist mir aber durchaus bewusst, dass neue Erkenntnisse die von mir vorgeschlagene Lösung ändern, vielleicht sogar in Frage stellen werden.
- Und auch das ist Entfernung vom Thema:
  „Und wenn sie nicht gestorben sind, dann leben sie noch heute."

Der Schluss sollte
- zu einem vertiefenden Verstehen führen,
- die Wirkung des Hauptteils verstärken,
- die Problematik des Hauptteils ergänzen,
- sich vom Thema entfernen,
- die eigene Meinung ausdrücken,
- einen Hinweis auf die Zukunft geben,
- das Problem verallgemeinern.

Achten Sie bei jedem Buch, Brief, Aufsatz, Bericht darauf, wie Einleitung und Schluss konstruiert sind. Erleben Sie Gestaltung von Texten, aber auch von Darstellung im Theater und Film bewusst.

9.2 Die äußere Form der Gliederung

Wenn Sie einen Aufsatz schreiben, ordnen Sie Ihre Überlegungen und schreiben sie gegliedert nieder. Sie können die **alphanumerische** oder die **numerische Abschnittskennzeichnung** verwenden. Bei der numerischen Abschnittskennzeichnung kann die Gliederung beliebig gestaffelt werden. Die Abschnittsnummern stehen grundsätzlich in der Fluchtlinie. Inhaltsübersichten und Stichwörter liegen ebenfalls in einer (zweiten) Fluchtlinie. Bei der alphanumerischen Abschnittskennzeichnung wird dagegen anders verfahren: Man beginnt mit jedem Untergliederungspunkt unter dem ersten Buchstaben der Überschrift der Vorzeile.

✘ Beispiele
Die Gliederung nach dem Dezimalsystem
Der Aktenplan
0 Gründung, Führung und Gliederung
1 Anlagen
2 Finanzen und Buchhaltung
3 Personalwesen
3.0 Arbeitsrecht, Tarife
3.0.0 Allgemeine gesetzliche Bestimmungen
3.0.1 Tarifverhandlungen
3.0.1.0 Angestellte
3.0.1.1 Arbeiter
3.0.2 Betriebsordnung
Die Gliederung nach dem alphanumerischen Zahlensystem
A. Nachrichtenübermittlung
 I. Schriftliche Nachrichtenübermittlung
  1. Briefe
   a) nach Diktat
   b) nach Textbausteinen
  2. Formular
   a) zur Briefbeantwortung
   b) zur Beantwortung durch den Empfänger
  3. Fernschreiber
 II. Mündliche Nachrichtenübermittlung
  1. Telefon
  2. Sondereinrichtungen am Telefon
   a) Anrufbeantworter
   b) Sprechanlagen
    (1) Wechselsprechanlagen
    (2) Gegensprechanlagen

9.3 Die äußere und innere Gestaltung von Texten

Das Schriftbild wird geprägt durch Deutlichkeit. Verbesserungen und Radierungen stören es. Sind sie unvermeidlich, dann sollten Sie sie mit größter Sorgfalt durchführen.

Noch wesentlicher als das Schriftbild ist die **Textgestaltung**. Hierzu gehören
– die Einordnung des Textes in den zur Verfügung stehenden Platz,
– die klare und sinnvolle Hervorhebung von Überschriften und besonderen Textteilen.

Das Schriftbild als Ganzes ist die Visitenkarte des Schreibers. Ein vorbildliches Schriftbild und die übersichtliche Anordnung des Textes auf dem Blatt zeigen

– Achtung vor dem Leser,
– Sinn für Ordnung,
– Sinn für Schönheit.

Das folgende Beispiel ist nicht gestellt. Es ist ein Original-Entschuldigungsschreiben in Originalgröße. Und es ist auch kein Einzelfall, sondern leider heute oft eher die Regel.

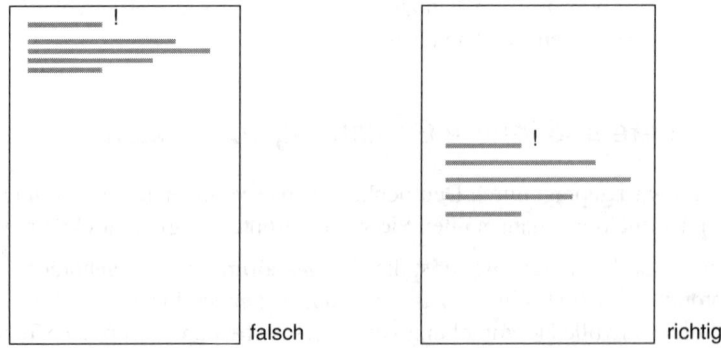

Dieses Beispiel widerspricht allen Forderungen, die an ein vorbildliches Schriftbild gestellt werden müssen. Es lässt vermuten, dass es diesen Eltern völlig gleichgültig ist, was andere – also auch ihre Kinder – über sie denken. „Nun", sagte mir neulich eine Mutter, „bei einer Entschuldigung kommt es doch nicht so darauf an." Irrtum! Es kommt immer „darauf" an.

Schon die Gestaltung des Absenders und der Anschrift können Hinweise auf beachtenswerte Wesenszüge des Schreibers erkennen lassen. Der Geduckte schreibt meist unleserlich, nichts sagend, ohne gesundes Selbstbewusstsein; der Angeber füllt sein Blatt mit wenigen Schriftzügen. Streben wir den goldenen Mittelweg an!

falsch   richtig

9.4 Formulierungsregeln

Sammeln, Auswählen, Ordnen – das sind die Arbeitsschritte, die zu einer Gliederung führen. Ein solcher Gedankenplan vermittelt Sicherheit bei seiner textlichen Ausgestaltung. Sie wissen, welche Gedanken Sie in welcher Reihenfolge vortragen oder beschreiben werden. Die Gliederung sagt Ihnen aber nicht, was bei der Komposition eines Textes zu beachten ist.

9.4.1 Wortwahl

Sie haben einen Brief entworfen und stellen beim Durchlesen fest, dass Sie mehrfach das Wort *„verkaufen"* verwendet haben. Wortwiederholungen sind dem guten Stil abträglich. Also versuchen Sie das Verb „verkaufen" durch ein anderes Wort zu ersetzen. Das ist leichter gesagt als getan. Es gibt nämlich nicht sehr viele passende Ausdrücke für das Verb *„verkaufen"*. Und Wörter, wie *„versilbern"*, *„verscherbeln"*, *„verkloppen"*, sind einem Geschäftsbrief nicht angemessen.

Ziel der Werbeaktion ist es im nächsten Jahr doppelt so viele Bücher zu verkaufen wie im Vorjahr.

In diesem Satz wollen Sie das Wort *„verkaufen"* durch ein möglichst sinngleiches Wort ersetzen. Folgende Ersatzwörter haben Sie in die engere Wahl gezogen: *umsetzen, absetzen, auf den Markt bringen.* Nun beginnt die Austauschaktion.

Ziel der Werbeaktion ist es im nächsten Jahr doppelt so viele Bücher (umzusetzen/abzusetzen/auf den Markt zu bringen) wie im Vorjahr.

Der Ersatz von *„verkaufen"* durch *„umsetzen"* mag angehen. Trotzdem: Wer Gespür für die Feinheiten sprachlicher Aussage hat, merkt sofort, wie sich durch den Ersatz eines Wortes die Gewichte in der Gesamtaussage des Satzes verlagern. Wer in unserem Beispiel *„umsetzen"* statt *„verkaufen"* sagt, für den steht nicht mehr der Verkaufsvorgang im Vordergrund, sondern sein Ergebnis, nämlich der Gelderlös. Die Ware wurde also – um beim Wort zu bleiben – in einen anderen Wertrepräsentanten *„umgesetzt"*. Wählen Sie aber *„absetzen"* statt *„verkaufen"*, so ist nicht mit letzter Deutlichkeit gesagt, ob der Verkauf tatsächlich auch bis zum Ende abgewickelt wurde. Vielleicht wurde ein Teil der Bücher nur in Kommission gegeben oder gegen Ratenzahlungsvertrag abgegeben, so dass ein beträchtlicher Teil des Wertes der abgesetzten Bücher noch Eigentum der verkaufenden Firma ist.

Wählen Sie gar *„auf den Markt bringen"* für „verkaufen", so wird damit lediglich ein Verkaufsangebot bezeichnet. Nichts ist darüber gesagt, ob von dem Angebot auch Gebrauch gemacht wird. Merken Sie sich in diesem Zusammenhang folgende Regel:

Sinngleiche Wörter gibt es nicht.

Aus dieser Regel folgt: Wortwiederholungen sind unvermeidbar, wenn sich der Sinn eines Satzes um keinen Deut verschieben darf. Da die Genauigkeit einer Mitteilung wichtiger ist als ihr sprachliches Kleid, sind Wiederholungen manchmal geboten. Bei der stilistischen

Überarbeitung von Texten sollten Sie also prüfen, welche Bedeutungsverschiebung gerade noch hingenommen werden darf. Dabei stellt sich gar nicht so selten heraus, dass erst die vermeintliche Bedeutungsverschiebung hilft den „fugenlos" passenden Ausdruck zu finden. Die Leistung von Synonymwörterbüchern liegt nämlich nicht nur darin den Wortreichtum zu erhöhen, sie helfen auch den treffenden Ausdruck zu finden oder ein unpassendes Wort zu vermeiden.

Unpassend wäre es beispielsweise gewesen, hätten Sie „*verkaufen*" durch „*veräußern*" ersetzt. Warum? Die Sprache hat verschiedene Stilebenen. Für die Geschäftskorrespondenz werden nur Wörter der sogenannten **„normalsprachlichen Ebene"** verwendet. Darüber liegt die „gehobene Stilebene". Sie zeichnet sich durch vornehme, ja feierliche Zurückhaltung aus. Das trifft auf das Wort „*veräußern*" zu. Denn damit wird nicht das alltägliche Verkaufsgeschäft bezeichnet, sondern vornehmlich die Aufgabe von Sachbesitz aus finanzieller Not.

Hätten Sie jedoch „*verkaufen*" durch „*versilbern*" ersetzt, so wären Sie unter die normalsprachliche Ebene geraten, nämlich in die salopp-umgangssprachliche Schicht. Sie zeichnet sich durch Anschaulichkeit aus. Außerdem ist der saloppen Umgangssprache eine gewisse Nachlässigkeit eigen. Kein Wunder: Diese Sprachebene wird mehr vom Sprecher als vom Schreiber benutzt.

Zu den **Stilschichten** kommen die **Stilfärbungen**. Bei der Wahl sinnverwandter Wörter sind Ebene und Färbung des Stils genauso zu beachten wie der landschaftliche, fachliche und zeitliche Geltungsbereich des einzelnen Wortes.

Die Stilebene kann sein
– normalsprachlich,
– gehoben,
– umgangssprachlich-salopp,
– vulgär.

Die Stilfärbung kann sein
– gespreizt,
– papierdeutsch,
– vertraulich,
– abwertend,
– verhüllend,
– übertrieben,
– derb, schimpfend,
– scherzhaft.

Der Geltungsbereich kann sein
– fachlich,
– landschaftlich,
– zeitlich.

Im übrigen: In der Zeit wandelt sich der Wert von Tugenden und mit ihm auch die Bedeutung der Wörter.

9.4.2 Wie wird ein Text lebendig?

Ein Text wird durch seinen Inhalt lebendig. Die Schilderung einer Schiffsrettung ist vom Gegenstand her spannender als eine Mängelrüge. Trotzdem kann man versuchen zu verhindern, dass eine an sich schon langweilige Materie durch die Art der Darstellung noch langweiliger wird. Was ist zu beachten, damit ein Text lebendig wird?

➡ **Soll man den Ausdruck „eng" oder „weit" fassen?**
Begriffe haben einen engen oder weiten Inhaltsumfang: *„Auf Langeoog angekommen habe ich sofort bei der Kurverwaltung meine Steuer entrichtet."* Statt *„Steuer"* werden Sie wahrscheinlich *„Kurtaxe"* sagen. Es handelt sich um eine Finanzabgabe besonderer Art. Da Sie den Namen dieser Abgabe kennen, verwenden Sie ihn auch. Statt des allgemeinen, weit gefassten Ausdrucks gebrauchen Sie den besonderen, eng gefassten Ausdruck. Der allgemeine Ausdruck klingt hochtrabend und wirkt deshalb lächerlich. Möglicherweise kommt der Verdacht auf, Sie wüssten nicht so recht, was Sie bei der Kurverwaltung eigentlich bezahlt haben.
Wenn Sie die Wahl haben, ziehen Sie daher den eng gefassten Ausdruck vor. Aber auch das hat seine Grenzen.

✗ **Beispiel**
„Lesestoff für die Freizeit"

Das kann bedeuten: die Tageszeitung für den Feierabend, die Illustrierte für das Wochenende, das Taschenbuch für die Ferien.

Der weit gefasste Ausdruck ist ein Oberbegriff, den man nur wählt, wenn man sich nicht festlegen will, wenn man Spielraum für alle Möglichkeiten schaffen will, die sich dem Oberbegriff unterordnen lassen. Wollen Sie den Inhalt konkretisieren, entscheiden Sie sich für eng gefasste Ausdrücke, für Unterbegriffe.

Allgemeine Ausdrücke sind nicht anschaulich, sie lassen den Text trocken wirken. Deshalb sollen Sie enger gefasste Ausdrücke suchen.

✗ **Beispiel**
„bargeldloser Zahlungsverkehr"

Ist es Ziel der Darstellung eine geläufige und praktische Zusammenfassung für verschiedene Formen des Zahlungsausgleiches zu geben, ist der Oberbegriff treffender als Unterbegriffe. Zu prüfen wäre dann, ob mit dem gewählten Ausdruck alle in Frage kommenden Fälle erfasst werden (z. B.: *„Scheckverkehr"*). Wenn Sie z. B. nur die Straßenbahn meinen, sollten Sie nicht von einem *„öffentlichen Nahverkehrsmittel"* sprechen, sondern den Inhalt beim Namen nennen.

Am besten verfährt man nach der Regel: Der Ausdruck sollte so speziell wie möglich und so allgemein wie nötig sein.

➡ Singular oder Plural?

Ob der Inhaltsumfang eines Ausdrucks eng oder weit gefasst sein soll, kann auch durch die grammatische Form entschieden werden.

✘ Beispiele

Diskretion ist eine Tugend der Sekretärin.
Diskretion ist eine Tugend der Sekretärinnen.
Der Verkäufer muss Menschenkenntnis haben.
Die Verkäufer müssen Menschenkenntnis haben.

Stilistisch besser klingt der Singular. Ob Sie Singular oder Plural verwenden, entscheidet vor allem der Satzinhalt. Die Beispiele bezeichnen typische Eigenschaften von zwei Berufsgruppen. Der Plural stellt eine Forderung auf, die für alle gilt, ohne Ausnahme. Der Singular bezeichnet inhaltlich einen Plural, der Ausnahmen duldet. Wir können den Singular auch anders ausdrücken:

Diskretion ist die Tugend jeder Sekretärin.
Jeder Verkäufer muss Menschenkenntnis haben.

Nun wissen wir aber, dass es Sekretärinnen gibt, die nicht diskret sind, und dass es Verkäufer gibt, die zu wenig Menschenkenntnis haben. Diesem Umstand werden die Formulierungen mit „jeder" nicht gerecht. Denn sie bezeichnen der grammatischen Form nach einen Singular, ihrem Inhalt nach jedoch einen Plural, noch dazu einen Plural, der keine Ausnahmen duldet. Wenn Sie auch die Ausnahmen in ihren Satzinhalt einbeziehen, aber nicht den Singular (1. Beispiel) wählen wollen, müssen Sie so formulieren:

✘ Beispiele

Diskretion ist eine Tugend der meisten Sekretärinnen.
Die meisten Verkäufer müssen Menschenkenntnis haben.

Diese Sätze sagen aus: Diskretion ist eine Tugend der Sekretärin schlechthin; Menschenkenntnis ist eine Eigenschaft des typischen Verkäufers. Bei solchen Aussagen denken wir nicht an ein Heer verschwiegener Sekretärinnen oder an einen ganzen Stab psychologisch versierter Verkäufer, sondern an den einzelnen Vertreter seines Standes. Das ist auch auf Sachen anwendbar:

Elektronisch gesteuerte Schreibmaschinen besitzen Typenräder.
Die elektronisch gesteuerte Schreibmaschine besitzt ein Typenrad.
Die meisten elektronisch gesteuerten Schreibmaschinen besitzen Typenräder.

Der letzte Satz ist natürlich nur dann sinnhaft, wenn bekannt ist, dass es auch elektronisch gesteuerte Schreibmaschinen gibt, die statt des Typenrades einen anderen Typenkörper besitzen. Sie bringen damit zum Ausdruck, dass es Ausnahmen gibt. Der im Singular formulierte Satz deutet an, dass es Ausnahmen geben könnte, während der erste Satz (Plural, „alle") Ausnahmen ausschließt.

> Personen oder Sachen stehen daher im Singular, wenn sie ihre Gattung vertreten.

Immer lässt sich diese Regel aber nicht anwenden. Bei der Beschreibung von Negativeigenschaften einer Gattung oder Gruppe wirkt die Form des Singulars ausschließend, schon beinahe aggressiv:

> Der Rothaarige ist falsch.
> Ein dicker Mann ist feige.
> Ein Abwasserrohr stinkt.

Satzinhalt ist ein feststehendes (Vor-)Urteil. Dass es auch Rothaarige gibt, die nicht falsch sind, oder Abwasserrohre, die nicht stinken, wird nicht berücksichtigt. Der Singular lässt in diesen Fällen Ausnahmen nicht zu. Weicher formulieren Sie Negativeigenschaften mit dem diplomatischen Plural:

> Rothaarige sind falsch.
> Dicke Männer sind feige.
> Abwasserrohre stinken.

Inhaltlich schwebt der Ausdruck *„normalerweise"* oder *„im Allgemeinen"* über diesen Sätzen. Der diplomatische Plural bezieht Ausnahmen ein. Wenn Sie also Personen oder Sachen mit negativen Eigenschaften kennzeichnen, wählen Sie den Plural.

Wenn es sich allerdings um eine Gruppe von Personen oder Sachen handelt, so gibt es zum Plural keine Alternative:

> Viele Gastarbeiter verleben das Weihnachtsfest in ihrer Heimat.
> Jährlich gehen einige Briefe verloren.
> Die Mehrheit der Arbeitnehmer hat ein Gehaltskonto.

➡ Personen oder Sachen?

Nachhaltiger wirken Texte auf den Leser, wenn sie für ihn den Rang einer Begegnung einnehmen. Wirklich begegnen kann man sich nur im kleinen Kreis. Deshalb wirkt der Singular anschaulicher als der Plural.

Begegnungen kommen normalerweise zwischen Personen zustande. In den Geschäftsbriefen haben wir es aber hauptsächlich mit Sachen zu tun. Für den lebendigen Stil wäre es nun das Einfachste, die Sachen würden zu Personen. Sprachlich ist das durchaus möglich.

✘ Beispiele

> Die Uhr geht wieder.
> Das Farbband klemmt.
> Die Rechnung flattert ins Haus.

Können Sachen gehen, klemmen, flattern? Genau genommen können sie das natürlich nicht. Vielmehr wird die Tätigkeit durch eine Ursache ausgelöst, durch eine Feder z. B. Die Ursache oder der Verursacher bleibt – der Kürze wegen – ungenannt. Wir drücken uns so aus, als ob die Sachen selbst täten, was in Wirklichkeit mit ihnen geschieht. Wir behandeln die Gegenstände (Uhr, Farbband, Rechnung), als wären sie Personen. Wir personifizieren sie. Das kann auch mit Nomen geschehen, die nichts Gegenständliches (Konkretes), sondern nur Gedachtes (Abstraktes) bezeichnen.

✘ Beispiele für personifizierte abstrakte Gegenstände
Liebe geht durch den Magen.
Das Grundgesetz garantiert die Pressefreiheit.
Der Termin brennt unter den Nägeln.
Hochmut kommt vor dem Fall.
Eifersucht macht blind.
Gemeinnutz geht vor Eigennutz.

Wollen Sie diese Aussagen „logisch einwandfrei" formulieren, verlieren sie ihre sprachliche Eleganz:

Wer hochmütig ist, wird gedemütigt werden.
Wer eifersüchtig ist, gleicht einem Blinden.
Gemeinnutz ist höher zu bewerten als Eigennutz.

Es gibt aber auch sprachliche Bilder, die zerbrechen, wenn auf die Personifizierung verzichtet werden soll.

✘ Beispiel
– Mit Personifizierung: Der Termin brennt unter den Nägeln.
– Ohne Personifizierung: Wir fühlen uns durch den Termin gehetzt.

Die personifizierte Ausdrucksweise ist anschaulich, ihre logische Unschärfe nicht störend.

Der kaufmännische Briefstil wird prägnanter, wenn wir einige Dinge personifizieren.

✘ Beispiele
Unter dem Druck der Ölkrise mussten die Preise angehoben werden.
In Zeiten drohender Arbeitslosigkeit wird die Zahl der Krankmeldungen niedriger.
Durch voreilige Mahnungen können die Geschäftsbeziehungen nachhaltig beeinträchtigt werden.
Diese Sätze werden kürzer und handlicher, wenn wir Sachen wie Personen behandeln.
Die Sätze könnten dann etwa so heißen:
Die Ölkrise trieb die Preise in die Höhe.
Droht Arbeitslosigkeit, so sinkt die Zahl der Krankmeldungen.
Voreilige Mahnungen können die Geschäftsbeziehungen nachhaltig beeinträchtigen.
Personifiziert wurden folgende Wörter: Ölkrise, Zahl, Mahnungen. Das brachte eine grammatische Änderung des Prädikats mit sich: aus den passivischen Formen werden aktivische. Personifizierungen „aktivieren" daher den Satz.

✘ Beispiele
Durch Mahnungen können Geschäftsbeziehungen „beeinträchtigt werden".
Mahnungen können Geschäftsbeziehungen „beeinträchtigen".
Die Pressefreiheit „wird" durch das Grundgesetz „garantiert".
Das Grundgesetz „garantiert" die Pressefreiheit.

➡ Aktiv oder Passiv?

Namhafte Stilkundler haben das Passiv bis in die jüngste Zeit als eine grammatische Ausdrucksmöglichkeit niederen Ranges betrachtet und vor seinem Gebrauch gewarnt.

Wer die Möglichkeiten des sprachlichen Ausdrucks nur nach den Gesichtspunkten „richtig und gut" oder „falsch und schlecht" sortiert, hat von der Vielfalt der Sprache nichts begriffen. Die Fragen lauten:

– Was ist in welchem Falle angemessen?
– Was leistet die betreffende Ausdrucksweise?

Was leistet also das Passiv? Das **Passiv** teilt uns ein täterabgewandtes Geschehen mit.

✗ Beispiele

Die Schreibmaschine muss sofort repariert werden.
Der Chef ist entführt worden.
Die Taschenuhr ist schon vor Jahren gestohlen worden.

Täterabgewandtes Geschehen: Wir erfahren nicht, wer die Schreibmaschine reparieren muss, wer den Chef entführt oder die Taschenuhr gestohlen hat. Über den Täter wird geschwiegen, weil er unbekannt ist. Unbekannt ist der Täter, weil er

– noch zu bestimmen ist (Wer repariert die Schreibmaschine?),
– noch nicht ermittelt wurde (Wer entführte den Chef?),
– verborgen bleibt (Vor Jahren stahl irgend jemand die Uhr).

Ist aber der Täter eines Geschehens noch unbekannt, wird das Geschehen selbst nur durch das Passiv lebendig. Das Passiv hilft damit den Stil zu verbessern. Und: Es schützt den Täter. Dafür kann es Gründe geben!

✗ Beispiele

Der Täter ist gefasst worden.
Die Chance wird verpasst werden.

Der Täter bleibt unerwähnt, weil er geschützt werden soll. Es kann beispielsweise Betriebsgeheimnis sein, was dazu führt, dass eine Chance verpasst wird. Auch würde die Polizei erheblich weniger Hinweise auf verdächtige Personen erhalten, wüssten sich die Hinweisgeber nicht durch die Verschwiegenheit der Polizei geschützt.

Die Kunst des Schreibens ist auch eine Kunst des Weglassens. In der Kürze liegt die Würze, sagt der Volksmund. Das stimmt natürlich nicht immer. Es führt aber dazu, dass sich der Leser auf das konzentriert, was wichtig ist, nämlich auf das Geschehen.

✗ Beispiele

Das Tier wird gequält.
Das Konto ist überzogen worden.
Der Termin ist versäumt worden.
Der Brief ist noch nicht beantwortet worden.

Das Geschehen fordert in diesen Beispielen indirekt zum korrigierenden Eingriff auf. Unausgesprochen sagt die passivische Ausdrucksweise: *hört auf das Tier zu quälen; bringt das überzogene Konto in Ordnung; kümmert euch um einen nachträglichen Terminaufschub, beantwortet den Brief.*

Das Passiv ist aber auch geeignet sehr verhalten die Folgen von Geschehnissen anzudeuten. Dann bedeuten die Beispiele:

> Das gequälte Tier kann Gegenstand eines Strafantrages werden.
> Die Überziehung des Kontos wird Zinsen kosten.
> Das Versäumen des Termins wird Nachteile bringen.
> Der unbeantwortete Brief verursacht Ärger.

Der Textzusammenhang wird zeigen, ob Sie mit dem Passiv
— vor Wiederholung oder Fortsetzung warnen,
— zum Eingreifen auffordern,
— die Folgen andeuten wollen.

Das Passiv wird gern gemieden, weil wir es mit den Formen von „*werden*" bilden und weil dies zu Satzlängen und Wortwiederholungen führt. Dem können Sie abhelfen, wenn Sie die passivische Sehweise erhalten, aber aktiv formulieren:

> Die Schreibmaschine muss sofort repariert werden. – Passiv –
> Die Schreibmaschine ist sofort zu reparieren. – Aktiv –

aber nicht:

> Die Schreibmaschine „gehört" repariert.
> Die Polizei „bekam" den Täter gemeldet. (schlechter Stil)
> Man meldete den Täter der Polizei. – Aktiv –
> Der Polizei wurde der Täter gemeldet. – Passiv –
>
> Der junge Mann „erhielt" in der Berufsschule gute theoretische Kenntnisse bescheinigt. (Aktiv)
> Dem jungen Mann wurden in der Berufsschule gute theoretische Kenntnisse bescheinigt. (Passiv)

Die Verben „*kriegen*" und „*bekommen*" gelten als umgangssprachlich und sollten deshalb in der Schriftsprache nicht gebraucht werden.

Wenn das Passiv zusammen mit dem Hilfsverb „*müssen*" auftritt, wirkt eine Umschreibung mit Ersatzformen eleganter:

	im Passiv:
Das Ergebnis **bleibt** abzuwarten.	Das Ergebnis muss abgewartet werden.
Es **gibt** vieles zu bedenken.	Es muss vieles bedacht werden.

Diese Ersatzformen sind üblich und auch zu empfehlen. Umschreibungen mit dem Verb „*gehen*" sollten im schriftlichen Ausdruck unbedingt vermieden werden:

> Die Schreibmaschine „geht" nicht mehr zu reparieren.

Richtig im Passiv:
　　Die Schreibmaschine kann nicht mehr repariert werden.

Sicherlich haben Sie Sätze wie die folgenden schon oft gelesen und geschrieben:

	Passiv:
Das Buch verkauft sich gut.	Das Buch wird gut verkauft.
Der Fehler hat sich gefunden.	Der Fehler ist gefunden worden.

Die passivische Sehweise können Sie auch durch reflexive Verben ausdrücken, wenn Sie sie zusammen mit einem Objekt verwenden, das keine Personen bezeichnet (Buch, Fehler). Vermeiden sollten Sie nach Möglichkeit alle Passiv-Umschreibungen, für die Nomen zu Hilfe genommen werden müssen.

Beispiele

Schlechter Stil:	**Besser im Passiv:**
Es kommt kaum noch zur Umsatzsteigerung.	Der Umsatz kann kaum noch gesteigert werden.
Es gelangen immer mehr Artikel aus Kunststoff zum Verkauf.	Es werden immer mehr Artikel aus Kunststoff verkauft.
Das Gerücht findet keinen Glauben.	Das Gerücht wird nicht geglaubt.
Das gesellige Leben erfährt durch das Fernsehen eine Beeinträchtigung.	Das gesellige Leben wird durch das Fernsehen beeinträchtigt.

Das Passiv ist stilistisch besser als ein Aktiv, das sich nur mit Hilfe eines Nomens bilden lässt!

➡ **Wird das Adjektiv attributiv oder prädikativ verwendet?**

Es gibt **Adjektive**, auf die wir nicht verzichten können. Beispiel: *Lieben Sie den flotten Briefstil?* Sinnlos wäre die Frage: *Lieben Sie den Briefstil?*

Welche stilistische Aufgabe hat hier das Adjektiv „flott"? Es präzisiert das Nomen. Lieben oder ablehnen kann man den sachlichen, den polemischen, den aggressiven, den barocken, den übertreibenden, den untertreibenden, den witzigen Briefstil. In dieser Präzision steckt schon – unausgesprochen – eine Unterscheidung.

Beispiele

　　unbezahlte Rechnungen (im Gegensatz zu bezahlten)
　　kindergemäßes Programm
　　vorteilhafte Bedingungen
　　nachlässige Schrift

Die unterschiedliche Wirkung des Adjektivs kommt zustande, weil – bewusst oder unbewusst – an das Gegenteil gedacht wird. So grenzen wir in Gedanken die unbezahlten Rechnungen von den bezahlten ab, das kindergemäße vom nicht kindergemäßen Programm, vorteilhafte von nachteiligen Bedingungen, nachlässige von sauberer Schrift.

Das Adjektiv hat eine weitere stilistische Funktion: Es verstärkt Begriffe.

✗ Beispiele
klirrender Frost
scharfe Kalkulation
eisige Kälte

Solche Formulierungen sind berechtigt, weil man mit den Adjektiven Intensität ausdrückt und das Nomen in seiner Wirkung verstärkt. Oftmals aber bezeichnet das Adjektiv nur scheinbar eine Intensität.

✗ Beispiele
ausgezeichnete Spitzenweine
gemachte Erfahrungen
geschriebener Brief
hörbares Echo
oberster Gipfel

In diesen Beispielen ist das Adjektiv nicht nur ohne Funktion, sondern unsinnig, Spitzenweine sind immer ausgezeichnet, sonst wären es keine „Spitzen"weine, Erfahrungen müssen gemacht werden, einen ungeschriebenen Brief gibt es nicht. Jedes Echo ist hörbar und ein Gipfel ist der höchste Ort eines Berges (außerdem gibt es keine Steigerung von „oben"). Auf solche funktionslosen Adjektive sollten Sie verzichten.

> Adjektive sind also nur hilfreich, wenn sie ein anderes Wort erläutern, beschreiben, eingrenzen oder verstärken.

Ein Adjektiv kann **attributiv** oder **prädikativ** verwendet werden. Stilistische Unebenheiten lassen sich vermeiden, wenn Sie vor Ihrer Formulierung fragen: Soll eine Sache (ein Gedanke, eine Person) näher bezeichnet werden? Gilt mein Erläutern, Eingrenzen oder Verstärken einem Geschehen?

✗ Beispiel
Ich gebe eine fehlerhafte Auskunft. – Sache wird erläutert. –
Ich gebe eine Auskunft fehlerhaft. – Geschehen wird erläutert. –

Diese Formulierungen sind nicht bedeutungsgleich. Im ersten Satz wird die Auskunft als fehlerhaft bezeichnet, im zweiten das Auskunftgeben. Es wird also entweder ein Objekt (Auskunft) zum gedanklichen Mittelpunkt einer Aussage gemacht oder die Handlung des Subjekts (geben). Sie können das Urteil „fehlerhaft" an eine Person heranrücken (fehlerhaft Auskunft geben) oder von einer Person wegrücken (eine fehlerhafte Auskunft geben).

Fehlentscheidungen bei der Wahl zwischen attributiver und prädikativer Verwendung des Adjektivs führen zwar nicht zu schweren Missverständnissen, verändern aber die Betonung und machmal auch den Sinn.

✗ Beispiel
Wir müssen ein schnelles Auto anfordern.
Wir müssen ein Auto schnell anfordern.

Es ist ein erheblicher Unterschied, ob man irgendein Auto schnell anfordert oder ein schnelles Auto anfordert.

 Weitere Beispiele

attributiv	prädikativ
Wir haben einen guten Satz formuliert.	Wir haben einen Satz gut formuliert.
Sein Vater ist ein alter Mann.	Sein Vater ist alt.
Wir bereiten ein schnelles Essen vor.	Wir bereiten schnell ein Essen vor.
Sie bieten preisgünstige Produkte an.	Sie bieten Produkte preisgünstig an.
Die singenden Schüler wandern durch den Wald.	Die Schüler wandern singend durch den Wald.
Sie kann gutes Englisch vorlesen.	Sie kann gut Englisch vorlesen.
Sie haben die fröhliche Feier genossen.	Sie haben fröhlich die Feier genossen.
Sie hat eine klare Frage gestellt.	Sie hat die Frage klar gestellt.

9.4.3 Worterweiterungen im Satz

„*Ankomme morgen*" statt: „*Komme morgen an*" haben Sie sicher schon gehört oder telegrafiert. Statt „*Er anerkennt etwas versäumt zu haben.*" erwartet man: „*Er erkennt an ...*" „*Er anerkennt*" ist sprachlich richtig, wird aber regional unterschiedlich intensiv verwendet. Man hört es im Südwesten des deutschen Sprachraums häufiger als im Norden.

Wörter dieser Art gehören zu den sogenannten unfesten Erweiterungen. Worterweiterungen entstehen, wenn der Grundform eines Verbs ein Vorwort vorangeht. Unfest heißen sie, weil sich die Erweiterung im Präsens und im Imperfekt wieder löst.

 Beispiele

Ich erkenne die Forderung an.
Ich erkannte die Forderung an.

Zwischen die beiden Bestandteile der unfesten Erweiterung kann sich ein Satzteil schieben. Im Beispielsatz ist dies ein (notwendiges) Akkusativobjekt (die Forderung). Das Akkusativobjekt wird von den Bestandteilen der unfesten Erweiterung eingeklammert. Wenn Sie solche Satzklammern überdehnen, wird der Satz unübersichtlich.

 Beispiel

Wir setzen den Preis, den wir seit Jahren gehalten haben, wegen der ständig steigenden Löhne und unter dem Druck der Kostenexplosion auf dem Rohstoffmarkt in absehbarer Zeit neu fest.

Auch in diesem Satz enthält die Satzklammer ein Akkusativobjekt: *Wir setzen „den Preis" neu fest*. Aber die Satzklammer, bestehend aus „*wir setzen*" und „*fest*", wurde überdehnt, und zwar durch einen Relativsatz und mehrere adverbiale Bestimmungen. Die Satzaussage wird viel zu spät vervollständigt. Dadurch wird der Satz unübersichtlich. Der Leser wird auf die Folter gespannt und am Ende doch enttäuscht. Denn dem Sinne nach erwartet man, dass der Preis um soundso viel Prozent heraufgesetzt wird. Statt dessen erfährt der Leser nur, dass der Preis neu festgesetzt wird. Das aber sollte man viel früher mitteilen, etwa so:

> Wir setzen den Preis, den wir seit Jahren gehalten haben, in absehbarer Zeit neu fest, und zwar wegen der ständig steigenden Löhne und unter dem Druck der Kostenexplosion auf dem Rohstoffmarkt.

Es ist bei einem Satz geblieben. Sogar die Satzklammer blieb erhalten. Aber: In der Satzklammer steht nur ein Gedanke, sie ist nicht überdehnt worden. Die adverbialen Bestimmungen wurden mit einem „*und zwar*" nachgetragen. Wenn Sie zwei Sätze formulieren, wird die Ausdrucksweise noch klarer:

> Wir setzen den Preis, den wir seit Jahren gehalten haben, in absehbarer Zeit neu fest. Dazu zwingen uns die ständig steigenden Löhne und die Kostenexplosion auf dem Rohstoffmarkt.

Wiederum wurde die durch einen Relativsatz erweiterte Satzklammer beibehalten. Sie bietet die Möglichkeit innerhalb des Grundgedankens einen zweiten Gedanken zu platzieren.

> Grundgedanke: Wir setzen den Preis ... neu fest.
> Zweitgedanke: Wir haben diesen Preis seit Jahren gehalten.

> Überdehnte Satzklammern erschweren das Verständnis.

Übrigens: Satzklammern kommen nicht nur durch unfeste Worterweiterungen zustande. Sie entstehen bei allen Prädikaten, die aus Hilfverb und Verb bestehen.

 Beispiele

Wir **werden** morgen in aller Frühe und bei jedem Wetter unsere schon lange geplante Reise **antreten**.
Wir **haben** nun endlich nach einer gut durchdachten und alle Regionen umfassenden Werbekampagne unseren Umsatz im abgelaufenen Geschäftsjahr wieder **steigern können**.
Wir **wollen** trotz aller Enttäuschungen den Glauben an das Gute im Menschen, das uns immer wieder begegnet, nicht **aufgeben**.

Aber auch eine nachhinkende Verneinung verwirrt den Leser.

 Beispiel

Nach alledem besteht ein Widerspruch zwischen der telegrafischen Bestellung und dem Lieferschein **nicht**.
Wenn der Leser beim vorletzten Wort angekommen ist, hat er ein ganz bestimmtes Verständnis des Satzes, nämlich, dass zwischen zwei Dingen ein Widerspruch besteht. Das letzte Wort stellt dieses Verständnis auf den Kopf. Als stilistischer Trick mag das dann und wann angehen, in Sachtexten aber sollten Sie sich Überraschungen dieser Art verkneifen.
Besser formulieren Sie:

Nach alledem besteht **kein** Widerspruch zwischen der telegrafischen Bestellung und dem Lieferschein.

Das letzte Beispiel zeigt, dass die Verneinung möglichst nahe beim verneinten Wort stehen sollte. Nicht immer ist dies mit der Wortverneinung „*kein*" möglich, weil es eine Satzverneinung anders betont.

✗ Beispiel
Ich kann eine Freundin um diesen Gefallen nicht bitten.
(Um einen anderen Gefallen kann ich sie bitten.)
Ich kann keine Freundin um diesen Gefallen bitten.
(Das wäre für jede Freundin eine Zumutung.)

Auf übersichtliche und klare Ausdrucksweise ist auch bei relativischen Anschlüssen zu achten. Vor allem hüte man sich vor Doppeldeutigkeiten.

✗ Beispiel
Wir bestellen ein Regal aus Ihrem neuesten Angebot, das kleine Schönheitsfehler hat.
Was hat kleine Schönheitsfehler: das Regal oder das Angebot? Es kommt zu dieser Doppeldeutigkeit, weil sich ein Pronomen nicht unbedingt auf das letzte Nomen gleichen Geschlechts beziehen muss. Dennoch neigt man dazu, ein Pronomen auf ein möglichst nah gelegenes Nomen zu beziehen.

✗ Beispiel
Wir bestellen aus Ihrem neuesten Angebot ein Regal, das kleine Schönheitsfehler hat.

Nun wird deutlich, dass dem Regal die Schönheitsfehler zuzuschreiben sind und nicht dem Angebot. Sprachlich bleibt die Formulierung aber doppeldeutig. Pronomen können sich auf mehrere Nomen beziehen, die formengleich sind, auch dann, wenn der Bezug dem Sinne nach eindeutig ist. Das zeigen Sprachwitze:

Suche Mann mit Charakter, der auch mal Pause machen kann.

Wenn der Satz mit dem Regal eindeutig werden soll, müsste man ihn anders formulieren:

Wir bestellen aus Ihrem neuesten Angebot ein Regal mit kleinen Schönheitsfehlern.

Mit dieser Ausdrucksweise wird jedoch aus der Satzverbindung, bestehend aus Haupt- und Nebensatz, ein erweiterter Hauptsatz. Geändert hat sich der Satztyp.

9.4.4 Satzbildung – stilistisch betrachtet

Die Art, wie Sätze aneinander gereiht werden, beeinflusst die Wirkung einer Gedankenkette auf den Leser. Je nach Satzbau verschieben sich Schwerpunkte, verändert sich das Tempo, in dem der Leser das Gedankenbündel erfasst. Wir unterscheiden vier stilistische Grundtypen der **Satzbildung**:
- **Zwergsätze,**
- **Schachtelsätze,**

- **Kettensätze** und
- **Stopfsätze.**

 Zwergsätze
Textbeispiel
Zwischen Taunus und Rhein liegt Wiesbaden. Schon im vorigen Jahrhundert lockte es Kranke an. Besonders aber elegante und berühmte Kurgäste kamen. Heute hat es auch große Industrieanlagen. Sie tragen Namen wie Albert, Dyckerhoff oder Kalle. Sie sind weltbekannt. Aber noch fließen die heißen Quellen. Vielen Patienten dienen sie als Heilmittel. Auch heutzutage, Wiesbaden hat Anziehungskraft. Immer noch!

Dieser Text wirkt unruhig und gehetzt. Er springt seinen Leser förmlich an, so aggressiv ist er. Tempoverlangsamung, Nebentöne, Pausen fehlen. Der Text lässt keinen Raum für Nuancen oder gar für ein kleines Versteckspiel mit dem Leser. Der Rhythmus ist eintönig, er drischt auf den Leser ein. Die Gedanken sind zerhackt, manchmal machen sich auch Satzfetzen selbständig (z. B. „Immer noch!"). Diese Häufung von Zwergsätzen nennt man **Hackstil**. Als rhetorisches Mittel erzielt er die beabsichtigte Wirkung.

 Beispiele
- Für Sie bin ich immer da. Ihr Meer. Die Bahn fährt Sie hin. DB
- Rufen Sie an! Wir kommen überall hin! Sofort und jederzeit!

Der Hackstil eignet sich für die Werbung, ganz gleich, ob es um Wirtschaft oder um Politik (Wahlkampf) geht. Denn der Hackstil überzeugt nicht, sondern überredet. Der Sportreporter des Rundfunks bevorzugt den Hackstil, weil er damit die Spannung erhöht, mit der der Hörer seinen Worten folgt. Ferner empfiehlt sich der Hackstil dann, wenn ein komplizierter Sachverhalt Stück für Stück vermittelt werden soll. Vergleichen Sie einmal die beiden folgenden Texte im Hackstil und im Erzählstil.

Hackstil
Da! Der Stürmer rennt und rennt. Keiner kann ihn aufhalten. Er ist in der gegnerischen Hälfte. Wird er es schaffen? Und da! Er schießt! Schießt! Weit über das Tor hinaus.
Erzählstil
Der Stürmer kommt an den Ball und versucht in die gegnerische Hälfte zu gelangen. Es ist niemand in seiner Nähe, der ihn aufhalten könnte. Als er in das zweite Drittel der gegnerischen Hälfte vorgedrungen ist, schießt er weit über das Tor hinaus.

Doch kehren wir zurück zu unserem ersten Textbeispiel, das als Werbespot in einem Reiseprospekt stehen könnte. Worum handelt es sich? Um eine Stadt, genauer: um Wiesbaden. Wie oft steht der Stadtname im Text? Zweimal. Wie oft wird der Stadtname durch Pronomen vertreten? Ebenfalls zweimal. Und damit ist auch das Ziel erreicht, das dieser Text verfolgen soll: Der Name soll im Gedächtnis bleiben. Mindestens zweimal wird jeder Produktname in Rundfunk- und Fernsehwerbung je Werbespot gesprochen und geschrieben.

➡ Der Schachtelsatz

Wir wollen die wesentlichen Gedanken unseres „Zwergsatz-Textes" nun so ordnen, dass der Stadtname nur einmal erscheint und dass auf Pronomen ganz verzichtet wird: Wiesbaden – zwischen Taunus und Rhein gelegen – hat trotz großer Industrieanlagen, die Namen wie Albert, Dyckerhoff oder Kalle tragen, die weltbekannt sind, seine Anziehungskraft, die besonders im vorigen Jahrhundert außer den Kranken auch elegante und berühmte Kurgäste anlockte, wegen der immer noch fließenden heißen Quellen, die auch heutzutage so manchem Patienten als Heilmittel dienen, noch nicht verloren.

Dieser Satztyp erlaubt es, auf Wiederholungen des Subjekts (Wiesbaden) zu verzichten. Im Gegensatz zu den Zwergsätzen, die hier in einem einzigen Satz miteinander verwoben sind, bleibt der Sinn beim flüchtigen Lesen teilweise verborgen. Das liegt daran, dass die einzelnen Gedanken ineinandergeschoben, verschachtelt sind. Man spricht deshalb vom **Schachtelsatz**.

Der Grundgedanke ist einfach: Wiesbaden hat seine Anziehungskraft noch nicht verloren. Aber dieser Grundgedanke ist kaum erkennbar, weil er ständig durch Nebensätze unterbrochen wird:

Wiesbaden – zwischen Taunus und Rhein gelegen – hat trotz großer Industrieanlagen, die Namen wie Albert, Dyckerhoff oder Kalle tragen, die weltbekannt sind, **seine Anziehungskraft**, die besonders im vorigen Jahrhundert außer den Kranken auch elegante und berühmte Kurgäste anlockte, wegen der immer noch fließenden heißen Quellen, die auch heutzutage so manchem Patienten als Heilmittel dienen, **noch nicht verloren**.

Der Schachtelsatzbauer fällt sich selbst immer wieder ins Wort. Er schweift mehrmals ab, bevor die Kernaussage vollständig ist. Eine solche Satzbauweise kann den Stil manchmal sogar bereichern, denn Wiederholungen des Subjekts lassen sich vermeiden, und die Aussage ist konzentriert. Ob diese Vorteile den großen Nachteil der Unübersichtlichkeit aufwiegen, muss der Verfasser solcher Schachtelsätze genau prüfen.

➡ Der Kettensatz

Will der Schreiber mehrere Gedanken in einem Satz unterbringen, so kann er sie aneinander reihen wie die Perlen einer Kette.

✗ Beispiel

Besonders im vorigen Jahrhundert kamen außer den Kranken auch elegante und berühmte Kurgäste nach Wiesbaden, in die Stadt zwischen den Taunusbergen und dem Rhein, an dessen Ufern inzwischen weltbekannte Firmen wie Albert, Dyckerhoff oder Kalle große Industrieanlagen errichtet haben, die den Kurbetrieb aber nicht verdrängt haben, denn noch fließen die heißen Quellen, die auch heutzutage so manchem Patienten als Heilmittel dienen.

Ein solcher **Kettensatz** wirkt ermüdend. Brauchbar ist er, wenn in aller Ruhe eins nach dem anderen gesagt werden soll. Deshalb wird Ihnen der Kettensatz in Gebrauchs- und Bedienungsanweisungen begegnen.

Der Kettensatz lebt vom relativischen Anschluss, das heißt: Ein Nomen aus dem vorhergehenden Satz wird durch ein Relativpronomen im Folgesatz wieder aufgenommen.

➡ **Der Stopfsatz**
Relativsätze, von denen der Kettensatz lebt, lassen sich in Attribute verwandeln.

 Beispiel
Relativische Ausdrucksweise:
… denn noch immer fließen die heißen Quellen, die auch heutzutage so manchem Patienten als Heilmittel dienen.
Attributivische Ausdrucksweise:
… wegen der immer noch fließenden und so manchem Patienten auch heutzutage als Heilmittel dienenden heißen Quellen …

Ersetzen Sie mehrere Relativsätze einer Satzverbindung durch Attribute, so fördern Sie damit das Entstehen eines Stopfsatzes.

 Beispiel
Wiesbaden – zwischen Taunus und Rhein gelegen – **hat seine Anziehungskraft** auch nach der Errichtung großer Industrieanlagen mit weltbekannten Namen wie Albert, Dyckerhoff oder Kalle seit dem vorigen Jahrhundert mit seinen teils kranken, teils eleganten, teils berühmten Kurgästen bis heute wegen der immer noch fließenden und so manchem Patienten auch heutzutage als Heilmittel dienenden heißen Quellen **noch nicht verloren**.

Die Relativsätze sind verschwunden, Kommas kennzeichnen nur noch die Aufzählungen. Wie wird gestopft? Die einzelnen Gedanken wurden eingekeilt zwischen
„Wiesbaden" und „hat" und „noch nicht verloren".

Wiederum wurden Satzklammern überdehnt, und zwar im einzelnen durch:

Partizipialsatz:	zwischen Taunus und Rhein gelegen
Objekt:	seine Anziehungskraft
Konzessivadverbiale:	auch nach der Errichtung großer Industrieanlagen
Attribut:	mit weltbekannten Namen wie Albert, Dyckerhoff oder Kalle
Temporaladverbiale:	seit dem vorigen Jahrhundert
Attribut:	mit seinen teils kranken, teils eleganten, teils berühmten Kurgästen
Temporaladverbiale:	bis heute
Kausaladverbiale:	wegen der immer noch fließenden und so manchem Patienten als Heilmittel dienenden heißen Quellen

Folgendes haben Stopfsatz und Schachtelsatz miteinander gemein: Das Subjekt braucht nicht wiederholt zu werden, die Aussage ist konzentriert. Dafür ist sie schwer überschaubar. Eines unterscheidet den Stopfsatz vom Schachtelsatz: Im Schachtelsatz sind gedankliche Unterordnungen möglich, im Stopfsatz nicht.

Beispiel

Wiesbaden hat trotz großer Industrieanlagen,
- die Namen wie Albert, Dyckerhoff oder Kalle tragen,
- die weltbekannt sind …

Die Unterordnungen sind unübersehbar: Den *„Industrieanlagen"* sind die *„Namen"* nachgeordnet, den Namen wiederum ist das Prädikat *„weltbekannt"* nachgeordnet. Eine solche Abstufung der Gedanken zeigt der Stopfsatz nicht. Er sollte nur geduldet werden, wenn er nicht mehr als zwei „Stopfelemente" beherbergt.

 Beispiel

Wiesbaden hat seine Anziehungskraft auch nach Errichtung großer Industrieanlagen mit weltbekannten Namen wie Albert, Dyckerhoff oder Kalle noch nicht verloren.

9.5 Schreiben – eine Kunst des Weglassens

Wenn Sie einen Entwurf überarbeiten und Ihre eigenen Formulierungen auf sich wirken lassen, werden Sie die eine oder andere Ausdrucksweise als uneben empfinden und darüber nachdenken, welcher Ausdruck der passendere sein könnte. Dabei sollten Sie sich aber auch folgende Frage stellen: Wie sieht der Text aus, wenn ich die fragliche Stelle kürze oder ersatzlos streiche? Dieser Vorschlag ist kein schlechter Witz, sondern ein guter Rat.

 Beispiel

In das Buch, das Sie einem Freund oder einer Freundin schenken, wollen Sie eine Widmung schreiben. Entscheiden Sie, welche Formulierung Ihnen am besten gefällt:

(1) Zur Erinnerung an unsere gemeinsame Arbeit und Deine Hilfe, die das Gelingen erst möglich machte, danke ich Dir von Herzen.
   Sven

(2) Herzlichen Dank für Deine Hilfe, die mir viel bedeutete.
   Sven

(3) Unvergessen Deine Hilfe – danke!
   Sven

(4) Von Herzen Dank für alles!
   Sven

(5) Danke!
   Sven

Lesen Sie einmal den folgenden Briefentwurf:

Sehr geehrter Herr Direktor Wülfing,

bezugnehmend auf den gestrigen Anruf Ihrer Sekretärin, in dem darum gebeten wurde, Ihren Besuch in unserer Firma vom 6. Januar entweder auf den 15. oder auf den 20. Januar zu verlegen, teile ich Ihnen nach Rücksprache mit Herrn Direktor Weinberg folgendes mit: Auch wir gehen davon aus, dass die ersten Vorgespräche über die zukünftigen Möglichkeiten der Zusammenarbeit unserer beiden Firmen so bald wie möglich geführt werden sollten.

Was nun Ihren Besuchstermin anbelangt, so sind wir leider gezwungen, Ihnen mitteilen zu müssen, dass Herr Direktor Weinberg an beiden der in Vorschlag gebrachten Tage wegen einer plötzlich erforderlich gewordenen Auslandsreise nicht hier im Hause sein kann.

Aber in der ersten Februarwoche macht sich Herr Direktor Weinberg für Sie frei. Bitte lassen Sie möglichst bald anrufen, damit wir Ihren genauen Terminwunsch in Vormerkung nehmen können.

Wir hoffen sehr, dass sich der neue Vorschlag unsererseits verwirklichen lässt.

Herr Direktor Weinberg lässt Sie freundlich grüßen!

i. A.

Ilona Gebel
Sekretärin

Worum geht es eigentlich in diesem Brief? Der Vorschlag für eine Terminvorverlegung wird mit einem Gegenvorschlag beantwortet. Dieser kleine gedankliche Kern wird mit beträchtlichem sprachlichem Aufwand dargestellt. Er enthält zahlreiche stilistische Unebenheiten, überflüssige Erweiterungen, Attribute ohne Aussagewert. Was könnte man ganz weglassen, was ist zu ändern?

9.5.1 Ein verwirrendes Wort

Im vorletzten Absatz heißt es: *„Wir hoffen sehr, dass sich der neue Vorschlag unsererseits verwirklichen wird."*

„Unsererseits" ist zu streichen. Einen kritischen Leser muss das *„unsererseits"* daran zweifeln lassen, ob der Gegenvorschlag überhaupt endgültig ist. Denn „unsererseits" kann nur auf *„verwirklichen"* bezogen werden. Ein solcher Bezug ist aber gar nicht beabsichtigt. Dieses „unsererseits" ist lediglich eine stilistische Fehlleistung. Sagen wollte man: *„Wir hoffen, dass sich unser (neuer) Vorschlag verwirklichen lässt."* Aber auch „unser" ist überflüssig, denn der Leser weiß ja, wer den Vorschlag macht. Es bleibt: *„Wir hoffen, der neue Vorschlag lässt sich verwirklichen."*

9.5.2 Vorreiter

Der gerade zitierte Satz enthält einen **Vorreiter**: *„Wir hoffen, der neue Vorschlag lässt sich verwirklichen."*

Durch den Vorreiter *„Wir hoffen, ..."* wird der gedankliche Kern der Satzverbindung in den Nebensatz gedrängt. Betont ist das Hoffen, nicht aber der Inhalt der Hoffnung. Es muss heißen: *„Hoffentlich lässt sich der neue Vorschlag verwirklichen."*

In dieser Formulierung lebt der Vorreiter als Modaladverbiale weiter. Andere Vorreiter lassen sich ersatzlos streichen, weil sie keinerlei Informationswert besitzen.

✗ Beispiele
- teile ich Ihnen folgendes mit: ...
- Auch wir gehen davon aus, dass ...
- Was nun Ihren Besuchstermin anbelangt, ...
- so sind wir leider gezwungen, Ihnen mitteilen zu müssen, ...

Ohne Vorreiter ergeben sich folgende Formulierungen:

> „Ich habe mit Herrn Direktor Weinberg gesprochen. Die ersten Vorgespräche über die künftigen Möglichkeiten der Zusammenarbeit unserer beiden Firmen sollten sobald wie möglich geführt werden." „Leider ist Herr Direktor Weinberg weder am 15. noch am 20. Januar hier im Hause."

Häufig verwendete und vermeidbare Vorreiter sind:

	ohne Vorreiter:
Es ist Ihnen bekannt, dass das Halten im Halteverbot bestraft wird.	Bekanntlich wird das Halten im Halteverbot bestraft.
Wir bedauern, dass wir uns geirrt haben.	Wir bedauern unseren Irrtum.
Wir teilen Ihnen mit, dass wir die Preise erhöht haben.	Wir haben die Preise erhöht.
Leider müssen wir Ihnen die Mitteilung machen, dass die von Ihnen bestellten Artikel nicht mehr lieferbar sind.	Die von Ihnen bestellten Artikel sind leider nicht mehr lieferbar.
Wir benachrichtigen Sie darüber, dass der Flug Nr. 709 aus Stockholm sich voraussichtlich um 90 Minuten verspätet.	Der Flug Nr. 709 aus Stockholm verspätet sich voraussichtlich um 90 Minuten.
Es ist wichtig, dass der Termin eingehalten wird.	Der Termin muss unbedingt eingehalten werden.
Wir machen Sie darauf aufmerksam, dass diese Angelegenheit vertraulich zu behandeln ist.	Diese Angelegenheit ist vertraulich zu behandeln.
Wir weisen darauf hin, dass Vorreiter fast immer entbehrlich sind.	Vorreiter sind fast immer entbehrlich.

Wir verweisen darauf, dass dies Bestandteil unseres Vertrages ist.

Diese Bedingung ist Bestandteil unseres Vertrages.

Manchmal sollte man den Vorreiter nachstellen:

Wir sind überzeugt, dass Sie zu Unrecht verdächtigt wurden.

Sie wurden zu Unrecht verdächtigt. Davon sind wir überzeugt.

Nicht immer sind Vorreiter überflüssig. Sie haben durchaus eine stilistische Funktion, wenn mit ihnen ein Text eröffnet wird, wenn der Leser auf eine bestimmte Situation eingestimmt werden soll. Die Situation – der gedankliche Kern des Satzes – wird in den Nebensatz gedrängt, wenn die Möglichkeit oder Unmöglichkeit einer Handlung mitgeteilt werden soll.

 Beispiel

„Zu unserem großen Bedauern müssen wir Ihnen nach Prüfung aller Umstände mitteilen, dass wir Ihr Arbeitsverhältnis leider nicht verlängern können. ..."

Durch den Vorreiter wird der Leser auf eine unangenehme Nachricht vorbereitet. Der Zusatz *„nach Prüfung aller Umstände"* hat sogar etwas Entschuldigendes. Man will zum Ausdruck bringen, dass man wirklich alles getan hat, aber nicht anders entscheiden kann. Verstärkt wird das Bedauern noch durch ein zusätzliches *„leider"* im Nebensatz. Ohne Vorreiter wird der Empfänger der Nachricht schockiert:

„Leider können wir Ihr Arbeitsverhältnis nicht verlängern."

> Vorreiter sind also überflüssig, es sei denn, sie bereiten den Leser auf eine unangenehme Nachricht vor.

9.5.3 Streckkonstruktionen

Streckkonstruktionen bestehen aus Nomen, die aus Verben gebildet wurden, aus einer Präposition oder einem Artikel und einem meist nichtssagenden Verb.

 Beispiel

	Streckkonstruktionen		
Präposition, Artikel	Nomen, das aus einem Verb entstand	Verb	aussagefähiges Verb
in	Vorschlag	bringen	vorschlagen
in	Vormerkung	nehmen	vormerken
zum	Abschluss	bringen	abschließen
in	Rechnung	stellen	berechnen
eine	Bestellung	vornehmen	bestellen
eine	Mitteilung	machen	mitteilen
die	Prüfung	vornehmen	prüfen
usw.			

Streckkonstruktionen lassen sich vereinfachen, indem man statt des Nomens das Verb wählt. Der Stil wird lebendiger, die Aufmerksamkeit des Lesers richtet sich auf das Geschehen, wenn das Nomen ins Verb zurückverwandelt wird. Streckkonstruktionen lassen einen Text gestelzt, wenig elegant wirken und sollten deshalb vermieden werden.

Nur selten unterscheiden sich die Streckkonstruktion und ihre Auflösung voneinander.

 Beispiel
Die Arbeit wird morgen zum Abschluss gebracht.
Die Arbeit wird morgen abgeschlossen.

Die Sehweise des Geschehens hat sich nach der Auflösung der Streckkonstruktion geändert. Wenn die Rede davon ist, dass eine Arbeit morgen zum Abschluss gebracht wird, so werden damit der Handlungsverlauf und sein Ziel betont. Dagegen hat man nur das Handlungsziel im Auge, wenn man sagt: Die Arbeit wird morgen abgeschlossen.

9.5.4 Ausdrucksverdoppelungen

Ausdrucksverdoppelungen sind Verben oder Adjektive mit Nomen, die sinngleich oder sinnähnlich sind.

 Beispiele
ein **weißer Schimmel** …
die **ersten Vorgespräche** …
Bedauerlicherweise müssen wir **leider** zugeben, …
Wir **sind gezwungen** Ihnen sagen zu **müssen**, …
Wir haben den in der Poststelle eingegangenen Brief erhalten.
Zornig ergriff er **wütend** den Säbel.
Wir **nehmen** an und **glauben,** dass …
einen **runden Kreis** zeichnen
Wir **schreiben** Ihnen sofort um Ihnen **mitzuteilen,** dass …
Wir können das so **in dieser Weise** nicht drucken.
die **letzten Schlussgespräche** …
die **beschlossene Entscheidung** …
die **vorangegangene Einleitung** …

Wenn Sie sich nicht sicher sind, ob eine Aussdrucksverdoppelung vorliegt oder nicht, schlagen Sie im Duden nach. Im Band 9 der Duden-Reihe – Zweifelsfälle der deutschen Sprache – finden Sie unter den Stichwörtern „**Pleonasmus**" und „**Tautologie**" viele Beispiele.

Unter „Tautologie" versteht man eine Fügung, die einen Sachverhalt doppelt wiedergibt (z. B.: runder Kreis, weißer Schimmel). Pleonasmus bezeichnet die überflüssige Häufung sinngleicher oder sinnähnlicher Ausdrücke.

Die vorstehende Aussage lässt sich übrigens noch weiter verkürzen, denn auch die Formulierung „*... so müssen wir Ihnen mitteilen, ...*" ist im Grunde genommen überflüssig. Wenn Sie etwas mitteilen, brauchen Sie nicht noch ausdrücklich zu sagen, dass Sie es mitteilen. Auch im Gespräch bleibt die Einleitung „*... und das will ich Ihnen nun mal sagen ...*" die große Ausnahme.

Doppelausdrücke finden Sie häufig im Bereich der Adverbien.

Beispiele

falsch	richtig
Der Chef war lediglich nur ein paar Tage in Urlaub.	... nur ein paar Tage in Urlaub
Schon bereits gestern hatte ich angerufen.	Schon gestern hatte ich angerufen.
Sie war immer stets bereit zu helfen.	Sie war stets bereit zu helfen.
Auch ich kann das ebenfalls bestätigen.	Ich kann das ebenfalls bestätigen.
Gegenseitig konnten sie einander nicht finden.	Sie konnten sich gegenseitig nicht finden.
Zu meinem Bedauern muss ich Ihnen leider mitteilen, ...	Leider muss ich Ihnen mitteilen, ...
Darauf kommt es einzig und allein an.	Allein darauf kommt es an.
Er pflegt gewöhnlich pünktlich zu sein.	Er ist gewöhnlich pünktlich.
	Er pflegt pünktlich zu sein.
Es scheint so, als wüsste er es vielleicht doch.	Vielleicht weiß er es doch.
	Es scheint so, als wüsste er es.
Er soll angeblich alles besser wissen.	Er soll alles besser wissen.
	Er weiß angeblich alles besser.
Es wird uns vielleicht noch möglich sein.	Es wird uns noch möglich sein.
Gisela war so aktiv tätig.	Gisela war so aktiv. Gisela war so tätig.

Im prädikativen Bereich sind sehr viele falsche Formulierungen gebräuchlich, die mit „zu können", „zu dürfen" oder „zu müssen" gebildet werden.

Beispiele

richtig	falsch
Wir werden in der Lage sein die Ware liefern zu können.	Wir werden die Ware liefern können.
	Wir werden in der Lage sein die Ware zu liefern.
Ich bitte Sie mir zu erlauben, mich verabschieden zu dürfen.	Ich bitte Sie, mir zu erlauben mich zu verabschieden.
Du wirst gezwungen sein von der Schule abgehen zu müssen.	Du wirst von der Schule abgehen müssen.
	Du wirst gezwungen sein von der Schule abzugehen.

9.5.5 Besonders häufige Fehler

Stellen Sie sich vor: Sie gehen ins Sekretariat und bitten darum, Ihnen die Teilnahme an einem Seminar zu bescheinigen. Diese Bescheinigung lautet:

„Bescheinigung
Hiermit möchten Herrn/Frau/Fräulein … bescheinigen, dass …"

Bescheinigungen mit solcher Formulierung sind üblich. An diesem Text ist wirklich alles falsch.

➡ **hiermit**
 = womit sonst? Dieser Begriff ist vollkommen überflüssig.

➡ **möchte**
 = wieso „möchte", irgendwann? In der fernen Zukunft? „Möchte" weist auf eine Handlung in der Zukunft hin. Es ist eine in die Zukunft gerichtete Absichtserklärung.

➡ **bescheinigen**
 = überflüssig, denn es steht bereits in der Überschrift.

Richtige Fassung:

„Bescheinigung
Herr/Frau/Fräulein … hat von … bis … an einem Seminar über … teilgenommen.

Die häufigsten Fehler haben wir Ihnen damit schon genannt. Es folgen weitere Beispiele:

➡ **der eingegangene Brief**
 = nicht eingegangene Briefe kann man nicht beantworten.

➡ **durch diesen Brief teilen wir Ihnen mit …**
 = unsinniger Schwulst; wodurch sonst? „teilen wir Ihnen mit" ist überflüssig, denn man sollte mit der Mitteilung beginnen!

➡ **eine Rückvergütung erbitten**
 = bei einer Vergütung handelt es sich immer um eine Rückzahlung. Eine Rückvergütung gibt es daher nicht.

➡ **etwas nachkontrollieren**
 = meist ist gemeint: kontrollieren; „nachkontrollieren" oder „überprüfen" ist immer eine nochmalige Kontrolle oder Prüfung.

➡ **Der Betrag wurde verbucht.**
 = „verbucht" bedeutet: falsch gebucht. Es muss richtig heißen: gebucht.

➡ **Die Rechnung ist überwiesen.**
= Rechnungen kann man zusenden, Beträge werden überwiesen.

➡ **meines Erachtens nach**
= „meines" ist Genitiv, „nach" steht nur mit dem Dativ, also: nach meinem Erachten, nach meiner Meinung, meines Wissens …

Noch ein letzter Rat: Wenn Sie in einer schriftlichen Arbeit Ihre eigene Meinung ausdrücken wollen, hüten Sie sich vor absoluten Wahrheiten, schränken Sie Behauptungen ein, zum Beispiel:

Ich glaube, dass es noch nicht zu spät ist, …
Ein Zweifel ist nicht auszuschließen …
Es könnte sein, dass …
Möglicherweise …
Aufgrund meiner bisherigen Erfahrungen …
Soweit ich es übersehen kann, …
Ich habe festgestellt, dass …
Ich nehme an, dass …

Teil 2

Korrespondenz der Sekretärin

Schreiben – ein alter Hut?

Das papierlose Büro wird seit Jahren geweissagt. Bisher sind für ein solches Büro aber keine Anzeichen zu entdecken. Im Gegenteil: Es werden heute mehr als je zuvor Berge von Papier beschrieben. Die automatische Datenverarbeitung hat diese Entwicklung in hohem Maße begünstigt. Es ist kaum anzunehmen, dass die Menschen in der Lage sind, alle Ergebnisse zu lesen und auszuwerten, die mit Schnelldruckern auf Papier gebannt worden sind.

Und die Entwicklung geht weiter … Als Ausblick geben wir weiter, wie Lawrence Lerner „Das Büro im Jahre 2000" sieht: Lerner meint, dass das Büro im Jahre 2000 in einem verhältnismäßig kleinen Raum untergebracht sei, in dem ein Mensch bequem in einem Sessel vor einem Tischchen sitzt: „Gerade steckt er in einen Schlitz des Tischchens die Eingangspost, die auf kleinen Kunststofffolien über Draht und Funk aufgenommen wurde. Die Briefpost hat sich schon vor zehn Jahren wegrationalisiert. Die Mitteilungen der Filme tönen nun aus dem Lautsprecher, durch den Knopf gesteuert, die Antworten fließen in ein Mikrophon und verlassen das Haus wieder über Draht und Radio, nicht aber auf Briefbogen. Erledigte Eingangspost und die Kopien der Antworten gehen per Rohrpost automatisch in die Akten. Keine Sekretärin, keinen Boten, keinen Angestellten, kein Telefon, keinen Sitzungssaal, keine der heute üblichen Büromaschinen gibt es mehr. Konferenzen, Zwiegespräche usw. gehen über Wechselsprech- und Fernsehanlagen. Im übrigen ist die ganze Büroapparatur samt Akten in den 15 cm dicken Wänden untergebracht, die ebenso wie die Decken und Fußböden vorfabriziert geliefert werden und verschiebbar, auswechselbar sowie ergänzungsfähig sind."

Als vor 100 Jahren das Telefon seinen Siegeszug begann, wurde ebenfalls vorausgesagt, es sei zu befürchten, dass nun kaum noch geschrieben werden würde. Auch diese Vorhersage hat sich nicht bewahrheitet. Die Post befördert von Jahr zu Jahr mehr Briefe. Die Flut der Postsendungen, der schriftlichen Mitteilungen, wäre überhaupt nicht mehr zu bewältigen, wenn es keine hochtechnisierten Arbeitsmittel gäbe.

Geschriebenes kontrolliert unsere Gedanken. Geschriebenes kann überschaubar aufbewahrt, auf einfachem Wege überarbeitet, verbessert, ergänzt werden. Geschriebenes bindet jeden an sein Wort, und nur Geschriebenes vermag das auszudrücken, was wir an Gefühlen weiterzugeben wünschen. Worte sind leicht gesagt, geschrieben wirken sie fort. So haben Briefe, Protokolle, Berichte eine Dauerwirkung, die zur Sorgfalt zwingt. Wer schreibt, der bleibt, aber das Geschriebene bleibt eben auch.

Zwischen „schnell einmal anrufen" und dem Schreiben eines Briefes besteht ein deutlicher Rangunterschied, den der Empfänger sehr wohl erkennt. Auch das ist ein Grund eher zur Feder als zum Telefonhörer zu greifen.

Schreiben Sie immer nur das, was Sie auch sagen würden. Unangenehm ist es auf einen Brief angesprochen zu werden, der in Rage geschrieben wurde und dessen Inhalt dem Schreiber hinterher peinlich ist. Zu dem, was Sie auf Papier bringen, müssen Sie stehen. „Dein Wort ist heilig, drum verschwende es nicht". Diese Zeile aus einem alten Gedicht gilt immer noch. Schreiben erleichtert die Seele, mindert Schmerz und Wut, verschafft

Klarheit, macht deutlich, was zunächst gedanklich schwer zu erfassen war. Oft ist damit schon sein Zweck erfüllt. Aus diesen Gründen Formuliertes sollte nicht im Zustand der Erregung, im Glück oder im Zorn des Augenblicks abgeschickt werden. Überschlafen Sie alle problembeladenen Schriftstücke. Erst dann sind Sie fähig, sachlich die Angemessenheit des Geschriebenen zu beurteilen.

> *„Man kann auch Zeit schenken.*
> *Die Zeit für einen Brief zum Beispiel.*
> *Die Zeit sorgt, dass diese Zeit ein immer*
> *selteneres und vornehmeres Geschenk wird."*

Graff

1 Rationalisierung der Korrespondenz

Eine Nachricht muss nicht unbedingt in Form eines Briefes oder einer Postkarte übermittelt werden. Die Organisation der Textverarbeitung bietet eine Vielzahl von Möglichkeiten, mit denen der Informationsaustausch rationalisiert werden kann.

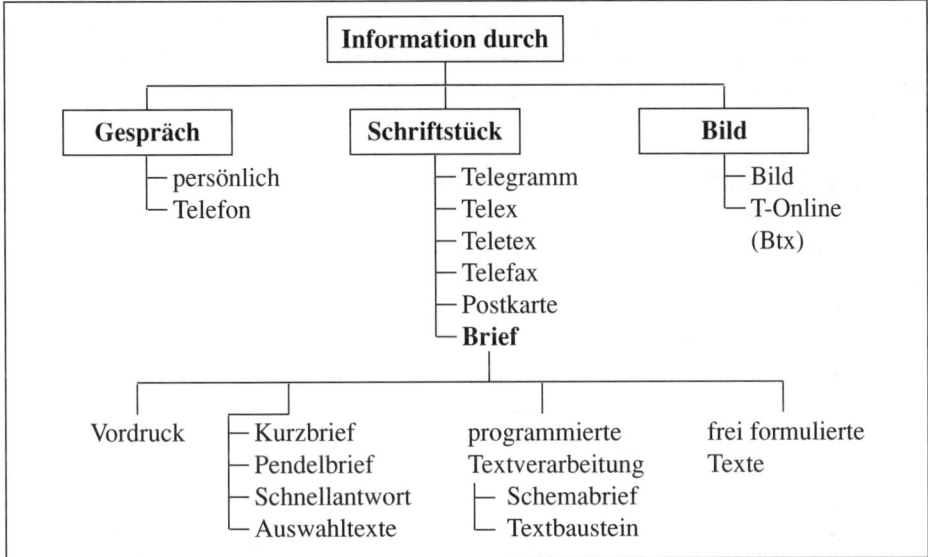

Haben wir uns für einen Brief entschieden, bleibt noch die Wahl zwischen dem **handgeschriebenen** oder dem **maschinengeschriebenen Brief**.

Es gibt auch heute noch genug Gelegenheit ein Handschreiben zu schicken. Damit wird immer die ganz persönliche Verbundenheit mit dem Empfänger ausgedrückt. Am rationellsten schreibt sich der Brief in **Kurzschrift**. Voraussetzung dafür ist natürlich, dass die Korrespondenzpartner die Kurzschrift beherrschen.

Briefe werden selbst konzipiert oder sie werden diktiert, d. h., von der Sekretärin stenographisch aufgenommen, oder sie werden auf einen Textträger gesprochen.

1.1 Vordrucke

Dort, wo wir heute **Vordrucke** benutzen, die nur ausgefüllt zu werden brauchen, musste früher ein Brief geschrieben werden, wie unser Beispiel zeigt (Frachtbrief):

Maynz, den 24. April 1756

Hochgeehrter Herr!

In Göttlicher Begleitung sende Euer Liebden durch Herrn Franz Spohn die hierunter specificirte Güther, wovon nach wohl conditionirter Lieferung darbey notirte Fracht zu be-

zahlen, und damit laut aviso zu verfahren gelieben. Der Höchste verhelffs in salvo, deme empfohlen, verbleibe

Franz Michael Cremer

Vordrucke oder Formulare sind Druckstücke oder Vervielfältigungen, die der Vorbereitung und der Abwicklung von Verwaltungsvorgängen und des Schriftverkehrs dienen. Sie werden von Hand oder mit der Maschine ausgefüllt oder ergänzt.

Die Verwendung von Vordrucken bietet sich überall dort an, wo Vorgänge gleicher Art in größerer Zahl vorkommen. Der Vordruck hat den Vorteil, dass er die Reihenfolge der Arbeit sichert und die vollständige Erledigung kontrolliert werden kann.

1.2 Der Kurzbrief

Kurzbriefe sind genormt nach DIN 5012. Sie werden an ein Schriftstück oder einen Vorgang geheftet und teilen dem Empfänger mit, was damit geschehen soll. Auf diese Weise erspart man sich das Anschreiben zu dem Geschäftsvorfall. Viele Unternehmen benutzen auch selbstentworfene Formulare für Kurzbriefe oder Kurzmitteilungen, die sie dann ihren besonderen Erfordernissen anpassen können.

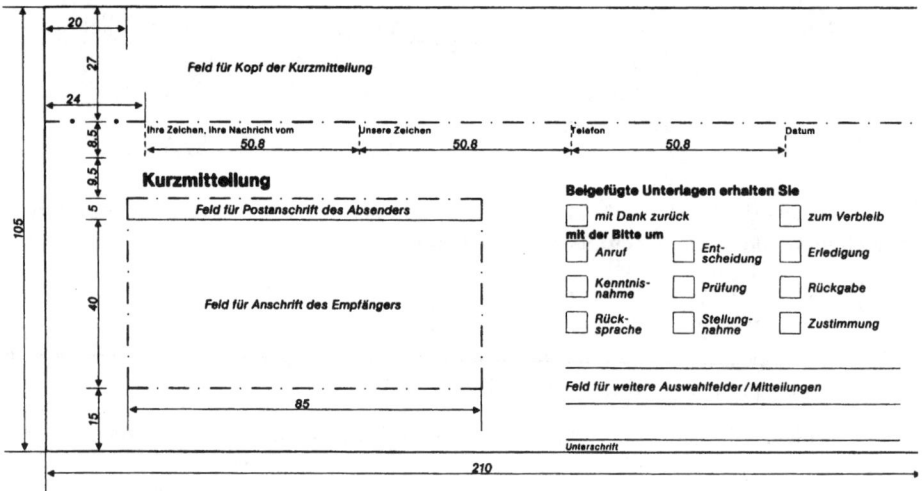

1.3 Der Pendelbrief

Pendelbriefe ermöglichen dem Empfänger die Beantwortung auf dem Original. Das hat drei entscheidende Vorteile:
– Die vom Absender gestellte Frage braucht nicht wiederholt zu werden.
– Die vollständige Beantwortung aller Fragen ist gesichert.
– Die Antwort kann handschriftlich erfolgen.

Pendelbriefe werden überwiegend im innerbetrieblichen Informationsaustausch eingesetzt. Ein Pendelbrief besteht aus drei Teilen:

- dem Original,
- dem ersten Durchschlag,
- dem zweiten Durchschlag.

Der Pendelbrief ist genormt nach DIN 5013:

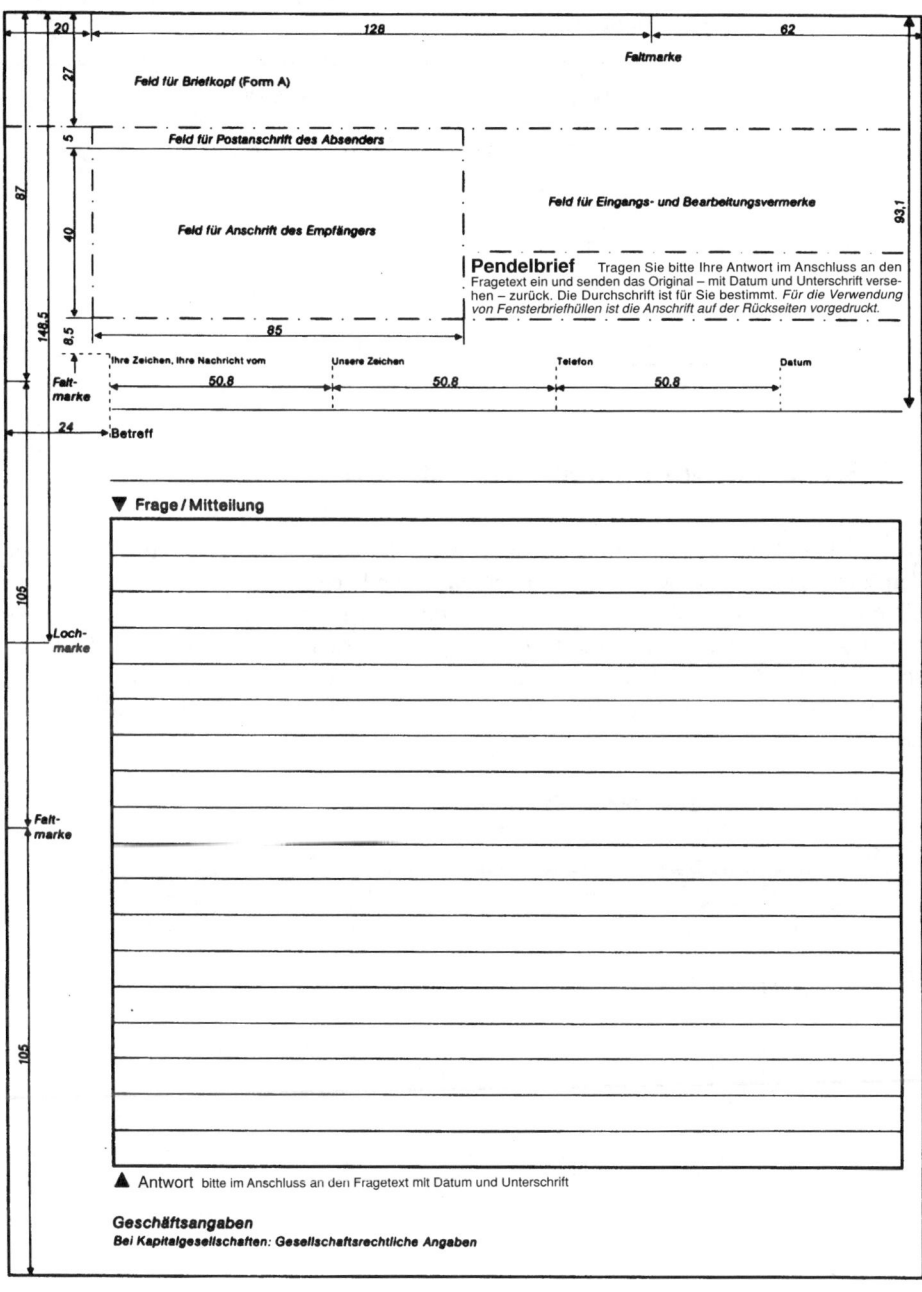

Das **Original** und den **ersten Durchschlag** erhält der Empfänger. Der **zweite Durchschlag** wird abgelegt. Der Empfänger antwortet auf dem Original, wobei er gleichzeitig auf dem ersten Durchschlag durchschreibt. Diesen 1. Durchschlag schickt er dem Absender des Pendelbriefes zurück. Der Pendelbrief wird auch als Tabellenbrief verwendet. Man teilt ihn dazu in zwei Spalten auf, schreibt in die erste Spalte die Fragen des Absenders und in die zweite Spalte die Antworten des Empfängers.

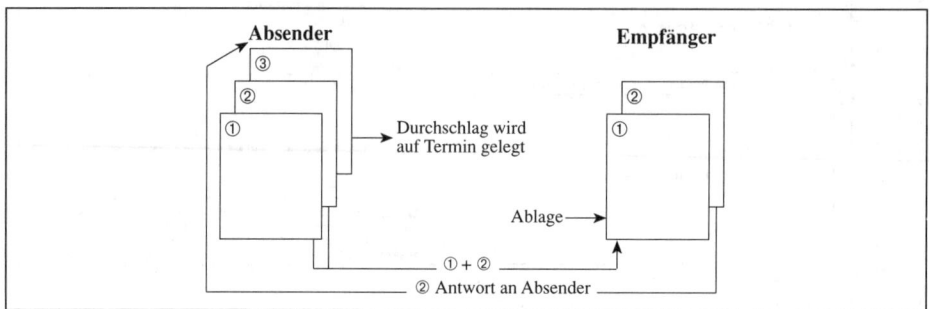

1.4 Schnellantwort (auch: Blitzantwort)

Besonders zeitsparend ist die Beantwortung eines Briefes, wenn Sie die Antwort direkt auf den Eingangsbrief handschriftlich notieren, ihn dann kopieren, die Kopie für die eigenen Unterlagen behalten und den Originalbrief an den Absender zurückschicken. Das ist aber nur möglich, wenn die Antwort aus wenigen Sätzen besteht. **Blitzantworten** sollten ausschließlich im innerbetrieblichen Nachrichtenverkehr verwendet werden oder, wenn Sie wissen, dass es sich um einen Geschäftsfreund handelt, der nicht gekränkt ist, wenn er seinen eigenen Brief auf diese Weise zurückerhält.

 Beispiel: Schnell- oder Blitzantwort

```
Unsere Zeichen, unsere Nachricht vom    Ihre Zeichen, Ihre Nachricht vom    ☏ (08 11) 77 21-    Offenbach
                   ad-mi                          3 45              97-03-26
Betreff
Angebot

Sehr geehrter Herr Höhmann!

Anlässlich der Messe unseres Verbandes hatte Herr Rother Gelegen-
heit mit Ihrem Geschäftsführer, Herrn Peter Berger, ausführlich
zu sprechen. Herr Berger war von der Verarbeitung und der modi-
schen Eleganz unserer Lederwaren sehr angetan und meinte, dass
unser Angebot sein Sortiment wesentlich bereichern könnte. Das
sind die Gründe dafür, dass wir Ihnen heute unsere Lederwaren an-
bieten.

Überlegen Sie sich Ihre Entscheidung in aller Ruhe. Besonders
günstig ist augenblicklich unser Angebot an Krokodilleder-Damen-
handtaschen, Akten- und Dokumententaschen. Die Qualität der Wa-
ren rechtfertigt die Preise, auf die wir Ihnen einen Sonderra-
batt von 10 % einräumen. Das ist in diesem Ausnahmefall gerecht-
fertigt. Wir wollen Ihnen Ihre Entscheidung erleichtern unsere
Waren kennenzulernen.
```

> Wir legen diesem Brief unseren Katalog bei. In ihm finden Sie
> alle Preise und unsere Lieferungs- und Zahlungsbedingungen.
>
> Freundliche Grüße
>
> Rother & Söhne
> Lederwarenfabrik AG
>
> ppa. *Brinckmann*
>
> Brinckmann
>
> *Sehr geehrter Herr Brinckmann,*
>
> *wir bitten um den Besuch Ihres Repräsentanten am 5. April um 11:00 Uhr oder am 9. April um 16:00 Uhr. Bitte bestätigen Sie einen dieser Termine.*
>
> *Freundliche Grüße*
>
> *Höhmann*
>
> Geschäftsräume Uferstraße 19   Telex 7 431 265   23. März   Telegramm-Kurzanschrift   Kontoverbindungen Dresdner Bank BLZ 505 800 057 Konto-Nr. 241/088

1.5 Auswahltexte

Auswahltexte sind Antwortschreiben, die etwas ausführlicher als Kurzbriefe gestaltet sind. Der jeweils zutreffende Text wird angekreuzt.

✗ Beispiel: Auswahltext

> Sehr geehrte
> Vielen Dank für Ihren Auftrag vom ....
> ○ Leider ist es uns nicht möglich den gewünschten Liefertermin einzuhalten. Wir bitten Sie um Mitteilung, ob Sie damit einverstanden sind, dass die Lieferung in der Zeit vom .... bis .... erfolgt.
> ○ Die von Ihnen bestellten Artikel sind zur Zeit nicht lieferbar. Erst in ca. ... Monaten können Sie mit der Ausführung Ihrer Bestellung rechnen. Wir bitten um Mitteilung, ob wir Ihre Bestellung aufrechterhalten sollen.
> ○ Die von Ihnen bestellten Artikel sind nicht mehr lieferbar.
> ○ Die Lieferung der bestellten Artikel erfolgt am ....
> ○ Die Sendung ist am .... an Sie abgesandt worden.
>
> Freundliche Grüße

1.6 Die Arbeit mit Textkonserven

Mit vorgefertigten **Textkonserven** (fertige Texte) wird es überflüssig immer wieder inhaltlich gleich Texte neu zu formulieren.

In einer Korrespondenzanalyse wird festgestellt, ob sich die zu schreibenden Texte inhaltlich gleichen. Dafür fertigt man über einen Zeitraum von vier bis sechs Wochen von allen Schriftstücken, die zu schreiben sind, zusätzliche Durchschläge an. Sie werden gesammelt, geordnet, verglichen und stilistisch überarbeitet.

Häufig vorkommende Inhalte eignen sich zur Aufnahme als Textkonserve, und zwar

– als Schemabrief (= ganzer Brief) oder
– als Textbaustein (= Briefabsatz).

Schemabriefe und **Textbausteine** werden auf Datenträger (Diskette) gespeichert, inhaltlich sortiert, nummeriert (und für den PC adressiert), ausgedruckt, vervielfältigt und für alle Sachbearbeiter/innen und Sekretärinnen in einem Texthandbuch gesammelt. Wenn die Sekretärin solche Textkonserven verwenden will, ruft sie die gespeicherten Texte ab und fügt die variablen Textteile (Datum, Anschrift, Anrede, Bezugsdaten) hinzu.

Ohne die Arbeit mit Textkonserven wäre der ständig steigende Schriftverkehr heute nicht mehr zu bewältigen und es ist selbstverständlich geworden, dass an jedem Arbeitsplatz im Sekretariat ein Arbeitsplatzcomputer steht, dessen Software der Sekretärin alle Möglichkeiten bietet, Texte jeder Art zu speichern und bei Bedarf abzurufen. Formulierungen für Glückwunschbriefe, Kondolenzbriefe, Reden zu verschiedenen Anlässen, Briefings, Absagen und Danksagungen, sind z. B. Textinhalte, die sich zur Erfassung eignen und der Sekretärin helfen Formulierungs- und Schreibarbeit zu rationalisieren.

2. Die Briefgestaltung

Die äußere Form eines Briefes wird bestimmt durch die **DIN-Vorschriften**. Sie werden vom Deutschen Institut für Normung herausgegeben, sind zwar kein Gesetz, aber verbindliche Regelungen. In Prüfungen sind Verstöße gegen die DIN-Regeln Fehler. Die nationalen Institutionen sind in der internationalen Organisation für Standardisierung vertreten.

2.1 Die Papierformate

International hat man sich auf **Papierformate** geeinigt. Die **ISO-Normen** (ISO = International Organization for Standardization = Internationaler Normenausschuss) gehen von einem Format A0 aus (Rechteck in einer Größe von $841 \times 1\,189$ mm $= 1$ m^2). Durch Halbierung jeweils der langen Seite des Rechtecks entstehen immer kleinere Formate.

Im Schriftverkehr werden die Formate A4 für Briefe und A6 für Postkarten verwendet.

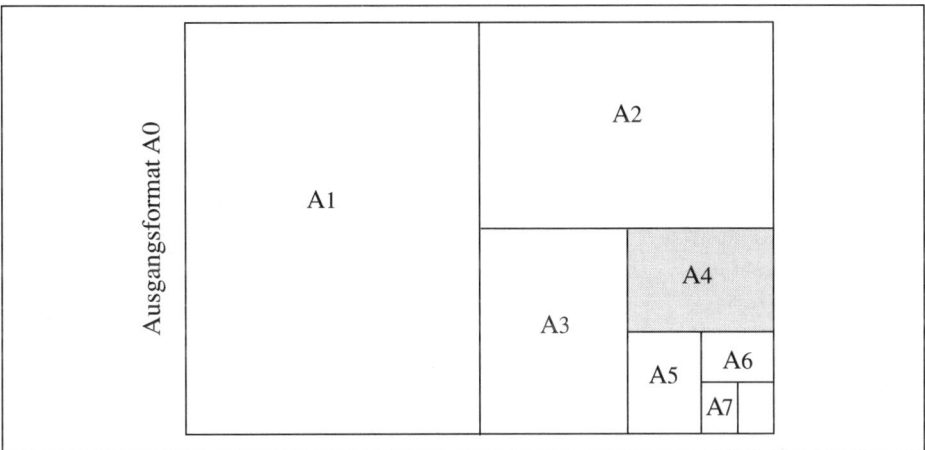

Die genormten Papiergrößen der Reihe A nach DIN 476:

Be-zeichnung	Fläche in mm	Beispiele für die Verwendung
A0	$841 \times 1\,189 = 1$ m^2	Landkarten, Plakate
A1	$594 \times841 = 1/2$ m^2	Landkarten, Zeichnungen
A2	$420 \times594 = 1/4$ m^2	Zeitungen, Landkarten, Zeichnungen
A3	$297 \times420 = 1/8$ m^2	Zeichnungen, Statistiken
A4	$210 \times297 = 1/16$ m^2	Briefblätter, großformatige Hefte und Broschüren
A5	$148 \times210 = 1/32$ m^2	Halbbriefblätter, Schulhefte, Buchblätter, Schreibblöcke
A6	$105 \times148 = 1/64$ m^2	Postkarten, Notizhefte
A7	$74 \times105 = 1/128$ m^2	kleine Karteikarten, Karteimarken und Schilder

2.2 Das Briefblatt ohne Aufdruck

Für halbprivate Schreiben, also z. B. für Briefe von einer Privatperson an ein Unternehmen oder eine Behörde, wird ein **Briefblatt ohne Aufdruck** sinngemäß nach den Normvorschriften gestaltet.

Vor- und Zuname des Absenders stehen in der 5. Zeile, gerechnet vom oberen Rand des Papiers. In der gleichen Zeile folgen auf Grad 50 Ort und Datum. Direkt unter der Namensangabe stehen Straße und Hausnummer oder das Postfach und ebenfalls direkt darunter (ohne Leerzeile!) die Postleitzahl mit dem Wohnort. Berufsangaben stehen unmittelbar unter dem Namen, Telefax- oder Telefonnummern unter dem Wohnort. In der 13. Zeile beginnt das Anschriftfeld.

Beispiel

(Dieser Brief zeigt nur die an die Norm 676 angeglichene Gestaltung. Natürlich würde man immer einen Briefbogen der Größe A4 verwenden müssen, so dass der gesamte Brief natürlich von der Papiergröße her nach unten hin länger ist!)

```
Heinrich Müller                                          (50°)
Garleff-Bindt-Weg 7                                      Hamburg, 96-04-27
22399 Hamburg
(0 40) 6 02 81 37




Einschreiben

Textilgroßhandel
Peter Richter OHG
Ohlendieckskamp 13

22399 Hamburg



Ihre Rechnung Nr. 278/94
```

> Sehr geehrter Herr Richter,
>
> .
>
> zum Ausgleich meiner Rechnung sende ich Ihnen als Anlage einen Verrechnungsscheck.
>
> .
>
> Freundliche Grüße

Die Punkte in dem Beispiel kennzeichnen die erforderlichen Leerzeilen.

Privatbriefe und halbprivate Schreiben müssen alle Absenderangaben enthalten. Die Anrede steht nicht – wie das früher üblich war – in der Mitte des Blattes, sondern in der Fluchtlinie des linken Randes und der Anfang eines Absatzes wird nicht mehr eingerückt. Zur guten Form gehört, dass Privatbriefe einen linken und einen rechten Rand haben und dass sie niemals auf kariertes Papier geschrieben werden.

2.3 Normvordrucke im kaufmännischen Schriftverkehr

2.3.1 Der Geschäftsbrief nach DIN 676

Das **Normblatt für den Geschäftsbrief** hat die Bezeichnung **DIN 676**. Es bestimmt, an welcher Stelle das Feld für den Briefkopf, das Anschriftfeld, die Leitwörter für die Bezugszeichen sowie die Faltmarken, die Lochmarke und die Geschäftsangaben (Bankverbindung, Namen der Vorstandsmitglieder, des Aufsichtsrates oder der Geschäftsführer) vorgedruckt sind.

Es gibt zwei Normvordrucke für den Geschäftsbrief nach DIN 676, und zwar Form A und Form B. Bei der Form A ist das Feld für den Briefkopf 27 mm breit, bei der Form B 45 mm. Für das Beschriften der Vordrucke ist dieser Unterschied allerdings unerheblich, da das Anschriftfeld in der gleichen Zeile beginnt. Üblich sind Geschäftsvordrucke nach Form B.

Beispiel: Normvordruck nach DIN 676, Form B

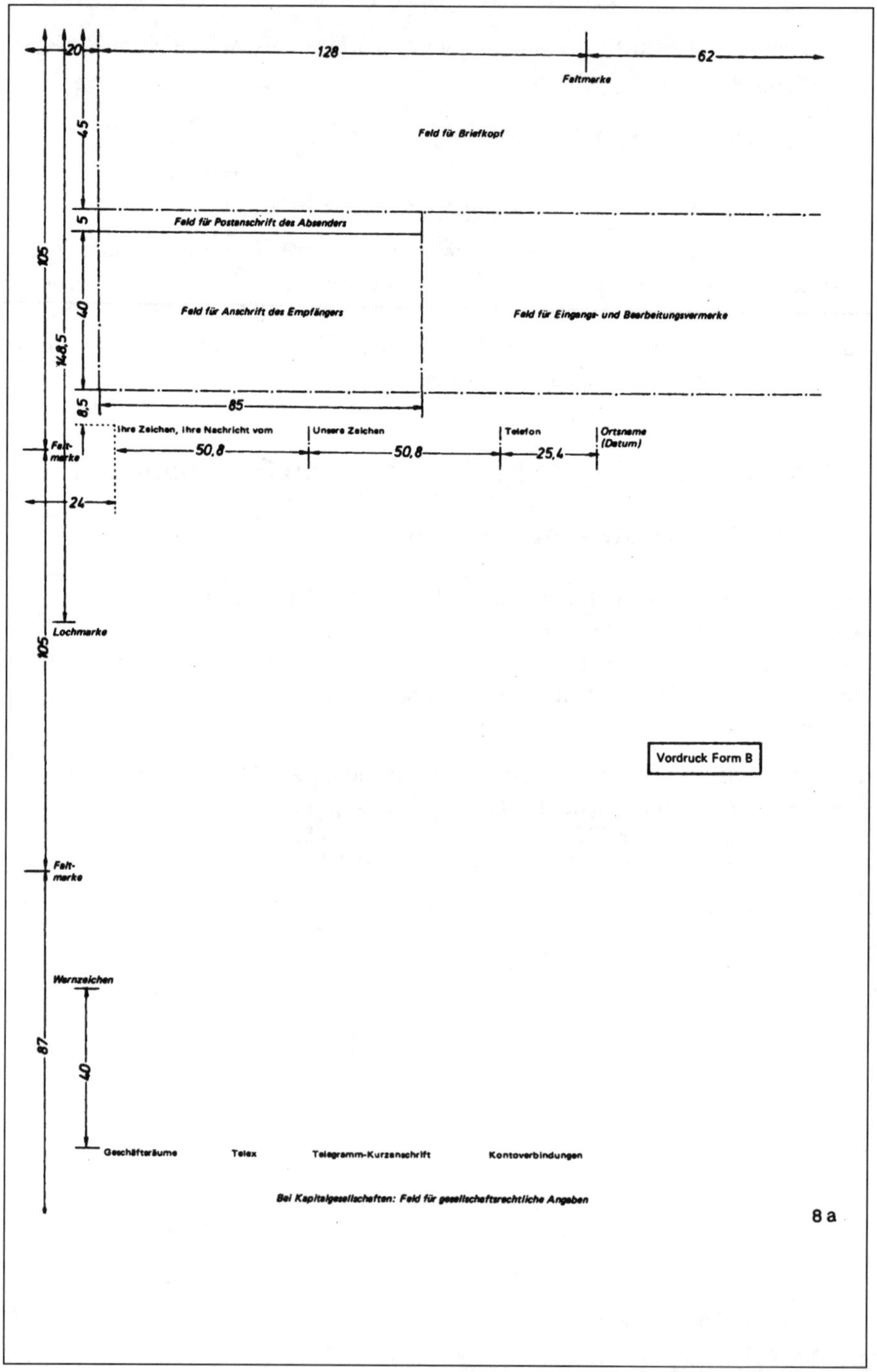

2.3.2 Der 2/3-Brief

In dem **Normblatt DIN 198** ist neben dem **Geschäftsbriefblatt A4**, dessen Aufdruck nach DIN 676 genormt ist, noch das **Geschäftsbriefblatt 2/3 A4** aufgeführt. Man bezeichnet dieses Format als Streifenformat, weil die Länge des A4-Blattes in drei gleich große Streifen geteilt ist, die je 1/3 der Gesamtlänge betragen. 2/3 dieser Gesamtlänge ergeben eine Gesamtfläche von 198×210 mm^2. Das Geschäftsbriefblatt im Format 2/3 A4 wird für kürzere Mitteilungen verwendet. Der Aufdruck entspricht dem Normvordruck nach DIN 676. Es ändern sich lediglich die Falt- und Lochmarken.

 Beispiel

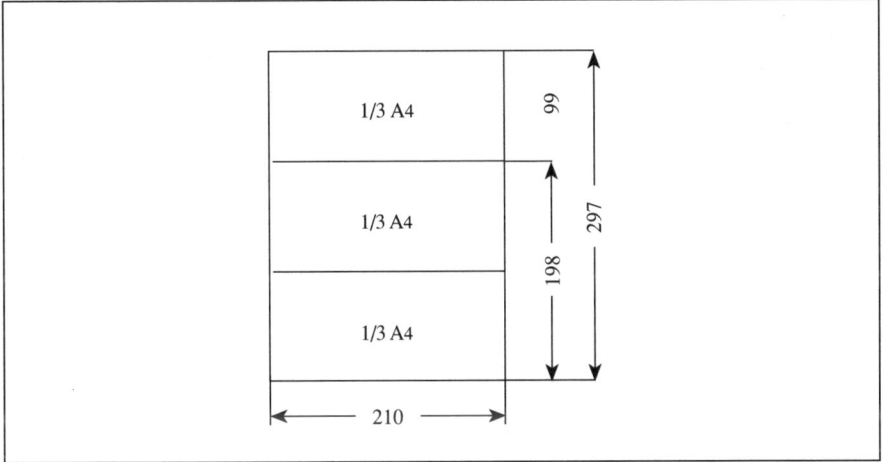

2.3.3 Andere Vordrucke

Außer dem für den Geschäftsbriefverkehr wichtigsten Vordruck nach DIN 676 sind Vordrucke für den Lieferantenverkehr genormt, und zwar

- die **Rechnung nach DIN 4991**,
- die **Bestellung nach DIN 4992**,
- die **Bestellungsannahme nach DIN 4993**,
- der **Lieferschein bzw. die Lieferanzeige nach DIN 4994**.

Die meisten dieser Normvordrucke sind als Formate A4, A4 quer, A5 hoch und A5 quer genormt, und zwar so, dass für jedes dieser Formate Fensterbriefhüllen verwendbar sind. Als Beispiel mag hier eine Rechnung dienen, deren Beschriftung auch mit dem Personalcomputer nach Norm vorgenommen werden kann.

Beispiel: Rechnung

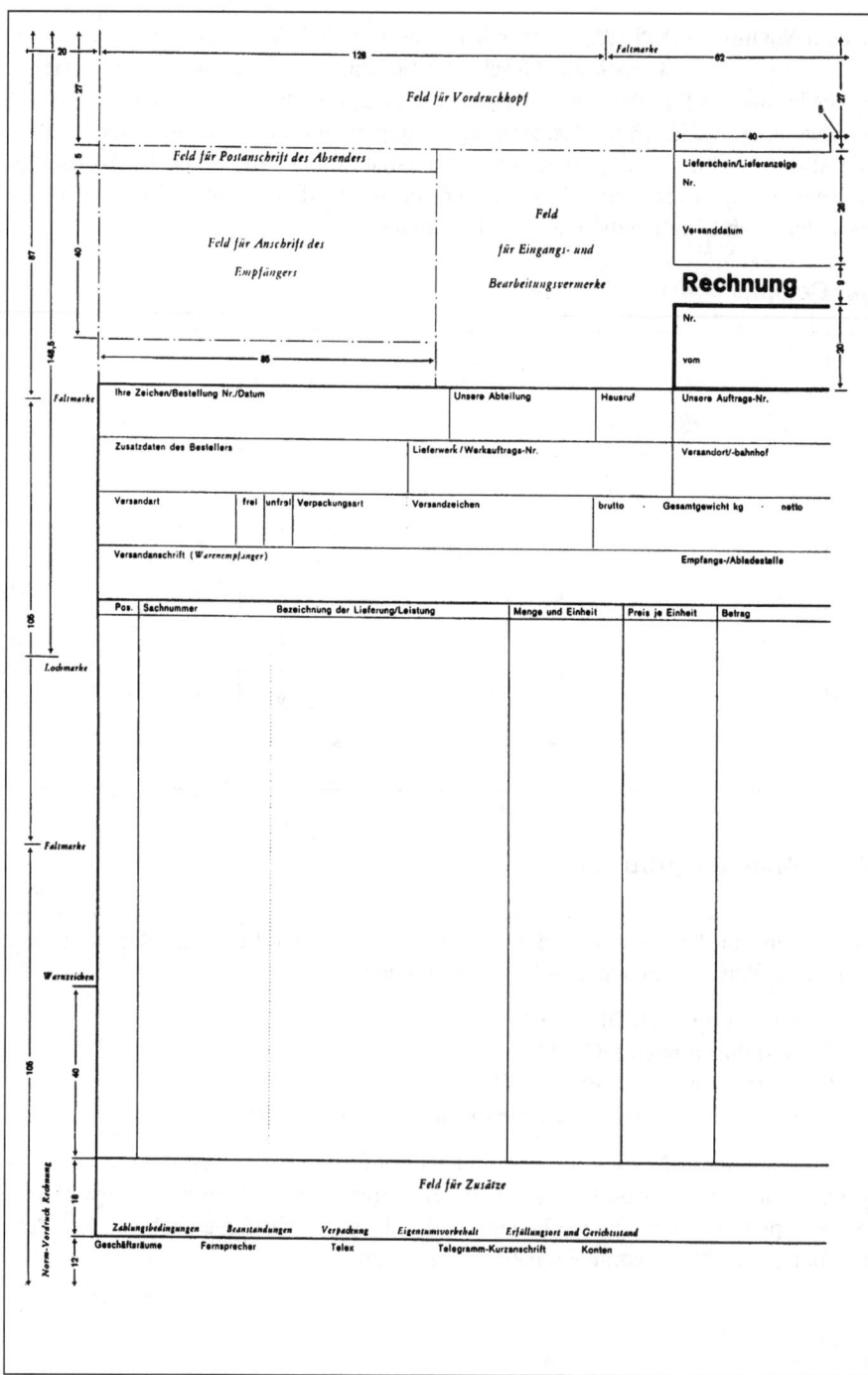

3 Normgerechte Briefgestaltung im Sekretariat

3.1 Die Schreib- und Anordnungsregeln nach DIN 5008

In diesem Abschnitt werden wir uns nicht nur mit den **Schreib-** und **Anordnungsregeln nach DIN 5008** in ihrer Fassung von 1996 auseinandersetzen, sondern im einzelnen erörtern, wie Anreden und Grußformeln am besten zu formulieren sind und welche Möglichkeiten es gibt Einleitung, Hauptteil und Schluss eines Briefes zweckmäßig zu gestalten.

Neben den DIN-Vorschriften können Sie alle für Sie wichtigen Vorschriften aus dem Postbuch entnehmen, das sie gegen eine geringe Gebühr an den Schaltern der Hauptpostämter erwerben können.

3.1.1 Die Anschrift

Die **Anschrift** gliedert sich wie folgt:

Zeile

1 Angaben zur Sendungsart, Versendungsform, Vorausverfügung

2 Leerzeile

3 Anrede und Berufsbezeichnung (oder Amtsbezeichnung)
   („Herr/Frau" immer ausschreiben! Das Wort „Firma" muss fehlen, wenn der Name der Firma eindeutig erkennen lässt, dass es sich um einen Firmennamen handelt, z. B. AG, GmbH usw.)

4 Akademische Grade, Vor- und Zuname
   („Professor" immer ausschreiben! Akademische Grade und sonstige Titel stehen vor dem Namen.)

5 Straße oder Postfachangabe

6 Leerzeile (Diese Leerzeile verschiebt sich, wenn Angaben zu den Zeilen 3, 4 oder 5 fehlen.)

7 Postleitzahl, Wohnort, Zustell- oder Ausgabepostamt

8 Leerzeile

9 Bestimmungsland
   (nur in Briefen, die ins Ausland gehen! Man kann auch bei bestimmten Ländern das Nationalitätskennzeichen für Kraftfahrzeuge einsetzen, das ohne Leerschritt mit dem Mittestrich vor die Postleitzahl geschrieben wird, z. B. A-2700 Wiener Neustadt.)

✖ **Beispiele**
Zeile Nr.

1	Einschreiben	–	Versendungsform
2		–	Leerzeile
3	Herrn Rechtsanwalt	–	Anrede, Berufsbezeichnung
4	Dr. Walter Richter	–	akademischer Titel, Name
5	Lange Straße 17 a	–	Straße und Hausnummer
6		–	Leerzeile
7	38300 Wolfenbüttel	–	Postleitzahl und Ort
8		–	Leerzeile
9		–	Bestimmungsland (bei Briefen ins Ausland)

Zeile Nr.

1	Büchersendung	–	Sendungsart
2		–	Leerzeile
3	Herrn Bankdirektor	–	Anrede und Berufsbezeichnung
4	Dipl.-Kfm. Hans Otto	–	akademischer Titel und Name
6	Deutsche Bank	–	Firmenbezeichnung (Forts. Name)
6	Postfach 36 63	–	Postfachnummer
7		–	Leerzeile
8	20354 Hamburg	–	Postleitzahl und Ort
9		–	leer

Falls die Empfängerbezeichnung mehr als zwei Zeilen umfasst, verschieben sich die folgenden Angaben um eine Zeile. Das ist unproblematisch, wenn – bei Inlandsbriefen – auf die Angabe des Bestimmungslandes verzichtet werden kann. Sollte ein Bestimmungsland zu schreiben sein, dann verrutscht es an das äußerste Ende des Anschriftfeldes und ist gerade noch durch das Fenster der Briefhülle zu erkennen. Das Bestimmungsland kann ersetzt werden durch das internationale Autokennzeichen, das vor die Postleitzahl geschrieben und mit einem Bindestrich abgetrennt wird:

✖ **Zeile Nr.**

1	Nicht nachsenden	–	Vorausverfügung
2		–	Leerzeile
3	Textilgroßhandel	–	Anrede
4	Ewald Meyer & Co.	–	Name (hier: Firmenbezeichnung)
5	Herrn Richter	–	Name (Empfängerbezeichnung)
6	Petershöhe 37	–	Straße und Hausnummer
7		–	Leerzeile
8	A-1130 Wien	–	Ort mit Bestimmungsland und PLZ
9		–	Leerzeile

Unterstrichen wird in der Anschrift nur dann, wenn auf eine Leerzeile mangels Raum verzichtet werden muss. Bei Untermietern folgt unter dem Namen des Empfängers der Name des Wohnungsinhabers.

Berufsbezeichnungen folgen den **Anredewörtern** Herr, Frau. **Akademische Grade** (wie Dr., Dipl.-Ing.) stehen in der Regel vor dem Namen. Eine Ausnahme bildet der Magistertitel, der inzwischen auch von deutschen Universitäten verliehen wird; er folgt dem Namen.

 Beispiel
Joachim Hoppe, M. A.

Das **Wort** Firma ist entbehrlich, wenn die Empfängerbezeichnung als Firma erkennbar ist, etwa durch Angabe einer Gesellschaftsform wie GmbH oder AG (Beispiel: Schering AG).

Ist ein **Postfach** vorhanden, so wird es anstelle der Hausanschrift vor dem Bestimmungsort genannt.

Unterscheidungsmerkmale bei Hausnummern, z. B. Berliner Str. 6 a, sind mit einem Leerschritt zwischen Ziffern und Buchstaben zu schreiben. Angaben von Hausanschriften mit Nummern mehrerer Gebäude werden entweder mit dem Zusatz „bis" (10 – 16) oder „und" (z. B. 16/18) angegeben. Stockwerkangaben werden von den anderen Angaben durch einen Leerschritt getrennt (z. B. Königstraße 17 b III 1, Maiendorfer Str. 105 a IV r).

Die Anschrift steht auf dem Briefblatt, damit
– sie auf dem Durchschlag erscheint,
– der Brief in einer Fensterbriefhülle versandt werden kann.

Es gibt viele Briefe, die sich nicht dazu eignen in einer Fensterbriefhülle versandt zu werden, weil diese einen unverbindlichen geschäftlichen Eindruck macht. Zu diesen Briefarten gehören zum Beispiel alle Privatbriefe und Glückwunschschreiben.

 Beispiel: beschriftete Briefhülle nach Postvorschrift (handbeschrieben)

Absender:
Links oben auf der Aufschriftseite oder auf der Rückseite

Hans Becker
Schlosserstr. 44
70180 Stuttgart

Frau
Annemarie Hartmann
Vogelstraße 17

85354 Frankfurt

linksbündig schreiben

Anschrift:

Name des Empfängers

Straße und Hausnummer oder Postfachnummer oder "Postlagernd"

fünfstellige Postleitzahl, Ort und eventuell Nummer des Zustellpostamts
Ort nicht unterstreichen und nicht gesperrt schreiben

Diese Form gilt für den Bereich der Deutschen Bundespost und für viele andere Länder.

✘ **Beispiel: beschriftete Briefhülle nach Postvorschrift (maschinengeschrieben)**

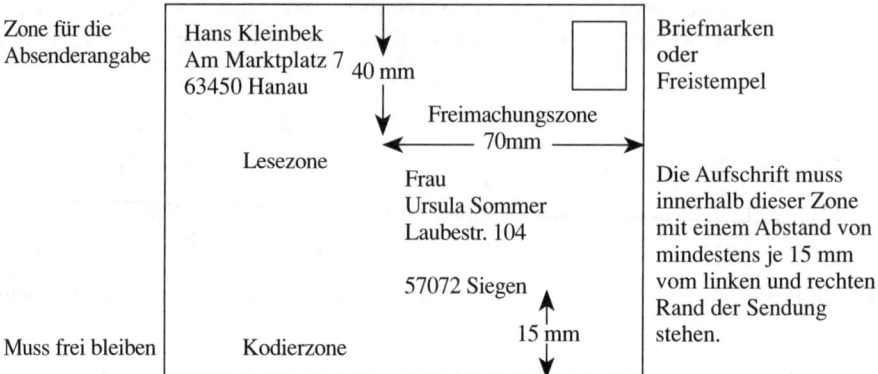

In dieser Form sind sowohl die hand- als auch die maschinengeschriebenen Empfängerangaben maschinell lesbar.

Auslandsanschriften dürfen geschrieben werden, wie es im Empfängerland üblich ist.

✘ **Beispiel**

1
2
3 Bankers Trust Company
4 16, Wall Street
5
6 New York 15, N. Y.
7
8 USA
9

Die DIN-Regeln bringen mehr als 20 Anschriftenmuster. Deshalb wird hier auf weitere Einzelheiten verzichtet. Schließlich müssen Sie über die Anschrift noch einiges wissen, was nicht Gegenstand der „Regeln für Maschinenschreiben" sein kann.

Weniger genormt, als Sie wahrscheinlich vermuten, ist beispielsweise die Verwendung grammatischer Formen. Auch sie spielen bei der Anschriftengestaltung eine Rolle. Dafür ein Beispiel:

Herrn Prokuristen
Günther Kolb

Oder muss es „Herrn Prokurist" heißen? Besser ist es – so der Duden – zu beugen, also: „Herrn Prokuristen …"

Gebeugt werden müssen Berufsbezeichnungen, denen keine Personenbezeichnung vorangeht. Demnach: Präsidenten Hans Schäfer

Gleiches gilt, wenn kein Name folgt. „An den" fällt immer weg!

Herrn Bundespräsidenten

Dieses „an", das bei Namensnennung gemäß DIN 5008 wegfällt, beweist: Anschriften stehen heute im Akkusativ (an wen oder was?) oder werden als Akkustiv empfunden. Das war nicht immer so. Der früher übliche Dativ wirkt – bei bestimmten Ehrentiteln – bis in unsere Tage:

Seiner Exzellenz
dem Herrn Botschafter

heißt es korrekt – auf Briefen, die maschinell sortiert werden! Ist die Diplomatie in den Fragen sprachlicher Etikette besonders traditionsgebunden, so geben sich Kirche und Universität schon etwas lockerer. An den Herrn Weihbischof darf man heute ebenso adressieren wie an den Herrn Rektor (früher: Seiner Exzellenz, dem Hochwürdigsten Herrn Weihbischof …; Seiner Magnifizenz, dem Rektor der Universität …).

Die im Einzelfall korrekte und zeitgemäße Anschrift (und meist auch Anrede) sollten Sie im Zweifel nachschlagen. Ziehen Sie nur Bücher neueren Datums zu Rate. Nachschlagewerke, die vor dem Zweiten Vatikanischen Konzil (1962–1965) und vor der Neuorganisation der bundesdeutschen Universitäten (seit 1968/69) geschrieben wurden, haben meist nur noch historischen Wert. Da sich die sprachliche Etikette – auch in der Anschrift – vor unseren Augen wandelt, handelt es sich hier weniger denn je um Routine. Denken Sie an den Empfänger, an sein Alter, an seine Einstellung.

Berufsbezeichnungen und Titel, die dem Namen als Apposition nachgestellt werden, bleiben oft ungebeugt:

Herrn
Dr. Hans Schäfer
Präsident des Bundesrechnungshofes

Die Apposition wird nicht durch Komma abgetrennt, wenn sie in einer gesonderten Zeile unter dem Namen steht, also:

Herrn
Dr. Hans Schäfer
Präsidenten des Bundesrechnungshofes

Diese Form gilt zwar nicht als falsch, aber als übergenau. In der Regel wird die Apposition nicht gebeugt (s. o.).

Strittig ist immer noch, ob eine „Frau Müller" Präsident oder Präsidentin ist, Dipl.-Handelslehrer oder Dipl.-Handelslehrerin oder gar Dipl.-Kaufmann oder Dipl.-Kauffrau. Wenn es sprachlich möglich ist, wird die weibliche Form gebildet, also:

Präsidentin
Dipl.-Handelslehrerin
Ministerin
Pastorin

Legen Sie Wert darauf, dass eine bestimmte Person den Brief bekommt, dann steht in der Anschrift zuerst der Name dieser Person.

 **Beispiel**

    Herrn
    Ludwig Fuchs
    im Hessischen Kultusministerium

Wollen wir ganz sichergehen, dass auch nur Herr Fuchs diesen Brief öffnet, so kann über die Anschrift noch der Vermerk **„Persönlich"** gesetzt werden.

Richten Sie Ihr Schreiben in erster Linie an eine Institution, wollen aber sicherstellen, dass dieser Brief von einem bestimmten Mitarbeiter beantwortet wird, schreiben Sie:

    Handels- und Höhere Handelsschule 13
    Herrn Direktor Frank Kohlbach

Die **Bezeichnungen „z. H.", „i. Fa." und „i. Hse."** können entfallen. Sie ergeben sich aus der Reihenfolge, in der die Empfängerbezeichnung geschrieben wird.

Aus den Nähten platzen darf eine Adresse nicht. Deshalb folgende Faustregel: Bei mehreren Titeln genügt entweder der ranghöchste Titel oder derjenige, der die Einheit zwischen dem Inhalt des Schreibens und der Anschrift wahrt. Ist z. B. ein Arzt zugleich Landtagspräsident, so bleibt dieser Titel unerwähnt, wenn ich mich ausschließlich an den Arzt wende. Dann genügt

    Herrn
    Dr. med. ...

An ein Ehepaar schreiben Sie:

    Herrn und Frau
    Stefan Barcava

Als unhöflich gilt heute:

    Herrn
    Stefan Barcava und Frau

Wird der Zusatz „und Frau" zu „und Frau Gemahlin" erweitert, so gilt dies als förmliche Höflichkeit. Amtlich korrekt ist das Nennen beider Vornamen, also:

    Herrn
    Stefan Barcava
    und Frau Ursula Barcava

Mehrere Personen können auch zusammengefasst werden durch Bezeichnungen wie Familie, Geschwister, Gebrüder, Schwestern.

Die DIN-Vorschriften empfehlen bei Anschriften ins Ausland stets die Fassung in der fremden Sprache. Ortsnamen in fremder Sprache werden als Exonyme bezeichnet. Wir schreiben:

```
Florenz    = Firenze
Warschau   = Warszawa
Prag       = Praha
Kattowitz  = Katowice
Straßburg  = Strasbourg usw.
```

Als Speicherstellen in den Anlagen der automatischen Datenverarbeitung noch sehr teuer und deshalb knapp waren, wurde es üblich, die Anreden „Herrn/Frau" entweder wegzulassen oder abzukürzen. Technische Gründe rechtfertigen diese Verkürzung gerade noch. Trotzdem bleibt sie unhöflich. Es ist nicht modern und gilt auch nicht als nonkonformistisch auf die Anrede zu verzichten. Es ist lediglich ein Zeichen von Hilflosigkeit, wenn ohne zwingenden Grund die Anrede weggelassen wird.

also nicht: Michael Janzen   sondern: Herrn
                                                       Michael Janzen

3.1.2 Bezugszeichenzeile und Betreffvermerk

Das Wort **„Betreff"** fehlt nach neuen DIN-Vorschriften in den meisten Geschäftsbriefvordrucken. Zwischen Bezugszeichenzeile und Betreffvermerk stehen zwei Leerzeilen; Sie schalten also von der Bezugszeichenzeile bis zum Betreffvermerk dreimal.

Die Leitwörter sind *„Ihr Zeichen/Ihre Nachricht vom"*, *„unser Zeichen/unsere Nachricht vom"*, *„Hausruf"* und *„Datum"*. Die **Bezugszeichen** stehen unter den Leitwörtern, und zwar in der Weise, dass der erste Buchstabe oder die erste Ziffer immer unter dem ersten Buchstaben des Leitwortes steht. Bei den Diktatzeichen werden die Abkürzungen des Namens des Diktierenden und der Schreibdame ohne Punkt und ohne Leerschritt geschrieben. Bei Abkürzungen der Namen durch kleine Buchstaben trennt man die Zeichen mit dem Mittestrich *(k-de)* zur Vermeidung der Umschaltung, bei Abkürzung durch große Buchstaben mit dem Schrägsstrich *(K/De)*.

Die **Betreffangabe** gibt den Inhalt des Briefes in möglichst kurzer Form an. Als Betreffangabe kann man die Bezeichnung der zuständigen Abteilung wählen (z. B. Rechnungswesen) oder die Art des Briefes (z. B. Mahnung). Die Betreffangaben stehen direkt unter dem vorgedruckten Leitwort *„Betreff"* oder, wenn dieses fehlt, nach dreimaligem Schalten auf Grad 10 unter der Bezugszeichenzeile. Der Betreffvermerk wird ohne Satzzeichen geschrieben. Nach dem Betreff wird dreimal geschaltet.

Neben dem Betreffvermerk steht der **Behandlungsvermerk**. Seine Schreibweise wird in DIN 5008 nicht mehr geregelt.

 Beispiel (Betreffvermerk)
Wohngeldabrechnung für die Heizungsperiode
vom 1. Januar 1990 – 31. Dezember 1991 – Heizungskosten   E i l t

Ist keine Bezugszeichenzeile vorgedruckt, so muss der Betreffvermerk oft näher bezeichnet werden. Das kann geschehen, indem mit Semikolon (;) abgeschlossen und durch ein "hier:" erweitert wird. Danach folgt der „Betreff im engeren Sinne". Er wird aber auch – und das ist weit häufiger – hinter dem Stichwort „Bezug" aufgeführt.

 Beispiele
Ermittlungsverfahren gegen Unbekannt:
hier: a) Mein Schreiben vom 22. November 1988
       b) Ihr Schreiben vom 28. November 1988

Häufiger aber ist folgende Schreibweise:
Betreff: Ermittlungsverfahren gegen Unbekannt
Bezug: a) Mein Schreiben vom …
       b) Ihr Schreiben vom …

Erscheint das Stichwort *„Bezug"*, dann sollte man auch auf das – sonst fortzulassende – Stichwort „Betreff" nicht verzichten. In den „Regeln für Maschinenschreiben" ist vom Stichwort „Bezug" nicht die Rede – offenbar, weil dort die **Bezugszeichenzeile** als Regelfall vorausgesetzt wird. Allerdings lehrt die Erfahrung: Auf Briefbögen der Behörden fehlt – trotz vorgedruckten Briefkopfes – oft die Bezugszeichenzeile.

3.2 Anreden, Grußformeln, Unterschriften

Unter dem Wortlaut des Betreffs (oder des Bezugs) folgt nach zwei Leerzeilen die **Anrede**. Sie beginnt an der Fluchtlinie und wird durch eine Leerzeile vom Brieftext getrennt.

3.2.1 Die Anrede

Welche sprachlichen Normen müssen Sie bei der Anrede beachten? Setzen Sie nach der Anrede statt des Ausrufezeichens ein Komma, so beginnt der eigentliche Brieftext mitten im Satz, entsprechend ist das erste Wort klein zu schreiben.

 Beispiel
Liebe Eltern!
Habt herzlichen Dank für …

Liebe Eltern,
habt herzlichen Dank für …

Sehr geehrter Herr Doktor!
Ihre Hilfsbereitschaft hat …

Sehr geehrter Herr Doktor,
Ihre Hilfsbereitschaft hat …

Liebe Eltern – eine so wohltuende kurze Anrede für zwei Personen ist nicht immer möglich. Die Anrede

„Liebe Mutter und Vater"

ist grammatisch **falsch**, weil das gebeugte Adjektiv „liebe" nicht zum Namen „Vater" passt. **Richtig** ist:

Liebe Mutter und lieber Vater!

Ebenso falsch ist:

Liebe Frau Neu und Herr Neu!

Richtig:

Liebe Frau Neu, lieber Herr Neu!

Wenn Sie Ihre Phantasie spielen lassen, finden Sie leicht kurze Anredeformen, die grammatisch korrekt sind.

 Beispiele
Liebes Ehepaar Neu!
Ihr Lieben: Gisela, Clemens, Wendelin und Anna!
Liebe Familie Barsch!

„Takt" ist bei der Anrede eine Frage der Wortwahl. Nur haben Wörter in der Anrede ein anderes Gewicht als sonst im Text. Vieles ist Schablone, wie die förmliche Anrede

Sehr geehrter Herr Grebe!

oder

Sehr geehrte Damen und Herren!

Mit diesen Anredeformen ist überhaupt nichts darüber gesagt, ob ich den (oder die) Angeredeten schätze oder nicht.

Das gleiche gilt für die Anrede *„liebe Frau Meyer"*. Im Deutschen fehlt uns ein gleichzeitig unverbindliches wie höfliches „dear", deshalb sind wir auf *„liebe"* angewiesen, ohne mit dieser Anredeform unsere Wertschätzung auszudrücken. Wenn wir das wollen, schreiben wir:

Meine liebe Gisela,
Geliebte Gisela,
Meine geliebte Gisela,

Unsere Jugend ersetzt das Wort „liebe" oft durch *„hallo"*, wohl, weil es ihr von zu hoher Bedeutung ist. „Hallo" ist aber keine Anrede, sondern ein Signal, mit dem man seine Zugehörigkeit zu einer unteren Sprachschicht und außerdem seine Hilflosigkeit im Umgang mit gesellschaftlichen Gepflogenheiten dokumentiert. Der veralteten Anrede mit *„wert"* haftet heute der Beigeschmack der Geringschätzung an. Die Anrede *„Werter Herr Meyer,"* gilt daher als außerordentlich unhöflich.

Wollen wir einer Person unsere besondere Verbundenheit und Wertschätzung ausdrücken, empfiehlt sich als Formulierung:

> Sehr verehrter Herr Wedekind,
> Sehr verehrter, lieber Herr Wedekind,

Wenn Sie in der Anrede von den üblichen Formen abweichen, sollten Sie sich über die Angemessenheit der Anrede einige Gedanken machen; sonst kommt es leicht zu Missverständnissen.

Der Eigenname in der Anrede wird nicht erwähnt, wenn an mehrere, namentlich nicht näher bekannte Personen geschrieben wird. Schreibe ich beispielsweise wegen einer Auskunft an eine Bibliothek, so lautet die förmliche Anrede heute:

> Sehr geehrte Damen und Herrn! (früher: Sehr geehrte Herren!)

Wenn man den Damen besondere Hochachtung zollen will, formuliert man:

> Sehr verehrte Damen und sehr geehrte Herren,

Der Name des Empfängers bleibt meist unerwähnt, wenn man in der Anrede seinen Titel nennt.

✖ Beispiel
> Sehr geehrter Herr Bürgermeister,
> Sehr geehrter Herr Professor,

Titel werden – vom Doktortitel abgesehen – in der Anrede nicht abgekürzt.

✖ Beispiel
> Sehr geehrter Herr Dr. Appel,
> Sehr geehrter Herr Doktor,
> Sehr geehrter Herr Professor Dr. Appel,

Der Doktortitel wird ausgeschrieben, wenn der Name nicht genannt wird.

✖ Beispiele

Titel	Anschriftfeld	Anrede
Rektor einer Universität	Seiner Magnifizenz dem Rektor der Universität Heidelberg	Euer Magnifizenz,
Evangelischer Bischof	Seiner Exzellenz Herrn Landesbischof	Hochverehrter Herr Bischof,
Ev. Geistlicher	Herrn Pastor	Sehr geehrter Herr Pastor,
Papst	Seiner Heiligkeit Papst Johannes Paul II	Euer Heiligkeit,

Titel	Anschriftfeld	Anrede
Päpstlicher Staatssekretär	Seiner Exzellenz dem Hochwürdigsten Herrn … Prostaatssekretär	Euer Exzellenz,
Kardinal	Seiner Eminenz dem Hochwürdigsten Herrn Kardinal Dr. Josef Wendel Erzbischof von München und Freising	Euer Eminenz,
Katholischer Erzbischof oder Bischof	Seiner Exzellenz dem Hochwürdigsten Herrn Dr. Lorenz Jäger Erzbischof von Paderborn	Euer Exzellenz,
Generalvikar	Seiner Gnaden dem Herrn Prälat Dr. … Generalvikar der Diözese …	Euer Gnaden, oder Hochwürdigster Herr Generalvikar,
Monsignor	Seiner Hochwürden Monsignor,	Sehr verehrter Monsignor,
Geistlicher Rat	Seiner Hochwürden Herrn Geistlichen Rat …	Euer Hochwürden, oder Hochwürdiger Herr Geistlicher Rat
Abt	Seiner Gnaden dem hochwürdigen Herrn Abt des Klosters	Euer Gnaden, oder Hochwürdigster Abt des Klosters …
Ordenspriester	Seiner Hochwürden Herrn Pater …	Euer Hochwürden,
Katholischer Pfarrer	Seiner Hochwürden Herrn Pfarrer	Euer Hochwürden,
Regierender Monarch	Seiner Majestät König Karl Gustav V.	Euer Majestät

Titel	Anschriftfeld	Anrede
Mitglied eines regierenden oder ehemals regierenden kaiserlichen Hauses	Seiner Kaiserlichen Hoheit Louis Ferdinand Prinz von Preußen	Kaiserliche Hoheit,
… königlichen Hauses	Seiner Königlichen Hoheit Leopolt Prinz von Bayern	Königliche Hoheit,
Herzog	Seiner Hoheit Ferdinand Herzog von Oldenburg	Euer Hoheit,
Fürst	Seiner Durchlaucht, Maximilian Fürst von Thurn und Taxis	Euer Durchlaucht,
Graf	Irina Gräfin Zubow	Sehr geehrte Frau Gräfin Zubow,
Baron, Freiherr	Baron Maximilian Hartweg Rudolf Freiherr von Silberling	Sehr geehrter Baron, Sehr geehrter Herr von Silberling,

3.2.2 Gliederung des Brieftextes

Wie der Aufsatz gliedert sich der Brief in Einleitung, Hauptteil und Schluss. Der Hauptteil kann durch Absätze unterteilt werden. Dadurch wirkt der Text übersichtlicher. Die Absätze machen deutlich, was gedanklich zusammengehört. Außerdem können Sie im Hauptteil Texte **hervorheben**, und zwar durch

– Einrückung auf Grad 20,
– Schreiben mit Großbuchstaben,
– Sperrschrift,
– Unterstreichungen,
– Fettschrift und
– die Verwendung anderer Schriftarten.

Solche Hervorhebungen verlieren ihren Zweck, wenn sie in einem Brief übertrieben eingesetzt werden (s. auch Abschnitt 4.3).

3.2.3 Die Grußformel

Die **Grußformel** muss der Anrede angemessen sein. Steht also keine Anrede oder als Anrede das unverbindliche *„Sehr geehrte Damen und Herren"*, so wählen wir als Grußformel *„Hochachtungsvoll"*. Steht aber eine persönliche Anrede, dann empfiehlt es sich, auch die Grußformel persönlicher zu formulieren.

✘ **Beispiele**
- Freundliche Grüße
- Beste Grüße
- Viele Grüße
- Verbindliche Grüße

Häufig lesen wir noch immer *„mit freundlichen Grüßen"*. Kein Mensch grüßt aber freundlich *mit*, sondern immer nur freundlich.

Während der alte Zopf *„und verbleiben wir"* abgeschnitten wurde, blieb das dazugehörige, aber falsch verwendete *„mit"* erhalten. Während *„Hochachtungsvoll"* und *„Freundliche Grüße"* ohne tieferen Grund gewählt werden, weil uns im Deutschen unverbindlichere Formulierungen fehlen, kann nur dann *„mit vorzüglicher Hochachtung"* gegrüßt werden, wenn diese Art der Hochachtung überzeugend begründet ist.

✘ **Beispiele**
- Ich grüße Sie mit vorzüglicher Hochachtung …
- Ihr sehr ergebener …

In Privatbriefen ist die Wahl der Grußformulierungen an keine Regeln gebunden, sondern wird von Empfindungen des Briefschreibers an den Empfänger bestimmt. Aber ein wenig überlegen sollte man auch hier. Alles, was wir bereits ausführlich über Stilregeln ausgeführt haben, gilt ebenfalls für die Grußformel in privaten Briefen. Unangebrachte Pathetik und Übertreibungen bewirken das Gegenteil von dem, was sie erreichen sollen. Grußformeln müssen aufrichtig sein. Sie werden von dem Grad der Herzlichkeit einer Beziehung bestimmt. Aber: Schreiben Sie einmal mehr und einmal weniger herzlich, wird sich möglicherweise der Empfänger Gedanken über die Wahl Ihrer Formulierung machen.

Wie sich besondere Verbundenheit in einer stufenweisen Steigerung ausdrücken lässt, zeigt das Beispiel:

1. Freundliche Grüße
   Stalke

2. Freundliche (herzliche) Grüße
   R. Stalke

3. Freundliche (herzliche) Grüße
   Richard Stalke

4. Herzliche Grüße
   Ihr *R. Stalke*

5. Herzliche Grüße
   Ihr
   Richard Stalke

6. Herzliche Grüße
   Ihr Richard Stalk

7. Herzliche Grüße
   dein
   Richard

Eine wohl überlegte Grußformel zeigt, dass der Schreiber ein Empfinden für Takt besitzt, jenes Gespür dafür, was angemessen und richtig ist. Auch der Schluss des Briefes muss den geltenden sprachlichen Regeln gerecht werden. Wie in der Anrede, so sind in der Grußformel Wiederholungen der Pronomen erforderlich:

 Beispiele
Herzliche Grüße
deine Gisela und dein Clemens (nicht: deine Gisela und Clemens)
Ihre Eva Weise und Ihr Ludwig Weise (nicht: Ihre Eva und Ludwig Weise)

Allerdings bleibt diese Formulierung vom Duden unangefochten, wenn auch der Familienname nur einmal steht. Denn *„Ihre Eva und Ludwig Weise"* soll stehen für: *„Ihre (beiden) Weises"*.

Es gibt aber auch Grußformeln mit Ersparungen, die sofort als richtig erkannt werden.

 Beispiel
Herzliche Grüße
eure Karin und (mit, samt) Familie

Satzgegenstand und Satzaussage müssen hinsichtlich Einzahl und Mehrzahl aufeinander abgestimmt sein.

 Beispiel
Ein
gesegnetes Weihnachtsfest wünscht Ihnen
Familie Beck
Aber:
Ein gesegnetes Weihnachtsfest wünschen Ihnen
Hilde und Hans Beck

3.2.4 Unterschriften

Müssen Sie dann und wann **im Auftrag (i. A.)** oder **in Vertretung (i. V.)** schreiben? Für diese Fälle hält der Duden hinsichtlich der Groß- und Kleinschreibung (i./I.) folgende Regeln bereit:

Großes „I." steht nach einem abgeschlossenen Text oder allein vor einer Unterschrift (sie ist vom vorangehenden Text gedanklich isoliert).

Kleines „i." steht, wenn die Unterschrift Teil des letzten Satzes ist und außerdem nach der Grußformel oder den Namen von Firmen, Behörden oder anderen Institutionen.

Die Firma ist der Name des Kaufmanns, mit dem er für sein Unternehmen rechtsverbindlich unterschreibt. Bevollmächtigte der Inhaber müssen mit einem Zusatz unterschreiben, aus dem der Vollmachtumfang hervorgeht. Mit **„ppa." = per procura** unterschreibt der **Prokurist**, mit **„i. V."** der Handlungs- und Artbevollmächtigte und mit **„i. A."** Sonderbevollmächtigte. In Behördenbriefen sind auch die Zusätze „**in Vertretung**" (**i. V.**) und „**im Auftrag**" (**i. A.**) üblich. Steht auf dem verwendeten Briefkopf nicht der Firmenname, so muss er nach der Grußformel stehen. Da die Unterschriften vieler Menschen nicht lesbar sind, empfiehlt es sich den Namen des Unterzeichners maschinenschriftlich zu wiederholen.

✗ Beispiel

Freundliche Grüße	Hochachtungsvoll
Emil Wolf KG	Richard Wohlers AG
	Friesenmöbel
ppa.	
Behrens	ppa. i. V.
	Schröder Lamprecht

Gekrümmte Linie genügt nicht!

Von Unterschriften und Unterschriftsbefugnissen

Vor kurzem ging ein Urteil des Bundesgerichtshofs durch die Presse, wonach eine nur als „gekrümmte Linie" gegebene Unterschrift nicht anerkannt wurde (AZ. VII Z B2/..). Es hieß da, dass die Unterschrift die charakteristischen Merkmale eines Namens darstellen muss.

Wir geben nachstehend einige Merksätze über die Unterschriftsregelung und -praxis:

- Die Unterschrift ist eine handschriftliche Zeichnung mit Namen oder Firma, die zur Gültigkeit (Rechtsverbindlichkeit) von Schriftsätzen erforderlich ist.
- Sie ist grundsätzlich mit dem Familiennamen zu leisten und muss individuelle Züge tragen, nicht aber unbedingt lesbar sein. Sie ist eigenhändig zu vollziehen. Mechanische Vervielfältigung (Faksimilierung) genügt nicht.
- Eine „eigenhändige" Unterzeichnung liegt auch vor, wenn der Vertreter mit seinem Namen unter Angabe des Vertretungsverhältnisses unterschreibt.
- Die Unterschrift muss – ihrem Wortlaut gemäß – regelmäßig unter das Schriftstück gesetzt werden (Ausnahme: Wechselakzept).
- Bei einem Vertrag müssen die Parteien auf derselben Urkunde unterschreiben. Bei mehreren gleichlautenden Urkunden über denselben Vertrag genügt es jedoch, wenn jede Partei die für die andere bestimmte Urkunde unterzeichnet.
- Die Unterschrift ist die letzte Phase der Verantwortlichkeit eines Geschäftsvorgangs. Sie sollte nicht in routinierter Hast mit geteilter Aufmerksamkeit erfolgen.
- Abzeichnen (etwa mit dem Anfangsbuchstaben des Namens) bedeutet nicht unterzeichnen. Es hat lediglich betriebsinternen Kontrollcharakter.
- Zeichnungsberechtigt sind in Einzelunternehmungen der Inhaber (mit dem Firmennamen, auch wenn dieser mit dem eigenen Namen nicht übereinstimmt),

> in OHG alle Gesellschafter, in KG die Komplementäre, in GmbH und eG der oder die Geschäftsführer, und zwar mit der Firma und dem eigenen Namen (ohne Zusatz), in AG die Vorstandsmitglieder (wie bei GmbH).
> - Daneben sind zeichnungsberechtigt die Prokuristen (Firma und Name mit Zusatz ppa.) und die Handlungsbevollmächtigten (Firma und Name des Handlungsbevollmächtigten mit Zusatz i. V. = in Vollmacht). Vielfach werden auch Sachbearbeiter ermächtigt Unterschriften zu leisten. Sie zeichnen dann mit dem Firmennamen, dem eigenen und dem Zusatz i. A. = im Auftrag. Die Firma wird meist maschinenschriftlich eingesetzt.
> - In vielen Unternehmen ist betriebsintern geregelt, dass grundsätzlich oder in bestimmten Fällen, insbesondere wenn finanzielle Bindungen eingegangen werden, gegengezeichnet werden muss, d. h., es müssen wenigstens zwei Angestellte unterschreiben. Zweck dieser Regelung: Es soll eine gewisse Gegenkontrolle erfolgen.
> - Bei einer Gesamtprokura können nur mehrere Prokuristen (meist zwei) die Firma gemeinschaftlich handelnd vertreten.
>
> Dr. E. M.

(Quelle: SEKRETARIAT, Gabler Verlag)

3.2.5 Anlagen- und Verteilervermerk

Der **Anlagen- und Verteilervermerk** steht nach zwei Schaltungen unter der maschinenschriftlichen Wiederholung des Namens des Unterzeichners. Wurde der Name des Unterzeichners nicht maschinenschriftlich wiederholt, schaltet man für den Anlagen- und Verteilervermerk mindestens 4-, besser 6-mal. Sofern der Platz unter dem Briefschluss nicht ausreicht, müssen Anlagen- und Verteilervermerk auf Grad 50 neben die Grußformel gesetzt werden.

 Beispiel

Freundliche Grüße	Anlagen
	Preisliste
Norddeutsche Kleiderfabrik	Prospekte
Emil Schumann GmbH	
	Verteiler
ppa.	Versand B
	Herrn Harbs
Böttcher	

Auf Anlagen mit einem Schrägstrich auf Grad 8 in der entsprechenden Textzeile hinzuweisen ist unüblich geworden. Der Anlagenvermerk wird nicht mehr unterstrichen.

3.3 Zusammenfassung der Gestaltungsregeln für den Vordruck nach DIN 676

Beispiel: (→ aus DIN 5008)

Und so ist ein Brief nach DIN 5008 auf einem Vordruck nach DIN 676 normgerecht geschrieben (Punkte zwischen den Zeilen = Leerzeilen):

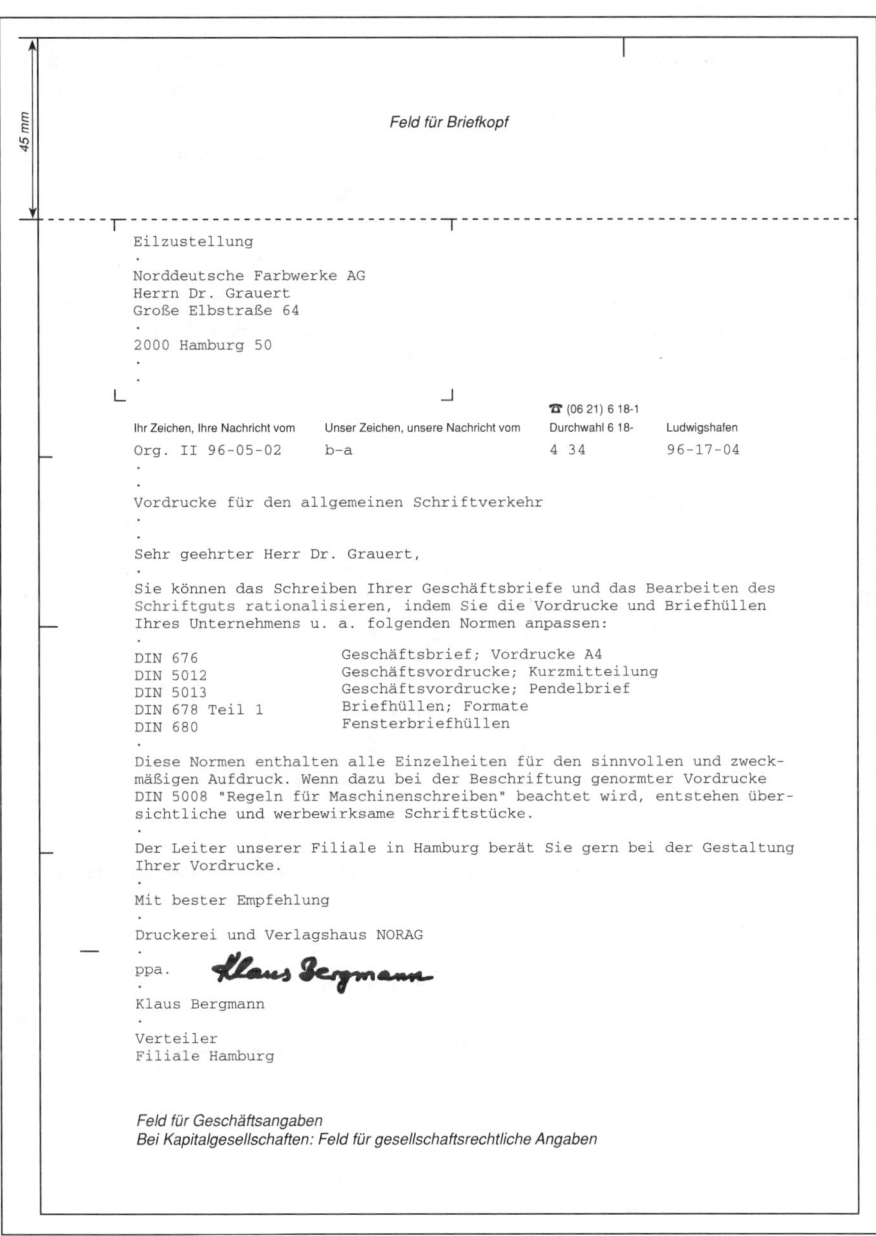

4 Textgestaltung

4.1 Raumaufteilung

Dass sich ein Text in Einleitung, Hauptteil und Schluss gliedert, haben wir an anderer Stelle schon erwähnt.

Jeder Text ist entsprechend seinem Umfang auf einem Blatt so anzuordnen, dass das Geschriebene übersichtlich dargestellt ist und einen ansprechenden Eindruck macht. So ist es z. B. ausgesprochen unschön Blätter mit Text zu überladen oder bei wenig Text den Text in den obersten Teil des Blattes zu drängen. Die sinnvolle Verteilung des Textes legt Zeugnis davon ab, ob der Schreiber Sinn für normgerechtes Gestalten entwickelt hat.

Ein wichtiges Mittel zur Textgestaltung ist die geplante Verwendung von **Absätzen**. Sie entstehen durch zwei- oder in bestimmten Fällen durch mehrmaliges Schalten. In Briefen gibt es meist drei Absätze, die Einleitung, Hauptteil und Schluss voneinander abheben. Grundsätzlich sollten verschiedene Gedanken, die jeweils aus mehreren Sätzen bestehen, durch Absätze voneinander abgehoben werden. Der Absatz weist den Leser darauf hin, dass nun ein neuer Gedanke folgt.

4.2 Die Textgliederung

Was man schreiben will, ist eigentlich klar. Die Sache steht im Vordergrund des Textes. Dennoch ist es unhöflich, „mit der Tür ins Haus zu fallen". Also brauchen wir Möglichkeiten den Mittelpunkt des Schreibanlasses einzuleiten.

Und wir brauchen eine Abrundung, einen Schluss, der zum Ausdruck bringt,
- welche Art von Reaktion wir auf unseren Schreibanlass erwarten,
- dass wir nunmehr alles gesagt haben, was es zu sagen gab,
- wie wir uns auf Grund des Schreibanlasses verhalten werden,
- dass wir den Schreibanlass höflich beenden.

Beispiele für Einleitungen und Schlussformulierungen in Briefen:

Geschäftsbriefe
Bei der Einleitung zu **Geschäftsbriefen** ist zu unterscheiden zwischen Briefen und Antwortschreiben. Vermeiden Sie in der Einleitung alle nichts sagenden Ausdrücke und alle Angaben, die in der Bezugszeichenzeile stehen. Kommen Sie zur Sache!

Beispiele für Briefe
- Bitte senden Sie mir ein Angebot über …
- Können Sie mir umgehend liefern: …
- Ihr Vertreter, Herr …, besuchte uns letzte Woche.
- Wir warten noch auf die Bezahlung unserer Rechnung vom …

✘ Beispiele für Antwortschreiben
- Wir danken Ihnen für Ihr Angebot.
- Vielen Dank für Ihre Anfrage.
- Dank für Ihre Bestellung.
- Wir freuen uns über Ihre Anfrage.
- Wir bestätigen unser Gespräch vom ...

➡ Privatbriefe
Vielen fällt es besonders schwer einen Anfang beim Schreiben von Privatbriefen zu finden. Und so lesen wir dann immer wieder so unbeholfene Formulierungen, wie *„heute will ich dir schreiben"* oder gar *„heute möchte ich dir schreiben"*. Drei Möglichkeiten bieten sich als stilistisch brauchbare Aufhänger an:
- Anlass,
- Raum,
- Zeit.

✘ Beispiele
Anlass: Zu Ihrem Geburtstag gratulieren wir Ihnen herzlich.

Raum: Wir sind gut in Berchtesgaden angekommen.
Ich sitze an meinem Schreibtisch und denke an dich.

Zeit: Es ist schon 19 Uhr, gerade geht die Sonne unter. Es war ein anstrengender Arbeitstag.

Geschäftsbriefe schließen mit einem Punkt. Die Formulierung *„... und verbleiben wir"* ist in keinem Falle mehr üblich. Schlimm sind alle immer wiederkehrenden Phrasen, die dann beim Empfänger geradezu zu einem negativen Markenzeichen für den Absender werden. Typisch dafür ist die Formulierung *„... und hoffen wir weiterhin auf gute Geschäftsbeziehung"*.

✘ Beispiele für Schlussformulierungen
- Wir versprechen Ihnen, dass wir Ihren Auftrag sorgfältig ausführen werden.
- Wir sind sicher, dass dieser Vertragsabschluss für unsere Unternehmen von Vorteil sein wird.
- Wir hoffen, dass Sie uns schnell benachrichtigen.
- Wir hoffen auf Ihr Verständnis.
- Bitte denken Sie daran, dass die Fristen eingehalten werden müssen.
- Sollten Sie den Termin nicht einhalten können, informieren Sie uns bitte umgehend.
- Gern würde ich mich zu einem Gespräch bei Ihnen einfinden.
- Ich bitte Sie um einen Termin, damit ich mich persönlich bei Ihnen vorstellen kann.

Für den Schlusssatz in Privatbriefen lassen sich keine Regeln aufstellen. Erwähnt sei lediglich, dass es etwas unbeholfen wirkt zu schreiben „so, nun will ich Schluss machen". Privatbriefe lassen sich am besten mit der passenden und der privaten Bindung angemessenen Grußformel schließen.

4.3 Hervorhebungen

Wollen Sie sichergehen, dass der Empfänger wichtige Botschaften Ihres Briefes nicht übersieht, so heben Sie die entscheidenden Textstellen durch eine besondere Schreibweise hervor. Entsprechend der „Regeln für Maschinenschreiben" stehen Ihnen dafür folgende Möglichkeiten zur Verfügung:

Einrücken, Unterstreichen, Sperren,
Anführungszeichen, Großbuchstaben,
Wechsel der Schriftart, Fettschrift oder Zentrieren.

Unterstrichen wird jeweils vom ersten bis zum letzten Buchstaben einer Hervorhebung, und zwar nur mit dem Grundstrich. Steht ein Satzzeichen am Ende der Hervorhebung, müssen Sie dieses ebenfalls unterstreichen.

Unterstreichungen sind die stärkste Hervorhebung, sie fallen sofort ins Auge. Deshalb sollte das auf den ersten Blick Erfasste für den Leser einen eindeutigen Sinn ergeben. Nehmen wir an, jemand braucht die Antwort des Geschäftspartners unbedingt bis zu einem bestimmten Termin und er schreibt: Bitte schicken Sie uns Ihre Antwort bis zum 00. 00. 00. Dann muss die Passage <u>Ihre Antwort bis zum 00. 00. 00.</u> unterstrichen sein, damit der Leser weiß, was von ihm erwartet wird.

Gesperrte Wörter werden vom übrigen Text durch d r e i   L e e r s c h r i t t e abgesetzt, dieser Abstand muss auch zwischen den gesperrten Wörtern eingehalten werden. Satzzeichen sowie andere Zeichen, die zu einem gesperrten Textteil oder zu einem gesperrten Wort gehören, werden wie Buchstaben behandelt, also durch je einen Leerschritt vom vorangehenden Zeichen getrennt. Zahlen werden nie gesperrt.

Bitte schicken Sie uns je 100   R o s e n ,   G e r a n i e n   u n d   T u l p e n ! Wir erwarten die Lieferung am 00. 00. 00.

Die Wirkung dieser Hervorhebungen auf Sie selbst mag Sie davon überzeugen und abhalten weder eine ganze Zeile zu sperren, noch eine Sperrung über zwei Zeilen zu verteilen. Warum? Üblicherweise erfasst das Auge etwa ein Drittel einer Zeile auf einen Blick und dieser eine Blick sollte ausreichen um das Wichtige zu erfassen. Bei einer ganzen Zeile müssen Sie Ihren Blick zwei weitere Male nach links „schieben" und das strengt an, weil der Weg zum Wahrnehmen und Verstehen „länger" wird. Die Wirkung der Hervorhebung geht verloren. Sperren Sie deshalb nur kurze Wörter, nicht mehr als zwei bis drei, und verteilen Sie keine Sperrungen über zwei Zeilen.

Im Unterschied zur Unterstreichung ist die Sperrung weniger stark, sie erreicht das Auge erst, wenn man die gesperrt geschriebene Stelle erreicht hat. Sie signalisiert dem Leser: Hier wird mit Nachdruck oder besonderer Betonung gesprochen.

Eingerückte Textteile werden vom vorangehenden und nachfolgenden Text durch je eine Leerzeile abgesetzt. Sie beginnen immer bei Grad 20 (Pica) oder 24 (Elite) und enden genauso wie der nicht hervorgehobene Text bei Grad 70 bzw. 84. Besonders längere Textstellen werden durch Einrücken wirkungsvoll hervorgehoben.

Für Hervorhebungen durch **Großbuchstaben** ist zu beachten, dass „ß" durch „SS" ersetzt wird. Wie wirkt das folgende Wort in seiner Hervorhebung auf Sie? GROSSVERANSTALTUNGSANKÜNDIGUNG – man muss mindestens zweimal hingucken um zu verstehen, was da geschrieben steht. Deshalb achten Sie auch bei der Hervorhebung durch Großbuchstaben darauf, dass dies nur mit KURZEN Wörtern geschieht.

Anführungszeichen werden ohne Leerschritt geschrieben. Sie dienen im Wesentlichen der Hervorhebung von Zeitschriften-, Zeitungs-, Aufsatz-, Buch- und Theaterstücktiteln oder aber sie kennzeichnen Zitate und die wörtliche Rede. In der Geschäftskorrespondenz kommen Anführungszeichen äußerst selten vor. Allerdings werden sie im Verlaufsprotokoll benutzt um die einzelnen Redebeiträge anzuführen.

Er liest „Die Zeit". Er stellte fest: „Der Antrag ist angenommen."

Wechsel der Schriftart, Fettschrift und Zentrieren sind nur mit entsprechend ausgestatteten Schreibmaschinen, Textautomaten und Mikrocomputern möglich. Meistens reicht ein Tastendruck. Lassen Sie sich durch diese im Vergleich zur mechanischen oder elektrischen Schreibmaschine leichte Handhabung nicht dazu verführen zu viele Hervorhebungen zu verwenden.

Gleich welche Hervorhebung Sie wählen, zu viel des Guten verfehlt die Wirkung. Deshalb: Seien Sie sparsam mit Hervorhebungen!

4.4 Autorenkorrekturen

Das Normblatt DIN 16511 enthält **Korrekturzeichen**, die für Autorenkorrekturen zu verwenden sind.

Mit dieser Norm wird angestrebt die Korrekturzeichen und ihre Anwendung zu vereinheitlichen. Sie dienen hauptsächlich der Verständigung zwischen graphischen Betrieben und ihren Auftraggebern sowie der Ausbildung.

4.4.1 Allgemeine Vorschriften

Die Eintragungen sind so deutlich vorzunehmen, dass kein Irrtum entstehen kann. Jedes eingezeichnete Korrekturzeichen ist am Papierrand zu wiederholen. Die erforderliche Änderung ist rechts neben das wiederholte Korrekturzeichen zu schreiben, sofern das Zeichen nicht für sich selbst spricht. Das Einzeichnen von Korrekturen innerhalb des Textes ohne den dazugehörenden Randvermerk ist unbedingt zu vermeiden. Das an den Rand Geschriebene muss in seiner Reihenfolge mit den innerhalb der Zeile angebrachten Korrekturzeichen übereinstimmen und in möglichst gleichem Abstand neben den betreffenden Zeilen untereinander stehen.

Bei mehreren Korrekturen innerhalb einer Zeile sind unterschiedliche Korrekturzeichen anzuwenden. Ergeben sich in einem Absatz umfangreichere Korrekturen, wird das Neuschreiben des Absatzes empfohlen.

Bei Zeilenmaschinensatz macht jede Änderung den Neusatz der Zeile erforderlich. Um den Neusatz einzuschränken, ist darauf zu achten, dass die bisherigen Zeilenübergänge nach Möglichkeit erhalten bleiben.

Erklärende Vermerke zu einer Korrektur sind durch Doppelklammern zu kennzeichnen.

Es wird empfohlen die Korrekturen farbig (in Rot) anzuzeichnen. Jeder gelesene Satzabzug ist zu signieren.

4.4.2 Anwendung der Korrekturzeichen

Falsche Buchstaben oder Wörter werden durchgestrichen und am Papierrand durch die richtigen ersetzt. Versehentlich umgedrehte Buchstaben werden in gleicher Weise angezeichnet.

✗ Beispiel
Wirtschaftswissenschaftliche Untersuchungen haben ergeben, dass in Dauer die Arbeitslosenquote nicht wesentlich sinken wird.

Kommen in einer Zeile mehrere solcher Fehler vor, so erhalten sie ihrer Reihenfolge nach unterschiedliche Zeichen.

✗ Beispiel
Leidar ist ls bisher nicht gelingen die Problematik zu lösen.

Überflüssige Buchstaben oder Wörter werden durchgestrichen und am Papierrand durch ⌐ angezeichnet. ⌐ ist die Abkürzung für „*deleatur*" = „*es werde getilgt*".

✗ Beispiel
Für jeden Lehramtskandidaten ist es außerordentlich ~~wichtig~~ wichtig, dass er die Korrekturzeichen beherrscht.

Fehlende Buchstaben werden angezeichnet, indem der vorangehende oder der folgende Buchstabe durchgestrichen und am Rand zusammen mit dem fehlenden Buchstaben wiederholt wird. Es kann auch das ganze Wort oder die Silbe durchgestrichen und am Rand berichtigt werden.

✗ Beispiel
Wir haben uns jets und ständig bemüht Ihren Nforderungen in vbildlicher Weise gerecht zu wdden.

Fehlende oder überflüssige Satzzeichen werden wie fehlende oder überflüssige Buchstaben angezeichnet.

✘ Beispiel
Man wird sich die Sache genau überlegen müssen, bemerkte der Generaldirektor „und ein Gutachten über die Entwicklung der Schulden der Entwicklungsländer ist unbedingt einzuholen."

Beschädigte Buchstaben werden durchgestrichen und am Rand einmal unterstrichen. Fälschlich aus anderer Schrift gesetzte Buchstaben werden am Rand zweimal unterstrichen.

✘ Beispiel
Es kann vorkommen, dass z. B. ein Buchstabe nicht vollständig abgedruckt ist. Oder es ist möglich, dass innerhalb eines Wortes ein Buchstabe kursiv oder in Kapitälchen erscheint.

Verschmutzte oder zu stark erscheinende Stellen werden umringelt. Dieses Zeichen wird am Rand wiederholt. Neu zu setzende Zeilen, Zeilen mit porösen oder beschädigten Stellen erhalten einen waagerechten Strich. Ist eine solche Stelle nicht mehr lesbar, wird sie durchgestrichen und deutlich an den Rand geschrieben.

Wird nach Streichung eines Bindestriches oder Buchstabens die Getrennt- oder Zusammenschreibung der verbleibenden Teile zweifelhaft, so verwendet man zwei Bogen und das Deleaturzeichen.

✘ Beispiel
Ich werde das schwarzblaue Kleid anziehen. Der Schnee war blendendweiß.

Verstellte Buchstaben werden durchgestrichen und am Rand richtig angegeben.

Verstellte Wörter werden durch das Umstellungszeichen berichtigt. Die Wörter werden bei größeren Umstellungen beziffert.

Verstellte Zahlen sind immer ganz durchzustreichen und in der richtigen Ziffernfolge an den Rand zu schreiben.

✘ Beispiele
Immer wieder muss man darauf hinweisen, dass die durch erhöhten Lohnnebenkosten die Preise nicht mehr zu halten sind. Darauf haben wir schon 1898 hingewiesen.

Fehlende Wörter sind in der Lücke durch Winkelzeichen kenntlich zu machen und am Papierrand anzugeben. Bei größeren Auslassungen ist auf die Manuskriptseite zu verweisen. Die Stelle wird dann auf dem Manuskript markiert.

✘ Beispiel
Es kommt leider immer wieder vor, dass beim Korrekturlesen Fehler übersieht.

Falsche Trennungen werden am Zeilenschluss und am folgenden Zeilenanfang gekennzeichnet.

✗ Beispiel
Die Besonderheiten dieser Erfindungen liegen in der Bedeut-ung für den medizinischen Fortschritt.

Fehlender Wortzwischenraum wird durch ⌐, zu enger Zwischenraum durch Y und zu weiter Zwischenraum durch ⊤ angezeichnet. Ein Doppelbogen gibt an, dass der Zwischenraum ganz wegfallen soll.

✗ Beispiele
Ich kann mir nicht denken, dass du soweit laufen willst. Es ist nicht zu ermitteln, warum der Junge fort gelaufen ist. Wo du auch hingehst, ich werde dir folgen.

Eine andere Schrift wird verlangt, wenn man die betreffende Stelle unterstreicht und die gewünschte Schrift am Rand vermerkt. Genauso wird vorgegangen, wenn man etwas sperren oder eine Sperrung aufheben will.

✗ Beispiel
Einige Stellen sollen kursiv gedruckt werden. Hervorheben kann man Textstellen auch durch Sperren oder Fettdruck.

Ein Absatz wird durch das Zeichen ⌐ im Text und am Rand verlangt. Das Anhängen eines Absatzes wird durch eine ⌒ verbindende Schleife gekennzeichnet. Ein zu tilgender oder zu verringernder Einzug erhält das Zeichen ⊢. Fehlender oder zu erweiternder Einzug wird kenntlich gemacht durch ⌐.

✗ Beispiele
In letzter Minute vor Redaktionsschluss wurde bekannt, dass die Reisekostensätze für Dienstreisen ins Ausland drastisch gekürzt wurden. ⌒

Alle Länder der Europäischen Union werden jetzt vom Fiskus auf niedrigstem Niveau gleich behandelt. Wer jahrelang aus einer künstlerischen Nebentätigkeit nur Verluste erzielt, dem unterstellt das Finanzamt Liebhaberei.

⊢Wenn Ausgaben durch den Hauptberuf veranlasst sind, können sie als Werbungskosten bei den Einkünften aus nichtselbständiger Tätigkeit abgesetzt werden.

Der Einzug bleibt im ganzen Buch gleich groß, auch wenn einzelne Absätze oder Anmerkungen in kleinerem Schriftgrad gesetzt sind.

5 Angewandte Textformulierung

Selbstverständlich ist Textformulierung auch Schriftverkehr und Schriftverkehr Textformulierung. Sie haben allerdings unterschiedliche Zielsetzungen und damit andere Fachinhalte.

In der **Handelskorrespondenz** geht es um Briefe, die zum Abschluss eines Kaufvertrages führen, also um **Anfragen, Angebote** und **Bestellungen**. Dazu gehören Briefe, die die Störungen bei der Erfüllung von Kaufverträgen zum Inhalt haben, also der **Schriftverkehr zur Mängelrüge, zum Zahlungs-, Lieferungs-** und **Annahmeverzug**.

Außerdem sind Briefe aus dem **Personalbereich** zu konzipieren. Diese Aufgabe gehört in kleineren und mittleren Betrieben meist zu den Aufgaben einer Sekretärin. Branchenorientierte Korrespondenz von Banken, Speditionen, Versicherungen, dem Einzelhandel usw. wird in diesem Abschnitt nicht berücksichtigt, zumal ein großer Teil mit Vordrucken und Formularen und Textkonserven (Schemabriefen, Textbausteinen) erledigt wird.

Für die Textformulierung haben wir aus dem Themenkatalog der typischen Briefe, die in einem Sekretariat zu schreiben sind, und aus der Handelskorrespondenz Beispiele ausgewählt, an denen wir besonders deutlich zu machen versuchen werden, unter welchen Bedingungen Briefe angefertigt und beurteilt werden. Exemplarisch wird vorgestellt und geübt, was zu beachten ist, um Briefe erfolgreich zu formulieren. Briefe müssen in mehrfachem Sinne „ankommen": Der Empfänger muss sie erhalten und akzeptieren und entsprechend reagieren.

Bei jedem Brief, den Sie formulieren, sollten Sie folgende Regeln beachten:

1. Lesen Sie Briefe, die Sie beantworten sollen, gründlich durch und antworten Sie zielstrebig auf die Fragen.
2. Versetzen Sie sich in die Lage des Empfängers und suchen Sie eine Ausdrucksweise, die so positiv wie möglich wirkt, auch wenn Sie eine Bitte ablehnen müssen.
3. Wenn Sie dokumentieren wollen, dass Sie mit der Meinung Ihres Briefpartners übereinstimmen, dann bringen Sie dies klar und deutlich zum Ausdruck.
4. Formulieren Sie kurz und klar, aber nicht kurz angebunden.
5. Schreiben Sie so freundlich wie möglich und so höflich wie nötig.
6. Wenn Sie beim Empfänger etwas erreichen oder durchsetzen wollen, sollten Sie die Inhalte vorteilhaft darstellen.
7. Belehren Sie nicht, wenn Sie in Ihrem Brief auf einen Fehler aufmerksam machen, der dem Empfänger unterlaufen ist.
8. Bleiben Sie immer sachlich und versuchen Sie, auch Unangenehmes möglichst angenehm zu sagen.
9. Wenn Sie den Empfänger zu einer Handlung veranlassen wollen, sagen Sie ihm genau, was zu tun ist.
10. Beachten Sie folgende Formulierungsregeln:
    – Meiden Sie Mittelwortsätze (Partizipialsätze),
    – vermeiden Sie nach Möglichkeit das Passiv, und beleben Sie Ihren Stil,
    – unterschlagen Sie den Satzgegenstand nicht,

- achten Sie auf klare Beziehungen, vor allem in Nebensätzen,
- wiederholen Sie nicht mit anderen Worten, was inhaltlich schon gesagt ist,
- drücken Sie einen Begriff nicht doppelt aus,
- verwenden Sie treffende Begriffe.

5.1 Private Korrespondenz

An anderer Stelle haben wir schon gesagt, dass **Privatbriefe** zwar nicht den Schreib- und Anordnungsregeln unterliegen, dass sie aber sinngemäß nach diesen Regeln zu gestalten sind, vor allem dann, wenn sie maschinenschriftlich angefertigt werden. Der handgeschriebene Brief gilt noch immer als Ausdruck außerordentlicher Achtung und Verbundenheit. Ihm ist gegenüber dem maschinengeschriebenen Brief bei besonderen Anlässen Vorrang einzuräumen.

Privatbriefe sollten alle Absenderangaben enthalten. Die Anrede steht nicht – wie früher – in der Mitte des Blattes, sondern in der Fluchtlinie des linken Randes und der Anfang eines Absatzes wird nicht mehr eingerückt. Zur guten Form gehört, dass Privatbriefe einen linken und einen rechten Rand haben und dass sie niemals auf kariertem Papier geschrieben werden.

5.1.1 Die Bewerbung

Sekretärin

Für unsere neugegründete Tochtergesellschaft Eriksen Finans Deutschland GmbH, Hamburg suchen wir eine einsatzfreudige Sekretärin, die unseren Immobilienmaklern bei deren Arbeit Beistand leisten soll. Wir arbeiten auf der Grundlage eines bewährten Konzepts und sind schon auf dem deutschen Markt bekannt.

Arbeitsaufgaben
- Sachbearbeitung im Zusammenhang mit dem An- und Verkauf von Immobilien, hierunter Einholung von Auskünften bei den Behörden u.a.m.
- Den übrigen Mitarbeitern Beistand leisten im Zusammenhang mit der systematischen Kundenwerbung u.a.m
- Wahrnehmung des ganzen Schriftverkehrs sowie der allgemeinen Büroarbeiten.

Wir erwarten, dass Sie reif und verantwortungsbewusst sind und setzen voraus, dass Sie sehr selbständig arbeiten können, und dass Sie einem hohen Arbeitsaufkommen gewachsen sind. Es wäre vorteilhaft, wenn Sie Erfahrungen von einer ähnlichen Stellung bei einem Immobilienmakler oder einem Rechtsanwalt hätten. Wir setzen voraus, dass Sie Kenntnisse der elektronischen Textverarbeitung und der EDV besitzen.
Geboten wird eine interessante und herausfordernde Stellung in einer jungen dynamischen Organisation, in der die Verantwortung in größtmöglichem Ausmaß auf jede einzelne Person übertragen wird. Wir erwarten ein großes Ausmaß an Selbständigkeit und bieten Ihnen dafür gute berufliche und persönliche Entwicklungsmöglichkeiten.

Immer wieder hören wir von Schülern, dass sie sich mehr als ein Dutzend Mal vergeblich beworben haben. Oft erhielten sie auf ihre Bewerbung nicht einmal eine Antwort. Wir fordern die Schüler dann auf, uns die Bewerbung einmal zu zeigen, bevor sie sie abschicken. Was uns daraufhin vorgelegt wird, ist meist so entsetzlich, dass die Absagen verständlich werden, und dabei handelt es sich häufig um sog. „gute" Schüler. Eine gelungene Bewerbung ist also offenbar ein Kunstwerk.

Übrigens: Haben Sie bemerkt, dass sich in der nebenstehenden Anzeige ein Deutschfehler und eine inhaltliche Wiederholung befinden? 6. Absatz, 3. Zeile: kein Komma vor „und dass"; inhaltliche Wiederholung: Es wird zweimal selbständiges Arbeiten verlangt.

Zur Bewerbung gehört das eigentliche **Bewerbungsschreiben**, ein **Lichtbild**, auf dessen Rückseite Name, Anschrift und Geburtsdatum stehen müssen, der **Lebenslauf** in Stichworten oder Aufsatzform und **Zeugniskopien**.

Zum Inhalt des Bewerbungsschreibens gehört die richtige Schreibweise des Namens und der Anschrift der Firma. Wir wissen von einer Hamburger Großbank, dass die Mehrzahl der Bewerber weder den Namen der Bank noch die Anschrift richtig schreiben konnte.

Zunächst lesen Sie die Stellenanzeige sorgfältig durch oder informieren Sie sich über das Unternehmen, damit Sie sich nicht blamieren. Es ist unmöglich etwa zu schreiben: *„Ich bin gerade an einer Arbeit in Ihrem Unternehmen interessiert"* und im Gespräch eingestehen zu müssen, dass man kaum eine Ahnung davon hat, um welche Art von Unternehmen es sich handelt.

Inhalt der Bewerbung:

1. Bezug auf die Anzeige und/oder der Grund, wie Sie gerade zu einer Bewerbung in diesem Unternehmen kommen;

2. Hinweis auf Ihren augenblicklichen Stand (Schüler vor dem Abschluss; Wunsch Branche zu wechseln; Wunsch den Erfahrungshorizont zu erweitern);

3. Begründung für die Bewerbung gerade bei diesem Unternehmen;

4. Angabe der wichtigsten beruflichen Stationen;

5. evtl. Angaben über Vorstellungen, die Sie von Ihrer weiteren beruflichen Entwicklung haben, auch mit Angabe des Gehaltswunsches;

6. Angabe von Referenzen.

Jutta Winter
Tiefer Weg 57
42719 Stuttgart
(07 11) 28 14 32

Stuttgart, 20. Oktober 1996

Eriksen-Gruppe
Zweigstelle Hamburg
Personalabteilung
Randstraße 1

22525 Hamburg

Bewerbung als Sekretärin – Ihre Anzeige in DIE WELT vom 10. Oktober

Sehr geehrte Damen und Herren,

Sie suchen eine im Immobiliengeschäft erfahrene Sekretärin, ich suche einen neuen Wirkungskreis. Vielleicht treffen sich unsere Wünsche.

Ich arbeite seit 6 Jahren bei der Firma Kurt Schlüter & Co., Immobilien, in Stuttgart. Zuerst war ich Stenotypistin. Seit 4 Jahren bin ich Sekretärin des Inhabers. Ich verlasse meine jetzige Stelle nicht etwa deswegen, weil mir die Arbeit nicht gefiele, sondern, weil ich nach Hamburg zurückkehren möchte, wo ich meine Familie, Freunde und Bekannte habe.

Was ich Ihnen biete: gute allgemeine und kaufmännische Ausbildung, französische und englische Sprache, fließend in Wort und Schrift, perfekte Kenntnise der deutschen (260 Silben/Minute) und englischen (120 Silben/Minute) Kurzschrift, Sicherheit im Umgang mit dem Textsystem „Wordstar", rasche Auffassungsgabe, Initiative, technisches Verständnis, Verantwortungsbewusstsein, Verschwiegenheit und gute Umgangsformen.

Was ich wünsche: eine verantwortungsvolle und selbständige Tätigkeit, gutes Arbeitsklima, Verwertung meiner Sprachkenntnisse, ein eigenes Büro, gelegentliche Auslandsreisen und eine 40-Stunden-Woche.

Meine augenblickliche Tätigkeit umfasst im Wesentlichen die gesamte Direktionskorrespondenz, die ich zum Teil selbständig erledige, die Ausarbeitung von Verträgen, Vorbereitung von Ausstellungen, Geschäftsreisen und Empfängen. Mein neuer Wirkungskreis muss nicht unbedingt die gleichen Aufgaben umfassen, denn ich arbeite mich gern in neue Aufgaben ein.

Wenn Sie denken, dass ich mich für den freiwerdenden Posten bei Ihnen eigne, werde ich mich gern an einem Samstag bei Ihnen vorstellen.

Hochachtungsvoll

5.1.2 Das Zeugnis

Der Arbeitgeber ist verpflichtet seinem ausscheidenden Mitarbeiter ein **Zeugnis** auszustellen, aus dem Art, Umfang und Dauer der Tätigkeit hervorgehen müssen und die Leistung bewertet werden soll. Da der Mitarbeiter nicht negativ beurteilt werden darf, ist es schwierig ein Zeugnis so zu formulieren, dass Leistungsunterschiede – möglicherweise sogar ein Versagen – erkennbar werden. Unter diesem Problem sind die sog. „geheimen Zensuren" zu interpretieren.

Das schreiben die Arbeitgeber	… und das meinen sie
Er (sie) hat die ihm (ihr) übertragenen Arbeiten stets zu unserer vollsten Zufriedenheit erledigt.	sehr gute Leistungen
Er hat die ihm übertragenen Arbeiten stets zu unserer vollen Zufriedenheit erledigt.	gute Leistungen
Er hat die ihm übertragenen Arbeiten zu unserer Zufriedenheit erledigt.	ausreichende Leistungen
Er hat die ihm übertragenen Arbeiten im Großen und Ganzen zu unserer Zufriedenheit erledigt.	mangelhafte Leistungen
Er hat sich bemüht die ihm übertragenen Arbeiten zu unserer Zufriedenheit zu erledigen.	unzureichende Leistungen
Er hat alle Arbeiten ordnungsgemäß erledigt.	Er ist ein Bürokrat, der keine Initiative entwickelt.
Mit seinen Vorgesetzten ist er gut zurechtgekommen.	Er ist ein Mitläufer, der sich gut anpasst.
Er war sehr tüchtig und wusste sich gut zu verkaufen.	Er ist ein unangenehmer Mitarbeiter.
Wegen seiner Pünktlichkeit war er stets ein gutes Vorbild.	Er war in jeder Hinsicht eine Niete.
Wir haben uns im gegenseitigen Einvernehmen getrennt.	Wir haben ihm gekündigt.
Er bemühte sich den Anforderungen gerecht zu werden.	Er hat versagt.
Er hat sich im Rahmen seiner Fähigkeiten eingesetzt.	Er hat getan, was er konnte, aber das war nicht viel.
Alle Arbeiten erledigte er mit großem Fleiß und Interesse.	Er war eifrig, aber nicht besonders tüchtig.
Er zeigte für seine Arbeit Verständnis.	Er war faul und hat nichts geleistet.

Beispiel: Zeugnis

> **Adolf Reimer OHG**
> **Büroorganisation**
>
> *ZEUGNIS*
>
> Frau Karin Schuster, geb. am 1. August 1960 in Hamburg, trat am 1. April 1980 als Sachbearbeiterin in unser Unternehmen ein.
>
> Sie war zunächst in der Personalabteilung mit der Führung der Gehaltskonten und der Abrechnung der Sozialversicherungsbeiträge beauftragt.
>
> Frau Schuster war immer bereit sich weiterzubilden. Sie bereitete sich in Abendkursen an der Staatlichen Abendwirtschaftsschule auf die Bilanzbuchhalterprüfung vor, die sie 1983 mit der Note „Gut" bestand. Auf Grund ihrer hervorragenden Kenntnisse, ihres unermüdlichen Fleißes und ihrer überdurchschnittlichen Begabung für die Probleme des Rechnungswesens konnten wir Frau Schuster in unsere Bilanzbuchhaltung versetzen, in der sie die verschiedensten Aufgaben jederzeit zu unserer vollen Zufriedenheit erfüllte. Hervorzuheben sind ihre speziellen Kenntnisse in Steuerfragen.
>
> Frau Schuster war seit 1988 stellvertretende Leiterin des Rechnungswesens und Handlungsbevollmächtigte. Ihr freundliches Wesen, ihre Bereitschaft zu kooperativer Zusammenarbeit mit allen Kollegen, ihr hervorragendes Fachwissen verschafften ihr die Achtung aller Mitarbeiter. Sie ist gern bereit, Verantwortung zu übernehmen, entscheidungsfreudig und vor allem in der Lage, Entscheidungen zielstrebig durchzusetzen.
>
> Wir bedauern es außerordentlich, dass Frau Schuster ihre Tätigkeit bei uns aufgibt, weil sie nunmehr die Absicht hat, sich ganz ihren familiären Pflichten zu widmen, und hoffen, dass sie uns wenigstens gelegentlich noch mit einem guten Rat helfen wird.
>
> Für ihren weiteren Lebensweg wünschen wir ihr alles Gute.
>
> Hamburg, ...

5.1.3 Briefe an Behörden und Unternehmen

Bei Schriftverkehr mit Unternehmen und Behörden sind die Gestaltungsregeln nach DIN 676 sinngemäß anzuwenden, wie wir es Ihnen in dem Musterbrief bereits gezeigt haben.

Wichtig ist, dass Sie immer sofort zur Sache kommen. Leiten Sie Ihre Sätze niemals ein mit „hiermit" oder „hiermit möchte ich". Das Hilfsverb „möchte" ist ohnehin meist falsch verwendet, denn es erklärt eine Absicht, nicht die Tat.

 Beispiel 1: Reklamation

Sie reklamieren eine Ware. Beginnen Sie am besten mit dem Vorgang, sagen Sie, was Ihnen nicht gefällt und was Sie von dem Empfänger als Reaktion erwarten. Natürlich ist es nicht falsch, auch Verärgerung zum Ausdruck zu bringen:

Reklamation – Kundennummer ... Lieferschein Nr. ...

Sehr geehrte Damen und Herren,

am ... lieferten Sie mir eine Schreibmaschine der Marke x.

Als ich die Schreibmaschine angeschlossen hatte und ausprobieren wollte, stellte ich fest, dass die Tasten der Buchstaben e, n und x herausfielen. Es ist auch nicht möglich sie zu befestigen, weil ganz offensichtlich elektronische Kleinteile fehlen.

Ich verlange, dass Sie mir umgehend eine einwandfreie Schreibmaschine liefern und die beschädigte wieder abholen lassen.

Die ganze Angelegenheit ist deshalb besonders ärgerlich, weil ich mich gerade auf eine Fertigkeitsprüfung im Maschinenschreiben vorbereite und daher die Schreibmaschine ganz besonders dringend benötige.

Ich erwarte daher von Ihnen eine umgehende Reaktion!

Freundliche Grüße

✗ Beispiel 2: Eine Rücklieferung wird nicht anerkannt, weil sie nicht innerhalb der 14-Tage-Frist erfolgte

Meine Warenrücksendung, Kunden-Nr. ...
Die bösen Folgen der Schemabriefe!

Sehr geehrte Damen und Herren!

Ich hatte sehr spät Ware an Sie zurückgeschickt mit der Bitte um Gutschrift. Jetzt bekomme ich diese Ware wieder zugeschickt mit dem Hinweis, dass eine Gutschrift nach so langer Zeit auch aus Kulanzgründen nicht mehr möglich ist. Das ist falsches, schematisiertes Verhalten einem Ihrer besten Kunden gegenüber, zumal die Rücksendefrist nur um drei Wochen überschritten wurde.

Zur Sache selbst: Sie wissen, dass der Kunde oft sehr lange Lieferzeiten in Kauf nehmen muss. Also bestelle ich so früh wie möglich. Gerade in der vorigen Woche habe ich zum Beispiel wieder einen Brief von Ihnen erhalten, in dem Sie mir mitteilen, dass Sie bestellte Ware leider nicht mehr liefern können. Durchaus möglich und verständlich!

Aber auch mein Verhalten ist verständlich: Ich bestelle also rechtzeitig, schenke zu Ostern und sende dann erst nicht passende Ware zurück, die mir nun – ausnahmsweise und völlig unerwartet – schon Ende Januar geliefert worden war. Schade um diesen Missklang!

Ich schlage vor:

Ich überweise den fälligen Betrag und Sie streichen mich aus Ihrem Kundenverzeichnis.

Freundliche Grüße

Beispiel 3: Sie schaffen es nicht mehr rechtzeitig Ihre Steuererklärung abzugeben und bitten das Finanzamt um Verlängerung der Abgabefrist

Bei Briefen an Behörden ist es üblich die Betreffangabe eingehender zu kennzeichnen. Man verwendet als Hauptangabe das Wort „Betreff" (abgekürzt als „Betr.:") und untergliedert eingerückt mit den Begriffen „Bezug" und „hier":

> Betr.: Steuernummer 1234/459955
> Bezug: Einkommensteuererklärung für 1996
> hier: Bitte um Verlängerung der Abgabefrist
>
> Sehr geehrte Damen und Herren,
>
> leider fehlen mir noch einige Belege zur Abgabe meiner Einkommensteuererklärung für das Jahr 1996. Aus diesem Grunde wird es mir nicht möglich sein die Abgabefrist einzuhalten.
>
> Ich bitte Sie die Frist zur Abgabe meiner Einkommensteuererklärung bis zum 31. Juli 1997 zu verlängern.
>
> Im Falle einer positiven Entscheidung verzichte ich auf einen Bescheid.
>
> Freundliche Grüße

Mit dem letzten Satz haben Sie dem Finanzamt sogar noch Arbeit gespart, denn: Sie erhalten keine Antwort, wenn Ihre Bitte erfüllt wird. Das Finanzamt braucht nicht zu reagieren, was zur Folge hat, dass man einer Entscheidung positiv gegenüberstehen könnte.

 Beispiel 4: Entschuldigung

In dem folgenden Beispiel wurde alles falsch gemacht, was möglich ist:

> Sehr geehrte Fr. Zizow-Weitmann!
> Ich möchte mich für das Fehlen am 07.10.1993 vom Unterricht entschuldigen, da ich starke Kreislaufprobleme hatte.
>
> Mit freundlichen
> Grüßen
> Beate Cichon
>
> **ALSTERHAUS**
> Zweigniederlassung der Hertie
> Waren- und Kaufhaus G.m.b.H.
> Jungfernstieg 16-20, 20354 Hamburg
>
> i.V. Steinbach
>
> Hamburg, 26.10.93

Der Name wurde falsch geschrieben – eine besondere Form unbeabsichtigter, aber unentschuldbarer Unhöflichkeit! Die Aufteilung des Textes auf dem Blatt macht den Eindruck von Unsorgfältigkeit – von den Deutschfehlern ganz zu schweigen. Außerdem ist die Formulierung falsch und es wurde kariertes Papier benutzt. Es muss heißen:

„Sehr geehrte Frau Mielow-Weidmann,
bitte entschuldigen Sie, dass ich am 7. Oktober 1993 nicht am Unterricht teilnehmen konnte. Ich hatte Kreislaufbeschwerden.
Freundliche Grüße"

Dagegen wird diese handgeschriebene Entschuldigung einen positiven Eindruck vermitteln:

> Erika Hahn
> Bismarckstraße 7
> 20259 Hamburg
>
> Hamburg, ..-10-02
>
> Sehr geehrte Damen und Herren!
>
> Ich danke Ihnen für die Einladung zur Sitzung des Ausschusses für Frauenfragen
>
> Ein unaufschiebbarer anderer Termin macht es mir leider unmöglich an der Sitzung teilzunehmen.
>
> Ich bitte Sie das zu verstehen.
>
> Freundliche Grüße
> Erika Hahn

Beispiel 5: – nicht ganz ernstzunehmen! –

Kurz-Korrespondenz
Ohne weiteres Begleitschreiben
an: _____
- zu dem Unsinn von neulich
- hier haben Sie Ihren Schwachsinn wieder zurück
- damit Sie etwas auf dem Schreibtisch haben
- den Mist bin ich erst mal los
- bitte keine dummen Rückfragen
- unterschreiben – Widerspruch zwecklos
- können wir nicht ändern, war immer so
- hoffentlich begreifen Sie das
- kann ohne Umweg in den Papierkorb
- vor dem Wegwerfen bitte kopieren

_____   _____
(Datum)   (Unterschrift)

5.2 Sekretariatskorrespondenz

Abgesehen von Briefen zum kaufmännischen Schriftverkehr, die wir im nächsten Kapitel behandeln, gehören zur typischen Sekretariatskorrespondenz Briefe, die einer besonders sorgfältigen Formulierung und äußeren Gestaltung bedürfen und die meist auch nicht auf genormten Geschäftsbriefvordrucken geschrieben werden.

Diese Schriftstücke, von der Sekretärin häufig selbständig formuliert und gestaltet, sollen den Empfänger persönlich ansprechen und den Anlass würdig oder herzlich oder teilnahmsvoll in den Mittelpunkt stellen. Sie müssen aufrichtig wirken. Gestelzte Überhöflichkeit ist zu vermeiden. Vor allen Dingen sind die Formulierungen so zu wählen, dass die Wirkung auf den Empfänger dem Grad persönlicher Beziehung entspricht, den das Unternehmen oder der Vorgesetzte zu ihm hat.

Zu solchen Briefen gehören Gratulationen, Kondolenzbriefe, Glückwünsche zu verschiedenen Anlässen, besondere Briefe an Mitarbeiter, soweit sie nicht in der Personalabteilung geschrieben werden.

Diese Art von Sekretariatskorrespondenz muss auf jeden Fall
- ohne Verspätung ankommen, soweit das abzuschätzen ist,
- mit Briefmarken freigemacht werden (und nicht mit der Frankiermaschine),
- weder von Mahnungen noch von Rechnungen begleitet werden,
- von einer leitenden Persönlichkeit zumindest mitunterschrieben werden.

5.2.1 Allgemeine Regeln zur Gestaltung des Textes

Welchen Zeilenabstand Sie wählen, ob Sie „einmitten" oder an der Fluchtlinie beginnen – Ihre Sache! Beim besonderen Geschäftsbrief geht die Freiheit noch viel weiter. Mit Fingerspitzengefühl darf man davon Gebrauch machen. Warum sollte beispielsweise eine Anrede nicht in einen kurzen Text eingebaut sein statt darüber zu stehen!

Es gibt aber auch so etwas wie „Regeln der Regellosigkeit". Nie vergessen: Ein besonderer Inhalt bedarf einer besonderen äußeren Form. Schon das Briefpapier und die Briefhülle müssen von besserer Qualität sein als gemeinhin. Außerdem: Peinlich auf Sauberkeit achten, weder Tastfehler noch Korrekturen sind erlaubt! Wird überhaupt ein Vordruck verwendet, so ein „gestutzter": Name und Sitz der Firma (oder der Institution oder der Behörde) – mehr nicht!

Zunächst einige **Beispiele** für die Angabe des Datums:

    Wiesbaden, im November 1996
    Wiesbaden, 20. November 1996
    Wiesbaden, 96-11-20

An diesen Beispielen lassen sich zunächst zwei Regeln ablesen:
– Das Datum des Briefes ist eine Aufzählung. Ein Komma trennt die Glieder der Aufzählung, nämlich eine adverbiale Bestimmung des Ortes (Wiesbaden) und eine adverbiale Bestimmung der Zeit (November).
– Nach Datumsangaben wird kein Punkt gesetzt, es sei denn, das Datum beendet einen Satz.

 Beispiel
    Wir treffen uns in Wiesbaden am 22. November 1996.

Gerade im besonderen Geschäftsbrief, der ja nicht unter dem Gesichtspunkt äußerster Arbeits- und Zeitersparnis geschrieben wird, schreibt man den Monatsnamen aus. Schon damit beginnen Sie eine bestimmte Atmosphäre zu schaffen; diese „Einstimmung" lässt sich noch verdichten. Folgende Beispiele mögen das verdeutlichen.

 Beispiele
    Wiesbaden, in der Karwoche 1996
    Wiesbaden, im Advent 1996
    Wiesbaden, Herbstanfang 1996
    Wiesbaden, Silvester 1996

Will man sich nicht auf einen bestimmten Tag festlegen, so wählt man die Ausdrucksweise „*in*" plus Monatsangabe. Diese Art der Datumsangabe kann hilfreich sein, wenn Glückwünsche oder Beileid verspätet abgeschickt werden. Es gibt aber auch den umgekehrten Fall: Wird ein besonderer Geschäftsbrief so abgeschickt, dass er – normalerweise – den Empfänger an einem Tag erreicht, der für ihn denkwürdig ist, so kann die Datumsangabe beispielsweise lauten:

    Zum 20. November 1996

Soll man die Zeitangabe mit „am" oder mit „den" einleiten? Die Wahl liegt bei Ihnen. Doch bedenken Sie: Mit „den" wird ein ganz gewöhnlicher Kalendertag bezeichnet, mit „am" dagegen ein bedeutsamer Tag, der aus dem zeitlichen Ablauf herausragt.

Am Mittwoch, dem 20. November 1996, fand eine Besprechung statt.
Für Mittwoch, den 20. November 1996, war eine Besprechung geplant.
Am Mittwoch, den 20. November 1996 fand eine Besprechung statt.

Die Datumsangabe können Sie entweder als Apposition auffassen oder aber als Aufzählung. Ihre Wahl ist getroffen, wenn Sie über das Satzzeichen nach der zweiten Zeitangabe (im Beispiel: 20. November 1996) entschieden haben. Setzen Sie nach „1996" kein Komma, so haben Sie eine zweigliedrige Aufzählung, nämlich Wochentag (Am Mittwoch) und Datum (20. November 1996). Diese zweigliedrige Aufzählung (ohne Komma nach dem zweiten Glied) wird mit „den" eingeleitet. Setzen Sie aber nach „1996" ein Komma, so wollen Sie damit die eigentliche Datumsangabe als Apposition verstanden wissen. Das hat sprachliche Konsequenzen. Denn die Apposition (im Beispiel: 20. November 1996) hat in demselben grammatischen Fall zu stehen wie das Wort, auf das sich die Apposition bezieht (in den Beispielen: am Mittwoch und: für Mittwoch). Das Verhältniswort „am" regiert den Dativ.

Am Mittwoch, dem 20. November 1996, fand ... statt.

Das Verhältniswort „für" regiert den Akkusativ; das sei an einem Beispielsatz vergegenwärtigt: Ich spare für Dich. Für wen spare ich? Demnach kann die appositionelle Fügung nur heißen:

Für Mittwoch, den 20. November 1996, war ... geplant.

Was ist zu beachten, wenn Datum *und* Uhrzeit angegeben werden?

 Beispiele

Am Mittwoch, dem 20. November 1996, 16 Uhr regnete es.
Am Mittwoch, dem 20. November, gegen 16 Uhr regnete es.
Am 20. November 1996 gegen 16 Uhr regnete es.

Merken Sie sich dazu folgende Regeln:
– Datum und Uhrzeit gelten als Glieder einer Aufzählung, folglich: kein Komma hinter dem Wort „Uhr".
– Zwischen Datum und Uhrzeit steht immer ein Komma, wenn die Aufzählung drei Glieder hat; in den ersten beiden Beispielen haben wir folgende Glieder: Wochentag, Datum, Uhrzeit.
– Das Komma darf fehlen, wenn bei den Zeitangaben eine Präposition vorangeht. Beispiel: Am 20. November 1996 gegen 16 Uhr regnete es. Es handelt sich dann nicht um das Glied einer Aufzählung, sondern um eine untergeordnete adverbiale (hier: temporale) Bestimmung, die der übergeordneten eine genauere Deutung gibt (wann genau am 20. November ? 16 Uhr).

5.2.2 Gratulationen

Für **Gratulationen** sind eine Reihe von Anlässen denkbar:
- Firmenjubiläum,
- Geburtstag,
- „runder" Geburtstag (insbesondere 50. Geburtstag),
- Berufsjubiläum,
- Dienstjubiläum,
- Geburt eines Kindes,
- Hochzeit,
- Jubiläum gemeinsamer Geschäftsbeziehungen.

Ein Glückwunschschreiben bietet eine willkommene Gelegenheit menschliche Bande enger zu knüpfen, einander näher zu kommen und vertrauter zu werden. Diese Gelegenheit nehmen viele Unternehmen wahr, denn geschäftliche Beziehungen sind ebenfalls – denn nicht zuletzt sind sie daraus entstanden – menschliche Beziehungen und müssen daher genauso gepflegt werden wie diese.

Häufig erkennen Geschäftsleute den Wert dieser an sich „unproduktiven" Briefe nicht oder sie verzichten darauf aus Mangel an Personal und Zeit (oder aus Mangel an Formulierungskunst!). Damit aber unterlassen sie Wesentliches, denn wir alle sind für eine Anerkennung, ein Zeichen der Wertschätzung, ein freundliches Wort empfänglich, und unsere Einstellung zum Mitmenschen (oder auch zum Unternehmen) hängt weitgehend von solch kleinen Aufmerksamkeiten ab. Gelegenheiten im Geschäftsleben Glückwünsche anzubringen, bieten sich immer wieder, man muss nur das Interesse aufbringen, die dafür notwendigen Daten systematisch zu sammeln, ständig auf dem Laufenden zu halten und – vor allem – regelmäßig durchzusehen. Ein entsprechendes Dateiverwaltungsprogramm wird helfen Termine für Glückwünsche rationell zu verwalten und abzurufen.

Glückwunschschreiben sind Botschaften des Dankes. Sie sind unbeschwert, weil sie weder überzeugen noch überreden müssen. Ihr einziges Ziel ist Freude zu bereiten. Außerdem erreichen sie in der Regel Menschen, die gut gelaunt und deshalb weniger kritisch sind als sonst. Dafür muss Spontaneität und Herzlichkeit aus ihnen sprechen und sie müssen ehrlich gemeint sein und auch so wirken.

Vom Grad der Beziehung hängt es ab, zu welchen Anlässen in welcher Form gratuliert wird. Auf jeden Fall wird ein Unternehmen einem anderen zum Firmenjubiläum gratulieren, wenn zu diesem Unternehmen Geschäftsbeziehungen gepflegt werden. Sind diese Beziehungen von Personen geprägt, die miteinander enge Geschäftskontakte unterhalten, dann sind auch herzliche Worte angebracht. Sie als Sekretärin werden in solchen Fällen persönlichere Formulierungen einsetzen.

Gratulationen zu Geburtstagen oder Berufsjubiläen (z. B. wenn jemand seit 40 Jahren Architekt ist, aber in verschiedenen Unternehmen gearbeitet hat) sind nicht üblich, es sei denn, es handelt sich um einen besonderen Geburtstag und um eine besondere, persönliche, jahrelange Geschäftsverbindung zwischen Ihrem Vorgesetzten und der betreffenden Person.

Mitarbeitern gratuliert man zu besonderen Ereignissen (Hochzeit, Geburt des Nachwuchses, Dienstjubiläum). Häufig werden diese Briefe in der Personalabteilung oder vom engeren Kollegenkreis geschrieben. Wenn es sich jedoch um leitende Angestellte handelt, dann ist wieder die Formulierungskunst der Sekretärin gefragt.

Ein Dienstjubiläum ist etwas ganz Besonderes. Wenn ein Mitarbeiter 25 oder gar 40 Jahre einem Unternehmen treu geblieben ist, dann zeugt das von einem Identifikationsprozess, der dem Unternehmen viele Jahre dienlich war. Deswegen ist dem Dienstjubiläum eines Mitarbeiters besondere Aufmerksamkeit zu widmen. Je ranghöher der Gratulierende ist, desto intensiver wird der Brief Freude bereiten.

Ob Sie Ihren Glückwunsch ernst, aber herzlich, oder spritzig und locker formulieren, hängt ab vom Verhältnis, in dem Ihr Vorgesetzter zur betreffenden Person steht. Gratulationen an übergeordnete Personen dürfen einen gewissen Respekt nicht vermissen lassen und bei Gleichrangigen ist wieder der Grad der persönlichen Beziehung entscheidend für die Art der gewählten Formulierung.

Wichtig ist, dass Sie adressatengerecht gratulieren. In Sprache und Stil – also auch in der Wortwahl – ist die Gratulation der Mentalität des Empfängers anzupassen, wenn Sie diese kennen. Das beginnt schon mit der Anrede. Ob Sie *„Sehr verehrte, gnädige Frau"* oder *„Liebe Frau X"* oder *„Sehr geehrte Frau X"* schreiben, können Sie nur an der Denk-, Anschauungs- und Auffassungsweise des Empfängers oder der Empfängerin messen. Es wäre z. B. verfehlt, an eine 40jährige hart verhandelnde und engagierte Verantwortungsträgerin *„Sehr verehrte, gnädige Frau"* zu schreiben. Die Empfängerin Ihres Glückwunsches käme sich „auf den Arm genommen" vor.

Und denken Sie auch an die im ersten Teil erläuterten Stilregeln:

Falsch, gestelzt und unbeholfen sind Gratulationen, die beginnen mit:
– Ich möchte Ihnen dazu gratulieren.
– Ich möchte nicht verfehlen Ihnen zu gratulieren.
– Ich möchte nicht versäumen Ihnen meine Glückwünsche auszusprechen.
– Es ist mir ein Bedürfnis Sie zu beglückwünschen.

Diese Wendungen sind zu wortreich, steif und deshalb ein Zeichen des Gehemmtseins, der Unsicherheit und vielleicht auch einer unberechtigten Furcht zu weit zu gehen und zu familiär zu wirken.

Häufig wird das Wort *„recht"* verwendet, um der Herzlichkeit mehr Ausdruck zu verleihen (*„Dazu gratuliere ich Ihnen recht herzlich."*). Aber „recht" drückt aus: *„ziemlich"*.

✗ Beispiel

„Seine Arbeit war recht gut." Sie war also nur „ziemlich" gut.
„Sie ist recht hübsch." „Es hat recht lange gedauert."

In allen diesen Fällen sind die Adjektive in ihrer Aussage eingeschränkt (*ziemlich hübsch, ziemlich lange*). Folglich bedeutet *„recht"* herzlich eben nur *„ziemlich"* herzlich, also weniger als herzlich.

Gratulationsbeispiele

1. Gratulation zum Firmenjubiläum

Wer ein Geschäftsjubiläum feiern kann, hat Grund stolz zu sein, denn es ist eine beachtenswerte Leistung einen Betrieb jahrzehntelang erfolgreich zu führen, die richtigen Entscheidungen zu fällen, Verantwortung zu tragen, im Konkurrenzkampf zu bestehen und für die Belegschaft umsichtig gesorgt zu haben. Und deshalb haben auch die Geschäftspartner allen Grund die verantwortlichen Leiter zu beglückwünschen und ihre Leistungen entsprechend zu würdigen.

Wenn es sich um einen Kunden handelt, ist es angebracht, ihm für seine Aufträge, die Treue und das Vertrauen zu danken, vielleicht auch für die Nachsicht, die er bei Mängeln zeigt, für seine und seiner Mitarbeiter Freundlichkeit im mündlichen und schriftlichen Verkehr, für seine Anregungen oder seine entgegenkommende Bereitschaft Schwierigkeiten zu überwinden. Sie wünschen dem Feiernden für die Zukunft Erfolg und Wohlergehen.

Beispiel 1

(anerkennend, würdig, etwas trocken und nicht zu herzlich formuliert unter Berücksichtigung neutraler und nicht durch persönliche Bedingungen geprägte Geschäftsbeziehungen)

Friedrich Breuer Handelsgesellschaft
Direktion

Herrn
Friedrich Krüger   im Mai 1996
Vorstandsvorsitzender
der Otto Langhans AG
Max-Bom-Str. 7
40591 Düsseldorf

Sehr geehrter Herr Krüger,

Ihre Firma kann auf ein 50-jähriges Bestehen zurückblicken. Zu diesem Jubiläum gratuliere ich Ihnen, auch im Namen meiner leitenden Mitarbeiter, herzlich.
In den Tageszeitungen wird nicht nur auf die zunehmende wirtschaftliche Bedeutung Ihres Hauses hingewiesen, sondern auch Ihre persönlichen Verdienste um das Unternehmen finden entsprechende Würdigungen. Ich schließe mich den herzlichen Worten dieser Würdigungen an.
Sie leiten das Werk nun bald 30 Jahre und gerade in diesen Jahrzehnten hat das Unternehmen einen gewaltigen Aufschwung erfahren. Das Jubiläum Ihres Unternehmens nehme ich zum Anlass Ihnen und Ihren Mitarbeitern für das uns entgegengebrachte Vertrauen besonders zu danken.
Ich hoffe aufrichtig, dass sich unsere Zusammenarbeit weiterhin so erfreulich gestalten wird wie bisher.

In freundschaftlicher Verbundenheit
Ihr

Beispiel 2

(unpersönlich, aber persönlicher als Beispiel 1, anspruchsvoll, kunstvoll, kaufmännisch formuliert. Löblich ist, wie der Lieferant die Entwicklung der Kundenfirma nachzeichnet und damit zeigt, dass er die Schrift aufmerksam und mit wacher Anteilnahme gelesen hat. Das gibt der Gratulation eine persönliche Note, die dem Empfänger Freude bereiten und mithelfen wird die Beziehungen zu festigen. Der Brief ist gerichtet an die Geschäftsführung.)

> Sehr geehrte Damen und Herren,
>
> mit großer Freude habe ich die kostbare und prächtig ausgestattete Jubiläumsmappe empfangen. Es hat mich sehr interessiert, aus dem Vorwort und der Schrift einiges über den Werdegang und die Entwicklung des Unternehmens zu erfahren, mit dem ich schon jahrelang gute Geschäftsbeziehungen unterhalte:
>
> Die Gründung kurz vor Ausbruch der großen Wirtschaftskrise, die anfänglichen Schwierigkeiten auf dem Markt Fuß zu fassen, die Rückschläge während der Kriegszeit und schließlich die prächtige Entfaltung in den letzten vier Jahrzehnten, die Ihre Firma in der Aluminiumbranche zur führenden gemacht hat.
>
> Ich wünsche Ihrem Hause zum 70. Geburtstag viel Glück. Möge es alle Pläne erfolgreich ausführen, weiterhin gedeihen und immer tüchtige und einsatzfreudige Mitarbeiter wie Sie an der Spitze haben!
>
> Bei dieser Gelegenheit danke ich Ihnen herzlich für das Vertrauen, das Sie mir im Laufe der Jahre mit Hunderten von Aufträgen entgegengebracht haben. Ich werde es sorgfältig zu erhalten trachten, denn ich weiß es zu schätzen.
>
> Danken will ich Ihnen heute aber auch für den immer freundlichen Ton im mündlichen und schriftlichen Verkehr sowie für Ihre Bereitwilligkeit auf die lästigen, marktbedingten Lieferschwierigkeiten Rücksicht zu nehmen, indem Sie die Bestellungen stets frühzeitig aufgaben. Solche Kunden, wie Sie einer sind, wünsche ich auch Ihnen!
>
> Bitte, richten Sie Glückwünsche, Dank und meine freundschaftlichen Grüße allen Ihren Mitarbeitern aus.
>
> Ihr

Beispiel 3

(sehr persönlich, warm und herzlich formuliert, gerichtet an die Witwe eines Geschäftsfreundes, der als guter Kunde eine freundschaftliche Beziehung zum Gratulierenden hatte; hervorgehoben wird vor allem die menschliche Leistung.)

Liebe Frau Dreßler,

in diesen Tagen feiern Sie das 25-jährige Bestehen Ihres Geschäftes. Es freut uns Ihnen zu diesem nicht alltäglichen Fest unsere herzlichen Glückwünsche zu entbieten.

Als vor zehn Jahren Ihr Gatte und Gründer der Firma an den Folgen eines tragischen Unfalles starb, sahen Sie gewiss mit Bangen in die Zukunft. Dank Ihrem unerschütterlichen Lebensmut, Ihrer Ausdauer und großen Menschenkenntnis ist es Ihnen gelungen, das Geschäft nicht nur im Geiste Ihres Mannes weiterzuführen, sondern den Kundenkreis und das Ansehen Ihrer Firma sogar noch zu vergrößern. Dieser ungewöhnlichen Leistung zollen wir Achtung und Anerkennung.

Für die vielen Aufträge, die Sie uns immer wieder anvertrauten, für Ihre Nachsicht bei Lieferverzögerungen oder anderen Unannehmlichkeiten und für die liebenswürdige Freundlichkeit, mit der Sie stets unseren Repräsentanten empfingen, danken wir Ihnen von ganzem Herzen. Sehen Sie den Blumenstrauß als Ausdruck unserer Freude und großen Dankbarkeit.

Für die nächsten 25 Jahre wünschen wir Ihnen privat wie geschäftlich viel Glück und alles Gute.

Freundliche Grüße

Beispiel 4
(an ein Unternehmen gerichtet, mit dem man jahrelange Geschäftsbeziehungen pflegte – kein Kunde; Formulierungen sind würdevoll, etwas persönlicher als im Beispiel 1, freundschaftlich, aufrichtig, dankend für das Geschenk anlässlich des Jubiläums.)

Sehr geehrter Herr Direktor,

in Zeiten, in denen das vorangestellt wird, was man zählen und wägen kann, ist es doppelt notwendig jene Werte hervorzuheben, die sich einer genauen Nachmessung entziehen, nämlich die Liebe und Treue zum Unternehmen.

Diese haben Sie, sehr geehrter Herr Dr. Fiedler, bewiesen, denn aus Ihrer ausdauernden Arbeitskraft, der umsichtlichen Leistung und dem unbeirrbaren Glauben an die Zukunft vor allem ist es zuzuschreiben, dass Ihr Unternehmen trotz harter Konkurrenz heute in voller Blüte auf die 25 Jahre seines Bestehens zurückblicken kann.

Ich gratuliere Ihnen zu diesem Erfolg und danke herzlich für Ihre sowie Ihrer Mitarbeiter loyale Zusammenarbeit.

Die geschmackvolle, aufschlussreiche Jubiläumsschrift gebe ich an unsere Vorstandsmitglieder und die Mitglieder meines Führungsstabes in Umlauf, die Unterschriftenmappe behalte ich für meine eigene Korrespondenz, da sie mir so gut gefällt. Ich danke Ihnen dafür.

> Ihnen und Ihren Betriebsangehörigen wünsche ich am 18. Juni eine schöne Jubiläumsfeier. Möge Ihr Werk weiterhin gedeihen und alle, die daran beteiligt sind, für Ihre Mühe reichlich entschädigen.
>
> Freundliche Grüße
>
> Ihr

2. Gratulation zum Dienstjubiläum

In großen Unternehmen verwendet man häufig für Glückwunschbriefe zu Dienstjubiläen einen schematisierten, gut formulierten Brief.

Ein Gratulationsschreiben ist aber zur Schematisierung wenig geeignet. Je persönlicher es gehalten ist, um so mehr fühlt sich der Leser geschätzt und geachtet und um so dankbarer wird er dem Absender sein. Jeder, der viele Jahre einem Unternehmen treu geblieben ist, verdient ein auf ihn abgestimmtes Schreiben, denn so lange an einem Arbeitsplatz auszuharren, ist in der heutigen Zeit außergewöhnlich, verdient entsprechende Wertschätzung und zeigt, wie sehr sich der Jubilar mit dem Unternehmen identifiziert, und so etwas kann für jede Firma nur förderlich sein. Wenn Sie als Sekretärin aufgerufen sind zu einem Dienstjubiläum eines Mitarbeiters aus dem eigenen Unternehmen einen Glückwunschbrief zu entwerfen, dann sollten Sie nicht versäumen zum Ausdruck zu bringen, wie wertvoll der Kollege für das Unternehmen war und ist.

In einem Unternehmen mit Hunderten, ja Tausenden von Angestellten und Arbeitern geht es manchmal zu weit, für jedes 25-jährige Dienstjubiläum einen geeigneten Brief zu entwerfen. Meist sind Sie als Sekretärin eines leitenden Angestellten dann auch nicht mehr mit dieser Arbeit betraut, weil sie in der Personalabteilung erledigt wird. Wenn Sie nun aber als Sekretärin der Personalleitung gefordert sind viele Dienstjubiläen mit geeigneten Glückwünschen zu versehen, dann sollten Sie sich mit einem Textverarbeitungsprogramm eine ganze Anzahl von Musterbriefen oder geeigneten Textbausteinen speichern. Darauf können Sie von Fall zu Fall zurückgreifen, sollten sie aber durch möglichst viele Angaben aus den Personalakten und aus Gesprächen mit den unmittelbaren Kollegen des Jubilars ergänzen und verändern. Nur so können Sie den Gefeierten persönlich ansprechen und ihm eine aufrichtige Freude bereiten.

✗ Beispiele für Textbausteine

Leicht und locker formuliert:

> Heute vor 25 Jahren sind Sie in unsere Firma eingetreten als frischgebackener Elektrotechniker voller Unternehmungsgeist und willens unseren Maschinen einen sonnigen Platz auf dem Weltmarkt zu verschaffen.

Spontan und herzlich, teilweise überschwenglich, aber manchmal durchaus angebracht:

Heute feiern Sie Ihr 25-jähriges Jubiläum als Angestellter unseres Unternehmens. Von ganzem Herzen gratuliere ich Ihnen zu diesem denkwürdigen Festtag. Möge es ein Tag der Freude, des befriedigenden Rückblicks und des frohen Ausblicks für Sie sein!

Auf den Arbeitsplatz bezogen, freundlich, persönlich, aber nicht zu herzlich und auch nicht unglaubwürdig überzogen formuliert:

25 Jahre lang sind Sie jetzt bei uns, haben Fehlschläge und Erfolge miterlebt. Ich danke für Ihre wertvolle Arbeit, Ihre Treue zum Betrieb und vor allem für das Feingefühl, das Sie auszeichnet.

Besondere Sorgfalt haben Sie der Ausbildung unserer Auszubildenden gewidmet, so dass bisher alle ihre Abschlussprüfung mit Erfolg bestanden. Die gelegentlichen Besuche früherer Auszubildenden und die Leistungen der bei uns tätigen und von Ihnen ausgebildeten Mitarbeiter beweisen uns, wie erfolgreich Ihre pädagogischen und fachlichen Fähigkeiten gewirkt haben.

Wieviel Mühe und Sorgen Sie in all diesen Jahren gehabt haben, weiß ich. Der Erfolg Ihrer Arbeit und all Ihrer Anstrengungen zeigt sich aber in der gutgeführten Kreditorenabteilung. Mit Energie, Pflichtbewusstsein, Verständnis für die Untergebenen und einer Prise Humor haben Sie in Ihrer Abteilung eine für uns alle vorbildliche Atmosphäre geschaffen.

Es ist uns nicht entgangen, welch vorbildlichen Einfluss Sie stets auf die jüngeren Mitarbeiter ausübten. Mögen noch viele weitere Kollegen aus Ihrem beruflichen Wissen und Ihrer großen Erfahrung Nutzen ziehen.

Obwohl wir im Alltag nicht viele Worte machen, versichern wir Ihnen, dass wir Ihre treue Mitarbeit sehr hoch schätzen und Sie als Kollegen nicht missen möchten. Wir danken Ihnen, lieber Herr Schmidt, für Ihre Treue und Ihre Verbundenheit mit uns allen.

Ein Glückwunschbrief zum Dienstjubiläum muss nicht mit aufsehenerregenden Formulierungen bedacht sein, aber er muss ehrlich gemeint wirken und freudvolle Frische bekunden.

✗ Beispiel 1

An einen untergeordneten Mitarbeiter (Sachbearbeiter, Handwerksmeister o. ä.); freudvoll, aufrichtig, persönlich und herzlich formuliert:

Lieber Herr Wegner,

heute ist Ihr besonderer Ehrentag: Vor 25 Jahren sind Sie in unser Unternehmen eingetreten. Zu diesem in der heutigen Zeit seltenen Arbeitsjubiläum gratulieren wir Ihnen herzlich. Wer hätte damals gedacht, dass uns so viele Jahre gemeinsamen Schaffens verbinden würden!

Wir danken Ihnen für den in all diesen Jahren nie erlahmenden Einsatz, der Sie auch heute noch zum Vorbild für Ihre Kollegen macht. Sie sind einer der wenigen Mitarbeiter, welcher die Entwicklung unseres Unternehmens vom Kleinbetrieb bis zum heutigen Stand miterlebt und seinen Teil zu dieser erfreulichen Entfaltung beigetragen hat.

Wir wissen, dass Sie oft – auch ohne Aufforderung – Überstunden geleistet haben und Ihre Familie manchmal auf Sie warten musste. Deshalb hat die Direktion beschlossen Sie und Ihre lieben Angehörigen mit zwei Wochen Bergferien in Ihrem heimatlichen Berchtesgaden zu beschenken.

Wir wünschen Ihnen dazu viel Freude und grüßen Sie herzlich.

Die Geschäftsleitung
(hier folgen alle Unterschriften der geschäftsführenden Mitarbeiter)

Beispiel 2

An einen untergeordneten Mitarbeiter (ranghöher als in Beispiel 1); sachlich, aber herzlich, freudvoll und aufrichtig formuliert:

Sehr geehrter Herr Wichert,

im Jahre 19 … sind Sie in unsere damals noch sehr junge Firma eingetreten. Ein Vierteljahrhundert ist seither verflossen und vieles hat sich geändert.

Der Betrieb ist mehrmals vergrößert worden und die Zahl der Angestellten hat sich fast verdoppelt. Viele waren nur kurze Zeit bei uns, dann trieb sie die Wanderlust weiter. Nur wenige sind geblieben. Zu ihnen gehören Sie.

Für diese Treue danken wir Ihnen herzlich. Wir haben Sie in all den Jahren als freundlichen und außerordentlich tüchtigen Mitarbeiter schätzen gelernt. Nie war Ihnen etwas zuviel und wer einen Rat suchte, fand in Ihnen stets den fachkundigen Beistand.

Wir hoffen noch viele Jahre auf Ihre wertvolle Mitarbeit zählen zu können. Wir wünschen Ihnen einen frohen Festtag und für die Zukunft alles Gute.

Freundliche Grüße

 **Beispiel 3**

An einen Mitarbeiter oder eine Mitarbeiterin, die man nicht gut persönlich kennt, die aber von den Kollegen und Kolleginnen sehr geschätzt wird. Der Brief ist kurz, aber freudvoll und aufrichtig formuliert.

> Sehr geehrte ...
>
> Sie vollendeten am ... Ihr 25. Dienstjahr in unserem Unternehmen. Zu diesem Jubiläum gratulieren wir Ihnen herzlich. Während Ihrer langjährigen Tätigkeit haben Sie dank Ihrer Zuverlässigkeit, Ihrer vorbildlichen Haltung und Ihres kameradschaftlichen Wesens die Achtung und das Vertrauen Ihrer Kollegen und Vorgesetzten gewonnen.
>
> Wir wünschen Ihnen für die Zukunft alles Gute und danken für Ihre wertvolle Mitarbeit. Wir sind froh zu wissen, dass wir noch viele Jahre auf Sie zählen dürfen.
>
> Freundliche Grüße

Wenn der Vorgesetzte ein sehr persönliches Verhältnis zu dem Mitarbeiter hat, der sein Dienstjubiläum feiert, kann die Sekretärin versuchen mit den Informationen ihres Vorgesetzten einen Aufhänger für die Gratulation zu formulieren, der sich auf ein Ereignis bezieht, an das sich Jubilar und Gratulant gemeinsam erinnern, z. B.:

– Wissen Sie noch, dass Ihr erster Arbeitstag in unserem Unternehmen einer der kältesten Wintertage des Jahres 19 ... war?
– Als sie am ... das erste Mal in unser Unternehmen kamen um Ihren Dienst anzutreten, stolperten Sie über die provisorisch ausgelegten Bretter des neugestalteten Eingangs und fielen mir genau in die Arme.
– Wissen Sie noch: Wir hatten noch nicht einmal einen ordentlich ausgestatteten Arbeitsplatz für Sie, als Sie am ... Ihren ersten Arbeitstag bei uns begannen. Heute – 25 Jahre später – tragen Sie einen großen Teil der Verantwortung an dem Erfolg unseres Unternehmens.

3. Glückwünsche zu Familienereignissen von Mitarbeitern

Zur Vermählung erhalten Mitarbeiter und Mitarbeiterinnen meist ein Geschenk, für das der engere Kollegenkreis gesammelt hat. Im Mittelpunkt steht das Geschenk und die Glückwünsche werden am besten auf einer passenden Karte übermittelt. Der kurze Kartentext und die Unterschriften der Gratulanten werden mehr erfreuen als phrasenhafte Formulierungen, zu denen man leicht Zuflucht nimmt, weil man ja meist den Partner des oder der Vermählten nicht oder nur flüchtig kennt.

Zur Geburt eines Kindes wird häufig ebenso verfahren wie bei einer Vermählung, es sei denn, zu der Kollegin, die Mutter geworden ist, oder dem Kollegen, der Vater wurde, besteht eine besonders enge und vertrauliche Bindung. So kann es z. B. sein, dass Ihr Vorgesetzter einem gleichrangigen oder untergeordneten Mitarbeiter, mit dem er eng zusammenarbeitet, seine Glückwünsche übermitteln will oder dass ein Kollegenteam, das in lockerer Atmosphäre miteinander kommuniziert, die Gelegenheit zu einer persönlichen Gratulation nicht versäumen will.

Wenn Sie als Sekretärin für Ihren Vorgesetzten den Glückwunsch zur Geburt eines Kindes formulieren sollen, dann dürfen Sie nicht vergessen, dass Frauen bei solchen Gelegenheiten viel stärker zu Gefühlsäußerungen neigen als Männer. Der Brief sollte also eher zurückhaltend und nüchtern ausfallen, damit man nicht erkennt, dass derjenige, der ihn unterschreibt, ihn nicht selbst formuliert hat.

Beispiel 1

Ein dem Vorgesetzten sehr vertrauter Angestellter ist Vater geworden:

> Lieber Herr Weidmann,
>
> seit dem 30. Mai dürfen also auch Sie sich zu den stolzen Vätern zählen. Es freut mich sehr, dass Ihr großer Wunsch nach einem Stammhalter in Erfüllung gegangen ist. Schon heute wünsche ich Ihnen, dass der kleine Thomas ein würdiger Nachkomme seines Vaters werde.
>
> Ich hoffe, dass Mutter und Kind wohlauf sind und gratuliere Ihnen und Ihrer Gattin herzlich zum frohen Ereignis.
>
> Ihr

Beispiel 2

Die ehemalige Sekretärin, deren Nachfolgerin Sie geworden sind, ist Mutter geworden:

> Liebe Frau Brauchle,
>
> ich hatte große Freude, als ich heute früh auf dem Schreibtisch unter Auftragsbestätigungen, Angeboten und nüchternen Mitteilungen wie ein Fleckchen Sonnenschein die reizende Anzeige vorfand, mit der Sie uns die Geburt Ihres Töchterchens kundgeben. Ich freue mich mit Ihnen, dass alles gut verlaufen ist, und gratuliere Ihnen und Ihrem Gatten von Herzen zu Ihrer Regine. Der kleinen Tochter aber gebe ich meine besten Wünsche auf ihren Lebensweg mit. Möge sie glücklich werden und ihren Eltern viel Freude bereiten.
>
> Sie wissen, dass ich Sie als freundliche und tüchtige Sekretärin sehr geschätzt habe. Sollen Sie später daran denken die Berufstätigkeit wieder aufzunehmen, und sei es auch nur halbtags- oder stundenweise, so werde ich Sie, wenn es sich irgendwie organisieren lässt, gern wieder bei uns aufnehmen.
>
> Ich wünsche Ihnen gute Erholung und hoffe Sie und Ihr Töchterchen bald einmal zu sehen.
>
> Freundliche Grüße
>
> Ihr

 **Beispiel 3**

Sie als Sekretärin schreiben einen Gemeinschaftsbrief für die Belegschaft Ihrer Abteilung. Das lockere, von Heiterkeit und Aufrichtigkeit geprägte Arbeitsverhältnis rechtfertigt eine muntere, spritzige Gratulation:

> Lieber Kollege Wiedemann!
>
> Stellen Sie sich vor: Am schwarzen Brett war heute eine zunächst uninteressante Frage zu lesen: Wer nimmt im November Urlaub? „Keiner natürlich", dachte fast jeder von uns. Schließlich las doch jemand den kleinen Zettel darunter. Die Neuigkeit verbreitete sich wie ein Lauffeuer. Wir alle freuen uns mit Ihnen und Ihrer Frau über die glückliche Geburt eines gesunden Jungen. Jetzt haben Sie ein Pärchen. Wir gratulieren herzlich und wünschen für Mutter und Kind das Beste.
>
> Zwar bekommt auch der Vater weitere Aufgaben – mit der Versorgung von Töchterlein und Haushalt in den nächsten Tagen fängt es schon an –, aber das zweite Kind wird auch viel Freude machen. Ob wir das freudige Ereignis begossen haben? Sie werden ein Päckchen erhalten, berechnet für drei Flaschen Portwein. Da wir für den neuen Erdenbürger einen Greifling und für das Schwesterchen eine Tafel Schokolade beilegen wollten, haben wir kurzerhand Platz gemacht und mit dem Inhalt der dritten Flasche auf das Wohl der vier Wiedemanns getrunken!
>
> Alles Gute für Mutter und Sohn und für Vater und Tochter wünschen
> (Unterschriften)

Beim Lesen des letzten Glückwunschbriefes darf geschmunzelt werden. Wenn Sie die Beispiele vergleichen, werden Sie feststellen, dass sie auf unterschiedlicher Korrespondenzebene geschrieben sind. Wendungen, wie *„das freudige Ereignis begießen"* oder *„kurzerhand Platz machen"* sollten Sie in einem Brief, den Sie für Ihren Chef formulieren, besser nicht verwenden. Auch der Gag mit der fehlenden Flasche muss natürlich unterbleiben, weil eine solche Handlung nur durch den kollegialen Teamgeist begründet wird.

4. Glückwünsche zur Geschäftseröffnung

Die Gratulation zur Eröffnung eines Geschäftes hat meist den Grund Geschäftsbeziehungen zu beginnen oder zu vertiefen. Mit anerkennenden Worten und guten Wünschen für das Gelingen schafft man die Grundlage für künftige Verbindungen. Adressaten sind also meist zukünftige Geschäftspartner, die man persönlich noch nicht oder nicht gut kennt.

Ein Glückwunschbrief an eine unbekannte Person ist verfehlt, weil der Brief unglaubwürdig wirken könnte. Man wird, um auf mögliche Partnerschaft aufmerksam zu machen, eine entsprechende Glückwunschkarte mit einem Blumenstrauß schicken. Ist der Geschäftspartner bekannt, vielleicht sogar persönlich bekannt, dann ist auch eine entsprechende Gratulation angebracht, z. B., wenn sich ein ehemaliger Mitarbeiter selbständig gemacht hat oder wenn ein Kunde sein Geschäft erweitert, umgebaut oder eine Filiale eröffnet hat.

Beispiel 1

Ein ehemaliger Mitarbeiter übernahm das Geschäft eines Kunden. Es ist zu erwarten, dass die Geschäftsbeziehung fortgesetzt werden wird. Grundlage dafür sind anerkennende Worte und entgegenkommendes Verhalten. Der Brief ist sehr persönlich gehalten, weil ihm eine entsprechende Beziehung zugrunde liegt.

> Lieber Herr Groß,
>
> ich habe mich über die Mitteilung, dass Sie Peter Bergers Haushaltswarengeschäft übernommen haben, sehr gefreut. Ich beglückwünsche Sie zu diesem Entschluss und achte Ihre Unternehmensfreudigkeit sehr.
>
> Die zähe Beharrlichkeit beim Lösen einer Aufgabe, die Sie auszeichnet und die ich stets bewunderte, als Sie noch mein Mitarbeiter waren, wird es Ihnen ermöglichen den guten Ruf des Unternehmens meines ehemaligen Geschäftsfreundes zu wahren und zu mehren. Bei Ihrem Geschick im Umgang mit Kollegen wird Ihnen das Personalproblem auch weniger Sorgen bereiten als anderen Geschäftsinhabern. Es freut mich, das Lebenswerk des Herrn Berger in Ihren Händen zu wissen.
>
> Jeder Anfang ist schwer. Die finanziellen Verpflichtungen drücken in den ersten Monaten besonders stark. Die beigefügte Gutschrift in Höhe von DM 1000,00 auf Ihre erste Bestellung ist Zeichen meiner Anerkennung und des Vertrauens, das ich in Sie habe.
>
> Ich wünsche Ihnen einen guten Start und viele erfolgreiche Jahre!
>
> Freundliche Grüße
>
> Ihr

Beispiel 2

Gratulation zur Geschäftserweiterung oder Filialeröffnung eines Geschäftsfreundes. Die Geschäftsbeziehung ist neutral, aber gut. Persönliche Bindungen liegen nur insofern vor, als Ihr Vorgesetzter den Geschäftsinhaber kennt.

> Sehr geehrter Herr Müller,
>
> wenn ein Geschäftsinhaber nach kaum acht Jahren bereits eine Filiale eröffnen kann, wird offenbar, wie vorteilhaft das Angebot, wie tüchtig die Geschäftsleitung sein muss.
>
> Ich freue mich über Ihre außergewöhnliche Leistung und beglückwünsche Sie dazu.
>
> Mit Ihrer unaufdringlichen, freundlichen, fachkundigen Beratung verstehen Sie und Ihre Mitarbeiter es die Kunden so zufriedenzustellen, dass Sie Ihnen die Treue halten und Sie weiterempfehlen. Ein Geschäftsabschluss bereitet Ihnen nur dann

> Freude, wenn Sie davon überzeugt sind, für den Kunden das Richtige gefunden zu haben. Das ehrt Sie.
>
> Ich wünsche Ihnen und Ihren Mitarbeitern für Ihr Zweiggeschäft einen guten Start, steigenden Umsatz und treue Kunden und uns wünsche ich eine weiterhin fruchtbare Geschäftsverbindung.
>
> Freundliche Grüße
>
> Ihr

5.2.3 Genesungswünsche

Wenn ein Angestellter längere Zeit krank ist und wenn Ihr Vorgesetzter mit dem Mitarbeiter eng zusammenarbeitet, kann es Ihre Aufgabe sein einige aufmunternde Worte zu formulieren. Das kann auch der Fall sein, wenn ein guter Geschäftspartner plötzlich und länger erkrankt ist.

Was wird für den Erkrankten von Bedeutung sein und was wird ihm Freude bereiten und zu seiner Genesung beitragen? Wichtig ist Mitarbeitern das Gefühl zu geben,

- dass ihr Kranksein sich nicht auf ihre Position in der Firma auswirkt,
- dass ihm aus einer Arbeitsunfähigkeit keine finanziellen Nachteile erwachsen,
- dass die Aufgaben von anderen Mitarbeitern wahrgenommen werden, aber dass dies nur eine Notlösung sein kann,
- dass sie gebraucht werden und sich in Ruhe auskurieren sollen, damit sie mit neuer Kraft wieder an die Arbeit gehen können,
- dass die Wünsche zur Besserung der Gesundheit von Herzen kommen und aufrichtig gemeint sind.

Wenn sich die Genesungswünsche an einen guten Geschäftsfreund richten, bringen Sie zum Ausdruck

- wie sehr Ihnen an einer Fortführung der Beziehung liegt,
- dass Sie in der Zwischenzeit mit dem Mitarbeiter X verhandeln, der sich bemüht im Sinne des Erkrankten zu entscheiden,
- dass Ihre guten Wünsche von Herzen kommen.

Wenn persönliche Betroffenheit fehlt, müssen Sie versuchen Klischees zu vermeiden. Wenn man nicht empfundene Herzlichkeit formuliert, erreicht man damit das Gegenteil von dem, was man will: Der Brief wird nicht überzeugen. Das dritte Beispiel zeigt Ihnen, wie Sie einen Genesungswunsch formulieren können an eine Person, zu der die persönliche Beziehung vom Arbeitsverhältnis geprägt ist.

Beispiel 1

Genesungswünsche an die Leiterin der Einkaufsabteilung, die von Ihrem Vorgesetzten sehr geschätzt wird, weil ihre Entscheidungen immer sehr vorteilhaft für das Unternehmen waren.

> Sehr geehrte Frau Bremeyer,
>
> wir sind froh, dass sich Ihre Gesundheit zusehends bessert und der Arzt Ihnen bereits einen Erholungsurlaub in Aussicht gestellt hat. Bald werden Sie dann wieder unter uns sein.
>
> Wir vermissen Sie sehr. Mit Ihrem ruhigen, freundlichen Wesen tragen Sie viel zum guten Geist in der Einkaufsabteilung bei. Von allen Ihren Mitarbeitern wurde ich gebeten Ihnen Grüße auszurichten. Sie werden sich aber auch noch persönlich an Sie wenden.
>
> Wir wünschen Ihnen rasche Genesung und einen entspannenden Erholungsurlaub. Das beigelegte Büchlein und die Blumen mögen Sie in den letzten Tagen Ihres Krankenhausaufenthaltes erfreuen und aufmuntern.
>
> In Verbundenheit
>
> Ihr

Beispiel 2

Genesungswünsche an einen Geschäftsfreund:

> Sehr geehrter Herr Weber,
>
> als meine Sekretärin neulich mit Ihrer Sekretärin einen Termin für eine Besprechung festlegen wollte, erfuhr sie, dass Sie für längere Zeit im Krankenhaus sein werden.
>
> Ich war zunächst erschrocken, weil es für mich nach den vielen Jahren unserer engen Zusammenarbeit ungewohnt war nicht mit Ihnen verhandeln zu können und deswegen fragte ich Ihre Sekretärin, wann Sie denn vermutlich wieder erreichbar wären. So erfuhr ich, dass Sie eine längere Zeit im Krankenhaus verbringen müssen. Ich habe inzwischen mit Ihrem Assistenten alles geregelt und ich bin froh, dass er so gut über unsere Geschäftsbeziehung informiert war und alle Bedingungen kannte, die wir bereits für frühere Aufträge ausgehandelt hatten.
>
> Ich hoffe sehr, dass Ihnen jeder Tag seine Fortschritte auf dem Weg zur Genesung zeigt. Ich wünsche Ihnen, dass Sie so schnell wie möglich wieder gesund werden. Damit Ihnen die Zeit im Krankenhaus nicht zu lang wird, habe ich Ihnen eine entspannende Lektüre beigefügt.
>
> Herzliche Grüße
>
> Ihr

✗ **Beispiel 3:**
Genesungswünsche an einen Mitarbeiter, den man nicht so gut kennt. Achten Sie auf den sachlichen Inhalt. Der Brief ist freundlich und aufrichtig, informiert und zeigt Interesse, ist aber nicht zu herzlich, weil der Empfänger dies als übertrieben empfinden und nicht glauben würde.

> Sehr geehrter Herr Weber,
>
> wie wir von Kollegen gehört haben, geht es Ihnen schon wesentlich besser. Wir hoffen sehr, dass Sie in zwei bis drei Wochen wieder völlig gesund sind, so dass Sie das Krankenhaus verlassen können.
>
> In der Firma läuft alles wie gewöhnlich. Viele Kunden erhoffen Ihre Rückkehr mit Ungeduld, weil sie Ihre fachliche Beratung so sehr schätzen. Zwar wird Ihr Arbeitsgebiet augenblicklich von mehreren Vertretern betreut, dennoch warten viele Kunden um ihre Probleme wieder mit Ihnen besprechen zu können. Die laufenden Aufträge werden alle pünktlich und zur Zufriedenheit der Kunden ausgeführt. Es gab bisher noch keinen Grund zu Beanstandungen.
>
> Sicher freut es Sie zu hören, dass die Firma Friedrich Rüter GmbH endlich den lange erwarteten und von Ihnen vorbereiteten Auftrag erteilt hat. Wir haben eine Lieferzeit von 12 Wochen vereinbart. Sie werden also die Abwicklung selbst überwachen können. Bis dahin werden Ihr Vertreter, Herr Reinsberg, und ich alle notwendigen Vorarbeiten leisten, damit keine Verzögerung eintritt.
>
> Sehr geehrter Herr Weber, wir wünschen Ihnen weiterhin recht gute Besserung.
>
> Freundliche Grüße

5.2.4 Die Kondolation

Mit einem guten Beileidsschreiben können Sie den Leidtragenden aufrichten, ihm beistehen und das tröstliche Gefühl in ihm wecken nicht völlig hilflos und allein zu sein. Gut ist das Beileidsschreiben, wenn es aufrichtig gemeint ist und von Herzen kommt. Wer um einen Menschen trauert, ist besonders hellhörig für Echtes und Unechtes, für aufrichtig Gemeintes oder Geheucheltes. Er erkennt unfehlbar, ob der Brief aus Mit- oder bloß aus Pflichtgefühl geschrieben wurde.

In einer Kondolation

– bekundet man sein Mitgefühl,
– spricht Mut zu,
– würdigt die Verdienste des oder der Verstorbenen,
– bezeugt sein Beileid und
– bietet Hilfe an.

Wenn Sie als Sekretärin einen Beileidsbrief zu formulieren haben, schreiben Sie ihn so, wie Sie fühlen, ungekünstelt und offen. Dann wird Ihr Brief dem Empfänger Trost spenden. Sie sind dabei an keinen strengen Aufbau und an kein festes Schema gebunden. Die Anrede darf etwas herzlicher als gewöhnlich ausfallen. Statt *„sehr geehrte ..."* ist *„liebe ..."* angebracht. Überfallen Sie aber die Trauernden nicht mit Ihrer Beileidsbekundung. Vielmehr beginnen Sie mit einer alltäglichen Begebenheit, die auch Ihnen als Kondolierenden den Verlust spüren lässt. Wird der Verlust von Außenstehenden empfunden, wieviel mehr muss er die Angehörigen treffen. Bieten Sie Hilfe an und ehren schon dadurch den Verstorbenen oder die Verstorbene. Ungezwungen können Sie schreiben, was Ihnen der oder die Verstorbene menschlich und beruflich bedeutet hat, wie Sie ihn oder sie als Person und als Glied der Gemeinschaft schätzten.

Auch in einer Kondolation richtet sich der Grad der Herzlichkeit und Gefühlsbetontheit nach der persönlichen Beziehung, die man zum oder zur Verstorbenen und den Hinterbliebenen hat.

Wenn der Inhaber oder ein leitender Angestellter eines Unternehmens gestorben ist, zu dem man intensive Geschäftsbeziehungen pflegt, spricht man der Geschäftsleitung sein Beileid aus. Hat ein Mitglied der Führungsspitze auch außergeschäftlich persönliche Beziehungen unterhalten, dann ist zusätzlich ein privater Beileidsbrief an die Hinterbliebenen angebracht. Dieser ist dann natürlich wesentlich persönlicher und gefühlvoller gehalten als der Brief an die Unternehmensleitung.

Der geschäftliche Beileidsbrief, an Menschen gerichtet, die man kaum kennt, zu Ehren eines oder einer Verstorbenen, zu dem oder zu der nur sehr lose Beziehungen bestanden, scheint leichter, unverfänglicher zu sein. Tatsächlich ist er auch weniger anspruchsvoll, birgt aber die Gefahr in sich, dass Klischees verwendet, Gefühle vorgetäuscht werden, die man nicht empfindet. Er wirkt dann übertrieben und unaufrichtig. Wenn die Beziehung lose war, finden nur bescheidene und zurückhaltende Worte ein offenes Ohr.

 Beispiel 1: Brief an die Unternehmensleitung eines verstorbenen Geschäftsfreundes – ein geschäftlicher Beileidsbrief

> Sehr geehrte Herren,
>
> zum Tode des Vorsitzenden Ihres Aufsichtsrates, Herrn Dr. Ewald Röhrig, sprechen wir Ihnen unsere Anteilnahme aus.
>
> Sie haben einen großen Verlust erlitten, das tut uns leid. Herr Dr. Röhrig hat nicht nur Ihrer Firma, sondern auch unserem Lande einen großen Dienst erwiesen, als er während der ersten Jahre nach dem Krieg in verantwortungsvoller Position half die Stromversorgung weiter Regionen wieder aufzubauen.
>
> Wir sind ihm noch heute dafür dankbar.
>
> (Firmenwiederholung und Unterschriften)

Beispiel 2

Der nachfolgende Beileidsbrief ist an ein Unternehmen gerichtet, zu dem man intensive Geschäftsbeziehungen pflegt. Der Verstorbene ist persönlich bekannt, weil man mit ihm viele Jahre lang Geschäfte ausgehandelt hat. Wenn Sie die Beispiele 1 und 2 miteinander vergleichen, werden Sie feststellen, dass die Formulierungen in der zweiten Kondolation wesentlich persönlicher gehalten sind ohne aufdringlich oder zu gefühlvoll zu wirken.

> Sehr geehrte Damen und Herren,
>
> Sie trauern um Ihren tüchtigen Generaldirektor, Herrn Dr. Walter Konrads. Er hat Ihrem Unternehmen jahrzehntelang mit ganzer Kraft gedient. Zu diesem Verlust sprechen wir Ihnen unser herzliches Beileid aus.
>
> Der Verstorbene hinterlässt ein wertvolles, nachwirkendes Lebenswerk. Allein die Weitsicht, mit der er die privatwirtschaftlichen Möglichkeiten der Personalfürsorge geplant und gefördert hat, verdient unsere Achtung und Anerkennung. Wir haben sehr gern mit Herrn Dr. Konrads zusammengearbeitet. Seine Fröhlichkeit, die Geduld und Nachsicht bei Lieferungsverzögerungen beeindruckten uns sehr.
>
> Sie dürfen sicher sein, dass wir dieser starken und verdienstvollen Persönlichkeit noch lange ehrend gedenken werden.
>
> In Verbundenheit

Beispiel 3

Beileidsbrief an die Hinterbliebenen eines tödlich verunglückten Angestellten. Sie als Sekretärin wissen, dass Ihr Chef sehr betroffen ist. Er kennt den Angestellten und dessen Familie persönlich und weiß, dass der Verunglückte eine junge Frau und drei kleine Kinder hinterlässt. Der Verstorbene war ein außerordentlich tüchtiger Ingenieur, ein vorbildlicher Vorgesetzter und Ihrem Vorgesetzten gelingt es nicht, die richtigen Worte zu finden, weil er noch ganz benommen ist von der Nachricht über den Unfall. Der Brief ist sehr gefühlvoll zu formulieren, es muss zum Ausdruck kommen, dass er von jemandem geschrieben wird, der aufrichtig erschüttert ist. Trotzdem ist natürlich phrasenhafte Übertreibung zu vermeiden.

> Sehr geehrte, liebe Frau Clemens,
>
> noch nie ist mir ein Brief so schwer gefallen wie dieser. Gestern sprach und scherzte ich mit Ihrem lieben Gatten, als ob ich noch jahrzehntelang auf seine so tatkräftige und nützliche Mitarbeit zählen könnte – und heute ist er tot.
>
> Warum habe ich nicht gespürt, dass ich ihn von dieser Reise abhalten sollte? Warum habe ich ihm nicht gestern wenigstens meine Dankbarkeit gezeigt und ihm gesagt, wie wertvoll mir seine Leistungen sind.

Glauben Sie mir, der Tod Ihres Gatten, unseres hochgeachteten Kollegen und Freundes, hat mich tief erschüttert und schmerzt mich sehr. Ich wünsche Ihnen aus ganzem Herzen, dass Sie die Kraft haben die kommenden Tage und Monate zu ertragen, zu meistern und sich bald wieder zu finden. Bitte haben Sie keine Scheu mich zu beanspruchen, wenn ich Ihnen in irgendeiner Hinsicht behilflich sein kann. Ich stehe Ihnen jederzeit zur Seite.

Mit tiefer Anteilnahme

Ihr

Beispiel 4

Beileidsbrief an die Witwe des Pförtners, der plötzlich und unerwartet einem Herzinfarkt erlag. Ihr Vorgesetzter hat zu dem Verstorbenen keine persönliche Beziehung, kennt ihn aber und schätzt ihn auch, und es ist anzunehmen, dass der Verstorbene Ihrem Vorgesetzten sehr viel Hochachtung entgegenbrachte, schon allein durch die Tatsache, dass Ihr Chef zu den leitenden Angestellten des Unternehmens gehört. Diese Einleitung soll Ihnen deutlich machen, wie wichtig es ist, dass eine leitende Person des Unternehmens an die Hinterbliebenen schreibt. Der Brief ist herzlich, ehrlich, aufrichtig und freundschaftlich formuliert. Er lässt die hierarchischen Unterschiede nicht erkennen, denn es gibt in der Trauer um einen Menschen keine Hierarchien.

Sehr geehrte, liebe Frau Krause,

ein fremdes Gesicht hinter dem Fenster der Pförtnerloge, das erlebt man schon dann und wann im Arbeitsjahr. Aber man stutzt dennoch. Im Büro angekommen fand ich die Nachricht meiner Sekretärin, bei der Sie angerufen hatten. Ich konnte und kann es nicht fassen, dass Ihr Mann so plötzlich und unrettbar einem Herzinfarkt erlag. Was für eine schlimme Nacht müssen Sie durchgemacht haben!

Die ganze Belegschaft ist von dem plötzlichen Tod Ihres Mannes sehr betroffen. Sein Gesicht war uns so vertraut, stets war er freundlich und hilfsbereit. Es ist kaum vorstellbar ihn niemals mehr in seiner Pförtnerloge zu wissen. Ihm war unser Unternehmen so vertraut, dass er stets jedem Fremden sofort Auskunft darüber geben konnte, wo wer zu finden war. Wir werden ihn sehr vermissen.

Können wir etwas für Sie tun? Wir möchten Ihnen gern helfen. Unser Unternehmen wird Ihnen zur Überbrückung noch drei weitere Monate das volle Gehalt Ihres Mannes überweisen. Schließlich war er 14 Jahre lang unser hilfsbereiter Pförtner. Sein freundlicher Gruß, oft flüchtig, bisweilen ein kurzes Gespräch, gab dem Arbeitstag einen angenehmen Auftakt.

Ich möchte gern morgen gegen 17 Uhr zu Ihnen kommen, vorausgesetzt, Sie lassen mir durch Ihre Kinder keinen anderen Bescheid geben.

Wir denken an Sie. Bitte nehmen Sie unser aller Beileid entgegen.

Ihr

Dies ist zwar der längste Beileidsbrief, doch sind es der Worte nicht zuviel angesichts des Verlustes, den die Familie getroffen hat. Er zeigt, dass man persönlich betroffen ist, auch wenn es sich nicht um eine enge menschliche Beziehung zum Verstorbenen gehandelt hat.

Wir haben Ihnen vier Beispiele gegeben, die sich in der Formulierung an den persönlichen Beziehung orientieren, die der Schreiber zum Verstorbenen hatte. Wenn Sie gefordert sind, eine Kondolation zu formulieren, versetzen Sie sich in die Lage der Trauernden und versuchen, in Ihrem Beileidsbrief die folgenden Fragen zu berühren:
– Wodurch wird Ihnen der Todesfall bewusst?
– Was berührt Sie, wenn Sie an den Verstorbenen denken?
– Wie trifft Sie (oder das Unternehmen) der Todesfall?
– Denken Sie an die Trauerfamilie?
– Können Sie Hilfe anbieten?
– Planen Sie einen Trauerbesuch?

Am Schluss des Beileidsbriefes bekunden Sie Anteilnahme, Mitgefühl, Verbundenheit – je nach dem Grad persönlicher Beziehung zum Verstorbenen. Wählen Sie aber Ihre Adjektive so, dass der Gruß aufrichtig wirkt, z. B.
– in herzlicher Anteilnahme (wenn Sie die Angehörigen kennen),
– mit tiefer Anteilnahme (Beziehung zum Verstorbenen),
– in besonderer Verbundenheit (wenn Sie zu den Trauernden eine persönliche Beziehung haben),
– in Verbundenheit (etwas unpersönlicher, aber aufrichtig),
– Ihr/Ihre (wenn keine persönliche Beziehung zugrunde liegt).

Verbinden Sie mit dem Gruß keine Versprechungen, die man doch nicht einhalten kann. Formulierung, wie: *„Wir werden immer an ihn/sie denken"*, wird man Ihnen nicht glauben. Besser schreiben Sie: *„Wir werden noch lange an ihn denken"* oder: *„Er wird uns in guter Erinnerung bleiben."*

In Beispiel 1 geht es um einen geschäftlichen Beileidsbrief. Das Unternehmen, in dem der Verstorbene tätig war, wird allen, die kondoliert haben, danken. Eine solche Danksagung sollte schlicht und echt ausfallen. Meist wird sie gedruckt oder als Schemabrief an alle Geschäftsfreunde geschickt.

 Beispiel: Danksagung als Antwort auf einen Beileidsbrief zum Tode eines verstorbenen Mitarbeiters

> Sehr geehrte Herren,
>
> nach dem Tode unseres Aufsichtsratsvorsitzenden, Herrn Dr. Ewald Röhrig, sind uns von Geschäftsfreunden zahlreiche Beweise der Anteilnahme und Verbundenheit zugegangen.
>
> Wir werten sie als Ausdruck des hohen Ansehens, das der Verstorbene in weiten Kreisen genossen hat. Wir sagen Ihnen für diese Zeichen ehrenden Gedenkens unseren herzlichen Dank.
>
> (Firmenwiederholung, Unterschriften)

6 Handelskorrespondenz

6.1 Formulierungsgrundsätze

Aus jahrelanger Unterrichtserfahrung wissen wir, dass auch wichtige Regeln, die mehr als ein Dutzend Mal besprochen wurden, nicht immer beachtet werden. Deshalb noch einmal:

- Lesen Sie Ihren Brief kritisch durch,
- wählen Sie alternative Formulierungen,
- haben Sie den Mut zu streichen!

Oft sind Ausdrücke, die uns zunächst besonders gefallen, bei näherer Betrachtung überflüssig oder gar unsinnig. Dazu zwei Beispiele aus anerkannten Unterrichtswerken:

> ... „deutlich wird eine Grenze immer erst, wenn man sich zuerst einmal die aneinander grenzenden Teile verdeutlicht."

> ... „In fünf Minuten hat man das wichtigste sprachliche Rüstzeug zusammen, mit dem man in allen Lebenslagen auskommt. Derartige Modewörter werden gebraucht, weil man damit seine Zugehörigkeit zu einem bestimmten Kreis beweisen will oder weil man sich nicht bewusst ist, dass sie abgegriffene Wörter sind."

Ohne viel zu überlegen, wird geschrieben:

> „Vielen Dank für die pünktliche Lieferung der bestellten Ware."

Auf den ersten Blick wirkt dieser Satz annehmbar. Tausendfach wird es so – also falsch –, ja unsinnig formuliert.

- Nicht die Lieferung ist pünktlich, sondern die Ware ist pünktlich eingegangen (geliefert worden).
- Lieferung ist ein nominisiertes Verb, also besser verbal: liefern.
- Die bestellte Ware: „bestellte" ist überflüssig. Unbestellte Ware wird nicht pünktlich eintreffen können. Oder, was meinen Sie?
- „Ware" ist ein zu weiter Begriff. Hier sollte man die Sache beim Namen nennen, z. B.: Damen-Abendhandtaschen, T-Shirts o. ä.

✗ Beispiel

> ... „In Beantwortung Ihrer Anfrage unterbreiten wir Ihnen leider erst heute unser Angebot."

„Donnerwetter", sagt der Sachbearbeiter zu sich selbst, „das hast du aber schön formuliert." Er irrt. Der Satz ist schlechthin grausig! Sie haben das hoffentlich sofort gemerkt!

Wie muss der Satz richtig heißen?
- Leider können wir erst heute auf Ihre Anfrage antworten.
- Leider können wir erst heute die gewünschten Artikel anbieten.
- Wir kommen leider erst heute dazu Ihre Anfrage zu beantworten, und bieten Ihnen an:

All diese Möglichkeiten der Formulierungen werden Ihnen, wenn sie genügend geübt sind, „blitzartig" durch den Kopf gehen. Sie werden die unterschiedlichen Bedeutungsinhalte erkennen, die durch die gewählte Folge der Satzteile bedingt ist, und mit zunehmender Sicherheit das sagen, was Sie tatsächlich zum Ausdruck bringen wollen.

– Wenn wir etwas anbieten, wünschen wir, dass es bestellt wird.
– Wenn wir reklamieren, erhoffen wir, dass uns Ersatz geliefert wird.
– Wenn wir mahnen, erwarten wir, dass gezahlt wird.

Selbstverständlich ist Textformulierung auch Schriftverkehr und Schriftverkehr Textformulierung. Sie haben allerdings unterschiedliche Zielsetzungen und damit andere Fachinhalte.

In der **Handelskorrespondenz** werden kaufmännische Musterbriefe erarbeitet. Das sind Briefe, die zum Abschluss eines Kaufvertrages führen, also Anfragen, Angebote und Bestellungen. Dazu gehören Briefe, die die Störungen bei der Erfüllung von Kaufverträgen zum Inhalt haben, also der Schriftverkehr zur Mängelrüge, zum Zahlungs-, Lieferungs- und Annahmeverzug.

Für die Textformulierung haben wir aus diesem Themenkatalog einige typische Beispiele ausgewählt, an denen wir Ihnen besonders deutlich machen, unter welchen Bedingungen Briefe überhaupt angefertigt und vor allen Dingen beurteilt werden. Exemplarisch wird vorgestellt und geübt, was zu beachten ist, um Briefe erfolgreich zu formulieren. Briefe müssen in doppeltem Sinne „ankommen": Der Empfänger muss sie erhalten und akzeptieren.

Beachten Sie alle bisher erlernten Regeln, die wir für Sie noch einmal auflisten, und überprüfen Sie die Musterbriefe anhand dieser Regeln:

1. Lesen Sie Briefe, die Sie beantworten sollen, gründlich durch und antworten Sie zielstrebig auf die Fragen.
2. Versetzen Sie sich in die Lage des Empfängers und suchen Sie eine Ausdrucksweise, die so positiv wie möglich wirkt, auch wenn Sie eine Bitte ablehnen müssen.
3. Wenn Sie dokumentieren wollen, dass Sie mit der Meinung Ihres Briefpartners übereinstimmen, dann bringen Sie dies klar und deutlich zum Ausdruck.
4. Formulieren Sie kurz und klar, aber nicht kurz angebunden.
5. Schreiben Sie so freundlich wie möglich und so höflich wie nötig.
6. Wenn Sie beim Empfänger etwas erreichen oder durchsetzen wollen, sollten Sie die Inhalte vorteilhaft darstellen.
7. Belehren Sie nicht, wenn Sie in Ihrem Brief auf einen Fehler aufmerksam machen, der dem Empfänger unterlaufen ist.
8. Bleiben Sie immer sachlich und versuchen Sie auch Unangenehmes möglichst angenehm zu sagen.
9. Wenn Sie den Empfänger zu einer Handlung veranlassen wollen, sagen Sie ihm genau, was zu tun ist.
10. Vermeiden Sie Floskeln und Kanzleideutsch!

Dazu ein Beispiel:

Nach der ersten Lektüre des folgenden Textes, den wir in den Mitteilungen der Arbeitsgemeinschaft junger Erzieher abgedruckt fanden, wurden rege Zweifel in uns wach, ob es sich dabei in der Tat – wie behauptet – um eine amtliche Verlautbarung der Deutschen Bundespost handeln könne. Rückfragen bei der Münchner OPD brachten uns indessen Gewissheit, dass hier kein Satiriker, sondern ein ernster Vorschriftenverfasser am Werke war.

Alles über den Wertsack
Was jeder Postangehörige wissen sollte

In Dienstanfängerkreisen kommen immer wieder Verwechslungen der Begriffe „Wertsack", „Wertbeutel", „Versackbeutel" und „Wertpaketsack" vor. Um diesem Übel abzuhelfen, ist das folgende Merkblatt dem § 49 ADA vorzuheften.

Der Wertsack ist ein Beutel, der aufgrund seiner besonderen Verwendung im Postbeförderungsdienst nicht Wertbeutel, sondern Wertsack genannt wird, weil sein Inhalt aus mehreren Wertbeuteln besteht, die in den Wertsack nicht verbeutelt, sondern versackt werden.

Das ändert aber nichts an der Tatsache, dass die zur Bezeichnung des Wertsackes verwendete Wertbeutelfahne auch bei einem Wertsack mit Wertbeutelfahne bezeichnet wird und nicht mit Wertsackfahne, Wertsackbeutelfahne oder Wertbeutelsackfahne.

Sollte es sich bei der Inhaltsfeststellung eines Wertsackes herausstellen, dass ein in einem Wertsack versackter Versackbeutel statt im Wertsack in einem der im Wertsack versackten Wertbeutel hätte versackt werden müssen, so ist die in Frage kommende Versackstelle unverzüglich zu benachrichtigen.

Nach seiner Entleerung wird der Wertsack wieder zu einem Beutel und er ist auch bei der Beutelzählung nicht als Sack, sondern als Beutel zu zählen.

6.2 Der Kaufvertrag kommt zustande

Der **Kaufvertrag** gehört zu den **zweiseitigen Rechtsgeschäften**, die durch zwei übereinstimmende Willenserklärungen, dem **Antrag** und **der Annahme**, abgeschlossen werden. Sie müssen außerdem der Form und der Norm entsprechen. Kaufverträge können mündlich abgeschlossen werden, andere Verträge (Miet- und Pachtverträge für länger als ein Jahr) bedürfen der Schriftform. Die Norm verlangt, dass der Vertrag einen erlaubten Inhalt hat.

Das **Angebot** ist der Antrag, wenn die Initiative zum Abschluss eines Kaufvertrages vom Verkäufer (Lieferer) ausgeht. Bestellt aber der Käufer (Kunde), ohne dass ein Angebot vorgelegen hat, z. B. auf Grund einer Anpreisung (Werbung), so stellt die Bestellung den Antrag zum Abschluss eines Kaufvertrages dar. Im ersten Fall wäre die Bestellung, im zweiten die Auftragsbestätigung die Annahme des Kaufvertrages.

Der Antrag muss innerhalb eines Zeitraumes angenommen werden, zu dem unter verkehrsüblichen Umständen eine Annahme erwartet werden kann, d. h., ein mündliches Angebot muss sofort angenommen werden, ein schriftliches Angebot innerhalb von 8 Tagen. Längere Fristen gelten, wenn sie in gegenseitigem Einverständnis vereinbart werden. Der Anbietende bzw. der Antragsteller ist an sein verbindliches Angebot also nur gebunden, wenn die Annahmefrist gewahrt wird; an ein unverbindliches Angebot oder an eine Anpreisung ist der Lieferer **nicht** gebunden. Er muss aber die angebotene oder angepriesene Ware in einem dem Umfang der Werbung angemessenen Verhältnis vorrätig haben.

Angebote und Bestellungen, Anträge und Annahmen, also rechtswirksame Erklärungen werden **nicht** rechtswirksam, wenn

- sie zu spät abgegeben werden,
- ihre Rechtswirksamkeit eingeschränkt wird, z. B. befristete und unverbindliche Angebote,
- der Inhalt der Bestellung geändert wird, also nicht die unbedingt erforderliche Übereinstimmung vorliegt,
- das Angebot oder die Bestellung rechtzeitig widerrufen werden.

Unter bestimmten Bedingungen oder Umständen können Rechtsgeschäfte nichtig oder anfechtbar sein. Besondere gesetzliche Regelungen gelten bei Abzahlungsgeschäften und dem sog. „Kauf an der Haustür".

Ein **Rücktrittsrecht** wird beim sog. **„Kauf an der Haustür"** eingeräumt, d. h., wenn der Kaufvertrag außerhalb der Geschäftsräume eines Gewerbetreibenden abgeschlossen wird (Haustürgeschäfte, Kaffeefahrten usw.). Um den oft unerfahrenen oder überredeten Käufer zu schützen, kann dieser binnen einer Woche durch schriftliche Erklärung vom Vertrag zurücktreten (Verbraucher-Kreditgesetz).

Für **Ratenzahlungsverträge** gelten die Bestimmungen des **Verbraucher-Kreditgesetzes** vom 17. Dezember 1990. Auch hier hat der Verbraucher ein Widerrufsrecht, wenn er den Abschluss des Vertrages nicht binnen einer Woche schriftlich widerruft. Diese Frist beginnt aber erst zu laufen, wenn der Verbraucher über sein Widerrufsrecht belehrt worden ist und die Kenntnis davon unterschrieben hat.

6.2.1 Von der Anfrage zum Angebot

Oft geht dem **Angebot** eine **Anfrage** voraus und das nicht nur im Schriftverkehr des Kaufmanns, sondern auch im Privatleben. Wollen wir zum Beispiel in den Urlaub fahren, lassen wir uns aus verschiedenen Orten Prospekte kommen und, wenn Reparaturen im Haus notwendig werden, bitten wir verschiedene Handwerker um ein Angebot. Ein erfolgreicher Kauf, d. h. ein Kauf, bei dem Aufwand und Erfolg in einem optimalen Verhältnis zueinander stehen, ist sehr oft davon abhängig, dass wir die „richtigen" Bezugsquellen kennen. Deshalb gehören auch die Anschriften von Lieferern zu den gutgehüteten Geheimnissen eines jeden Kaufmanns.

Die Anfrage hat keine rechtliche Wirkung, d. h., der Anfragende braucht nicht zu kaufen, und der Empfänger der Anfrage ist auch nicht verpflichtet auf die Anfrage zu antworten.

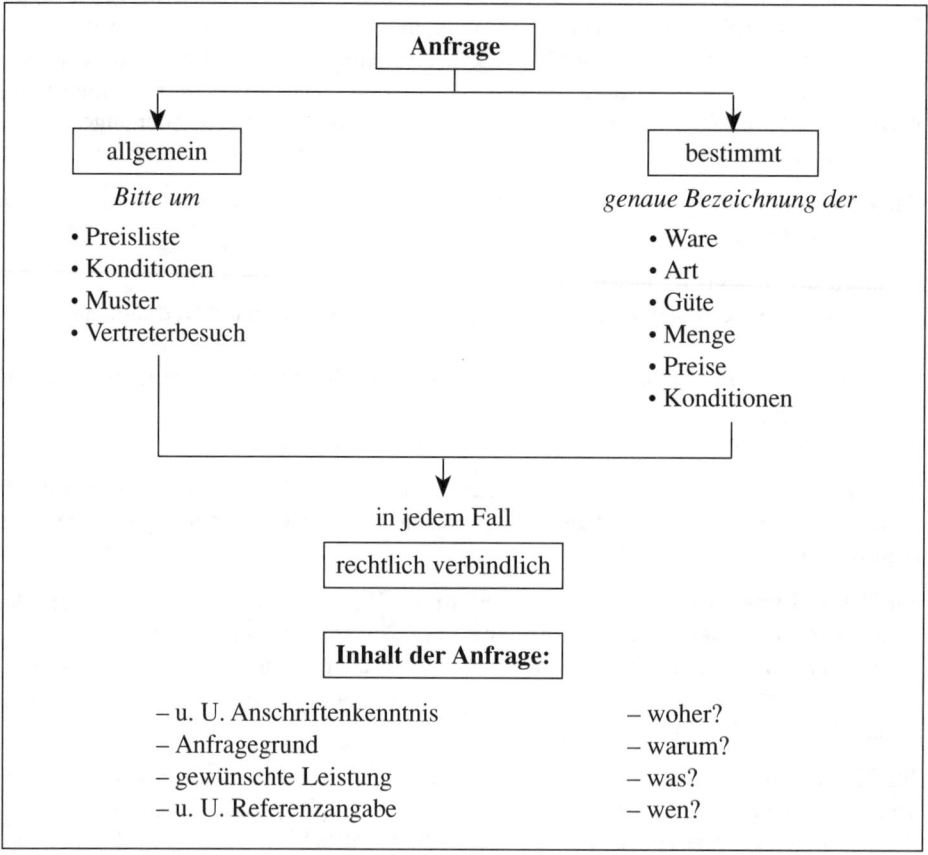

➡ **Anpreisung oder Angebot?**

Die **Anpreisung** ist nichts weiter als Werbung. Jede Zeitungsanzeige, die Ware im Schaufenster, Postwurfsendungen, Filmtheater-Werbung und vor allem die manchmal unerträgliche Fernsehwerbung gehören zu solchen Werbemaßnahmen. Sie sollen den Kunden nicht nur zum Kauf animieren (verleiten), sondern sie geben dem Kunden immer auch Informationen. Sie zeigen ihm, was es gibt, und gaukeln ihm vor, dass er das, was es gibt, auch unbedingt braucht um glücklich zu werden.

Die Anpreisung verpflichtet den Verkäufer nicht zur Lieferung. Der Kaufmann, der in einer Tageszeitung eine Anzeige aufgibt, die wahrscheinlich von Hunderttausenden von potentiellen Kunden gelesen wird, muss aber so viel der angepriesenen Ware auf Lager haben, dass er eine angemessene Nachfrage befriedigen kann. Es ist verboten, Sonderangebote auszuschreiben um die Kunden in den Laden zu locken, wo dann versucht wird weniger günstige Ware „an den Mann zu bringen". Leider ist der Nachweis, dass unter unlauteren Methoden angepriesen wird, für die Kunden schwer zu erbringen, die Konkurrenten aber bewachen sich gegenseitig.

Der Werbebrief

Es ist besonders schwer erfolgreiche **Werbebriefe** zu gestalten. Ist ein Brief als Werbebrief schon ungeöffnet zu erkennen, wird er sofort weggeworfen. Entdeckt der Empfänger aber erst beim Öffnen die Werbeabsicht des Briefes, ist er enttäuscht, wenn nicht gar verärgert, reagiert also auch nicht der Absicht des Absenders entsprechend. Um überhaupt Reaktionen auszulösen und den Empfänger wenigstens zu veranlassen den Werbebrief zu lesen, versuchen viele Firmen durch Preisausschreiben u. Ä. Kunden zu interessieren. Viele Empfänger veranlassen gerade diese albernen Wettbewerbe oder Preisausschreiben dazu die Werbung sofort zu vernichten, zumal dem Leser häufig vorgegaukelt wird, er habe gewonnen, und erst, wenn man den Text genauer liest, erfährt man, dass das Los in die Auslosung kommt.

Telefonwerbung ist nicht gestattet, wenn nicht vorher bereits eine Geschäftsverbindung mit dem Angerufenen bestanden hat. Fangen Sie bei Werbebesuchen an der Tür oder bei Werbung per Telefon gar nicht erst an zu argumentieren, sondern lehnen Sie jede Form von Kontakt ab: Schließen Sie die Tür oder legen Sie den Hörer auf, und zwar sofort!

Für Werbebriefe gelten Formulierungsstufen, die immer zu beachten sind:

A = Attention   – erst die Aufmerksamkeit des Kunden wecken,
I = Information – ihm dann Informationen über das Produkt geben,
D = Desire   – die den Wunsch auslösen es zu besitzen,
A = Action   – und ihn schließlich zur Handlung, also zum Kauf, veranlassen.

Werbung ist besonders wirksam, wenn sie den Kunden persönlich anspricht. Dazu bietet die Datenverarbeitung viele rationale Möglichkeiten, die aber von den Kunden mittlerweile alle durchschaut werden. Der wirklich persönliche Werbebrief aber ist sehr, sehr kostspielig.

Werbebrief

1. Wecken der Aufmerksamkeit
2. Werbetext – Nutzen
   Zusatznutzen
3. Beschreibung der Ware
4. Kaufwunsch
   Preise
   Lieferungs- und Zahlungsbedingungen
5. Aufforderung zur Bestellung

Der persönlich an einen Kunden gerichtete Werbebrief ist keine Anpreisung, sondern bereits ein Angebot, zwar ein unverlangtes, aber ein bindendes, sofern nicht die Bindung ausdrücklich ausgeschlossen wird.

Beispiel: Unverlangtes Angebot

Spangenberg & Söhne

Spangenberg & Söhne, Postfach 53, 60549 Frankfurt

Samt & Sonders
Geschenkartikel
Herrengraben 16

20459 Hamburg

Ihr Zeichen, Ihre Nachricht vom	Unser Zeichen, unsere Nachricht vom	Durchwahl	Frankfurt
	wd-b	3 48	96-09-30

Saisonbeginn

Attention
Sehr geehrte Frau Zilling,

kennen Sie schon unser neues Sortiment von

– orientalischen Vasen,
– Schmuckdosen,
– Porzellanfiguren?

Sie werden sich wundern, wie vielfältig unsere diesjährige Auswahl ist und wie günstig wir Ihnen diese Artikel zum Weihnachtsgeschäft anbieten.

Desire
Bitte blättern Sie den beiliegenden Katalog einmal langsam durch. Lassen Sie Bild für Bild auf sich wirken. Stellen Sie sich unser Sortiment in Ihrem Schaufenster vor. Jeder Passant wird sich von der Harmonie des aufeinander abgestimmten Sortiments angesprochen fühlen.

Interest
Wenn Sie bis zum 15. Oktober bestellen, gewähren wir Ihnen einen Händlerrabatt von ausnahmsweise 15 % auf alle Listenpreise, die im Katalog aufgeführt sind. Die Lieferzeit beträgt zwei Wochen. Bestellungen, die nach dem 15. Oktober eingehen, unterliegen unseren bekannten Geschäftsbedingungen.

Action
Am nächsten Mittwoch wird unser Repräsentant bei Ihnen hereinschauen. Er bringt einige der abgebildeten Vasen, Schmuckdosen und Porzellanfiguren mit, damit Sie sehen, dass wir nicht zu viel versprechen. Sie können dann bei Herrn Weber direkt bestellen.

Freundliche Grüße

> Ein Angebot ist immer eine an einen Kunden persönlich gerichtete Willenserklärung, ein Antrag zum Abschluss eines Kaufvertrages. Der Anbietende ist an sein (verbindliches) Angebot so lange gebunden, wie unter verkehrsüblichen Umständen eine Antwort, also eine Bestellung, erwartet werden kann.

Das bedeutet, dass ein mündliches Angebot noch während des Gesprächs, ein Angebot, das über Telex, Teletex oder Telefax aufgegeben wird, auf dem gleichen Wege angenommen werden muss (innerhalb von 24 Stunden innerhalb Deutschlands, innerhalb von 48 Stunden innerhalb des europäischen Auslands), soll es den Anbietenden zur Lieferung verpflichten. Ein schriftliches Angebot gilt in der Regel eine Woche, weil dem Empfänger eine Überlegungsfrist zugebilligt wird und die Zeit für die Postbeförderung einzurechnen ist.

Enthält ein Angebot nicht ausdrücklich einen Hinweis, dass es unverbindlich abgegeben wird oder nur befristet Gültigkeit haben soll, so gilt es als verbindlich. Der Lieferer verpflichtet sich dann zur Lieferung wie angeboten und zur Eigentumsübertragung an den Käufer.

Unverbindliche oder **befristete** Angebote erhalten Zusätze (= Freizeichnungsklauseln), zum Beispiel „ohne Obligo", „unverbindlich", „solange der Vorrat reicht", „Lieferung vorbehalten", „gültig bis …".

➡ **Form und Inhalt der Angebote:**
Angebote sind an keine bestimmte Form gebunden, d. h., sie können mündlich oder schriftlich abgegeben werden. Das Angebot soll alle Punkte enthalten, die für den Abschluss eines Kaufvertrages wichtig sind:

1. Art, Beschaffenheit und Güte der Ware
2. Menge der angebotenen Ware
3. Preis je Einheit
4. Verpackungskosten
5. Beförderungsart und -kosten
6. Lieferzeit
7. Zahlungsbedingungen
8. Erfüllungsort und Gerichtsstand

Inhalt:

| Verlangtes Angebot |
| unverlangtes Angebot |
| wiederholtes Angebot |

– Dank für die Anfrage

– Werbender Einstieg (unverl. Angebot)

– Produktbeschreibung mit Preisangaben evtl. Prospekt

– Lieferungs- und Zahlungsbedingungen

– Herausstellen der Vorteile

Beispiel: Verlangtes Angebot

Adolf Reimer OHG
Büroorganisation

Adolf Reimer OHG, Osdorfer Landstr. 124, 22549 Hamburg

Mergenthaler Linotype GmbH
Frankfurter Allee 55–75

65760 Eschborn

Ihr Zeichen, Ihre Nachricht vom	Unser Zeichen, unsere Nachricht vom	☎ (0 40) 8 41 12-1	Hamburg
	R/B	4 68	96-05-15

Angebot

Sehr geehrte Damen und Herren!

Wir bestätigen das Telefongespräch mit Herrn Direktor Roggenkamp, in dem er uns mitteilte, dass wir die Ausstattung Ihres Unternehmens mit elektronisch gesteuerten Schreibmaschinen übernehmen sollen.

Wir bieten Ihnen auf Grund der mit Ihnen geführten Gespräche an:

Electric P7	DM	950,00
Excellence 1	DM	1 170,00
Electric 151	DM	635,00

Bei Abnahme von mindestens 20 Schreibmaschinen erhalten Sie einen Mengenrabatt von 10 %. Wir liefern die Maschinen frei Haus innerhalb von 6 Wochen nach Auftragseingang. Den Wartungsdienst übernehmen auf Wunsch unsere Vertragsfirmen in Frankfurt zu den üblichen, von den Herstellern eingeräumten Sonderpreisen für Großabnehmer.

Wir würden uns freuen Ihren Auftrag zu erhalten und sichern Ihnen schon heute zu, dass wir ihn pünktlich und sorgfältig ausführen werden.

Hochachtungsvoll

Adolf Reimer

Anlage
Informationsschrift

Geschäftsräume		Bankkonto	
Osdorfer Landstr. 124	Telex	Dresdner Bank AG (BLZ 200 800 00)	Postbank Hamburg (BLZ 200 100 20)
22549 Hamburg	3 4231	Kto.-Nr. 174 310	Kto.-Nr. 301 46-201

Das **unverlangte Angebot** ist dem Werbebrief ähnlich. Aber auch das **verlangte Angebot** muss nicht zwangsläufig zum Abschluss eines Kaufvertrages führen, weil anzunehmen ist, dass sich der Kunde noch an andere Lieferer, an Konkurrenten, gewandt hat. Deswegen ist es besonders wichtig, auch beim verlangten Angebot die Vorteile unaufdringlich, aber deutlich, herauszustellen. Hören wir nicht umgehend von dem anfragenden Geschäftsmann, so senden wir ihm ein sogenanntes „wiederholtes" Angebot (Nachfass-Angebot), in dem wir noch einmal auf die Vorzüge unserer Produkte hinweisen. Werden in einem solchen wiederholten Angebot die Bedingungen verbessert, macht das keinen guten Eindruck. Auch der Hinweis auf die große Nachfrage wirkt meist wenig glaubhaft.

Schreiben Sie einfach in folgendem Sinne:
– Haben Sie unser Angebot nicht erhalten?
– Haben wir nicht alle Ihre Fragen beantwortet?
– Darf Sie einer unserer Verkaufsberater mit einem Muster unverbindlich besuchen?

Beispiele für alternative Formulierungen

Antwort auf Anfrage:
- Wir danken Ihnen für Ihre Anfrage.
- Vielen Dank für Ihre Anfrage.
- Wir freuen uns, dass Sie beabsichtigen unsere Artikel in Ihr Sortiment aufzunehmen.

Unterlagen:
- Wir fügen unseren Prospekt bei, der alle erforderlichen Angaben enthält.
- Als Anlage erhalten Sie unseren neuesten Katalog mit Preisliste.
- Kataloge und Preislisten senden wir Ihnen zusammen mit den Mustern getrennt zu.
- Prospekte und Preislisten legen wir bei.
- Wir senden Ihnen unseren neuesten Katalog mit getrennter Post.
- Entnehmen Sie bitte alle wichtigen Informationen den beigefügten Unterlagen.
- Gern senden wir Ihnen die gewünschten Muster (Proben), damit Sie Qualität und Preis prüfen können.

Schlusssatz:
- Wir würden uns freuen Ihre Bestellung zu erhalten.
- Selbstverständlich werden wir – wie immer – Ihren Auftrag pünktlich und sorgfältig ausführen.
- Wir versprechen Ihnen, dass wir die ... pünktlich liefern.
- Ich empfehle Ihnen recht bald zu bestellen, weil ich nur noch geringe Mengen auf Lager habe.
- Überzeugen Sie sich selbst durch eine Bestellung von unserer Leistungsfähigkeit.
- Sie können sich darauf verlassen, dass Sie die Waren termingerecht erhalten.
- Mein Vertreter wird in der nächsten Woche bei Ihnen vorsprechen.
- Je schneller Sie bestellen, desto schneller können wir liefern.
- Unser Repräsentant wird sich am ... bei Ihnen melden. Sie können ihm Ihre Bestellung mitgeben.

Manchmal ist es notwendig, eine Anfrage ablehnend zu beantworten, weil die nachgefragten Artikel nicht mehr geliefert werden können. Dann könnten Sie dies folgendermaßen formulieren:

 Beispiel: ablehnende Antwort auf ein verlangtes Angebot

Ihre Anfrage nach Gesundheitsmatratzen

Sehr geehrte Frau Bertram!

Vielen Dank für Ihre Bitte um ein Angebot. Leider können wir Ihrem Wunsche nicht entsprechen, da wir Gesundheitsmatratzen schon seit langem nicht mehr verkaufen.

> Allerdings verhandeln wir mit einigen Matratzen-Herstellern, haben auch einige interessante Angebote erhalten, können uns aber noch nicht entschließen diesen Artikel wieder in unser Verkaufsprogramm aufzunehmen. Dennoch sollten wir uns einmal in aller Ruhe über Ihre speziellen Wünsche unterhalten. Einer unserer Herren wird Sie gern besuchen.
>
> In den nächsten Tagen senden wir Ihnen unser Lieferprogramm. Wir sind gern bereit Ihnen zu helfen und Ihre Wünsche zu erfüllen.
>
> Freundliche Grüße
>
> P. Weimer

6.2.2 Vom Angebot zur Bestellung

Wenn Ihr Unternehmen nicht der Anbietende, sondern der Kunde ist und Sie als Sekretärin Ihrem Vorgesetzten einen Vorschlag unterbreiten sollen für die Annahme eines Angebotes, müssen Sie die Wünsche Ihres Chefs kennen und sie dann der Bedeutung nach ordnen. So stellen Sie fest, was für Sie unverzichtbar ist.

Beispiel

Wer soll mein Geschäftspartner sein? Ist er mir bekannt durch:
- schon bestehende, zufriedenstellende Geschäftsverbindungen?
- seine Produkte oder Dienstleistungen?
- Empfehlung?
- Werbung?
- Auskunftei- oder Bankauskunft?

Warum wähle ich gerade diesen Geschäftspartner?
- aus Preisgründen?
- aus Gründen der Lieferzeit?
- aus Gründen der Zuverlässigkeit?
- aus Qualitätsgründen?
- aus Servicegründen?
- aus Gründen, die alle anderen überwiegen?

Wenn Sie sich diese Fragen gewissenhaft beantworten, kommen Sie möglicherweise zu einem Ergebnis, das von Ihrer ersten Entscheidung – ich nehme das günstigste Angebot – abweicht.

Beispiel eines Angebotsvergleichs:
Die Peter Müller GmbH will 10 Jogginganzüge kaufen und bittet drei Lieferanten um ein Angebot:

Inhalte des Angebotes	Textilfabrik Rockmanns KG	Textilgroßhandel Werner Richter OHG	Textilfabrik Mahler & Sohn
Angebotspreis/Stück	59,00 DM	65,50 DM	55,00 DM
Rabatt	15 %	15 %	12 %
Bezugskosten	24,00 DM	keine	5,00 DM
Verpackungskosten	keine	8,50 DM	10,00 DM
Zahlungsbedingungen	10 Tage: 3 % Skonto	2 Wochen: 2 % Skonto	30 Tage: netto Kasse

Aus diesen Bedingungen ergeben sich für die Peter Müller GmbH folgende Einstandspreise:

	Textilfabrik Rockmanns KG	Textilgroßhandel Werner Richter OHG	Textilfabrik Mahler & Sohn
Preis für 10 Stück	590,00 DM	655,00 DM	550,00 DM
./. Rabatt	88,50 DM	98,25 DM	66,00 DM
Zieleinkaufspreis	501,50 DM	556,75 DM	484,00 DM
./. Skonto	15,05 DM	11,14 DM	— DM
Bareinkaufspreis	486,45 DM	545,61 DM	484,00 DM
+ Bezugskosten	24,00 DM	— DM	5,00 DM
+ Verpackungskosten	— DM	8,50 DM	10,00 DM
Einstandspreis	510,45 DM	554,11 DM	499,00 DM

Das preisgünstigste Angebot ist also das der Firma Mahler & Sohn.

Haben Sie das Angebot oder die Angebote geprüft, können Sie

1. das Angebot annehmen,
2. das Angebot ablehnen oder
3. um ergänzende Auskünfte bitten.

Durch zwei übereinstimmende Willenserklärungen, dem Antrag und der Annahme, kommt der Kaufvertrag zustande.

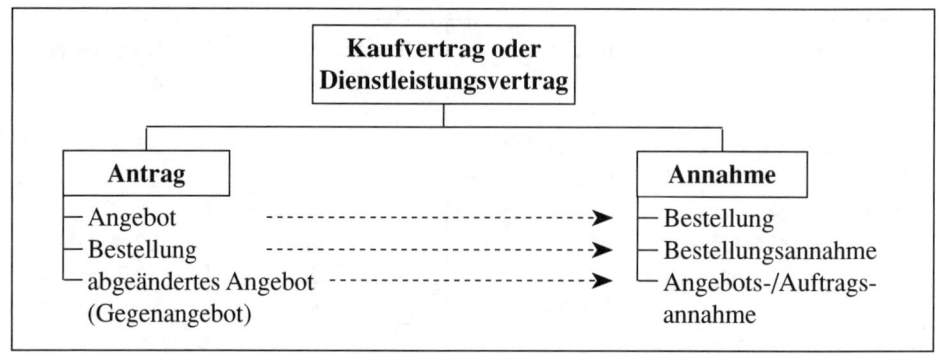

Eine Verpflichtung zur Annahme des Antrages, zur Erfüllung des Vertrages, besteht immer nur, wenn umgehend (unverzüglich = ohne schuldhafte Verzögerung) oder zu vereinbarten Fristen entsprechend angenommen wird.

Rückfragen zum Angebot werden notwendig, wenn das Angebot absichtlich unvollständig war (Hotelzimmer mit Bad? ohne Bad?) oder aus mangelnder Sorgfalt Angaben fehlten. Wenn Anfragen mit Textkonserven beantwortet werden und bei der Auswahl der Textbausteine zu unbedacht vorgegangen wird, bleibt das Angebot oft unvollständig. Das Zustandekommen und die Abwicklung des Kaufvertrages verzögert sich zu Lasten beider Vertragspartner.

> Teletex
>
> Ihr Angebot Nr. ...
>
> Lieferfristen
>
> Dank für Ihr Angebot. Ist die Lieferung von Mindestabnahmemengen bis zum ... möglich?
>
> Mfg.

> Telefax
>
> ...
>
> Aus Ihrem Angebot ist für uns nicht eindeutig zu erkennen, ob die Benutzung der Medien (Tageslichtprojektor usw.) im Mietpreis für den Sitzungssaal enthalten ist.
>
> Bitte klären Sie diese Frage umgehend!
>
> Freundliche Grüße
>
> usw.

Ändert der Käufer das Angebot, so liegt ein Gegenangebot vor. Das Gegenangebot ist ein neuer Antrag. Rückfragen und Gegenangebote lassen sich nicht immer ganz klar voneinander trennen, aber eine genaue Zuordnung ist rechtlich auch ohne Bedeutung, denn jede Veränderung – und auch eine Ergänzung, Erweiterung, Einschränkung des Angebotes ist eine Veränderung – stellt einen neuen Antrag dar.

Beispiele für Formulierungen in Gegenangeboten

> Ihr Angebot Nr. 56/94
>
> Sehr geehrte Frau Kähler!
>
> Ihr Angebot hat uns überzeugt. Vielen Dank!
>
> Leider sind wir augenblicklich nur schwer in der Lage die Ware bereits 30 Tage, nachdem wir sie erhalten haben, zu bezahlen. Bitte verlängern Sie das Zahlungsziel um weitere 30 Tage. Damit würden Sie es uns erleichtern zu günstigen Preisen eine größere Menge zu bestellen.
>
> Freundliche Grüße

> Wir danken Ihnen für Ihr Angebot. Gern würden wir sofort bei Ihnen bestellen. Vorher aber bitten wir Sie zu überlegen, ob sich für uns nicht einige Vertragsbedingungen günstiger gestalten lassen. Ihr Vorteil läge darin ziemlich sicher einen guten Kunden zu gewinnen.

Eine Auswahl möglicher Änderungswünsche:

- Die Ware muss bereits in 2 Wochen geliefert werden.
- Mengenrabatt erbitten wir bereits bei Abnahme von 100 Packungen.
- Wir rechnen mit einem Treuerabatt von 10 %, den wir auch auf andere Artikel von Ihnen erhalten.
- Liefern Sie die Ware frei Bahnstation des Käufers.
- Erfüllungsort und Gerichtsstand ist der Wohnort des Schuldners.
- Eine Vorauszahlung kommt für uns nicht in Frage, wir zahlen bei Lieferung.
- Dem Liefertermin stimmen wir nur zu, wenn wir bereits in 14 Tagen eine Teillieferung von 20 % der Gesamtmenge erhalten.

Nehmen Sie an, Ihr Unternehmen sei der Lieferant, und ein Kunde hat auf ein verbindliches Angebot ein Gegenangebot unterbreitet. Ihr Vorgesetzter hat seine Entscheidung auf dem Gegenangebot notiert und Sie formulieren die Antwort.

Beispiele: Ablehnung des Gegenangebots

> Ihre Rückfrage vom ... zu
> unserem Angebot Nr. 791/94
>
> Sehr geehrte Frau Schümann!
>
> Wir sind gern bereit auf Ihre Wünsche einzugehen. Wir freuen uns, dass Sie auf Grund unseres Angebotes bestellen wollen. Auch diesmal ist unser Angebot wieder recht günstig.

> Zu dem angebotenen Preis von ... DM liefern wir nur bei Abnahme größerer Mengen. Teilmengen können wir zu dem Preis nicht liefern. Ihnen also schlagen wir vor mit der Lieferung einer Testmenge zum Preis von ... DM einverstanden zu sein. Haben Sie dann den Artikel geprüft, werden Sie von seiner hervorragenden Qualität überzeugt sein und bei uns 1 000 Stück bestellen. Da sind wir ganz sicher und bereiten deshalb für Sie den Versand des Artikels rechtzeitig vor.
>
> Freundliche Grüße

Annahme des Gegenangebots:

> Teletex
>
> Sehr geehrter Herr Ziehrer,
>
> vielen Dank für Ihr Interesse an unserem Angebot. Wir stellen Ihnen wunschgemäß eine Teilmenge von ... in unserem Hanauer Werk bereit. Bitte holen Sie die Ware am Mittwoch bei uns ab.
>
> Hochachtungsvoll

Nun müssen wir wieder umdenken: Ihr Unternehmen ist Kunde. Sie haben verschiedene Angebote eingeholt und verglichen. Ihr Vorgesetzter kann aber nur ein Angebot annehmen und es wäre unhöflich, den Anbietern, deren Angebot nicht berücksichtigt wird, nicht zu antworten. Eine distanzierte Antwort als Absage ist deshalb oft diplomatischer als Schweigen, denn Sie wissen ja nicht, ob Sie in Zukunft auf die Bezugsquellen wieder zurückkommen müssen.

Nutzen Sie also die Absage, um die Verbindung zum Lieferer aufrechtzuerhalten. Schreiben Sie:

– Dank für das Angebot,
– Grund für die Absage,

– bekunden Sie – soweit vorhanden – Ihr Interesse an einem Angebot zu einem späteren Zeitpunkt.

✗ Beispiele

> Sehr geehrte Damen und Herren,
>
> dankle für Ihr Angebot. Unsere Kollektion für das Frühjahr ist leider schon vollständig, so dass wir in diesem Jahr nicht mehr in der Lage sind auf Ihre besonders modischen Modelle mit einer Bestellung zu reagieren. Wie wäre es im nächsten Jahr?

> Üblicherweise vergeben wir unsere Aufträge für die Frühjahrskollektion bis zum … Bitte informieren Sie uns rechtzeitig. Bestimmt werden wir Ihnen dann eine verbindlichere Antwort als in diesem Jahr geben.
>
> Freundliche Grüße

> Sehr geehrte …,
>
> vielen Dank für das für uns ausgearbeitete Angebot. Vergleiche mit maßgeblichen Anbietern haben gezeigt, dass Ihre Preise circa 7 % höher sind. Da wir die Ware schon in vierzehn Tagen vorrätig haben müssen, liegt Ihr Liefertermin für uns leider zu spät.
>
> Auch wenn wir diesmal nicht „Ja" sagen, sind wir weiterhin an Ihren Angeboten interessiert. Wir würden uns freuen, wenn Sie uns auch in Zukunft Ihre Artikel anbieten, aber bitte zeitiger!
>
> Freundliche Grüße

> Sehr geehrte …,
>
> bisher haben wir jedes Ihrer Angebote angenommen, immer zu unserem Vorteil. Ihr letztes allerdings – vielen Dank auch dafür – akzeptieren wir so nicht.
>
> Der Grund: Ihr Preis ist zu hoch (5 % über dem Ihres maßgeblichen Wettbewerbers), und die Lieferzeiten sind zu lang.
>
> Wenn Sie bereit sind, beides zu unseren Gunsten zu verändern, sollten wir uns zu einem Gespräch zusammensetzen. Passt Ihnen der …?
>
> Freundliche Grüße

Eines der verlangten Angebote wird Ihr Unternehmen wahrscheinlich annehmen. Meist ist es nicht Sache der Sekretärin, Bestellungen zu schreiben, es sei denn, Sie arbeiten für den Abteilungsleiter der Einkaufsabteilung. Bestellungen werden nur in besonderen Fällen als Brief formuliert. Um den Schriftverkehr zu rationalisieren, verwendet man für die Annahme eines Angebotes Formulare (genormter Vordruck nach DIN 4992).

> Die Bestellung ist nicht nur als Annahme eines Angebotes zu verstehen, sondern auch als Antrag zum Abschluss eines Kaufvertrages eine Willenserklärung, die bestellte Ware unter den vereinbarten Bedingungen anzunehmen und zu bezahlen.

Die **Bestellungsannahme** ist üblich, wenn auch rechtlich nicht erforderlich,

– bei neuen Kunden um Gelegenheit zu haben, zum Ausdruck zu bringen, dass wir uns über die Geschäftsverbindung freuen,
– bei großen Bestellungen um Irrtümer auszuschließen,

- bei mündlich erteilten Bestellungen um Hörfehler und Missverständnisse anderer Art auszuschliessen,
- und bei Bestellungen, die erst später oder über eine längere Zeitspanne ausgeführt werden, bei denen es also um schwierige Terminabsprachen geht.

Eine Bestellungsannahme ist erforderlich,

- wenn das der Bestellung vorausgehende Angebot freibleibend oder sonstwie eingeschränkt worden war und
- wenn die Bestellung ohne vorangehendes Angebot erfolgte, weil zwischen Lieferant und Kunden seit langem Geschäftsbeziehungen bestehen, der Kunde also die Bedingungen kennt, unter denen er bestellt, und wenn nicht sofort geliefert wird.

Wichtig für die Anwendung bestimmter Gesetze und Regeln ist es, ob ein Handelskauf oder ein bürgerlicher Kauf vorliegt. So sind für den Kaufmann das Handeln nach Handelsbrauch oder das Handeln nach Treu und Glauben vorstellbare Handlungsvorgaben, mit denen eine Privatperson in von Berufserfahrung abhängigen Situationen kaum etwas anzufangen weiß, obwohl diese Regeln natürlich im Grunde genommen für alle Menschen gelten sollten. Nur: Für den Kaufmann bedeutet zum Beispiel Schweigen = Annahme eines Antrages. Erhält der Kaufmann also eine Bestellung, so kann er sofort liefern; liefert er, ohne dass eine Bestellung vorausging, so ist die Lieferung ein Angebot. Behält der Empfänger den gelieferten Artikel, ist der Kaufvertrag zustande gekommen.

Ein bürgerlicher Kauf liegt vor, wenn keine der beiden Parteien Kaufmann ist oder der Kauf für beide Parteien kein Handelsgeschäft ist (BGB §§ 433–517).

Fassen wir also zusammen:
1. Erfolgt rechtzeitig, d. h. so zeitig, wie das unter verkehrsüblichen Umständen erwartet werden kann, eine Bestellung auf ein verbindliches Angebot, wird damit ein Kaufvertrag abgeschlossen. Der Anbieter ist verpflichtet die Ware zu den angegebenen Bedingungen zu liefern, und der „Besteller" verpflichtet sich die Ware anzunehmen und sie zu bezahlen, und zwar, wenn nichts anderes vereinbart ist, sofort.
2. Anders ist es, wenn Sie auf ein **unverbindliches Angebot** reagieren; der Anbieter hat die Möglichkeit Ihre Bestellung anzunehmen oder auch abzulehnen. In diesem Fall wird der Kaufvertrag erst durch die rechtzeitige Zusage des Anbieters begründet.
3. **Verändern** Sie die **Angebotsbedingungen** eines verbindlichen Angebots, dann stellen Sie damit einen neuen Kaufantrag, dem der Anbieter rechtzeitig zustimmen muss, bevor es zu einem Kaufvertrag kommt.
4. Manchmal kommt es vor, dass Verkäufer **unaufgefordert** eine Ware an einen Empfänger schicken. Auch wenn mit dem Anbieter bisher noch keine Geschäftsbeziehungen bestanden haben, gilt die geschickte Ware als Angebot. In diesem Fall kann ein Kaufvertrag auf dreifache Weise zustande kommen, nämlich dann, wenn der Empfänger
   - 1. die Ware in Gebrauch nimmt,
   - 2. den geforderten Preis für die Ware bezahlt oder
   - 3. den Kauf der Ware bestätigt und die Bedingungen des Angebots akzeptiert.

5. Wird die Ware hingegen **unaufgefordert** an einen langjährigen Kunden des Anbieters geschickt, kommt der Kaufvertrag allein dadurch zustande, dass der Empfänger das Angebot nicht ablehnt. Wahren Sie als Kaufmann in dieser Situation also Stillschweigen, so müssen Sie zahlen.
6. Noch ein Weg, der zum Kaufvertrag führt: Bestellt ein Käufer ohne ein vom Anbieter **vorliegendes Angebot,** so gilt der Kaufvertrag als abgeschlossen, wenn der Verkäufer die Bestellung, ohne sie zu verändern, annimmt.

Für alle beschriebenen sechs Möglichkeiten, die zum Kaufvertrag führen können, ist entscheidend, dass Käufer und Verkäufer sich über sämtliche Vertragsbedingungen rechtzeitig geeinigt haben.

Nicht immer ist genügend Zeit Waren oder Dienstleistungen schriftlich zu bestellen. Haben Sie telefonisch oder mündlich geordert, bestätigen Sie Ihre Bestellung möglichst schnell schriftlich. So lassen sich Missverständnisse vermeiden und Sie haben bei eventuellen späteren Rechtsstreitigkeiten beweiskräftige Unterlagen zur Hand.

Viele große Firmen benutzen für ihre Bestellungen vorgedruckte Formulare mit mehreren Kopien, die für die betriebsinterne Abwicklung an verschiedene Abteilungen weitergeleitet werden: Wareneingangskontrolle, Material, Lager, Buchhaltung usw.

In einer Bestellung

- beziehen Sie sich auf das Angebot. Wodurch haben Sie davon Kenntnis genommen? Vertreterbesuch? Anzeige? Angebotsschreiben? Prospekt oder Katalog? Messegespräch? Haben Sie fernmündlich bestellt, beziehen Sie sich auf das Telefongespräch;
- beschreiben Sie die bestellte Ware so präzise, dass Missverständnisse ausgeschlossen sind: Art, Qualität, Menge und Preis sind wichtig;
- legen Sie den Liefertermin und die Versandart fest: Wann und womit wird geliefert?
- notieren Sie, wie und wann Sie bezahlen wollen. Sofort? Skonto? In Raten?
- Sonderwünsche, wie z. B. Lieferung auf Abruf oder direkt an den Endverbraucher, geben Sie präzise an.

 Beispiele: Bestellung, kurz und bündig formuliert

Bestellung

Sehr geehrte ...,

entsprechend Ihrem Angebot vom ... bestellen wir 1 000 l weiße Dispersionsfarbe zum Preis von ... DM je 20 l-Eimer.

Freundliche Grüße

Diese Kurzform für eine Bestellung ist ausreichend, wenn Sie mit den Bedingungen eines verbindlichen Angebots einverstanden sind.

Beispiel: Bestätigung einer telefonischen Bestellung an den Lieferanten

Bestätigung

Sehr geehrte …,

wir bestätigen unsere telefonische Bestellung vom 00.00.00 über:

500 Daunenschlafsäcke, Katalog-Nr. 87
zum Preis von … DM pro Stück.

Sie liefern frei Werk … in Verpackungseinheiten von jeweils 20 Stück. Die Verpackungskosten werden pro Einheit mit … DM berechnet.

Mit Ihren Lieferbedingungen sind wir einverstanden.

Wir zahlen innerhalb von 30 Tagen nach Eingang der Ware.

Freundliche Grüße

 Beispiel: Ausführliche Bestellung

Bestellung

Sehr geehrte …,

vielen Dank für Ihre Teeproben. Aus diesem Angebot bestellen wir laut Preisliste frachtfrei Bremerhaven:

50 kg Gold Leaf Darjeeling, Nr. 573 kg/DM …
50 kg Yünnan Flowery OP, Nr. 46 kg/DM …
50 kg Ceylon OP, Nr. 21 kg/DM …
50 kg Mandeltee, Nr. 88 kg/DM …

Bitte, liefern Sie unbedingt noch vor Pfingsten.

Wie vereinbart zahlen wir 30 Tage, nachdem die Ware bei uns eingegangen ist.

Aufgrund des Umfangs dieser Bestellung bitten wir um einen Mengenrabatt von 2 % auf die Gesamtmenge.

Wir hoffen sehr, dass die Ware den vorgelegten Proben entspricht.

Freundliche Grüße

✗ Beispiel: Bestätigung einer telefonischen Bestellung an den Kunden

> Ihre telefonische Bestellung vom 00.00.00
> über 50 elektronische Speicherschreibmaschinen, Typ ...
>
> Sehr geehrte Damen und Herren,
>
> wir haben uns gefreut nach längerer Zeit wieder einen Auftrag von Ihnen erhalten zu haben. Vielen Dank!
>
> Sie bestellten verbindlich telefonisch:
>
> 50 elektronische Schreibmaschinen vom Typ ... zu unseren „allgemeinen Geschäftsbedingungen" (siehe Anlage), die am ... geliefert werden.
>
> Der vereinbarte Preis gilt für die verpackte Ware ab Werk Neu Isenburg, Kronengasse 13.
>
> Unser Spediteur verlangt für den Transport der Maschinen zu Ihrer Filiale nach ... DM ..., so dass der Preis pro Maschine bei Anlieferung ... DM beträgt. Holen Sie die Maschinen ab, kostet Sie das Stück ... DM.
>
> Der Gesamtauftragswert beträgt bei Anlieferung durch Spediteur ... DM, bei Abholung ... DM. Alle Preise exklusive 15 % Umsatzsteuer.
>
> Gerichtsstand und Erfüllungsort für beide Teile ist Neu Isenburg.
>
> Bitte teilen Sie uns bis zum 00.00 00 mit, ob Sie die Anlieferung durch unseren Spediteur wünschen.
>
> Freundliche Grüße

Inhalt einer Bestellungsannahme (oder Auftragsbestätigung):

- Dank für die Bestellung.
- Wiederholung der Bestellung, wenn diese mündlich erfolgt ist. Bei schriftlich vorliegendem Auftrag reicht der Verweis auf die Bestellnummer und das Absendedatum. Bei umfangreichen Aufträgen schicken viele Firmen eine bestätigte Kopie des Auftrags, so spart man sich die Wiederholung der Verkaufsbedingungen.
- Bei mündlichen Bestellungen sollten der Liefertermin und andere Bedingungen noch einmal genannt werden.
- Korrekturen und Änderungen der Bestellung, wenn nötig verbunden mit der Bitte um deren Bestätigung.

Nun kennen Sie eine Reihe von Briefen, die zum Zustandekommen eines Kaufvertrages führen. Es kann aber auch vorkommen, dass man übereilt bestellt hat.

Die Post hat gerade das Unternehmen verlassen und Sie erfahren, dass das Zustandekommen des Kaufvertrages verhindert werden muss. Die Bestellung ist zu widerrufen. Sie wird wirksam, wenn sie beim Lieferanten eingegangen ist. Deshalb muss der **Widerruf** entweder **gleichzeitig** mit oder vor **Eintreffen der Bestellung** den Lieferanten erreichen.

Ein Widerruf muss nicht schriftlich abgegeben werden. Man kann auch telefonieren, ein Telex oder Telefax schicken oder per Teletex widerrufen. Macht man von diesen Möglichkeiten Gebrauch, wird die schriftliche Form des Widerrufs nachgereicht.

Was passiert, wenn jemand es nicht schafft, rechtzeitig zu widerrufen? Er ist auf das Wohlwollen des Lieferanten angewiesen, d. h., dieser kann den Widerruf annehmen oder ablehnen. Auf jeden Fall sollte der Kunde um Entgegenkommen bitten.

Ob die Bitte angenommen wird, hängt natürlich auch davon ab, ob dem Lieferanten vor Eingang des Widerrufs schon Kosten entstanden sind. Er wird die bereits entstandenen Kosten wahrscheinlich zurückverlangen.

In einem Widerruf einer Bestellung

– teilen Sie mit, welche Bestellung Sie widerrufen wollen.
– stornieren Sie. Handelt es sich um die schriftliche Bestätigung eines bereits fernmündlich oder telegrafisch erteilten Widerrufs, wiederholen Sie den Inhalt des Telefonats oder den Wortlaut des Telegramms.
– begründen Sie Ihren Widerruf und Sie entschuldigen sich.
– stellen Sie dem Lieferanten in Aussicht ihn bei zukünftigen Aufträgen zu berücksichtigen. Dies ist nur sinnvoll, wenn Sie es auch wirklich vorhaben.

 Beispiel: Widerruf einer Bestellung

> Widerruf unseres Auftrags vom 00.00.00
>
> Sehr geehrter Herr Krahl,
>
> vor zwei Tagen bestellten wir bei Ihnen 100 Taschenrechner, Marke ..., Modell ...
>
> Gestern mussten wir diesen Auftrag leider stornieren, weil unser Kunde überraschenderweise Konkurs angemeldet hat. Unseren fristgerechten Widerruf haben wir Herrn ... aus Ihrem Hause um 14.30 Uhr telefonisch mitgeteilt.
>
> Bitte entschuldigen Sie die auch für uns unerwartete Zurücknahme dieses Auftrags.
>
> Freundliche Grüße

Natürlich kann eine Bestellung auch abgelehnt werden, wenn zum Beispiel die bestellte Ware nicht mehr vorrätig ist oder nicht mehr hergestellt wird, wenn der Lieferant die Bedingungen einer Bestellung nicht akzeptieren kann oder wenn er an der Zahlungsfähigkeit eines Käufers zweifelt oder, oder ...

Welche Gründe auch immer zu einer **Bestellungsablehnung** führen mögen, der Lieferant ist verpflichtet seine Ablehnung schnellstens mitzuteilen. Denn: Schweigen gilt als Annahme einer Bestellung. Es ist sinnvoll die Ablehnung einer Bestellung mit einem angemessenen Gegenangebot zu verbinden.

Inhalt der Ablehnung:

- Dank für den Auftrag,
- Ablehnung der Bestellung und Begründung dieser Entscheidung,
- neues Angebot, wenn möglich.

✖ Beispiel: Produktion wurde eingestellt

> Ihre Bestellung vom 00.00.00
> Produktionseinstellung
>
> Sehr geehrte …,
>
> wir erinnern uns gern an Sie. Deshalb ist es besonders bedauerlich, dass wir Ihre Bestellung nicht ausführen können.
>
> Seit eineinhalb Jahren stellen wir keine … mehr her. Wir haben uns auf die Produktion von … spezialisiert.

✖ Beispiel: Preis hat sich geändert

> Auftragsbestätigung
> Ihre Bestellung vom 00.00.00
> Preisänderung
>
> Sehr geehrte …,
>
> Ihre Bestellung – vielen Dank! – würden wir gern ausführen.
>
> Jedoch haben sich die Kakaopreise im Vergleich zum Vorjahr um 2 % erhöht. Der Gesamtauftragswert für die von Ihnen bestellten Schokoladenosterhasen erhöht sich entsprechend und beträgt … DM.
>
> Alle anderen Konditionen Ihrer Bestellung akzeptieren wir.
>
> Bitte teilen Sie uns in den nächsten Tagen mit, ob Sie zu unseren veränderten Preisen bestellen wollen. Wir würden uns freuen.
>
> Freundliche Grüße

Beispiel: Es wurde zu spät bestellt

> Unser Angebot vom 00.00.00
> Ihre Bestellung vom 00.00.00
>
> Sehr geehrte ...,
>
> gern hätten wir Ihre Bestellung angenommen, doch leider ist sie zu spät eingetroffen.
>
> Unser Angebot war bis zum 00.00.00 befristet. Bei unserem Lieferanten sind selbst Restbestände nicht mehr zu haben, sonst hätten wir Ihnen bestimmt weitergeholfen.
>
> Eine neue Lieferung erhalten wir erst in zwei Monaten. Wollen Sie Ihre Bestellung bis dahin aufrechterhalten? Wir würden uns freuen.
>
> Freundliche Grüße

Bitte beachten Sie aber: Hat der Kunde rechtzeitig auf Grund eines verbindlichen Angebotes bestellt, so ist der Lieferer an sein Angebot gebunden. Er muss liefern oder Schadensersatz leisten, es sei denn, der Kunde zieht seine Bestellung einvernehmlich zurück!

6.3 Störungen bei der Erfüllung des Kaufvertrages

Beim Kaufvertrag unterscheiden wir zwei Stufen:

- das **Verpflichtungsgeschäft** und
- das **Erfüllungsgeschäft**.

Beim Verpflichtungsgeschäft verpflichten sich (= erklären) die Vertragspartner, einwandfreie Ware pünktlich zu liefern (Verkäufer), sie anzunehmen und zu bezahlen (Käufer).

Beim Erfüllungsgeschäft wird die Verpflichtung realisiert. Und hierbei kann es zu Störungen kommen, weil

- der Kunde die Ware nicht annimmt,
- der Lieferant nicht pünktlich liefert,
- der Lieferant mangelhafte Ware liefert,
- der Kunde nicht pünktlich bezahlt.

Derjenige, der eine Leistung (Lieferung, Zahlung oder Annahme) schuldet, gerät in Verzug, wenn er ein ihm gesetztes Datum überschreitet. Wenn *„Lieferung binnen drei Wochen"* vereinbart ist, so steht kein Datum fest. Das bedeutet für den Leistungsgläubiger (in diesem Fall für den Kunden), dass er eine Lieferanmahnung schreiben und eine Nachfrist (mit Datum!) setzen muss. Erst nach Überschreiten dieser Nachfrist tritt der Verzug ein und kann der Leistungsgläubiger von seinen Rechten Gebrauch machen. Wenn im Kaufvertrag bereits ein Datum für Lieferung, Annahme oder Zahlung vereinbart worden war, dann ist

– Wandlung (Ware gegen Geld, Kaufvertrag wird rückgängig gemacht),
– Umtausch (Ware gegen Ware),
– Minderung (Preisnachlass),
– Nachbesserung (wenn dies möglich ist, z. B. bei Möbeln),
– Schadenersatz (Schaden muss nachgewiesen werden!).

Im ersten Beispielbrief wurde Minderung verlangt.

Beispiel 2: Es wird Umtausch verlangt – Qualitätsmangel

Sehr geehrte Damen und Herren,

Ihre Lieferung Damen-Bademäntel aus Samt ist pünktlich eingetroffen. Wir haben die Ware sofort geprüft und festgestellt, dass der Samt von sehr minderer Qualität ist. Wir hatten ausdrücklich Baumwollsamt bestellt. Das verwendete Material besteht aber zu mindestens 50 % aus Polyester, wie eine Brennprobe bewies. Ausgezeichnet sind die Bademäntel mit einem Hinweis auf 100 % Baumwolle.

Wir vermuten, dass in der Näherei ein Fehler passiert ist. Wahrscheinlich wurden die falschen Qualitätsanhänger eingenäht.

Falsch gekennzeichnete Ware können wir nicht verkaufen. Wir stellen Ihnen den gesamten Posten zur Verfügung und bitten Sie uns umgehend die bestellten Mäntel zu liefern.

Bitte, teilen Sie uns mit, ob Sie die Mäntel abholen lassen oder ob wir Sie Ihnen auf Ihre Kosten zurücksenden sollen.

Freundliche Grüße

Beispiel 3: Es wird Umtausch verlangt (falsche Ware)

Sehr geehrte Damen und Herren,

vielen Dank für die pünktliche Lieferung der Damen-Bademäntel.

Wir haben die Bademäntel unverzüglich geprüft und dabei herausgefunden, dass der Stoff von minderer Qualität ist und nicht mit dem Muster übereinstimmt, das Sie uns mit Ihrem Angebot zusandten.

Ein Vergleich mit unserer Bestellung und Ihrem Lieferschein ergab, dass sich in der Angabe der Artikelnummer ein Zahlendreher eingeschlichen hat. Statt der bestellten Artikelnummer 574 haben Sie Nr. 547 geliefert.

Für die gelieferte Qualität finden wir keine Käufer. Wir bitten Sie uns die bestellten Damen-Bademäntel unverzüglich zukommen zu lassen und die gelieferten wieder abzuholen.

Freundliche Grüße

Beispiel 4: Es wird Nachbesserung verlangt

> Sehr geehrte Damen und Herren,
>
> Ihre Lieferung Damen-Bademäntel ist pünktlich eingetroffen.
>
> Leider sind bei 10 Mänteln die Säume nicht genäht. Bitte, veranlassen Sie, dass die schadhaften Mäntel bei uns abgeholt werden. Oder sollen wir sie Ihnen auf Ihre Kosten zusenden?
>
> Bitte lassen Sie die Schäden in Ihrer Näherei beheben. Es ist wichtig, dass wir die Damen-Bademäntel bis zur Geschäftseröffnung am 1. September zurückerhalten. Falls dies zeitlich nicht machbar ist, erwarten wir, dass Sie uns 10 einwandfreie Mäntel nachliefern.
>
> Freundliche Grüße

Für den Lieferanten ist eine Mängelrüge immer Anlass sich um den Kunden besonders zu bemühen, sich zu entschuldigen und evtl. im eigenen Betrieb nachzuforschen, wo der Fehler verursacht wurde, damit für die Zukunft solche unangenehmen Vorfälle nicht mehr passieren.

In vielen Unternehmen ist es üblich, bei ärgerlichen Vorkommnissen und Mängelrügen von guten Kunden einen leitenden Angestellten mit deren Bearbeitung zu betrauen. Der Leiter einer Verkaufsabteilung ist ja schließlich für den reibungslosen Ablauf der Auftragsabwicklung verantwortlich.

So könnte es sein, dass Sie als Sekretärin damit beauftragt werden dem Kunden nach Stichworten zu antworten.

Inhalt einer Antwort auf eine Mängelrüge:

- Sie entschuldigen sich für den Vorfall und drücken Ihr Bedauern aus, dass dem Kunden Unannehmlichkeiten entstanden sind.
- Machen Sie deutlich, dass Sie alles tun werden um den Kunden zufrieden zu stellen.
- Erklären Sie, wie es zu dem Versehen gekommen ist. Denkbar ist, dass
    - die Bestelldaten falsch übermittelt wurden,
    - sich die Versandabteilung beim Verpacken versehen hat,
    - die Ware vor dem Versand nicht sorgfältig geprüft wurde,
    - der Spediteur die Lieferscheine verwechselt hat,
    - der Schaden durch mangelhafte Verpackung verursacht wurde.
- Schlagen Sie vor, wie Sie sich die Regulierung vorstellen. Das kommt natürlich darauf an, was der Kunde verlangt. So können Sie einen Preisnachlass vereinbaren, die Ware umtauschen, nachbessern, oder – wenn der Kunde sehr verärgert ist – die Ware zurücknehmen und den Auftrag stornieren.
- Versichern Sie dem Kunden, dass sich ein solcher Vorfall nicht wiederholen wird.

Beispiel: Antwort auf eine Mängelrüge

> Sehr geehrte Damen und Herren,
>
> wir waren erschrocken, als wir von Ihnen die Nachricht erhielten, dass bei 10 Bademänteln die Säume nicht genäht sind.
>
> Wir bedauern diesen Vorfall sehr und haben sofort nachgeforscht, wie dieser Fehler entstanden sein könnte. Es ist in der Näherei passiert, als ein Mitarbeiter einen Posten mit dem Vermerk ausgestattet hat, dass dieser versandbereit sei. Er hat den falschen Stapel ausgezeichnet, weil eine andere Mitarbeiterin die für Sie bestimmten Mäntel an einem anderen Ort gestapelt hatte. Und leider hat man beim Verpacken nicht noch einmal kontrolliert, ob alles in Ordnung ist.
>
> Wir haben sofort veranlasst, dass die fehlerhaften Mäntel bei Ihnen abgeholt werden. Morgen vormittag wird einer unserer Lieferwagen bei Ihnen sein. Nachmittags werden wir den Schaden beheben und übermorgen liefern wir Ihnen die nachgebesserten Mäntel in einwandfreiem Zustand. Dann sind sie drei Tage vor Ihrer Geschäftseröffnung im Besitz einwandfreier Ware.
>
> Es tut uns leid, dass wir Ihnen Unannehmlichkeiten verursacht haben. Wir versichern Ihnen, dass wir zukünftige Aufträge mit besonderer Sorgfalt ausführen werden und dass sich so ein Vorfall nicht wiederholen wird.
>
> Freundliche Grüße

6.3.2 Lieferverzug

Der Lieferer gerät in Verzug, wenn er nicht zu dem fest vereinbarten Termin liefert (Fixgeschäft: Lieferung am 10. November), wenn er die Nachfrist verstreichen lässt, die ihm bei einem unbestimmten Liefertermin (Termingeschäft: Lieferung innerhalb 4 Wochen oder Anfang nächsten Monats) gesetzt werden muss, oder wenn er bei einem Zweckkauf nicht zu dem Zweck liefert, zu dem die Ware benötigt wird (Zweckkauf = Ausverkauf; Ware zum Beginn des Ausverkaufs).

Bei **Lieferverzug** kann der Kunde

- **vom Kaufvertrag zurücktreten.** – Dies empfiehlt sich bei Saisonartikeln (Schokoladenostereier) oder, wenn man die Ware zu einem bestimmten Ereignis braucht (Geschäftseröffnung) und sie sich noch schnell anderswo beschaffen kann.
- **auf Nachlieferung der bestellten Ware bestehen,** wenn er die Ware nach wie vor braucht und keinen anderen Lieferanten gefunden hat.
- **Schadenersatzansprüche wegen Nichterfüllung stellen,** wenn er sich die Ware bei einem anderen Lieferanten teurer beschaffen muss (Deckungskauf, konkreter Schadenersatz) oder ihm durch den Verzug Gewinn entgangen ist (abstrakter Schadenersatzanspruch).

Schadenersatzansprüche, die nach einem Deckungskauf geltend gemacht werden, lassen sich genau errechnen. Der in Verzug geratene Lieferant muss die Differenz zwischen seinem und dem Preis des Ersatzlieferanten an den Kunden ausgleichen. Das ist aber nur möglich, wenn es sich um Gattungsware handelt, also um Ware, die in gleicher Art und Qualität auch von anderen Unternehmen geliefert werden kann (Lebensmittel, Oberhemden).

Schwierig ist es den abstrakten Schaden zu bestimmen, denn den entgangenen Gewinn kann man nur schätzen oder mit Belegen aus der vergangenen Rechnungsperiode ermitteln. Lieferant und Kunde werden sich einigen, wenn die Vorstellungen über die Höhe des Schadens auseinanderklaffen. Um solche Verhandlungen nicht führen zu müssen, wird häufig eine Konventionalstrafe vereinbart, die der Leistungsschuldner zu zahlen hat, wenn er in Verzug gerät.

Inhalt einer Lieferanmahnung:

– Beziehen Sie sich auf die Bestellung und gegebenenfalls auf die bereits erfolgte erste Erinnerung; geben Sie auch an, seit wann Sie auf die Lieferung warten bzw. für wann Ihnen der Verkäufer die Lieferung zugesagt hat.
– Machen Sie deutlich, dass Sie immer noch an der Lieferung der bestellten Ware interessiert sind, und begründen Sie Ihr Interesse.
– Setzen Sie eine Nachfrist für die Lieferung Ihrer Bestellung.
– Kündigen Sie an, welches Recht Sie in Anspruch nehmen werden, wenn die neue Lieferfrist vom Verkäufer nicht eingehalten wird.

Formulierungsbeispiele

Wir bestellten bei Ihnen am … Leider haben wir die Ware bis heute nicht erhalten, und zwar offenbar durch Ihr Verschulden.

Sie sind ganz offenbar (offensichtlich) schuld daran, dass wir die bei Ihnen am … bestellten … immer noch nicht erhalten haben.

Wenn es Ihnen aus irgendwelchen Gründen unmöglich ist pünktlich zu liefern, hätten Sie uns darüber rechtzeitig informieren müssen und sicher auch können. Wir fragen uns, warum Sie das nicht getan haben.

Seit Jahren liefern Sie die von uns bestellten Artikel stets pünktlich (zu den vereinbarten Terminen). Warum warten wir nun schon seit Tagen vergebens darauf, dass Sie die … liefern? Bitte melden Sie sich sofort. Geben Sie uns Bescheid, wann die Ware bei uns eintrifft. Wir genötigen sie dringend!

Beispiel 1: Ein Lieferant gerät in Verzug bei einem Fixgeschäft (ein genaues Lieferdatum war vereinbart)

Lieferverzug …

Sehr geehrter Herr Friedrichs!

Wir haben am … 20 Rollen 16 mm Farbnegativ-Material Nr. 9472 bestellt. Sie hatten uns ausdrücklich zugesagt bis zum ……… zu liefern.

> Seit drei Tagen warten wir vergeblich auf das bestellte Material. Jetzt ist unsere Geduld zu Ende. Die Negativ-Filme werden uns morgen von einem Ihrer Konkurrenten geliefert. Allerdings kosten die Filme bei der Konkurrenz erheblich mehr. Die Differenz zwischen Ihrem Preis und dem, der uns jetzt berechnet wird, müssen Sie uns ersetzen. Eine genaue Abrechnung schicken wir Ihnen in den nächsten Tagen.
>
> Hochachtungsvoll

Selbstverständlich kann man nur mit solcher Härte vorgehen, wie der Brief ausdrückt, wenn man sicher ist, dass man von anderer Seite die gewünschte Ware erhalten kann. Ist das nicht der Fall, ist ein Kompromiss anzustreben. So könnte zum Beispiel auch bei einem Fixgeschäft eine Nachfrist gesetzt werden, und es könnte der Lieferer auf die Folgen aufmerksam gemacht werden, die sich ergeben, wenn sich die Lieferung weiter verzögert oder ausbleibt.

 Beispiel 2: Setzen einer Nachfrist

> Splittlieferung – Bestell-Nr. 359/21
>
> Sehr geehrte …,
>
> am 00.00.00 bestellten wir bei Ihnen 10 t Splitt. Bis heute haben wir die Ware – durch Ihr Verschulden – nicht erhalten.
>
> Unsere Bestände gehen zur Neige und die Nachfrage nach dem Streugut steigt angesichts der derzeitigen Wetterverhältnisse.
>
> Bitte liefern Sie den Splitt bis spätestens 00.00.00.
>
> Freundliche Grüße

Natürlich weiß der Abnehmer nicht, welche besonderen Umstände dazu geführt haben, dass der Verkäufer die Ware nicht pünktlich lieferte. Es wäre deshalb unklug, gleich von vornherein mit allzu großer Schärfe zu mahnen. Immer ist es peinlich unbedachte Vorwürfe später zurücknehmen zu müssen.

Wenn der Kunde eine Nachfrist gesetzt hat und diese eingehalten werden kann, dann wird die Angelegenheit möglicherweise vom zuständigen Sachbearbeiter erledigt. Wenn es sich aber um ein Fixgeschäft handelt und Ihr Unternehmen in Verzug gerät, wenn Schadenersatzansprüche geltend gemacht werden oder wenn die Nachfrist bereits überschritten wurde, dann ist es Zeit, dass sich ein leitender Angestellter um den Kunden kümmert, und dann sind Sie als Sekretärin gefordert, Formulierungsvorschläge zu unterbreiten oder nach Stichworten einen Brief zu schreiben.

Der Aufbau einer Antwort auf eine Lieferanmahnung richtet sich natürlich danach, was und in welchem Ton der Kunde geschrieben hat. Auf jeden Fall muss ein solches Schreiben zwei Punkte enthalten, und zwar:

- Entschuldigen Sie sich zuerst für den Lieferverzug bzw. dafür, dass die Ware noch nicht beim Käufer eingetroffen ist.
- Erklären Sie, wie es dazu kam.

Für den Fall, dass eine Nachfrist gesetzt wurde, teilen Sie dem Käufer mit, ob Sie diese einhalten können oder ob Sie andere Vorschläge anzubieten haben. Für den Fall, dass der Käufer vom Kaufvertrag zurückgetreten ist, sollten Sie Ihr Bedauern ausdrücken und Ihr Interesse äußern weiterhin mit dem Kunden in Geschäftsverbindung bleiben zu wollen. Sollten Sie dieses Interesse mit einem günstigen Angebot verdeutlichen können, so gibt es keinen Grund, dies nicht zu tun. Natürlich immer vorausgesetzt, dass Sie auch tatsächlich interessiert sind.

Angenommen, ein Kunde macht Schadenersatzansprüche geltend: Der Verantwortliche wird diese prüfen und den Schaden bezahlen, wenn er von der Richtigkeit der Forderung überzeugt ist. Zweifelt er die Höhe des Schadens an, z. B. weil er meint, dass ein Schaden nicht die unmittelbare Folge des von Ihnen verursachten Lieferverzugs ist, dann wird der Schaden beglichen, der plausibel und nachvollziehbar scheint. Um den Rest wird man sich streiten, Zweifel begründen und den Kunden um eine Erklärung bitten.

 Beispiel 1: Antwort auf Lieferanmahnung; Nachfrist kann eingehalten werden

> Sehr geehrter Herr Krämer,
>
> leider mussten Sie uns erst daran erinnern, dass wir nicht rechtzeitig geliefert haben. Selbstverständlich hätten wir Ihnen mitteilen müssen, dass sich die Lieferung verzögern würde, aber leider konnten wir das vorher nicht erkennen.
>
> Von den außergewöhnlich niedrigen Temperaturen dieses Winters sind auch wir überrascht worden. Der Frost hat alle unsere Planungen zunichte gemacht. Die Nachfrage hat sich so gewaltig erhöht, dass wir Mühe haben alle unsere Kunden zufriedenzustellen.
>
> Unser Hersteller hat uns jedoch verbindlich zugesagt unsere nachbestellten Splittmengen bis zum ... zu liefern, so dass wir in der Lage sind die von Ihnen gesetzte Nachfrist einzuhalten.
>
> Wir danken Ihnen sehr für Ihr Verständnis.
>
> Freundliche Grüße

Beispiel 2: Der Kunde beansprucht Ersatz seines Schadens (abstrakt), der nicht in voller Höhe von Ihrem Vorgesetzten akzeptiert wird

> Natürlich bedauern wir sehr, dass wir die von Ihnen bestellten Artikel nicht geliefert haben, obwohl wir Ihnen die Lieferung ausdrücklich zusagten. Dadurch haben wir aber nicht nur Ihnen Ärger verursacht, sondern auch uns Schaden zugefügt.
>
> Wir werden in Zukunft alles tun um nicht nur solche Vorfälle zu vermeiden, sondern darüber hinaus Ihnen gegenüber besonderes Entgegenkommen beweisen. Ihre Schadensersatzforderung erstaunt uns allerdings. Sie gehen bei Ihren Berechnungen davon aus, dass Sie die Artikel mit dem höchstmöglichen Gewinn in kürzester Zeit abgesetzt hätten, wir dagegen meinen, dass Sie bei normalem Geschäftsverlauf bestensfalls einen Reingewinn von … DM erzielt hätten. Diesen Betrag haben wir Ihnen heute überwiesen.
>
> Wir bedauern diesen Vorfall und denken, dass Sie mit der von uns vorgenommenen Regulierung Ihrer Ersatzansprüche einverstanden sind.
>
> Wir danken Ihnen für Ihr Verständnis!
>
> …

6.3.3 Annahmeverzug

Nimmt ein Käufer die bestellte Ware nicht an, so befindet er sich im **Annahmeverzug**. Daraus ergeben sich für die Lieferanten rechtlich abgesicherte Handlungsmöglichkeiten:

– Die Ware kann bei einem Spediteur auf Kosten des Käufers hinterlegt werden. Eine Mahnung muss diesem Schritt nicht vorausgehen, denn – Sie wissen ja – ein Kaufvertrag verpflichtet beide Seiten: den Verkäufer zur pünktlichen Lieferung einwandfreier Ware und den Käufer zur Annahme und Bezahlung der Ware. Durch Annahmeverzug wird dieser Kontakt nicht erfüllt. Eine Vorwarnung in Form einer Mahnung verändert den Tatbestand des Vertragsbruches nicht.
– Handelt es sich bei der Lieferung um leicht verderbliche Ware, wie zum Beispiel Obst oder Gemüse, darf der Lieferant die nicht angenommene Ware sofort versteigern.
– Versteigert werden kann auch jede andere abgelehnte Ware, gleich, welche Haltbarkeit sie hat. Entscheidend für diesen Schritt: Der Lieferant muss dem Käufer eine angemessene Nachfrist zur Annahme der Ware setzen. Ist diese verstrichen, ohne dass sich am Tatbestand etwas Grundlegendes geändert hat, kann der Lieferant die Ware versteigern lassen. Allerdings muss er den Käufer davon in Kenntnis setzen und ihm Datum und Ort der Versteigerung mitteilen.
– Als letztes bleibt die Möglichkeit auf Annahme der gelieferten Ware zu klagen.

Wird die Ware versteigert, hat der Lieferant die Pflicht, dem Kunden Rechenschaft über den finanziellen Verlauf der Versteigerung abzulegen. Das heißt, er muss ihm mitteilen, wieviel er durch die Versteigerung für die nicht angenommene Ware eingenommen hat. Die

Differenz zwischen diesem und dem ursprünglichen Rechnungsbetrag hat der Kunde zu bezahlen. Hinzu kommen die Kosten, die im Zusammenhang mit der Versteigerung entstanden sind.

Eine durch Annahmeverzug entstandene Situation erfordert in jedem Fall eine schriftliche Benachrichtigung des Lieferanten an den Kunden. Denn der muss wissen:
1. bis wann er die Möglichkeit hat, die abgelehnte Ware doch noch anzunehmen (Nachfrist), und
2. welche rechtlichen Ansprüche der Lieferant ihm gegenüber geltend machen wird, wenn er die Annahme seiner Bestellung verweigert.

Eine solche Benachrichtigung sollte enthalten:

– Mitteilung über pünktliche und korrekte Lieferung der vom Kunden bestellten Ware.
– Bezug darauf, dass der Kunde die Annahme der gelieferten Ware abgelehnt hat. Wenn Sie an einer Erklärung für dieses Verhalten interessiert sind, bitten Sie darum. Dieses Vorgehen erscheint bei langjährigen Geschäftspartnern vor allen Dingen dann angebracht, wenn Annahmeverzug noch nie vorgekommen ist.
– Eine Nachfrist, innerhalb der die Ware vom Kunden angenommen werden soll. Denken Sie daran, bei leicht verderblicher Ware ist dies nicht nötig.
– Mitteilung darüber, welches Recht der Lieferant in Anspruch nehmen wird, falls die Ware innerhalb der Nachfrist nicht vom Kunden angenommen wird. Natürlich können Sie auch nur eine Nachfrist setzen ohne gleich Rechtsansprüche geltend zu machen. So besteht die Möglichkeit auf die Motive des Geschäftspartners, die zum Annahmeverzug führten, einzugehen und ihm einen Lösungsvorschlag zu unterbreiten.

✗ Beispiel: Ein Kunde nimmt ordnungsgemäß gelieferte Ware nicht an

Fahrräder – Ihre Bestellung Nr. 43/93

Sehr geehrter Herr Rolfs,

am ... haben wir Ihnen ordnungsgemäß 50 Fahrräder der Marke „Pfeilschnell", Art.-Nr. 830/54 r, geliefert.

Herr Grell, der Mitarbeiter unseres Frachtführers und Spediteurs, teilte uns heute telefonisch mit, dass Sie unsere Lieferung nicht angenommen haben. Die Gründe für Ihr Verhalten konnte uns Herr Grell nicht nennen.

Was also hat Sie bewogen die Annahme zu verweigern?

Wir haben die Fahrräder auf Ihre Kosten bei dem Lagerhalter Langmeyer OHG, Ringstraße 19, Magdeburg, untergebracht und wir raten Ihnen, die Fahrräder dort so schnell wie möglich abzuholen.

Beste Grüße

Sollte Ihr Unternehmen Kunde sein und der Einkaufsleiter erhält eine Nachfrist zur Annahme der Ware, müssen sie entsprechend reagieren.

Bestellte Ware nicht anzunehmen, wird seine Gründe haben und diese Gründe muss Ihr Lieferant erfahren. Es könnte sein, dass
– der Lieferant in Verzug geraten ist (die gesetzte Nachfrist überschritten hat oder beim Fixgeschäft nicht am vereinbarten Tag lieferte);
– Ihr Unternehmen es sich inzwischen anders überlegt hat und bereit ist den aus dem Annahmeverzug entstandenen Schaden zu übernehmen, weil das vorteilhafter erscheint, als wenn man die Ware annimmt.

Inhalt einer Antwort auf einen Annahmeverzug:

– Sie bedauern den Vorfall.
– Sie nennen die Gründe.
– Sie unterbreiten Vorschläge für die Regulierung.

Beispiel 1: Antwort auf Nachfrist zur Warenannahme (Lieferant war in Verzug geraten)

Sehr geehrte Damen und Herren,

leider konnten wir die am … gelieferten Bademäntel nicht annehmen. Wir bedauern das außerordentlich.

Wir hatten Lieferung am … bis 18:00 Uhr vereinbart. In unserer Bestellung wiesen wir ausdrücklich darauf hin, dass wir die Bademäntel genau an diesem Tage benötigen, weil wir sie abends als Preise für ein Tanzturnier unserer Betriebssportgruppe verwenden wollten. Sie haben aber zwei Tage später geliefert und wir mussten uns für die Turniersieger etwas anderes einfallen lassen.

Da Sie sich in Lieferverzug befanden, müssen Sie nun auch die Konsequenzen daraus tragen. Wir hoffen sehr, dass sich so etwas nicht wiederholt.

Ein Schaden ist uns nicht entstanden. Sie können also froh sein, dass wir keine Ansprüche geltend machen.

Freundliche Grüße

Beispiel 2: Ihr Unternehmen ist in Annahmeverzug geraten, weil Sie es sich anders überlegt haben und die Waren nicht mehr wollen

Sehr geehrte Damen und Herren,

am … lieferten Sie termingerecht die Baumwollstoffe. Wir haben Ihre Lieferung nicht angenommen und es tut uns leid, dass wir Ihnen dadurch Unannehmlichkeiten verursachen.

> Noch am ... haben wir versucht den Versand der Stoffe zu stoppen, aber Ihr Mitarbeiter, Herr Roland, teilte uns mit, dass die Ware bereits unterwegs sei.
>
> Wir können die Stoffe nicht mehr wie geplant verwenden, weil wir inzwischen unser gesamtes Produktionsprogramm umgestellt haben. Leider fiel diese Entscheidung erst am ..., sonst hätten wir versucht mit Ihnen gemeinsam eine andere Lösung zu finden.
>
> Sie haben die Ware inzwischen auf unsere Kosten eingelagert. Bitte veranlassen Sie eine öffentliche Versteigerung. Selbstverständlich werden wir Ihnen Ihre Auslagen, die Versteigerungskosten und den Mindererlös erstatten.
>
> Wenn unsere Planungen abgeschlossen sind und wir wissen, welche Qualitäten wir in Zukunft verarbeiten werden, werden wir uns wieder an Sie wenden.
>
> Wir bedauern den Vorfall sehr und hoffen, dass wir unsere gute Geschäftsbeziehung fortsetzen werden.
>
> Freundliche Grüße

Im zweiten Beispiel handelt es sich um einen Brief, der sicher nicht von einem Sachbearbeiter diktiert werden wird, weil es sich hier um eine brisante Angelegenheit handelt. Es ist unehrenhaft, wenn ein Kaufmann bestellte Ware, die auch noch pünktlich geliefert wird, einfach nicht annimmt. Es ist in diesem Fall Aufgabe des Verantwortlichen die Kaufmannsehre wiederherzustellen und sich zu entschuldigen, vor allem dann, wenn weitere Geschäftskontakte gepflegt werden sollen. Wenn Ihnen Ihr Vorgesetzter Stichworte für den Inhalt gibt, sind Sie als Sekretärin gefordert Formulierungsvorschläge zu unterbreiten.

6.3.4 Zahlungsverzug

Ist in einem Kaufvertrag kein bestimmter Zahlungstermin vereinbart worden, kommt der Käufer in Verzug, wenn der Lieferer ihn unter Angabe eines bestimmten Zahlungstermins mahnt, gegen ihn Klage auf Leistung erhebt oder ihm einen Mahnbescheid schickt.

Wurde jedoch im Vertrag eine genaue Zahlungsfrist vereinbart, kommt der Käufer mit dem Ablauf der Frist in Verzug. Der Lieferer kann dem Käufer vom Verzugstage an Verzugszinsen berechnen. Der zu zahlende Rechnungsbetrag muss am Fälligkeitstage dem Gläubiger zur Verfügung stehen. Nur dann gilt die Rechnung als vom Schuldner bezahlt.

Es ist sehr wichtig wirksam zu mahnen, weil Außenstände den Gläubiger daran hindern seinen eigenen Zahlungsverpflichtungen pünktlich nachzukommen und ihn möglicherweise zwingen teure Kredite aufzunehmen. Mahnungen müssen immer so abgefasst sein, dass sie gute Geschäftsverbindungen erhalten. Der Kaufmann braucht sein Geld, aber er möchte natürlich seinen Schuldner als Kunden nicht verlieren.

Viele Firmen versenden die **erste Mahnung** als Zahlungserinnerung und bedienen sich dabei eines Schemabriefes, der zwar das Mahnverfahren vereinfacht, aber auch sehr unpersönlich wirkt. Er findet deshalb nicht immer die erwartete Beachtung. Mit der **zweiten Mahnung**, die inhaltlich auf den besonderen Fall abgestimmt sein sollte, wird dem säumigen Schuldner spätestens eine Nachfrist gesetzt. Danach könnte das gerichtliche Mahnverfahren eröffnet werden. In einigen Fällen wird es aber empfehlenswert sein mit Rücksicht auf die künftigen Geschäftsverbindungen noch eine dritte Mahnung als Einschreibebrief zu versenden.

 Beispiele: Texte für eine erste, zweite und dritte Mahnung
Mustertext für 1. Mahnung:

> a) Ihr Konto ist noch mit dem Betrag von DM … für Rechnung vom …, fällig am …, belastet. Bitte überweisen Sie ihn umgehend auf eines unserer Konten.
> b) Als Anlage erhalten Sie einen Auszug Ihres Kontos, das DM … zu unseren Gunsten ausweist. Wir wären Ihnen dankbar, wenn Sie den Betrag bald überwiesen. Wir empfehlen Ihnen unseren neuesten Katalog zur Durchsicht.
> c) Ein Vordruck mit Bild kann wirksamer sein als ein Brief:

Mustertext für 2. Mahnung:

> a) Leider haben wir auf unsere Erinnerung vom …, in der wir Sie baten DM … für unsere Rechnung vom … zu überweisen, weder den Betrag noch eine Antwort erhalten. Wir bitten Sie dafür zu sorgen, dass der Betrag bis spätestens … auf unserem Konto gutgeschrieben ist.

b) Leider müssen wir Sie noch einmal an die Bezahlung unserer Rechnung vom ... erinnern. Wir sind auf den pünktlichen Eingang unserer Außenstände angewiesen und erwarten daher, dass Sie den nun seit mehr als 30 Tagen fälligen Betrag bis spätestens ... überweisen.

c) Unsere Rechnung vom ... über DM ... ist noch nicht beglichen. Wir schrieben Ihnen deswegen am ... Leider haben wir aber bis heute nichts von Ihnen gehört. Bitte veranlassen Sie, dass der Betrag umgehend angewiesen wird und spätestens am ... auf unserem Konto eingeht.

Mustertexte für 3. und letzte Mahnung:

a) Auf unsere erste und zweite Mahnung haben Sie überhaupt nicht reagiert. Wir bitten Sie nun zum letzten Mal unsere Rechnung vom ... über DM ... zu bezahlen. Wenn der Betrag bis zum ... nicht bei uns eingegangen sein sollte, werden wir das gerichtliche Mahnverfahren einleiten.

b) Leider haben Sie Ihr Zahlungsversprechen nicht eingelöst und auch auf unsere Mahnungen nicht reagiert. Wir können keine weitere Rücksicht auf Sie nehmen und werden nun gerichtlich gegen Sie vorgehen. Den Antrag auf Erlass eines Mahnbescheids werden wir am ... stellen. Sie haben bis zu diesem Tag noch Gelegenheit Ihre Schulden zu begleichen. Es ist schade, dass dieser Vorfall unsere bisher so einvernehmliche Geschäftsverbindung beeinträchtigt.

Beispiele für alternative Formulierungen

1. Mahnung:
- Heute wollen wir Sie lediglich daran erinnern, dass ...
- Sicherlich haben Sie übersehen, dass ...
- Unsere Rechnung Nr. ... vom ... ist bereits seit einigen Tagen fällig.
- Ich bitte Sie möglichst noch in dieser Woche zu zahlen.
- Bitte überweisen Sie den Betrag umgehend auf eines unserer unten angegebenen Konten.
- Falls Sie den Betrag in der Zwischenzeit noch nicht überwiesen haben, tun Sie es bitte gleich.

2. Mahnung:
- Sie haben leider auf meine Erinnerung vom ... noch nicht gezahlt.
- Der Betrag unserer Rechnung vom ... über ... ist leider unserem Konto immer noch nicht gutgeschrieben.
- Bitte überweisen Sie den fälligen Betrag bis spätestens ...
- Wir erwarten, dass der Betrag bis ... auf unserem Konto eingegangen ist.
- Am besten ist es, Sie stecken Ihren Scheck in den beiliegenden Freiumschlag. Dann sparen Sie sich Zeit und Kosten, die entstehen, wenn wir den Betrag durch die Post einziehen lassen.

3. Mahnung:
- Sie müssen doch zugeben, dass wir Ihnen gegenüber sehr viel Geduld bewiesen haben.
- Sie müssen doch einsehen, dass auch wir unseren Verpflichtungen pünktlich nachkommen müssen und deshalb auf die fristgerechte Zahlung unserer Außenstände angewiesen sind.
- Dies ist nun die letzte Möglichkeit das gerichtliche Mahnverfahren abzuwenden.

Zahlungstermine einzuhalten ist eine Frage der Ehre. Natürlich kann man auf dem Standpunkt stehen, dass ruhig die erste Mahnung abgewartet werden kann, weil man auf diese Weise länger mit dem Geld arbeiten kann. Das aber schädigt den Ruf eines Kaufmanns und so etwas wird auf die Dauer teurer als der Zinsgewinn, der sich aus verzögerten Zahlungen ergibt. Wer arbeitet schon gern mit einem Unternehmen zusammen, das ständig unpünktlich zahlt und damit vertragsbrüchig wird.

Wenn Ihr Unternehmen Zahlungstermine nicht einhält und Mahnungen bekommt, könnte die Ursache sein,
- dass in der betreffenden Abteilung Termine übersehen wurden. Dann wird man sofort zahlen, wenn die erste Erinnerung eingetroffen ist. Ein Brief erübrigt sich.
- dass Unterlagen abhanden kamen und man seine Schuld nicht mehr nachvollziehen kann. Dann wird sich der Schuldner entschuldigen, die Ursache nennen und den Gläubiger bitten ihm Kopien zu überlassen. Ist die Forderung gerechtfertigt, wird sofort gezahlt.
- dass der Gläubiger eine Zahlung fehlerhaft gebucht hat. Dann wird man schreiben, wann man gezahlt hat, eine Kopie des Zahlungsbelegs beifügen und den Gläubiger bitten seine Buchhaltung zu überprüfen. Wichtig ist in diesem Fall, herauszustellen, dass die Verpflichtung erfüllt wurde und die Mahnung unberechtigt ist.
- dass das Unternehmen in Zahlungsschwierigkeiten ist. In diesem Fall wird ein leitender Angestellter den Vorgang bearbeiten und versuchen den guten Ruf des Unternehmens zu wahren. Und dies ist wieder ein Fall, in dem Sie als Sekretärin gefordert sind.

Inhalt einer Antwort auf eine berechtigte Mahnung:
- Zunächst entschuldigen Sie sich für die Zahlungsverzögerung. Wenn Ihr Unternehmen in Zahlungsschwierigkeiten ist, sollte nicht die zweite oder dritte Mahnung abgewartet werden. Das wäre unhöflich. Nach der ersten Mahnung ist zu reagieren und es ist anzunehmen, dass der für die Terminüberwachung zuständige Sachbearbeiter den Vorgang sofort dem Ressortleiter zur Bearbeitung vorlegt, wenn er keine Möglichkeit zur Zahlung hat (Kreditvolumen ist z. B. erschöpft).
- Sie nennen die Gründe für die verzögerte Zahlung. Das könnten sein:
  - schlechte Auftragslage; Sie haben bei weitem nicht so viel absetzen können wie erwartet;
  - Absatzschwierigkeiten in der gesamten Branche, bedingt durch einen konjunkturellen Einbruch, der nicht vorhersehbar war;
  - einer Ihrer Großkunden ist in Zahlungsschwierigkeiten geraten, so dass Sie nun Ihrerseits Probleme haben Termine einzuhalten, weil die Forderungen an diesen Kunden beträchtlich sind;

- Bau der Filiale hat sich verzögert, Eröffnung ist erst drei Monate später als geplant möglich, dadurch konnte bisher die für die Filiale bestimmte Ware nicht abgesetzt werden;
- Sie unterbreiten Vorschläge, wie Ihnen und Ihrem Lieferanten geholfen werden kann (z. B. durch Verlängerung des Zahlungstermins, durch Stundung).
- Sie hoffen auf Verständnis, heben die bisher so gute Geschäftsbeziehung hervor und versprechen alles zu tun um die Verpflichtungen einzuhalten.

Beispiel 1: Antwort auf eine berechtigte Mahnung

Sehr geehrte Damen und Herren,

wir bedauern sehr, dass wir Ihre Rechnung über DM ... vom ... bisher nicht beglichen haben.

Es ist uns unangenehm, dass Sie uns an unsere Zahlungsverpflichtung erinnern mussten. Aber aus unseren bisherigen Geschäftsbeziehungen wissen Sie, dass wir immer pünktlich zahlen, wenn dies möglich ist.

Durch den plötzlichen Zusammenbruch des Marktes im Osten und die nachlassende Nachfrage im Inland haben wir leider wesentlich weniger Produkte absetzen können als erwartet. Dadurch haben sich natürlich auch die geplanten Zahlungseingänge so wesentlich verringert, dass wir uns augenblicklich in einem finanziellen Engpass befinden.

Wir erwarten aber in drei Monaten erhebliche Geldeingänge aus den Geschäften, die wir in der letzten Woche abschließen konnten. Wir wären Ihnen daher sehr dankbar, wenn Sie die Zahlungsfrist um drei Monate verlängern könnten.

Natürlich wissen wir, dass auch Sie Ihren Verpflichtungen pünktlich nachkommen müssen und daher auf unsere Zahlung angewiesen sind. Trotzdem hoffen wir, dass Sie für unsere Bitte Verständnis haben und auf unseren Vorschlag eingehen werden.

Freundliche Grüße

Viel besser, als auf eine Mahnung zu antworten, ist es, den Lieferanten um Stundung zu bitten, bevor er eine Mahnung schreibt. Normalerweise ist abzusehen, ob man seinen Verpflichtungen pünktlich nachkommen kann. Es wäre ein Zeichen schlechter Finanzplanung, wenn dies nicht der Fall ist.

Wenn daher zu erwarten ist, dass sich finanzielle Engpässe ergeben, wird sich der zuständige leitende Angestellte eine Aufstellung der Verbindlichkeiten und ihrer Fälligkeiten beschaffen und systematisch alle Gläubiger um Stundung bitten, die in allernächster Zeit auf größere Zahlungseingänge warten. Sie als Sekretärin könnten sich dann einen Schemabrief speichern, den Sie nur noch mit den lieferantenbezogenen Daten versehen müssen.

Inhalt einer Bitte um Stundung:
- Sie beziehen sich auf Ihre Bestellung, auf die Lieferung, auf Rechnung, Rechnungsdatum, Rechnungsbetrag und Fälligkeit der Verbindlichkeit.
- Sie bringen zum Ausdruck, wie sehr Sie es bedauern, dass Sie die Zahlung nicht zum versprochenen Zeitpunkt leisten können.
- Sie nennen die Gründe für die Verzögerung. Beispiele finden Sie auf Seite 257 f. (Antwort auf Mahnung).
- Sie sagen dem Lieferanten, was er tun kann um Ihnen aus dem finanziellen Engpass herauszuhelfen (Bitte um Stundung).
- Sie bedauern noch einmal, dass Sie gezwungen sind diesen Brief zu schreiben, erhoffen Verständnis und erklären, dass Ihnen sehr an einer Aufrechterhaltung der guten Geschäftsbeziehung gelegen ist.

 Beispiel 2: Bitte um Stundung (bevor eine Mahnung eingetroffen ist)

> Sehr geehrte Damen und Herren,
>
> am ... lieferten Sie uns 350 Fahrräder. Die Rechnung Nr. ... über DM 120 506,67 ist innerhalb von vier Wochen zu begleichen.
>
> Diese vier Wochen sind nun fast verstrichen und wir bedauern sehr, dass wir nicht in der Lage sind, pünktlich zu zahlen.
>
> Wir hatten die Bestellung aufgegeben, weil wir erwarteten, dass sich der Umsatz in etwa der gleichen Höhe wie im Vorjahr gestalten wird. Durch den konjunkturbedingten Absatzeinbruch und die Tatsache, dass unsere Kunden nur sehr zögernd zahlen, sind wir im Augenblick nicht in der Lage eine Summe von über DM 120 000,– kurzfristig aufzubringen.
>
> Wir könnten Ihnen aber in der nächsten Woche eine Abschlagszahlung in Höhe von 30 000,– DM überweisen. Da seit einigen Tagen die Nachfrage nach Rennrädern wieder gestiegen ist, nehmen wir an, dass sich unser finanzieller Engpass in spätestens vier Monaten beheben wird.
>
> Wir bitten Sie daher, uns den Restbetrag in Höhe von DM 90 507,67 bis zum ... zu stunden.
>
> Es ist uns sehr unangenehm, dass wir Sie um diesen Zahlungsaufschub bitten müssen. Aber unsere bisher so fruchtbare Geschäftsbeziehung lässt uns hoffen, dass Sie uns aus unserer augenblicklichen Zahlungsschwierigkeit helfen und unserer Bitte entsprechen.
>
> Für Ihr Verständnis danken wir Ihnen.
>
> Freundliche Grüße

Teil 3

Protokollführung

1 Schriftliche Informationsspeicherung

Infomationen können in verschiedener Form erstellt und aufbewahrt werden, und zwar als **Bericht, Manuskriptaufzeichnung, Aktennotizen, Tagebuchaufzeichnungen** oder **Protokoll** im engeren Sinne.

Die Art der Aufzeichnung ist abhängig von dem Zweck, zu dem Informationen gespeichert, und von den Bedingungen, unter denen sie erstellt werden.

1.1 Bedeutung der Informationen

Informationen werden gespeichert als
1. Urkunde,
2. Beweis,
3. nur zur Information,
4. zur Dokumentation und zur
5. Erinnerung.

Als **Urkunde** dienen schriftliche Unterlagen bei Rechtsgeschäften, z. B. bei der Eintragung eines Unternehmens ins Handelsregister, der notariell-vertraglichen Festlegung der Gütertrennung, Umwandlung oder Auflösung von Gesellschaften, Statutenänderungen und der Erteilung von Unterschriftsvollmachten.

Als **Beweis** für die Rechtsgültigkeit von Beschlüssen, für die Abgrenzung von Kompetenzen, für die Feststellung, aber auch Entlastung von Verantwortlichkeiten usw. spielen Aufzeichnungen gleichfalls eine bedeutende Rolle.

Undenkbar, auf sie als **Informationsunterlagen** zu verzichten. Wie sollte jemand ohne diese Unterlagen wissen, was verhandelt worden ist, wie sollten Mitarbeiter, die nicht an der Sitzung teilgenommen haben, sich informieren, wenn es solche Unterlagen nicht gäbe? Wie leicht werden aus der Erinnerung mündlich weitergegebene Informationen entstellt. Laufen sie über mehrere Übermittler, so kommt zum Schluss meist etwas ganz anderes heraus, als ursprünglich gesagt worden ist. Zuverlässig sind nur sachlich protokollierte Informationen.

Eine **Dokumentation** wird in den meisten Firmen erstellt. Sie umfasst, nummeriert und chronologisch abgeheftet, alle Aufzeichnungen und sie gibt so auch nach Jahren noch ein genaues Bild der Firmenentwicklung wieder. Selbstverständlich werden auch aus den wörtlichen Protokollen des Bundestages und des Bundesrates sowie aus denen der Länderparlamente Dokumentationen zusammengestellt, die für die Geschichtsschreibung von allergrößtem Wert sind.

 Beispiel: Aus „Das Parlament", Nr. 45, 5. November 1993
Horst Seehofer (CDU/CSU): Herr Kollege Hermann Haack, ist Ihnen bekannt, dass der Rückruf von bedenklichen Arzneimitteln nach dem zitierten § 69 des Arzneimittelgesetzes eine Aufgabe der Bundesländer ist, so dass sich die Frage stellt, warum das

in den Bundesländern Rheinland-Pfalz und Hessen, wo die beiden Firmen, die aus meiner Sicht besonders zu überprüfen sind, sitzen, nicht geschehen ist?

Zweitens. Würden Sie auch meine Meinung teilen, dass vieles von dem, was Sie heute sagen, sich nicht in Ihrem Antrag befindet, den Sie am 29. Juli dieses Jahres an den Deutschen Bundestag gestellt haben? Das heißt, dass die Koalition und auch die Bundesregierung mit ihren Vorschlägen, die sie schriftlich dokumentiert haben, sowohl zeitlich wie auch inhaltlich Ihren Vorschlägen weit vorauseilen, mit Ausnahme der Frage der Entschädigung, aber was die Arzneimittelsicherheit betrifft, weit vorauseilen?

Horst Seehofer (CDU/CSU): Die zweite Frage betraf Folgendes: Wenn ich Ihren Antrag vom 29. Juli nachlese – ich nehme nicht das zum Maßstab, was Sie jetzt mündlich nachschieben –, dann stelle ich fest, dass Sie heute vieles vorschlagen, was nicht Gegenstand dieses Antrags ist. In dem Antrag steht auch manches, zu dem Sie die Bundesregierung auffordern, bis Ende des Jahres 1993 Vorschläge zu unterbreiten. Das heißt: Die Koalition und die Bundesregierung eilen mit vielen Vorschlägen zur Erhöhung der Arzneimittelsicherheit sowohl hinsichtlich der zeitlichen Abfolge als auch hinsichtlich des Umfangs der Vorschläge Ihren Vorschlägen voraus. Wie können Sie uns Versäumnisse vorwerfen, wenn Sie diese Dinge selber nicht in den Antrag aufgenommen haben?

1.2 Formen schriftlicher Informationen

In diesem Zusammenhang erwähnen wir nur die **schriftlichen Informationen**, die im Bezug zum Thema Protokollführung stehen.

1.2.1 Der Bericht

Der **Bericht** ist eine knappe, sachliche Wiedergabe von besonderen Ereignissen oder Vorgängen und dient der objektiven Information.

Die Auswahl der besonders hervorzuhebenden Einzelheiten richtet sich dabei nach dem Zweck, den der Schreiber mit seinem Bericht erreichen will.

Der Polizeibeamte, der einen Unfall aufnimmt, schafft durch seinen Unfallbericht möglicherweise die Voraussetzung für Versicherungszahlungen, Schadenersatzforderungen oder gar die Klageerhebung durch den Staatsanwalt. An einen solchen Bericht werden im Hinblick auf die Objektivität höchste Ansprüche gestellt.

Das Berichtsheft eines Auszubildenden dagegen muss ganz anderen Anforderungen genügen. Es soll wiedergeben, was der Auszubildende aus seinen unterschiedlichen Tätigkeiten, die genau zu beschreiben sind, gelernt hat.

Sprache und Aufbau des sog. **Ereignis-** oder **Vorgangsberichtes** müssen sachlich treffend sein und auf jedes schmückende Beiwerk verzichten. Meinungen oder persönliche Deutungen gehören nicht in einen Bericht. Der Aufbau oder die Gliederung eines Berichtes ergibt sich immer aus dem zeitlichen Ablauf der Ereignisse. Die Vollständigkeit eines Berichtes lässt sich erfragen:

Was hat sich ereignet?
Wann, wo, wie hat es sich ereignet?
Wer war beteiligt?
Warum fand das Ereignis statt? (gilt natürlich nicht für Unfälle!)

Gesprächsnotiz/Besuchsbericht Nr: 1111

Für ~~Frau~~/Herrn Müller

Am 96-11-15 um 10:00 Uhr

hat ~~Frau~~/Herr Weber Firma:

Straße: PLZ/Ort:

☒ angerufen ❏ vorgesprochen

mit Frau/Herrn
Paragraph: Abteilung:

Bearbeitet durch ~~Frau~~/Herrn Bösche

Thema: Privat

Herr Weber lässt ausrichten, dass das Treffen Ihres Clubs nicht am Donnerstag, sondern erst am Freitag der kommenden Woche im Gasthaus "Zur Traube" um 20:00 Uhr stattfindet.

Bittet um ❏ Rückruf ❏ Gespräch Termin:
Telefon: Datum:
Uhrzeit:

Zu bearbeiten durch Datum Paragraph

1.2.2 Das Erstellen von Manuskriptaufzeichnungen

Manuskriptaufzeichnungen oder **Aufzeichnungen** einer Unterrichtsstunde werden sehr häufig auch als Unterrichts**protokolle** bezeichnet.

Das Mitschreiben des Unterrichts oder von Vorlesungen bedarf der Anleitung und Übung. Wichtig ist, dass die Aufzeichnungen so vollständig sind, dass sie auch noch nach längerer Zeit verstanden werden und dass der Lernende weiß, wo er seine Aufzeichnungen zu bestimmten Themen schnell und sicher finden kann. Wer die Kurzschrift beherrscht, kann nicht nur mitschreiben, sondern auch noch begreifen, was gesagt wird.

Der Aufbau eines Unterrichtsprotokolls richtet sich nach einem bestimmten Schema:

1. Ausbildungsstufe und Datum
2. Fach und Lehrender
3. Thema der Stunde
4. Stundenverlauf mit Tafelbild
5. Aufgaben
6. Hausaufgaben
7. Literaturangaben

1.2.3 Tagebuchaufzeichnungen

Viele Politiker, Künstler und Militärs führen **Tagebuch**, sie schaffen damit eine Dokumentation zur Geschichtsschreibung. Im Gegensatz zum Bericht sind die **Tagebuchaufzeichnungen** nicht nur subjektiv, sondern meist auch vom augenblicklichen Erleben bestimmt. Aussagen aus Tagebüchern müssen also stets sorgfältig auf ihre Bedeutung und ihren Aussagewert hin überprüft werden. In Tagebüchern wird berichtet von Ereignissen, aber in ihnen werden auch Meinungen, Empfindungen und Hoffnungen niedergeschrieben.

1.2.4 Die Aktennotiz

Die **Aktennotiz** ist ein Bericht in Stichworten, sie wird fast immer nicht im Augenblick der Handlung, sondern nachträglich erstellt oder diktiert. Bezieht sich der Inhalt der Aktennotiz auf ein Telefongespräch, wird sie als **Telefonnotiz** bezeichnet.

**Beispiel: Aktennotiz**

Geschäftsleitung	Herr Reimer
\multicolumn{2}{c}{AKTENNOTIZ}	
Tag der Besprechung:	27. August 19 …
Betreff:	Kündigung von Frau Kaeser
Gesprächspartner:	Herr Reimer Frau Kurt Herr Hinrichs, Betriebsrat
Inhalt des Gespräches:	Herr Reimer erklärt, der Widerspruch des Betriebsrates gegen die Kündigung der Mitarbeiterin Kaeser sei formal durchaus richtig. Er sei irrtümlich der Meinung gewesen, dass die vorausgegangenen Gespräche seine Absicht Frau Kaeser zu entlassen als Information des Betriebsrates anzusehen wären. Herr Hinrichs gab zu bedenken, dass seinerzeit die Entscheidung für eine Kündigung nicht offensichtlich war und dass deshalb der Betriebsrat auch nicht Stellung genommen hatte. Der Betriebsrat ist mehrheitlich mit der Kündigung von Frau Kaeser einverstanden. Frau Kaeser ist bis zum Inkrafttreten der Kündigung beurlaubt.
Erledigungsvermerk:	Die Sekretärin wird beauftragt ein neues Kündigungsschreiben an Frau Kaeser mit einer Kündigung zum 31. Dezember 19… vorzulegen, aus dem die Einwilligung des Betriebsrates hervorgeht.
Datum:	28. August 19 …
Aufgenommen von:	Sekretärin
Verteiler 1. Geschäftsleitung 2. Personal-Abteilung 3. Betriebsrat 4. Verkauf II	

1.2.5 Das Protokoll

Der Duden führt aus: Das Wort **Protokoll** kommt aus der Rechts- und Kanzleisprache, was in deutschen Texten seit dem 16. Jahrhundert reichlich bezeugt ist. Es geht auf das mittellateinische „protocollum" und weiter auf das mittelgriechische „proto-kollon" zurück. Dies ist eine zusammengesetzte Bildung zu griechisch „protos" (der erste) und „kolia" (Leim) und bezeichnet ursprünglich eigentlich ein den amtlichen Papyrusrollen vorgeleimtes Blatt mit chronologischen Angaben über Entstehung und Verfasser des Papyrus. Danach wurde es zur Bezeichnung für die chronologische Angaben enthaltenden Titelblätter von Notariats- und Gerichtsurkunden.

Wir unterscheiden
- das **wörtliche Protokoll**,
- das **ausführliche Protokoll**,
- das **Stichwort-** oder **Kurzprotokoll**
- und das **Beschlussprotokoll**.

1.3 Die Protokollarten

Welche Art oder Form des Protokolls gewählt wird, ist von der Bedeutung abhängig, die die Aufzeichnungen haben. In Parlamenten, bei Sitzungen von Untersuchungsausschüssen und wichtigen Gerichtsverhandlungen werden **wörtliche Protokolle** verlangt, die manchmal sogar von vereidigten Protokollführern angefertigt werden müssen. Bedeutende Aktiengesellschaften lassen ebenfalls wörtliche Protokolle aufnehmen.

1.3.1 Das Beschlussprotokoll

Das Beschlussprotokoll besteht aus dem üblichen Protokollrahmen, den Aufträgen oder den Beschlüssen mit Angabe des Abstimmungsergebnisses. Außerdem muss vermerkt werden, wer für die Durchführung des Beschlusses verantwortlich ist und zu welchem Termin die beschlossenen Aufgaben ausgeführt werden müssen.

Es enthält keine Angaben darüber, wie die Beschlüsse zustande gekommen sind.

Das Beschlussprotokoll verursacht wenig Arbeit, lässt sich schnell und kostensparend vervielfältigen und versenden. Es verschafft einen mühelosen Überblick über den Stand der Verhandlungen, weil alles ablenkende Beiwerk fehlt. Gerade darin wird aber auch ein Nachteil des Beschlussprotokolls gesehen. Die Art und Weise des Zustandekommens macht oft ein tieferes Verständnis für ein Verhandlungsergebnis erst möglich!

1.3.2 Das wörtliche Protokoll

Wahrscheinlich haben Sie im Fernsehen schon einmal eine Bundestagsdebatte verfolgt und dabei das Halbrund zwischen der Regierungsbank und den Plätzen der Abgeordneten gesehen, hinter dem gewöhnlich zwei Herren oder Damen sitzen, die Protokoll führen. Es sind die Parlamentsstenographen, die die Bundestagsdebatte wörtlich mit allen Zwischenrufen und Stimmungskundgebungen („allgemeine Heiterkeit" z. B.) aufnehmen. Sie haben ein Hochschulstudium abgeschlossen und schreiben 400 Silben pro Minute und mehr.

Diese schwierige Art der Protokollaufnahme wird normalerweise von der Sekretärin nicht verlangt. Aber auch die anderen Möglichkeiten des Protokollierens erfordern Mitdenken, Beherrschung der Materie mit den in der Branche üblichen Fachausdrücken und Fertigkeiten in Kurzschrift. Bei der Aufnahme von Inhalten darf es nicht passieren, dass die Sekretärin bei weniger geläufigen Wörtern stockt und dabei andere Inhalte überhört.

Selbstverständlich gehört neben den wörtlich aufgenommenen Redebeiträgen jedes Konferenzteilnehmers auch der übliche Protokollrahmen zum **wörtlichen Protokoll**.

Wörtlich aufgenommene Protokolle dürfen weder vom Protokollführer aus eigener Initiative noch auf Wunsch eines Konferenzteilnehmers geändert werden. Redigiert werden die Texte lediglich im Hinblick auf Deutschfehler. Selbst falsch gebrauchte Fremdwörter oder Zitate müssen in der ursprünglichen Form wiedergegeben werden.

Das wörtliche Protokoll ist von höchster Beweiskraft, aber sehr umfangreich, schwer durchzuarbeiten und nur mit großem Kosten- und Zeitaufwand zu erstellen. Die Stenografischen Dienste der Parlamente setzen alles daran die Reden der Abgeordneten schon zur nächsten Sitzung gedruckt vorzulegen.

1.3.3 Das Kurzprotokoll

Auch das **Kurzprotokoll** besteht aus dem üblichen Protokollrahmen, gibt im Wesentlichen Aufträge und Beschlüsse hervorgehoben wieder, lässt aber darüber hinaus erkennen, unter welchen Umständen und Bedingungen z. B. Beschlüsse gefasst wurden.

Das Kurzprotokoll ist die schwierigste und für den Protokollführer die gefährlichste Art eine Niederschrift anzufertigen. Er muss entscheiden, was weggelassen, was zusammengefasst und was herausgestellt werden soll. Der Weg für bewusste oder unbewusste Manipulation, Fehlinformation und Irreführung ist offen. Wie gekürzte Informationen den „wahren" Sachverhalt entstellen, erfährt jeder, der eine Nachricht liest, hört oder sieht, an deren ursächlichem Anlass er selbst aktiv beteiligt war. Oft stimmen nicht einmal die Namen der Akteure.

Der Protokollführer muss also Akzente setzen und Äußerungen werten. Dazu muss er vor allem die Kompetenzen der Sitzungsteilnehmer, ihre Stellung in der Unternehmenshierarchie und die verhandelte Sache selbst genau kennen.

Das Kurzprotokoll ist wohl die verbreitetste Protokollform, es bietet brauchbare Informationen und vermittelt Hintergrundeindrücke in konzentrierter Form.

1.3.4 Das ausführliche Protokoll

Das **ausführliche Protokoll** ist insofern von besonderer Bedeutung, als es in den meisten IHK-Prüfungen (geprüfte Sekretärin/geprüfter Sekretär) Prüfungsgegenstand ist. Darüber hinaus werden bei dem Erstellen des ausführlichen Protokolls an die Sprachkenntnisse und die Gewandtheit im Umgang mit der Sprache große Anforderungen gestellt. Aus diesen Gründen wird diese Protokollform in einem Hauptabschnitt gesondert behandelt.

Übersicht:

Das wörtliche Protokoll
Herr Werner: Ich bitte zu bedenken, dass wir neue Absatzmärkte erschließen müssen. Deshalb schlage ich vor in Chile eine Handelsniederlassung unseres Unternehmens zu eröffnen.
Frau Ölrich: Auf Grund der Entwicklung des Exportgeschäftes nach Südamerika kann ich diesen Vorschlag nur unterstützen.
Herr Kohlmann: Meine Einwände habe ich bereits dargestellt. Ich glaube nach wie vor nicht, dass sich der Aufwand lohnt. Natürlich werde ich mithelfen Ihre Idee zu verwirklichen.
Herr Werner: Ich halte also fest, wie verfahren werden soll.
Ergebnis: Herr Dr. Ehlers wird beauftragt die Einrichtung einer Handelsniederlassung in Chile zu planen und seine Pläne am 16. n. M. auf der Vorstandssitzung vorzulegen. Aus dem Plan muss die wahrscheinliche Höhe der Finanzmittel, die zur Verfügung gestellt werden müssen, ersichtlich sein.

Das ausführliche Protokoll
Herr Werner führt aus, er trete nachdrücklich für die Einrichtung einer Niederlassung in Chile ein, die Entwicklung verlange das.
Frau Ölrich unterstreicht, sie halte die Errichtung auch für notwendig und stimme deshalb dem Vorschlag des Herrn Werner zu.
Herr Kohlmann weist noch einmal darauf hin, dass er nichts von dem Vorschlag halte, die Errichtung sei den Aufwand nicht wert, aber er wäre bereit, der Idee zum Erfolg zu verhelfen.
Ergebnis: ...

Das Kurzprotokoll
Herr Werner betonte noch einmal, wie notwendig es sei, eine Handelsniederlassung in Chile zu errichten. Dem Vorschlag wurde von den meisten Vorstandsmitgliedern zugestimmt, nur Herr Kohlmann wies noch einmal auf seine Bedenken hin.
Ergebnis: ...

Das Ergebnisprotokoll
Ergebnis: Herr Dr. Ehlers wird beauftragt die Einrichtung einer Handelsniederlassung in Chile zu planen und seine Pläne am 16. n. M. auf der Vorstandssitzung vorzulegen. Aus dem Plan muss die wahrscheinliche Höhe der Finanzmittel, die zur Verfügung gestellt werden müssen, ersichtlich sein.

2 Das ausführliche Protokoll

2.1 Die äußere Form

Zur äußeren Form gehört grundsätzlich die Beachtung der Normvorschriften nach **DIN 5008** und allgemeingültiger Regeln für die Textgestaltung, also die sinnvolle Hervorhebung wichtiger Textstellen, die Wahl des zweckmäßigen Zeilenabstandes und die Einstellung der Randsteller. Ferner gehört dazu die Gestaltung des Protokollrahmens und des Protokollkerns oder -textes.

Ein Muster für ein beispielhaftes ausführliches Protokoll finden Sie am Ende dieses Hauptabschnittes. Sicher sind auch andere Versionen denkbar, meist aber nicht frei von Mängeln.

2.1.1 Der Protokollrahmen

Der **Protokollrahmen** besteht aus den Angaben des Vorspanns und denen am Schluss des Protokolls.

Angaben des Vorspanns:
1. Name des Unternehmens (Dresdener Textilfabriken AG)
2. Art der Besprechung (Konferenz der …)
3. Gremium (Innenleitung)
4. dem Wort „Protokoll" und Nummer des Protokolls (Protokoll Nr. 23/94)
5. Sitzungsort und Raum (Hauptgebäude, Sitzungsraum 3)
6. Wochentag, Datum und Uhrzeit (Beginn und voraussichtliches Ende der Sitzung)
7. Teilnehmer (anwesende und nicht anwesende, aber eingeladene Teilnehmer)
8. Tagungsordnung

Angaben am Schluss des Protokolls:
1. Ort und Datum der Anfertigung
2. Unterschrift der Protokollführerin/des -führers
3. evtl. Gegenzeichnung des Sitzungsleiters
4. Vermerke über Anlagen
5. Verteilervermerke

Erläuterungen zu diesen Punkten:

➡ Die Nummer des Protokolls ist wichtig, weil nur dann sofort feststellbar ist, ob ein Protokoll aus der Protokollmappe entfernt wurde. Nur Nummerierung lässt eine schnelle und eindeutige Kontrolle der Vollständigkeit zu.

➡ Da alle Menschen ihre Termine nach Wochentagen planen, wird diese Planung erleichtert, wenn grundsätzlich zum Datum der Wochentag angegeben wird. Werden wir gefragt: „Kann ich dich am 16. sehen?", antworten wir meist: „Welcher Wochentag ist denn das?"

➡ Der Vorsitzende oder/und Versammlungsleiter werden zuerst genannt, dann folgen die anderen Teilnehmer, und zwar entweder in alphabetischer Reihenfolge, manchmal werden zuerst die Damen genannt, oder nach dem Rang. Auf jeden Fall muss die gewählte Ordnung erkennbar sein. Der Name der Protokollführerin bzw. des Protokollführers wird hervorgehoben bzw. von den Namen der anderen Teilnehmer durch eine Leerzeile abgesetzt.

➡ Muss die Tagesordnung von der Versammlung beschlossen werden, steht auf der Einladung zunächst nur die sog. vorläufige Tagesordnung.

➡ Manchmal steht noch unter den Protokollen „für die Richtigkeit", und dann folgt erst der Name der Protokollführerin. Dieser Vermerk ist überflüssig, da die richtige Übertragung der Protokollaufnahme selbstverständlich ist.

➡ Wahrscheinlich sieht sich der Vorsitzende einer Konferenz das als Entwurf angefertigte Protokoll an, schlägt Änderungen vor, verbessert und ergänzt. Dann schreibt die Sekretärin die endgültige Fassung. Natürlich kann der Vorsitzende seine Mitwirkung an der Formulierung des Protokolls durch Gegenzeichnung deutlich machen. Er sollte seiner Unterschrift nur dann den Vermerk „genehmigt" hinzufügen, wenn eine Genehmigung durch ihn formal notwendig ist.

Das Genehmigungsverfahren für Protokolle ist durch Gesellschaftsverträge, Geschäftsordnungen, Satzungen oder Arbeitsanweisungen geregelt.

2.1.2 Der Protokollkern

Der **Protokollkern** ist natürlich in einwandfreiem Deutsch zu gestalten, Wortwiederholungen sind zu vermeiden, und das ganz besonders in den einleitenden Hauptsätzen. Schreibfehler darf es im Protokoll nicht geben. Im Einzelnen muss der Protokollant festlegen,
1. in welcher Form die Namen hervorgehoben werden sollen,
2. wie lang die Zeile sein muss,
3. welcher Abstand zwischen den Zeilen zu schalten ist,
4. wie die Beschlüsse hervorzuheben sind.

Erläuterungen zu diesen Punkten:

➡ Die Namen der sprechenden Personen müssen deutlich erkennbar sein, entweder als Hervorhebung durch Fettdruck oder Unterstreichen oder aber durch Absetzen des Namens vom Text.

✘ **Beispiele**
(1) **Herr Friedrichs** führt aus, dass er in dieser Angelegenheit bisher noch nichts unternommen hätte …
(2) Herr Friedrichs macht deutlich, er wäre mit der vorgeschlagenen Regelung auf keinen Fall einverstanden.

🡲 Die Zeilenlänge ist abhängig davon, welche der beiden vorstehenden Möglichkeiten gewählt wird.
Möglichkeit (1): Randsteller auf Grad 10 und 70
Möglichkeit (2): Randsteller auf Grad 15/20 und 70/75
bei üblichem Wagenschritt (10-Zoll-Schritt).

🡲 Bei kürzeren Protokollen (2–3) Seiten kann 1 1/2zeilig geschrieben werden, längere Protokolle werden rationeller einzeilig geschrieben. Der Aufwand für Kopieren und Versenden wird sonst unnötig hoch.

🡲 Beschlüsse können durch Wechsel der Schriftart, durch Fettdruck, aber am einfachsten durch Verschiebung des linken Randes hervorgehoben werden, d. h., schreiben Sie das Protokoll auf Grad 10, so gehören die Hervorhebungen auf Grad 20, schreiben Sie auf Grad 20, dann ziehen Sie den Text der Beschlüsse auf Grad 10 vor.

🡲 Tagungsordnungspunkte müssen im Protokollkern herausgestellt werden als „Überschriften". Nur so kann sich der Leser aus längeren Protokollen schnell heraussuchen, was nur für ihn wichtig ist, und die Sekretärin findet sofort, was sie nur an bestimmte Personen verteilen soll oder **darf.**

2.2 Beispiel eines wörtlichen Protokolls und dem daraus entstandenen ausführlichen Protokoll

Wörtlich:

Besprechung des Beirates Ferienwohnungen „Südstrand" in Scharbeutz am ... in Hamburg 73, Doberaner Weg 2, Sitzungsaal 1.

Teilnehmer: D. Merk Hausverwaltung
R. Zöger Beirat
F. Guth Beirat
N. Rogal Beirat

Tagesordnung: 1. Garage Hausmeister
2. Gestaltung des Vorplatzes
3. Verschiedenes

Beginn der Sitzung ...   Ende der Sitzung ...

Merk: Vielen Dank, meine Dame, meine Herren, dass Sie sich die Zeit genommen haben und noch einmal zu einer Besprechung zur Vorbereitung auf die unmittelbar bevorstehende Eigentümer-Versammlung erschienen sind. Wir müssen unbedingt Klarheit über die anstehenden Fragen erhalten. Ihnen ist die Tagesordnung bekannt. Über die Abrechnung der Rücklagen usw. brauchen wir nicht mehr zu sprechen. Wirklich problematisch ist die Bitte oder besser die Forderung unseres Hausmeisters ihm auf Kosten der Eigentümer eine Garage zur Verfügung zu stellen bzw. zu erstellen.

Weniger problematisch sind die Fragen, die im Zusammenhang mit der Gestaltung des Vorplatzes zu klären sind. Aber lassen Sie uns systematisch vorgehen. Übrigens, bevor wir beginnen, noch eine Frage. Liegen Besprechungspunkte vor, die unter Verschiedenes zu behandeln sind?

Guth: An sich nicht, aber wir sollten uns für die nächste Sitzung merken, dass über die Beschaffung einer Gemeinschafts-Antenne dringend gesprochen werden muss.

Merk: Ja, das ist ein wichtiger Hinweis. Wir hatten über die Installation einer Gemeinschafts-Antenne schon einmal gesprochen. Wir wollen das jetzt in Angriff nehmen. Ich werde so schnell wie möglich Kostenvoranschläge einholen. Ja, bitte.

Zöger: Unter Verschiedenes ist weiter nichts zu vermerken. Frau Rogal hat mich angerufen. Sie bittet zu entschuldigen, dass sie zu dieser Besprechung nicht kommen kann. Zur Eigentümer-Versammlung wird sie aber pünktlich erscheinen.

Merk: Kommen wir also zu unserem Tagesordnungspunkt 1. Herr Tisch will, dass die Eigentümer ihm eine Garage bauen.

Zöger: Diese Forderung ist eine Unverschämtheit.

Guth: Sicher, Herr Tisch hat seit Jahren zuverlässig gearbeitet, ist aber dafür auch immer überdurchschnittlich bezahlt worden.

Zöger: Allerdings, sonst könnte er keinen BMW fahren, und sein Fräulein Tochter ist zwar arbeitslos, muss aber zur Umschulung selbstverständlich auch mit eigenem Wagen fahren.

Merk: Wir wissen alle, dass das sog. soziale Netz oft merkwürdige Blüten treibt, aber das ist nicht unser Problem. Wir müssen entscheiden, was wir den Eigentümern vorschlagen.

Guth: Auf keinen Fall können wir der Forderung unseres Hausmeisters in vollem Umfang entsprechen. Es geht ja auch darum, nicht immer wieder neuen Forderungen Tor und Tür zu öffnen.

Zöger: Ich meine, wir sollten die Entscheidung mit einer Ausrede hinauszögern. Es ist jetzt gar nicht mehr so einfach einen zusätzlichen Bauplatz zu finden und über die bereits erstellten Garagen ist schon verfügt worden.

Guth: Nein, so können wir nicht verfahren. Das ist einfach zu durchsichtig. Außerdem gibt es eine ganze Reihe von Eigentümern, die die Forderung des Hausmeisters durchaus nicht ablehnen, weil er immer hilfsbereit und gefällig ist.

Zöger: Sie meinen, er hat es verstanden, sich einer Reihe von Wohnungsinhabern unentbehrlich zu machen.

Merk: Das hilft uns alles nicht weiter. Wir müssen uns jetzt entscheiden, was geschehen soll!

Guth: Ich denke, es wäre am besten die Garage des Hausmeisters nicht in sein Eigentum übergehen zu lassen, sondern in das Gemeinschaftseigentum zu überführen und ihm eine bescheidene Miete für die Nutzung der Gemeinschaftsgarage abzuverlangen. Da der Hausmeister jedes Jahr eine kleine Gehaltsaufbesserung im Rahmen der Tarifabschlüsse bekommt, wird sich sein Realeinkommen durch die Mietzahlung, wenn überhaupt, nur vorübergehend ein wenig vermindern.

Zöger: Das alles hört sich so an, als wollten Sie nur ein paar Mark Miete verlangen, um den Schein zu wahren. Wir sollten dabei bedenken, dass alles, was nichts kostet, auch nichts wert zu sein scheint. Also, wenn schon Miete, dann aber auch 150 bis 200 Mark im Monat. Auch Hausmeister leben nicht kostenlos.

Merk: Der Vorschlag, die Garage als Gemeinschaftseigentum zu erstellen und dann zu vermieten, gefällt mir sehr. Ich wäre Ihnen sehr dankbar, wenn wir diesen Vorschlag der Eigentümerversammlung unterbreiten könnten. Über die Höhe der Miete sollte dann abgestimmt werden. Garagenmieten liegen zwischen 40 und 100 DM, ich würde meinen, dass 60,00 DM angemessen sind, wenn wir diesen Betrag auf mindestens drei Jahre festschreiben.

Guth: Bitte, Herr Zöger, stimmen Sie doch diesem Vorschlag zu.

Zöger: Gut, Herr Guth, dann lassen Sie uns also so verfahren.

Merk: Ich bitte unsere Protokollführerin aus dem Ergebnis unserer Besprechung einen Antrag für die Eigentümerversammlung zu formulieren.

Kommen wir also zum Tagesordnungspunkt 2 unserer Besprechung. Was soll nun mit dem Vorplatz geschehen?

Zöger: Ich bin dafür, dass die Rasenfläche erheblich verkleinert wird, um Platz für weitere Parkplätze zu schaffen. Das Anlegen von Blumenbeeten kostet außerdem nur Geld.

Merk: Und was meinen Sie, Herr Guth?

Guth: Wir sind all die Jahre mit den Parkplätzen ausgekommen. Selbst für Besucherfahrzeuge waren fast immer genügend Plätze vorhanden. Werden zu viele Plätze zur Verfügung gestellt, wird das nur zur Einladung für Fremde hier zu parken.

Merk: Die Anlage von Parkplätzen steht gar nicht zur Diskussion. Ein Teil der Eigentümer will eine Verschönerung durch noch mehr und aufwendigere Blumenrabatte. Ein anderer Teil wünscht sich die Anlage eines kleinen Kinderspielplatzes.

Zöger: Du meine Güte, auch das noch. Am Strand haben die Kinder genug Platz zum Toben, und unser Ferienort verfügt über mehrere Kinderspielplätze. Man kann die Fürsorge für die lieben Kleinen auch übertreiben. Demnächst wird auch noch ein Hundespielplatz gefordert.

Merk: So sollten wir das Problem besser nicht formulieren. Das heißt natürlich nicht, dass ich Ihnen im Kern der Sache nicht Recht gebe.

Guth: Was wollen wir der Versammlung also vorschlagen? Die Zeit wird knapp, wir müssen uns entscheiden!

Zöger: Genau das ist das Problem. Immer ist die Zeit knapp und dann werden Entscheidungen gefällt, die hinterher bereut werden, bereut werden müssten!

Merk: Ich schlage vor, wir sollten der Eigentümerversammlung zur Abstimmung folgenden Antrag vorlegen: Die Gärtnerei Peter Carstens und Fred Möller wird beauftragt einen Entwurf für die Gestaltung des Vorplatzes einzureichen. Bei der Berechnung der Kosten muss die Gärtnerei in erheblichem Umfang berücksichtigen, dass sie einen festen 10-Jahres-Vertrag für die Pflege und Unterhaltung der Anlage erhalten wird.

Guth: Genau, das meine ich auch!

Zöger: In Ordnung, dann will auch ich mich fügen, zumal Frau Rogal sich ebenfalls in dem vorgeschlagenen Sinn geäußert hat, und sie hat erheblichen Einfluss unter den Eigentümern. Es ist also anzunehmen, dass Ihr Antrag, Herr Merk, auf begeisterte Gegenliebe stoßen wird.

Merk: Oh, Herr Zöger, seien Sie doch nur nicht immer so süffisant. Im Übrigen freue ich mich, dass wir uns in diesen zum Teil doch recht heiklen Fragen einig geworden sind. Lassen Sie uns also jetzt Schluss machen oder abbrechen. Wir waren uns ja darüber einig, dass zum Punkt Verschiedenes nichts vorlag. Das Protokoll sollte jetzt sofort geschrieben und dann vervielfältigt werden, damit es bei der Eigentümerversammlung vorliegt. Auf keinen Fall darf der Eindruck entstehen, als hielten wir Geheimkonferenzen ab. Deshalb bin ich auch dafür, der Versammlung ein ausführliches Protokoll vorzulegen. –

Vielen Dank!

Ausführlich:

Beirat Ferienwohnungen „Südstrand", Scharbeutz

PROTOKOLL Nr. 1

über eine Besprechung des Beirates der Eigentümerversammlung

Ort	Sitzungssaal 1
Tag	Dienstag, 7. September 19..
Zeit	10:15 – 10:30 Uhr
Vorsitzender	Herr D. Merk, Hausverwaltung
Teilnehmer	Herr F. Guth, Beirat
	Frau N. Rogal, Beirat (fehlt entschuldigt)
	Herr Zöger, Beirat
Protokollführerin	Frau Peters, Sekretärin
Tagesordnung	1. Garage Hausmeister
	2. Gestaltung des Vorplatzes
	3. Verschiedenes

Herr Merk	dankt den Teilnehmern für ihr Erscheinen und eröffnet die Sitzung, bei der es darum geht die nächste Eigentümerversammlung vorzubereiten. Er bemerkt, dass über die Abrechnung der Rücklagen heute nicht mehr gesprochen werden solle, sondern dass es darum gehe, über die umstrittene Forderung des Hausmeisters, ihm auf Kosten der Eigentümer eine Garage zur Verfügung zu stellen, zu diskutieren. Ebenso gehe es um die Gestaltung des Vorplatzes. Er fragt die Teilnehmer, ob zum Tagesordnungspunkt „Verschiedenes" Besprechungswünsche vorlägen.
Herr Guth	antwortet, man könne zu diesem Punkt über die Gemeinschaftsantenne sprechen.
Herr Merk	erwähnt, dass über die Installation einer Gemeinschaftsantenne bereits gesprochen wurde. Er hielte es für angebracht, dass man so schnell wie möglich Kostenvoranschläge einholt.
Herr Zöger	teilt mit, er habe einen Anruf von Frau Rogal erhalten, die ihm mitgeteilt habe, dass sie zwar zur heutigen Sitzung nicht kommen könne, aber pünktlich zur nächsten Eigentümerversammlung erscheinen werde.

1. Garage Hausmeister

Herr Merk	teilt mit, der Hausmeister habe den Wunsch, eine Garage von den Eigentümern zu erhalten.
Herr Zöger	erklärt, er sei mit dem Wunsch des Hausmeisters nicht einverstanden.
Herr Guth	bemerkt, der Hausmeister arbeite seit Jahren zuverlässig und erhielte dafür ein überdurchschnittlich hohes Gehalt.
Herr Zöger	erklärt, dass der Beirat hier einen Vorschlag ausarbeiten müsse.

Herr Guth	meint, dass dem Wunsch des Hausmeisters auf keinen Fall in vollem Umfang entsprochen werden dürfe, da sonst Tür und Tor für immer neue Forderungen geöffnet würden.
Herr Zöger	gibt zu bedenken, dass eine geschickte Ausrede hier die Entscheidung hinauszögern könne, da es nicht einfach sei einen Bauplatz zu finden.
Herr Guth	erklärt, eine Ausrede sei keine Lösung, da eine Reihe von Eigentümern der Forderung des Hausmeisters durchaus positiv gegenüberstehe, denn immerhin sei Herr Tisch stets hilfsbereit und gefällig.
Herr Zöger	wirft ein, der Hausmeister habe es verstanden sich bei den Eigentümern unentbehrlich zu machen.
Herr Merk	betont, dass nun eine Entscheidung gefällt werden müsse.
Herr Guth	sagt, er finde, die Garage solle besser nicht in das Eigentum des Hausmeisters übergehen. Die Eigentümer sollten stattdessen eine kleine Miete für die Garage verlangen. Dies sei zu rechtfertigen, da der Hausmeister jedes Jahr eine tarifliche Gehaltserhöhung bekäme.
Herr Zöger	hält eine Miete von 150–200 DM für angemessen.
Herr Merk	stimmt zu, dass die Garage im Gemeinschaftseigentum verbleiben solle. Er wünsche, diesen Vorschlag der Eigentümerversammlung zu unterbreiten. Über die Höhe der Miete solle dann von den Eigentümern abgestimmt werden. Eine Miete von 60 DM sei angemessen, da Garagen in der Regel zwischen 40 und 100 DM kosteten.
Herr Zöger	stimmt ihm zu.
Ergebnis:	Folgender Antrag wird den Eigentümern zur Abstimmung vorgelegt: Der Hausmeister, Herr Tisch, soll eine Garage erhalten. Die Eigentümerversammlung wird auf ihrer nächsten Sitzung über diesen Antrag abstimmen und über die Höhe der monatlichen Miete entscheiden.

2. Gestaltung des Vorplatzes

Herr Zöger	meint, dass die Rasenfläche verkleinert werden solle, um mehr Raum für Parkplätze zu schaffen. Außerdem seien Blumenrabatte zu teuer.
Herr Guth	sagt, in den vergangenen Jahren hätten die Parkplätze stets ausgereicht, weshalb neue Parkplätze nur eine Einladung für Fremdparker darstellten.
Herr Merk	stellt fest, dass die Anlage neuer Parkplätze nicht zur Diskussion stehe. Er sagt, ein Teil der Eigentümer befürworte eine Ausgestaltung des Vorplatzes mit Blumenrabatten, ein anderer Teil wünsche einen Kinderspielplatz.
Herr Zöger	vertritt die Meinung, dass am Stand genug Spielfläche vorhanden wäre und am Ferienort auch genügend Kinderspielplätze zur Verfügung stünden.
Herr Merk	macht den Vorschlag, der einstimmig angenommen wird, der Eigentümerversammlung folgenden Antrag zuzuleiten:

| Ergebnis: | Die Gärtnerei Peter Carstens und Fred Möller wird beauftragt einen Entwurf für die Gestaltung des Vorplatzes einzureichen. Bei der Berechnung der Kosten muss die Gärtnerei in erheblichem Umfange berücksichtigen, dass sie einen festen 10-Jahresvertrag für die Pflege und Unterhaltung der Anlage bekommen wird. |

3. Verschiedenes

| Herr Merk | stellt fest, dass die Teilnehmer zu diesem Tagesordnungspunkt keine Bemerkungen vorzubringen haben. |
| Ergebnis: | Das Protokoll wird sofort im Anschluss an diese Sitzung erstellt, damit es rechtzeitig zur Eigentümerversammlung vorliegt. |

Hamburg, 7. September 19..
Protokollführerin

2.3 Die innere Gestaltung des Protokolls

Zu der **inneren Form des Protokolls** gehört die Beherrschung der Sprache und in diesem Zusammenhang vor allen Dingen der sichere Umgang mit der indirekten Rede; denn noch immer wird überwiegend verlangt, dass ausführliche Protokolle im **Konjunktiv** geschrieben werden. Der Konjunktiv ist Teil der Hochsprache und zeigt sprachliche Gewandtheit.

Zur sprachlichen Gestaltung des Protokolls gehört aber auch der sichere Umgang mit Begriffen, Sachkenntnis und die Fähigkeit, Wichtiges zu erkennen und prägnant zu formulieren.

2.3.1 Probleme bei Textzusammenfassungen

Einen Text auf ein Drittel seiner ursprünglichen Länge zu kürzen, die wesentlichen Punkte des Inhalts zu berücksichtigen und dabei die Stilform beizubehalten, ist eine Kunst.

Nur, wenn Sie den Inhalt des Textes verstehen, können Sie ihn sinnvoll zusammenfassen. Das Protokoll einer Sitzung soll einen selbständigen, zusammenhängenden Inhalt ergeben, der trotz fremder Formulierung den Sinn des Originaltons treffen muss. Die Atmosphäre, die in der Sitzung spürbar ist, sollte im Protokoll erhalten bleiben. Wiederholungen, überflüssige Bildsprache und unnötige Erläuterungen werden weggelassen. Hingegen sollten Sie besonders prägnante Formulierungen wörtlich in Ihr Protokoll aufnehmen.

Zwischen Aussagen, die wesentlich sind, und Aussagen, die unwesentlich sind, ist zu unterscheiden. Meist können Sie alle unwesentlichen Äußerungen unberücksichtigt lassen. Versuchen Sie einmal einen Vortrag, z. B. die Nachrichtenansage oder ein Referat, stichwortartig zu erfassen. Wenn es Ihnen gelingt die Sinnabschnitte zu gliedern und die Unterbegriffe treffend zuzuordnen, werden Sie den Inhalt richtig zusammenfassen können. Bevor Sie einen gesprochenen Text verkürzen, sollten Sie einen Aufsatz, eine Erzählung, einen Bericht zusammenstreichen und in verkürzter Form wiedergeben. Als besonders gelungen ist Ihre Arbeit anzusehen, wenn Sie auch die Stilelemente, die Eigenarten der Ausdrucksform des Autoren trotz der Kürzung festzuhalten vermögen.

2.3.2 Verkürzte Wiedergabe der direkten Rede

Das ausführliche Protokoll steht – wie schon erwähnt – in der indirekten Rede; es gibt die direkte Rede ausführlich und eben doch verkürzt wieder.

Je genauer der Protokollant über den Sachverhalt informiert ist, je größer sein Hintergrundwissen und seine Sachkenntnisse sind, je besser er Ausdrucksweise, Standpunkt und sonstige Eigenarten der Konferenzteilnehmer kennt, um so weniger braucht er mitzuschreiben.

Werden Sie also aufgefordert ein Protokoll aufzunehmen in einer Konferenz, deren Tagesordnung Sie zwar kennen, nicht aber die Probleme, die sich hinter den Tagesordnungspunkten verbergen, deren Zusammenhänge Sie nicht kennen und in der Sie über die Teilnehmer nicht viel mehr als deren Namen und Funktionen erfahren haben, werden Sie versuchen Wort für Wort mitzuschreiben, was gesagt wurde. Das ist unproblematisch, wenn Sie etwa 200 Silben in der Minute stenografieren. Hauptsache ist, dass Sie bei der Anfertigung des ausführlichen Protokolls nicht in den Fehler verfallen, nun die direkte Rede Ihres Stenogramms einfach in die indirekte Rede umzusetzen. Würden Sie das tun, wird Ihr Protokoll nicht nur zu umfangreich, sondern verliert auch an Aussagekraft. Die Leser müssen sich erst durch einen Wust von Nebensächlichkeiten hindurcharbeiten um zu erfahren, was sie wissen wollen.

✗ Beispiele

➡ Direkte Rede, wörtlich aufgenommen:
Herr Hartmann: „In dieser Angelegenheit haben wir seit Wochen immer wieder versucht Klarheit zu erhalten, aber alle unsere Bemühungen waren bisher vergeblich. Nicht einmal den verantwortlichen Sachbearbeiter haben wir erreichen können. Ich schlage vor, dass wir jetzt mit aller Schärfe vorgehen, ich bin jedenfalls nicht mehr bereit mir dieses Verhalten gefallen zu lassen, und das habe ich, haben wir alle, wohl auch nicht nötig. Bitte, Herr Gerlach, reichen Sie sofort eine Dienstaufsichtsbeschwerde ein!"

➡ Protokollnotiz:
Herr Hartmann ist empört, nicht einmal der Sachbearbeiter ist zu erreichen, Gerlach soll Dienstaufsichtsbeschwerde einreichen.

➡ ausführliches Protokoll in indirekter Rede:
Herr Hartmann ist darüber empört, dass in der Angelegenheit noch keine Fortschritte gemacht worden seien, nicht einmal der Sachbearbeiter sei zu erreichen.
Ergebnis: *Herr Gerlach reicht sofort eine Dienstaufsichtsbeschwerde ein.*

2.3.3 Wahl des treffenden Verbs

In der indirekten Rede wird der einleitende Hauptsatz mit einem Verb des Sagens gebildet. Sie benötigen ein Verb, das dem Inhalt der Aussage gerecht wird.

Dem Verb „*erklären*" muss auch eine Erklärung folgen und sich zu einer Sache „*äußern*" ist etwas völlig anderes als „*sagen*". Ob jemand etwas glaubt, meint, vermutet oder annimmt, gibt seiner Aussage eine andere Bedeutung, als wenn er etwas behauptet, mit Sicherheit erklärt oder über etwas informiert.

Zunächst ist es notwendig sich eine Liste der Verben anzulegen, die in Frage kommen. Eine richtige Auswahl ist nur möglich, wenn Ihnen eine große Anzahl von Verben bekannt ist.

Verben des „Sagens":

ausführen	erklären	informieren über
anklingen lassen	erläutern	meinen
anmerken	darstellen	glauben
bemerken	vorbringen	denken
äußern	zu bedenken geben	antworten
beantworten	erwidern	begrüßen
fragen	in Frage stellen	gutheißen
verneinen	nennen	begründen
mitteilen	zum Anlass nehmen	veranlassen
berücksichtigen	berichten	dartun
vorstellen	anweisen	ausschließen
einschließen	beschließen	den Schluss ziehen
daraus schließen	befürworten	dagegen sein
dafür sein	entgegnen	kennen
erkennen	bekennen	benennen
wissen	beipflichten	zustimmen
ablehnen	widersprechen	aussprechen
hinzufügen	der Ansicht sein	der Meinung sein
sich bedanken	voraussehen	die Gefahr sehen
einbeziehen	sich damit abfinden	sich beziehen auf
den Vorzug geben	vorziehen	annehmen
vermuten	deuten	abstreiten
berichtigen	vorwerfen	einwenden
bevorzugen	vortragen	aufklären
nachvollziehen	verstehen	begreifen
beunruhigt sein	zufrieden mit … sein	verschieben
aufschieben	zurückstellen	vertagen
verlegen	mutmaßen	erwähnen
erwarten	ahnen	beurteilen
verharmlosen	bagatellisieren	übertreiben
vervollständigen	in Erwägung ziehen	erwägen
usw.		

✗ Beispiel für die angemessene Auswahl der Verben:

Herr Dr. Schmidt	**begrüßt** die Anwesenden und sagt den Herren, dass er sie habe rufen lassen, um über ein Problem zu diskutieren, das bisher noch nicht vorgekommen sei. Zwei Stenotypistinnen aus der Geschäftsleitung hätten die Absicht sich als Sekretärinnen ausbilden zu lassen. Sie sind der Meinung, die Firma solle die Kursgebühren zahlen und sie dreimal wöchentlich je 1 Stunde beurlauben. Der Grund hierfür sei, dass das Seminar bereits um 17 Uhr beginne.
Herr Fuchs	**meint** hierzu, dass es sehr wichtig sei grundsätzliche Entscheidungen zu treffen, da im Laufe der Zeit weitere Damen kommen könnten, die die gleiche Ausbildung wünschten.
Herr Kröger	**stellt die Frage**, wie lange diese Ausbildung dauere und wie hoch die Kosten seien.
Herr Dr. Schmidt	**weiß hierauf eine Antwort.** Die Ausbildung dauere ein halbes Jahr; die Kosten würden sich einschließlich Lehrmaterial auf 520 DM belaufen. Hinzu kämen die Kosten für 3 Stunden Arbeitszeitverkürzung wöchentlich. Diese Kosten seien hinzuzurechnen um die effektiven Kosten für die Firma zu errechnen.
Herr Fuchs	**rechnet es** kurz **zusammen** und sagt, dass das bei einem Bruttostundenlohn von 16 DM rund 1 200 DM seien.
Herr Dr. Schmidt	**stellt fest**, dass jede Angestellte, die diese Ausbildung wünsche, der Firma 1 720 DM koste. Er meint, dass das viel Geld sei und man heute genau überlegen müsse, welchen Weg man gehen wolle.
Herr Maaß	**fragt** Herrn Dr. Schmidt, um welche beiden Damen es sich handle. Es sei ja wichtig zu wissen, ob sich die Investition lohne.
Herr Dr. Schmidt	**antwortet**, dass es sich um Frau Eberhard und Fräulein Köster handele. Beide seien schon mehrere Jahre in der Firma tätig. Über die Leistungen wisse Herr Fuchs mehr zu sagen; denn sie seien in seiner Abteilung.
Herr Fuchs	**erwidert**, dass Frau Eberhard nicht als Stenotypistin arbeite, sondern sehr selbständig als Sachbearbeiterin. Er meint, sie sei sehr zuverlässig und ordentlich. Fräulein Köster helfe seiner Sekretärin. Da sie noch sehr jung sei, habe sie wenig Berufserfahrung und sei entsprechend unselbständig. Briefe, die er von ihr zur Unterschrift vorgelegt bekomme, seien einwandfrei.
Herr Kröger	**schließt** aus diesen Erläuterungen, dass beide Damen förderungswürdig seien. Er fragt, was geschähe, wenn die Damen das Sekretärinnendiplom erworben haben.
Herr Maaß	**erkennt** die Gefahr, dass die Damen mit dem Diplom in der Tasche ggf. die Firma verlassen und sich eine andere Stellung suchen könnten. Er macht den Vorschlag, den Damen eine besser bezahlte Stellung in der Firma anzubieten.
Herr Dr. Schmidt	**erwägt**, dass der Fall eintreten könne, dass gerade zu dem Zeitpunkt keine entsprechende Stellung frei sei.

Herr Fuchs	**weiß einen Ausweg**, indem man den Damen einige Zeit das höhere Gehalt bezahlen und eine Stellung in Aussicht stellen werde.
Herr Kröger	**pflichtet** Herrn Fuchs bei, er meint, dass man davon ausgehen müsse, dass die wirtschaftliche Situation so bleibe wie heute. Bei schlechter Konjunktur könne man sich nicht mehr an derartige Abmachungen gebunden fühlen. Dies alles müsse schriftlich fixiert werden.
Herr Dr. Schmidt	**ist der Ansicht**, auch die Damen sollten sich der Firma gegenüber verpflichten. Zunächst müsse man von den Damen verlangen, dass sie die Prüfung, falls sie durchfallen, wiederholen. Andernfalls müsse die Gebühr selbst bezahlt werden.
Herr Kröger	**fügt hinzu**, dass man die Kosten für die verkürzte Arbeitszeit unerwähnt lassen könne, da die Damen ja ihre Arbeit genau wie bisher schafften.
Herr Fuchs	**meint**, es solle noch vereinbart werden, dass sich die Damen etwa 3 Jahre in der Firma verpflichten müssen, sonst würde man anteilige Kosten zurückverlangen.
Herr Dr. Schmidt	**stellt fest**, dass nun wohl alle Punkte durchgesprochen und sich alle Herren einig seien, dass man den Damen eine Weiterbildung ermöglichen solle. Die Firma sei in solchen Fällen bereit finanzielle Hilfe zu gewähren. Herr Dr. Schmidt bittet Herrn Kröger von der Rechtsabteilung und Herrn Maaß von der Personalabteilung, aus den besprochenen Einzelheiten einen Vertrag zu formulieren. Die Damen sollen den Vertrag unterschreiben, wenn sie einverstanden seien.
Herr Fuchs	**sagt**, dass man über kleine Änderungswünsche noch sprechen könne. Grundsätzlich sei alles klar.
Herr Dr. Schmidt	**bedankt sich** bei seinen Mitarbeitern und sagt, dass er sich freue, dass man einen Weg gefunden habe, der allen gerecht werde.

2.3.4 Präsens oder Präteritum

Selten hören wir, dass jemand sagt: *„Ich werde morgen kommen."* Stattdessen wird gesagt: *„Ich komme morgen."* Ein Bekannter erzählen Ihnen: *„Vor drei Jahren waren wir in England gewesen, aber im vorigen Jahr sind wir nach Holland gefahren."* Im Deutschen nehmen wir es mit der Zeitenfolge nicht so genau. Futur I und erst recht Futur II verwenden wir selten und eigentlich nur dann, wenn wir ausdrücklich betonen wollen, dass die Handlung in der Zukunft liegt. Ähnlich verhält es sich mit dem Plusquamperfekt. Die abgeschlossene Vergangenheit als grammatische Form benutzen wir fast nie.

Beim Protokoll gehen wir davon aus, dass das, was wir protokollieren, in dem Augenblick geschieht, in dem wir es schreiben. Ausgehend von dieser Überlegung muss das Protokoll im Präsens geschrieben werden: Frau Ehlers *sagt*, sie *habe* ... Soll dagegen deutlich gemacht werden, dass das Protokoll ein Bericht über zurückliegend Geschehenes ist, so steht der Hauptsatz im Präteritum (Imperfekt): Frau Ehlers *sagte,* sie *hätte* ...

Wie Sie in der Praxis formulieren, wird davon abhängen, was in Ihrem Unternehmen üblich ist. Richtig sind beide Formen und üblich im Gebrauch ebenfalls. Falsch wird es immer dann, wenn die Zeiten innerhalb eines Protokolls gewechselt werden, Sie also einmal im Präsens und ein anderes Mal im Präteritum schreiben.

2.3.5 Überlegenswertes zum Konjunktiv

Der Konjunktiv oder die Möglichkeitsform sollte etwas ausdrücken, was irreal ist, also tatsächlich im Augenblick gar nicht stattfindet. Schreiben wir also, *„Herr Ulrich meint, er habe von der Sache nichts gewusst"*, so sagte Herr Ulrich das ja bereits vor ein paar Stunden oder Tagen. Außerdem sagt er es ja nicht in der von uns gewählten Form der indirekten Rede und auch nicht in den von uns gewählten Worten, die fast immer eine Verkürzung der vom Redner gewählten Formulierung darstellen.

So also wird begründet, dass in der indirekten Rede der Konjunktiv zu verwenden ist.

Dieser Auffassung folgen durchaus nicht alle Verfasser von deutschen Grammatiken. Einige sagen, der Konjunktiv könnte fehlen, wenn deutlich wird, dass es sich um die Wiedergabe des gesprochenen Wortes in indirekter Rede handelt, also: Sinngemäß führt Herr Bertram aus, ihm hat (nicht habe) es in der Heide ausgezeichnet gefallen. Diese Form, so wird behauptet, sei schon deswegen „richtiger", weil es Herrn Bertram ja tatsächlich in der Heide gut gefallen hat.

 Beispiel: Neue Zürcher Zeitung vom 17. Juli 1993, Fernausgabe Nr. 162 – ausführliches Protokoll aus einer Gemeinderatssitzung zum Tagesordnungspunkt: „Limitierte Abschaffung des Beamtenstatus"

Vogel (fdp.) teilt mit, dass sich die FDP nach längerem Überlegen für die Abschaffung des Beamtenstatus entschieden hat. Es ist nicht einsehbar, warum Beamte einen besseren Kündigungsschutz haben sollen als Personal in der Privatwirtschaft. Es liegt indes nicht bei allen Beamten in der Kompetenz des Gemeinderates den Beamtenstatus abzuschaffen; deshalb der modifizierte Antrag der Minderheit, den Beamtenstatus überall dort abzuschaffen, wo das übergeordnete Recht nichts anderes vorsieht.

Fritz (fdp.) gibt bekannt, dass die Position der FDP jener Nigglis sehr nahe ist. Der einzige Unterschied ist, dass wir das übergeordnete Recht beachten und keine reine Politshow abgeben wollen. Es geht darum die „rot-schwarze Besitzstandwahrer-Koalition" zu brechen.

Niggli (gp.) repliziert auf das Votum Steigers. Man könnte sehr wohl das Personalrecht mit Ausnahme der strittigen Punkte in Kraft setzen. Wir stimmen dem Antrag der FDP nicht zu; wir wollen erst den Tatbeweis sehen, dass es nicht zu einem Zweiklassensystem bei den Beamten kommt.

Spiess (sd.) stellt die Frage, ob es in dieser Diskussion um den Beamtenstatus um die totale Verfügbarkeit des Arbeitnehmers geht. Man will dem Arbeitnehmer das kollektive Bewusstsein nehmen. Wir wundern uns, dass die Grünen diesen Trend unterstützen.

Kläntschi (gp.), der eine Minderheit der Grünen vertritt, gibt bekannt, dass diese Minderheit den Antrag der FDP unterstützt. Wir unterstützen auch den Beschlussantrag Bischoff.

Scherr (al.) ist der Meinung, dass die Gewerkschaften sich überlegen müssten, wie sie ihre Anliegen in zeitgemäßer Form vertreten könnten. Die Abschaffung des Beamtenstatus ist auch nicht die große Deregulierungsmethode. Wir wollen gleichzeitig auch einen verbesserten generellen Kündigungsschutz für das ganze Personal. Das wäre zeitgemäß und sinnvoller als ein Beharren auf dem Beamtenstatus. Das Zweiklassensystem der FDP lehnen wir ab.

Stadtrat Küng weist darauf hin, dass die Beamten auch heute noch eine besondere Verantwortlichkeit haben, welche ihren speziellen Status rechtfertigt. Deshalb will der Stadtrat am Beamtenstatus festhalten. Ein Zweiklassensystem ist abzulehnen. Eine Grundsatzdiskussion über den Beamtenstatus in einer Rezessionszeit verbreitet Unsicherheit. Nach letzten Informationen gedenkt auch der Regierungsrat am Beamtenstatus festzuhalten.

Andere begründen ihre Auffassung von der Verwendung des Konjunktivs mit dem Grad der Wahrscheinlichkeit, mit der das Gesagte auch wirklich stimmt oder eintritt.

Solche Feinheiten sind beim Erstellen eines Protokolls kaum zu beachten. Außerdem würden vermutlich die Meinungen in vielen Fällen auseinandergehen. Statt dass das Protokoll geschrieben wird, wären endlose Formulierungsdebatten notwendig.

Was also tun?

Schreiben Sie Ihr Protokoll in der indirekten Rede und bedienen Sie sich dabei konsequent des Konjunktivs! Es sei denn, Ihr Vorgesetzter wünscht ausdrücklich eine andere Form.

Hauptsätze, deren Prädikat bereits den Hinweis enthalten, dass etwas möglich sei, werden zunehmend von Nebensätzen im Indikativ ergänzt.

 Beispiel
Er sagt, er glaube, dass ich krank bin.

Steht das Prädikat allerdings im Imperfekt, so **muss** der Konjunktiv den Nebensatz regieren.

 Beispiel
Er sagt, er **glaubte**, dass ich krank **sei.**
(Ich sehe krank aus. Krankheit ist wahrscheinlich.)
Er sagt, er **glaubte**, dass ich krank **wäre.**
(Möglicherweise bin ich nicht krank.)

Weitere Beispiele finden Sie in Teil 1: Sprach- und Stillehre

3 Protokollieren

Zur Organisation der Protokollaufnahme gehören die Vorbereitung, die Protokollaufnahme selbst und die Nachbereitung. Um all diese Aufgaben zufriedenstellend zu lösen, müssen Protokollführer oder Protokollführerin, in den meisten Fällen also wohl die Sekretärin, einer ganzen Reihe von Anforderungen genügen.

3.1 Anforderungen an eine Protokollantin/einen Protokollanten

Umsicht ist die erste Forderung und daneben steht gleich wichtig die Forderung, an verschiedene Dinge zur gleichen Zeit zu denken und sie alle so schnell wie möglich zu erledigen.

In wenigen Augenblicken beginnt die Sitzung, aber jetzt sucht der Chef seine Unterlagen und selbstverständlich klingelt auch noch das Telefon. Eine Kollegin fragt, wo die Getränke abgestellt werden sollen, und der Hausmeister teilt Ihnen mit, dass die Birne des Tageslichtprojektors durchgebrannt ist. Verzweifelt fragen Sie sich, wohin wohl die Hausdruckerei Tagesordnung und andere Unterlagen geliefert haben könnte. Das könnte die Situation sein und außerdem sollten Sie sich auf die Protokollaufnahme vorbereiten.

Sie behalten die Ruhe und Sie wissen, dass Sie die auf Sie zukommenden Probleme lösen, weil Sie sicher sind, allen Anforderungen, die an eine gute Sekretärin zu stellen sind, mühelos zu genügen.

3.1.1 Sicherheit im Umgang mit der Sprache

Sie können überhaupt nur dann ein Protokoll aufnehmen, wenn Sie Ihre Muttersprache sicher beherrschen. Ständig werden Sie Ihren Wortschatz erweitern, Fremdwörter, die Sie hören, müssen Sie nachschlagen, um ihre genaue Bedeutung zu erfassen. Zu oft meinen wir, wir wüssten, was ein Fremdwort bedeutet, ohne dass wir seinen wahren Aussagewert tatsächlich kennen.

Sprachkompetenz gewinnt vor allem derjenige, der viel liest. Erfassen des Inhalts, Hingabe an Handlung und Spannung genügen allerdings nicht. Sie sollten weniger geläufige Begriffe bewusst aufnehmen, evtl. nachschlagen, sie sich zu eigen machen und Ihrem Sprachgebrauch zur Verfügung stellen. Lesen Sie Gedichte, erfassen Sie den Stil eines Stefan Zweig, eines Thomas Mann. Dann erfahren Sie, was Sprachmelodie bedeutet.

Zur Beherrschung der Sprache und des Gesprochenen gehört außerdem das Wesentliche zu erkennen, um eben nur dieses festzuhalten.

3.1.2 Sicher stenografieren

Sicher stenografieren kann nur, wer das System beherrscht. Und nur wer das System beherrscht, kann durch Übung seine Geschwindigkeit steigern. Verheerend sind die sog. eigenen Kürzungen. Wer sich eigene Kürzungen bastelt, schafft gleichzeitig die Grundlage für sein Versagen.

Die in den Sekretärinnen-Prüfungen zur Zeit noch geforderten 150 Silben/Minute können nur als Minimum angesehen werden. „Beherrschen" heißt, automatisiert etwas niederschreiben. Für Überlegungen, wie dieses oder jenes Wort in Kurzschrift geschrieben werden muss, welche Kürzel verwendet werden, ist bei der Aufnahme keine Zeit. Die Sekretärin muss sich vielmehr auf den Inhalt des gesprochenen Wortes konzentrieren.

Wenn Sie sich gedanklich während des Protokollierens zu sehr mit Kurzschrift beschäftigen, laufen Sie Gefahr zu viel mitzuschreiben, also auch Einleitungen, Flickwörter, nebensächliche Bemerkungen. Es ist nicht mehr möglich das Wesentliche zu erfassen.

3.1.3 Sachkenntnis

Wenn Sie aufgefordert werden, bei einer Sitzung Protokoll zu führen, müssen Sie sich sachkundig machen, sich also informieren über
– die Tagesordnung (d. h. die Besprechungspunkte),
– die Vorgänge, die diesen Themen zugrunde liegen.

3.1.4 Fach- und Fremdwörterkenntnis

Jede Branche hat ihre eigenen Fachausdrücke, die dem Laien nicht geläufig sind. Befassen Sie sich rechtzeitig und ständig damit! Schon bei der alltäglichen Korrespondenz sollten Sie nicht verstandene Begriffe erfragen oder nachschlagen.

Wenn Ihnen solche Begriffe häufiger begegnen, sollten Sie sich unbedingt die Kürzungsmöglichkeit aus dem Kurzschrift-Wörterbuch heraussuchen, die Kürzung üben und immer richtig anwenden.

3.1.5 Charakterliche Qualifikation

Ein Reporter kann unter Umständen seinen Gefühlen freien Lauf lassen, seine subjektive Meinung wiedergeben. Das alles darf die Protokollführerin nicht. Sie hat kommentarlos wiederzugeben, was gesprochen wurde. Im ausführlichen Protokoll ist festzuhalten – objektiv – **was**, aber nicht, **wie** verhandelt wurde, d. h., wenn sich die Sitzungsteilnehmer anschreien oder beleidigen, gehört das nicht ins Protokoll. Sagt aber jemand seine Meinung, so ist sie mit dem Nachdruck wiederzugeben, wie sie gesagt wurde, auch wenn die Protokollführerin völlig anderer Absicht ist.

Unparteilichkeit gehört zu den wichtigen Charaktereigenschaften eines Protokollanten/einer Protokollantin. Deshalb sollten nach Möglichkeit auch keine Sitzungsteilnehmer protokollieren, denn sie gehören zu den „Betroffenen", ein neutraler Stenograf hingegen ist den Themen gegenüber unvoreingenommen. Darüber hinaus sollte die Protokollantin/der Protokollant möglichst unabhängig sein. Eine Forderung, die nur sehr schwer zu erfüllen ist. Selbstverständlich wird sich eine Sekretärin den Hinweisen ihres Vorgesetzten zur Protokollgestaltung kaum verschließen.

Konzentrationsfähigkeit ist unerlässlich. Wer sich von der Debatte ablenken lässt und eigenen Gedanken nachhängt, verliert den Anschluss.

3.2 Vorbereitung der Protokollaufnahme

Sie müssen die Namen und den Rang der Sitzungsteilnehmer kennen. Gibt es keine andere Möglichkeit die Namen zu ermitteln, fertigen Sie sich einen Sitzplan an. Ihre Arbeit wird Ihnen erleichtert, wenn der Versammlungsleiter den Damen und Herren, die sich zu Wort gemeldet haben, mit deutlicher Namensnennung das Wort erteilt. Verstehen werden Sie allerdings die Namen auch dann nur sicher, wenn Sie sie vorher gehört, gelesen und möglichst einmal laut vor sich hingesprochen haben.

Wenn Sie schon häufiger im gleichen Kreis protokolliert haben, sind Ihnen die Namen der Teilnehmer geläufig. Sie kennen sie wahrscheinlich sogar und Sie bekommen ein Gehör für ihre Stimmen. Das ist für die Stenogrammaufnahme sehr nützlich.

Problematisch wird es für Sie, wenn Sie als Neuling zu einem Gremium, z. B. zu einem Fachausschuss, gerufen werden. Lassen Sie sich außer der Tagesordnung unbedingt eine Liste mit den Namen der Teilnehmer aushändigen. Wenn genügend Zeit ist, veranlassen Sie, dass Namensschilder geschrieben und auf dem Tisch vor den Sitzungsteilnehmern aufgestellt werden.

Bitten Sie evtl. zu Beginn einer Sitzung einen Mitarbeiter (z. B. den stellvertretenden Vorsitzenden), Ihnen die Namen der Ankommenden zu nennen. Prägen Sie sich das Gesicht, den Typ, vielleicht auffallende Kleidung gut ein, schreiben Sie die Namen in einen vorbereiteten Sitzplan und vergewissern Sie sich, dass Sie die Namen richtig geschrieben haben. Möglicherweise können Sie sich neben einen Ihnen bekannten Teilnehmer setzen, der Ihnen hilft und sagt, wer gerade spricht, wenn Ihnen weder Sitzplan noch Namensschilder zur Verfügung stehen.

Zunächst sorgen Sie dafür, dass sich alle Teilnehmer in die Anwesenheitsliste eintragen, und Sie kontrollieren, ob die Damen und Herren die ihnen zugewiesenen Plätze eingenommen haben, sonst nützt Ihnen ein vorbereiteter Sitzplan gar nichts.

Zur Vorbereitung gehört selbstverständlich, dass Sie Ihr Schreibwerkzeug zur Hand haben. Stenografieren Sie auf linierten A4-Bögen. Die Benutzung eines Stenoblocks ist unrationell.

Sie müssen die Tagesordnung kennen und die zur Tagesordnung gehörenden Sitzungsunterlagen durchgearbeitet haben und in der richtigen Reihenfolge bereitlegen. Die Geschäftsordnung – wenn es sie gibt – sollten Sie genau kennen.

Verstehen Sie nicht, was verhandelt wird, werden Sie kaum erfolgreich Protokoll führen können. Informieren Sie sich also an Hand der Tagesordnung über die Verhandlungsgegenstände. Sorgen Sie dafür, dass Sie während der Protokollaufnahme nicht gestört werden. Das Bedienen des Telefons, das Heraussuchen von Unterlagen und den Empfang verspätet eintreffender Teilnehmer muss jemand übernehmen, der nur für solche Aufgaben zur Verfügung steht.

3.3 Die Protokollaufnahme

Die Sekretärin nimmt das Protokoll in Kurzschrift auf. Das schließt nicht aus, dass sie zur Sicherheit ein Tonband mitlaufen lässt. Daraus ist aber schwer zu entnehmen, wer spricht, Zwischenrufe sind nicht zu verstehen. Nebengeräusche stören die Aufnahme erheblich und sind kaum zu vermeiden. Bei Stromausfall nützen die Aufzeichnungen mit technischen Mitteln gar nichts.

Für jeden Tagesordnungspunkt sollten Sie bei umfangreicheren Sitzungen ein gesondertes Blatt nehmen und nur die Vorderseiten beschreiben. Am rationellsten stenografieren Sie auf A4-Blättern, wenn Sie das Blatt in zwei Spalten einteilen. Eine zusätzliche Spalte für die Bezeichnung der Redner ist zweckmäßig.

 Beispiel:

TOP		
Redner- spalte	Text Spalte 1	Text Spalte 2

In die erste Spalte protokollieren Sie. Die zweite Spalte dient der Bearbeitung des aufgenommenen Textes.

Statt des vollständigen Namens wird ein Namenskürzel verwendet. Die Redner mit Nummern zu bezeichnen, ist nicht nur weniger übersichtlich, sondern verwirrt leicht.

Können Sie bei der Protokollaufnahme einen Redner nicht verstehen oder können Sie, aus welchen Gründen auch immer, der Diskussion oder dem Vortrag nicht folgen, kennzeichnen Sie sich die betreffende Stelle deutlich in Ihren Aufzeichnungen, damit sie Fehlendes sofort bei der nächsten Gelegenheit ergänzen können. Anträge oder Entscheidungen, die unbedingt im genauen Wortlaut aufgenommen werden müssen, lassen Sie sich diktieren oder aber schriftlich aushändigen.

3.4 Nachbereitung der Protokollaufnahme

3.4.1 Anfertigen des Entwurfs

Das Stenogramm des Protokolls sollte so schnell wie möglich nach der Konferenz als Entwurf übertragen werden. Noch sind die Eindrücke lebendig, so dass sich auch ergänzen lässt, was eventuell nicht so ganz eindeutig mitgeschrieben wurde. Der Entwurf ist übersichtlich, d. h. zweizeilig und mit breitem Korrekturrand anzufertigen. Noch schlimmer als Ungenauigkeiten in der Wiedergabe sind unübersichtliche Verbesserungen und Ergänzungen.

Das Protokollstenogramm wird durchgestrichen, wenn das Protokoll geschrieben worden ist, aber noch nicht weggeworfen, sondern aufgehoben, bis alle mit dem Protokoll zusammenhängenden Aufgaben abgeschlossen wurden. Das schafft die Möglichkeit im Zweifelsfall immer noch einmal wieder die „Urquelle" zu Rate zu ziehen. Solche alten und erledigten Aufzeichnungen sind Verschluss-Sachen. Vernichtet werden sie durch den Reißwolf, besser noch ist es sie zu verbrennen.

Die endgültige Fassung des Protokolls wird den Sitzungsteilnehmern zugestellt, und zwar so rechtzeitig, dass sie die nächste Sitzung entsprechend der gefassten Beschlüsse vorbereiten können. Personen, die an der Sitzung nicht teilnehmen konnten, erhalten ebenfalls eine Protokollkopie.

Oft müssen über ausgewählte Verhandlungsgegenstände auch solche Mitarbeiter informiert werden, die auf Grund ihrer Stellung im Unternehmen zwar nicht an den Sitzungen (z. B. der Direktoren) teilnehmen, aber mit der Durchführung von Beschlüssen verantwortlich beauftragt werden. Auch dieser Personenkreis erhält ein Protokoll oder, falls Teile des Protokolls vertraulich sind, nur den Teil des Protokolls, der für sie von Bedeutung ist.

Die Verantwortung für vollständige und rechtzeitige Information, aber auch für die Wahrung der Vertraulichkeit liegt bei der Sekretärin.

3.4.2 Genehmigung des Protokolls

Der Protokollant ist für den Inhalt des Protokolls allein verantwortlich. So jedenfalls sollte es sein. In der Praxis wird die Sekretärin ihren Entwurf ihrem Vorgesetzten vorlegen, sofern dieser die Konferenz geleitet hat, und mit ihm gemeinsam die endgültige Fassung des Protokolls festlegen.

Besteht ein solches Abhängigkeitsverhältnis zwischen Protokollanten und Versammlungsleiter nicht, hat über den Inhalt nur der Protokollant zu bestimmen, und niemand darf und kann ihm sagen, was im Protokoll stehen soll. Das gilt im besonderen Maße für die wörtlichen Niederschriften der Parlamentsdebatten, von Gerichts- und Ausschussverhandlungen.

Sie werden daher unterscheiden zwischen
– der Genehmigung durch den Vorgesetzten,
– der Genehmigung durch die Sitzungsteilnehmer, denen nach Übersendung des Protokolls eine Einspruchsfrist zugebilligt werden **kann,**
– und der Genehmigung des Protokolls auf der nächsten Sitzung durch Abstimmung.

Meinungsverschiedenheiten über den Inhalt des Protokolls, Ergänzungen oder Berichtigungen werden in das Protokoll der Sitzung aufgenommen, in der das betreffende Protokoll zur Genehmigung vorgelegt wird.

Unterschrieben wird das Protokoll in der Regel nur von dem Protokollführer, weil eben auch nur er für den Inhalt verantwortlich ist. Dennoch ist es in der Praxis häufig üblich, dass der Vorgesetzte das Protokoll gegenzeichnet oder sogar allein unterschreibt, und zwar so, als stamme es von ihm selbst.

Einige Protokolle sind an eine bestimmte Form gebunden. Anmeldungen zum Handelsregister müssen von allen Gründern unterschrieben werden. Die Anmeldung beim Vereinsregister muss mindestens von den 7 Gründungsmitgliedern unterschrieben sein, Satzungsänderungen vom Vorstand.

3.4.3 Terminüberwachung

Ein Beschluss verlangt immer nach Handlung. Allein dadurch, dass eine Sache beschlossen wird und der Beschluss ins Protokoll aufgenommen wird, geschieht überhaupt nichts. Deshalb wird der Inhalt des Beschlusses ergänzt werden durch die Angabe des Verantwortlichen und die Angabe des Termins, zu dem eine Aufgabe erfüllt sein muss.

 Beispiel:

> **Beschluss:** Für die nächste Vertretertagung soll ein Tagungshotel im Raum Erfurt gefunden werden. Der Leiter der Org.-Abt., Herr W. Lorenz, wird bis zum 10. n. M. der Geschäftsleitung eine Liste aller Tagungshotels dieser Gegend mit genauer Angabe der Bedingungen (Kosten, Ausstattung, Fahrgelegenheiten) vorlegen.

Die Sekretärin erstellt sich eine Terminübersicht. Nähere Angaben zu den einzelnen Terminen kann sie den in der Terminmappe abgelegten Protokollauszügen entnehmen.

4 Einladung und Tagesordnung

4.1 Die Einladung

Ganz allgemein ist es notwendig, dass eine Einladung so zeitig wie nur irgend möglich verschickt wird. Deshalb ist darauf zu achten, dass regelmäßig wiederkehrende Veranstaltungen möglichst stets zur gleichen Zeit stattfinden, zum Beispiel immer in der ersten Juni-Woche oder stets dienstags um 11:00 Uhr. Auf diese Weise festgelegte Termine lassen sich gut planen.

Gesellschaftsverträge, Gesetze und Vereinssatzungen schreiben vor, wann spätestens zu den Gesellschafter-, Haupt- oder Mitgliederversammlungen einzuladen ist. Außerdem wird vorgeschrieben, bis wann und in welcher Form Anträge einzureichen sind.

 Beispiel: Auszug aus einer Vereinssatzung
§ 11
Die Mitgliederversammlung findet einmal jährlich statt. Zur Mitgliederversammlung wird spätestens 6 Wochen vor dem Termin schriftlich eingeladen.
§ 12
Alle erschienenen Mitglieder des Vereins sind auf der Mitgliederversammlung gleich stimmberechtigt.
§ 13
Das Präsidium kann eine außerordentliche Mitgliederversammlung einberufen. Es muss sie einberufen, wenn 30 % aller Mitglieder es verlangen. Die außerordentliche Mitgliederversammlung muss spätestens 8 Wochen nach der Auftragstellung stattfinden.
§ 14
Jede ordnungsgemäß einberufene Mitgliederversammlung ist beschlussfähig. Anträge zur Mitgliederversammlung müssen einen Monat vor der Versammlung eingereicht werden. Über die Zulassung verspätet eingehender Anträge als Dringlichkeitsanträge entscheidet das Präsidium.

Die Sekretärin muss wissen, wer zu den einzelnen Veranstaltungen eingeladen werden muss und wann das persönliche Erscheinen eines Sitzungsteilnehmers unbedingt erforderlich ist bzw. in welchen Fällen ein ordentliches Mitglied z. B. der Direktorenkonferenz seine Teilnahme an einer Konferenz auf einen Mitarbeiter seiner Abteilung delegieren darf.

Um immer den richtigen Kreis von Teilnehmern vollständig einzuladen, legt sich die Sekretärin eine Übersicht an.

Beispiel: Schema für die Erfassung periodischer Besprechungen

Personenkreis	Sachgebiete		
	Führung Organisation Finanzierung	Absatz Marktforschung Preispolitik	Produktion
Geschäftsführer	×	○	○
Ressortleiter I	○	×	○
Ressortleiter II	○	○	×
Hauptabt. Ltr. A	○	○	
Hauptabt. Ltr. B	○		
Hauptabt. Ltr. C	○		○
Hauptabt. Ltr. D	○	○	
Abt. Leiter 1	○		○
2			○
3	○+		○
4			
5	○	○+	
6	○		○
7	○		
8		○	○+
Häufigkeit	jeden 1. Montag im Monat	jeden 1. und 3. Mittwoch im Monat	
Zeichenerklärung:	× Leitender	○ Teilnehmer	+ für Protokollführung zuständig

Eine Einladung kann als Rundschreiben vervielfältigt oder aufwendig formuliert und gedruckt werden. Unabhängig von der äußeren Form enthält sie stets die gleichen Angaben:
1. Zweck der Einladung
2. Angaben über den eingeladenen Personenkreis
3. Ort und Raum (evtl. Ortsplan, Lageskizze beifügen)
3. Datum (immer mit Wochentag angeben)
4. Beginn der Veranstaltung und voraussichtliches Ende
5. Tagesordnung
6. Hinweise auf zusätzliche Veranstaltungen (Damenprogramm, Festball, Theaterbesuch)
7. Hinweise zur Kleiderordnung (falls nötig, z. B. „Abendkleidung")
8. die Bitte mitzuteilen, ob die Einladung angenommen wird
9. Hotelreservierung.

Beispiel: Einladung zu einer Vertreterversammlung

VERTRETERVERSAMMLUNG

Einladung

Der Landesvorstand lädt die Vertreterversammlung des VDW, Landesverband Rheinland, gemäß § 7, Absatz 2 der Satzung für den 27. und 28. Mai 1997 nach Bonn ein.

Anträge der Kreisverbände sind spätestens sechs Wochen vor der Vertreterversammlung, d. h. bis zum 97-04-15, dem Landesvorstand schriftlich vorzulegen.

Tagungsplan

Donnerstag, den 97-05-26
Hotel Rheinblick (Großer Saal)
15:30 – 18:00 Uhr Vertreterversammlung
20:15 – 23:00 Uhr Festveranstaltung mit geladenen Gästen (Abendkleidung)

Freitag, den 97-05-27
Hotel Rheinblick (Großer Saal)
09:00 – 13:00 Uhr Fortsetzung der Vertreterversammlung

Tagesordnung

1. Begrüßung
2. Feststellung der Beschlussfähigkeit
3. Wahl eines Tagungspräsidiums
4. Bericht der Mitglieder des Landesvorstandes
5. Bericht der Kassenprüfer
6. Entlastung des Vorstandes
7. Haushaltssatzung, Beitragserhöhung
8. Wahl eines neuen Vorstandes
9. Anträge der Kreisverbände
10. Verschiedenes

U. A. w. g. bis 97-05-10

Landesverband VDW
1. Vorsitzender

Dr. Hochkamp

In Einladungen werden Sie häufig Abkürzungen finden. Als Sekretärin müssen Sie natürlich die Bedeutung solcher Abkürzungen kennen:

P. P. heißt:	**praemissis praemittendis** und bedeutet: „was eigentlich vorausstehen müsste" (an Stelle einer fehlenden Anrede gebräuchlich),
N. N. heißt:	**nomen nescio** und bedeutet: „Den Namen weiß ich (noch) nicht."
Nb heißt:	**notabene** und bedeutet: „Merke wohl!"

U. A. w. g. heißt:	**„um Antwort wird gebeten"** und es gehört zu den unverzeihlichen Unhöflichkeiten, wenn diese Bitte nicht pünktlich erfüllt wird.
c. t. heißt:	**cum tempore** und bedeutet: „Pünktlich ist, wer eine Viertelstunde nach der angegebenen Zeit kommt, also zum sog. akademischen Viertel."
s. t. heißt:	**sine tempore** und bedeutet: „ohne Zeit", verlangt also unbedingte Pünktlichkeit.

Von Referaten sagt man, sie sind immer zu ertragen, wenn sie nicht länger als 45 Minuten dauern. Von Konferenzen lässt sich behaupten, dass sie nur zu ertragen sind, wenn jeder weiß, wann sie beendet sein werden. Deshalb ist es wichtig immer die voraussichtliche Dauer anzugeben!

4.2 Die Tagesordnung

Die **Tagesordnung** wird von dem Vorsitzenden der Besprechung, der Konferenz oder Sitzung erlassen. Dort, wo der Vorsitzende einer Konferenz auch der Vorgesetzte der Konferenzteilnehmer ist, bestimmt er die Tagesordnung. Das ist völlig legal und selbstverständlich.

In Gesellschafts- und Vereinssatzungen wird meist geregelt, in welcher Weise die Tagesordnung aufgestellt wird. Natürlich kann über die Aufstellung der Tagesordnung eine Veranstaltung beeinflusst werden. Was nicht auf der Tagesordnung steht, geht unter. Deshalb wird z. B. in Vereinssatzungen die Tagesordnung vorgeschrieben.

 Beispiel: Auszug aus einer Vereinssatzung
§ 16
Über die Mitgliederversammlung ist ein Protokoll anzufertigen. Beschlüsse sind wörtlich aufzunehmen. Die Beschlüsse sind allen Mitgliedern mitzuteilen.
§ 17
Die Mitgliederversammlung wird nach der Geschäftsordnung geleitet. Sie ist nicht öffentlich.
§ 18
Zur Zuständigkeit der Mitgliederversammlung gehören:
1. Tätigkeitsbereich des Präsidiums
2. Kassenbericht
3. Entlastung des Präsidiums
4. Wahlen des Präsidiums
5. Festsetzung des Beitrages
6. Genehmigung des Etats
7. Beschlussfassung über Anträge
8. Bestätigung neu berufener Beiratsmitglieder
9. Festsetzung des Ortes der nächsten Mitgliederversammlung

Ist die Versammlung berechtigt, die Tagesordnung zu bestimmen, veröffentlicht der Vorstand mit der Einladung lediglich eine „vorläufige" Tagesordnung. In anderen Fällen bestimmt zwar der Vorstand die Tagesordnung, der Versammlung bleibt es aber vorbehalten die Reihenfolge der Tagesordnungspunkte zu ändern oder sogar weitere Tagesordnungspunkte aufzustellen. Solche Änderungen oder Ergänzungen bedürfen meist nur der einfachen Mehrheit der Anwesenden. Anders ist es, wenn Dringlichkeitsanträge eingebracht werden. Sie können nur mit einer 2/3-Mehrheit auf die Tagesordnung gesetzt werden. Alle diese Regelungen werden in Geschäftsordnungen festgelegt.

5 Die Geschäftsordnung

5.1 Grundlagen

Die rechtliche Grundlage aller **Geschäftsordnungen** sind die in einer Demokratie üblichen Regelungen. In keinem Punkt darf z. B. die Geschäftsordnung des Deutschen Bundestages von den Intentionen des Grundgesetzes abweichen. Ähnlich verhält es sich bei Verfahrensregelungen – und weiter ist ja eine Geschäftsordnung nichts – von Gesellschaften und Vereinen des öffentlichen oder privaten Rechts.

Über Geschäftsordnungen muss von allen Betroffenen abgestimmt werden. In einem Unternehmen sind das alle Gesellschafter oder, wenn es die Betriebsversammlung betrifft, alle Mitarbeiter, in einem Verein die Vereinsmitglieder und im Deutschen Bundestag alle Abgeordneten. Die übergeordneten Vereinbarungen, also Verträge, Verfassungen oder das Grundgesetz regeln, ob eine Geschäftsordnung mit einfacher oder qualifizierter oder 2/3-Mehrheit beschlossen werden muss.

In einem weiteren Sinne sind auch die Zivil- und die Strafprozessordnung solche Verfahrensregelungen.

Anzumerken ist, dass neuerdings manchmal vereinbart wird, dass nach 22:00 Uhr nicht mehr über Anträge abgestimmt werden darf und dass auch unter „Verschiedenes" keine Anträge zur Abstimmung gestellt werden dürfen.

 Beispiel: Auszug aus der Geschäftsordnung des Deutschen Bundestages

„...

Die **Ordnungsgewalt des Präsidenten** umfasst:[1]
- Entziehung des Wortes, wenn der Redner seine Zeit überschreitet,
- Mahnung bei der Sache zu bleiben,
- Ordnungsruf, wenn ein Redner oder Zwischenrufer die Grenzen des Anstands verletzt,
- automatischer Wortentzug, nachdem ein MdB dreimal zur Sache oder zur Ordnung gewiesen worden ist,
- Ausschluss eines MdB von dieser oder folgenden Sitzungen, wenn ein gröblicher Verstoß gegen die Ordnung vorliegt,
- Unterbrechung der Sitzung bei Tumulten.

Die **Beschlussfähigkeit des Hauses** ist gegeben, wenn die Mehrheit der Mitglieder im Saal ist. Im Regelfall wird die Beschlussfähigkeit nicht nachgeprüft, sondern einfach unterstellt. Wenn aber eine Fraktion oder 26 anwesende Abgeordnete sie anzweifeln, muss nachgezählt werden. „Zufällig" wird die Beschlussunfähigkeit konstatiert,

---

[1] Die Geschäftsordnung des Deutschen Bundestages erhalten Sie kostenlos vom Presse- und Informationszentrum, Referat Öffentlichkeitsarbeit Bonn, Bundeshaus

wenn über einen Antrag durch Stimmenzählung entschieden wird. Sobald ein Unterschreiten des Anwesenheitsminimums festgestellt ist, muss der Präsident die Sitzung aufheben. Er kann dann für denselben Tag eine neue einberufen, was aber selten geschieht.

Die Abstimmungsregeln sehen vor:
- Meist wird durch **Handzeichen** abgestimmt.
- Durch **Aufstehen** oder Sitzenbleiben wird die Schlussabstimmung über Gesetze vorgenommen. Der Präsident benutzt dieses Verfahren auch gelegentlich, wenn Handzeichen kein klares Bild ergeben.
- Die Stimmenzählung durch **„Hammelsprung"** dient ebenfalls dazu, Zweifelsfälle zu bereinigen, …"

5.2 Beispiel einer Geschäftsordnung

1. Der Vorsitzende erlässt die Einladungen zu Sitzungen oder Konferenzen mindestens 10 Tage vor der Versammlung. Die Einladungen müssen Auskunft geben über den Ort, die Zeit und die Verhandlungsgegenstände.
2. Der Vorsitzende eröffnet und leitet die Sitzung. Ist er verhindert, überträgt er die Leitung einem Stellvertreter.
3. Die Tagesordnung gilt als angenommen, wenn sie nicht schriftlich angefochten wurde. Die Reihenfolge kann noch zu Beginn der Versammlung durch Beschluss abgeändert werden.
4. Der Antragsteller oder die dazu bestimmten Referenten müssen die einzelnen Punkte begründen, bei kompliziertem Inhalt mit schriftlicher Vorlage, die den Teilnehmern zusammen mit der Tagesordnung zuzustellen ist.
5. Der Vorsitzende darf Wortmeldungen erst mit Eröffnung der Aussprache zu dem zur Diskussion stehenden Besprechungspunkt annehmen. Das Wort erteilt er in der Reihenfolge der eingegangenen Wortmeldungen.
6. Zu jedem Antrag können Gegen- und Änderungsanträge gestellt werden. Der Wortlaut jedes Antrages muss vor der Abstimmung verlesen werden. Nach der Abstimmung über einen Antrag ist die Diskussion darüber abgeschlossen.
7. Der Vorsitzende muss alle Anträge zurückweisen, die keine innere Beziehung zur Tagesordnung aufweisen. In Zweifelsfällen entscheidet die Versammlung.
8. Während der Beratung eines Punktes können Ordnungsanträge gestellt werden, die jeweils sofort zur Abstimmung gelangen.

    Zugelassen sind die folgenden Ordnungsanträge:
    - Antrag auf Verschiebung des Geschäftes auf einen späteren Zeitpunkt
    - Antrag auf Verzicht auf Aussprache
    - Antrag auf Schluss der Diskussion
    - Antrag auf Beschränkung oder Ausdehnung des Diskussionsrahmens
    - Antrag auf Streichung des Tagesordnungspunktes
    - Antrag auf Überweisung an einen Ausschuss

- Antrag auf Aufhebung und Vertagung der Versammlung
- Zur Geschäftsordnung muss das Wort jederzeit erteilt werden.

9. Der Vorsitzende kann einen Teilnehmer, der vom Thema abschweift, zur Ordnung rufen. Bei Wiederholung kann er ihm das Wort entziehen.
10. Die Diskussion ist erst dann beendet, wenn niemand mehr das Wort verlangt. Nach Schluss der Diskussion sollen Antragsteller oder Referent Gelegenheit erhalten noch einmal das Wort zu ergreifen.
11. Über Änderungsanträge muss vor dem Hauptantrag abgestimmt werden. Zuerst wird über den Antrag abgestimmt, der vom Hauptantrag inhaltlich am weitesten entfernt ist.
    Die Abstimmung erfolgt durch Handaufheben. Der Antrag auf geheime Abstimmung bedarf keiner Mehrheit. Bei offenen Abstimmungen enthält sich der Vorsitzende der Stimme. Bei Stimmengleichheit gibt er den Ausschlag. Bei geheimer Abstimmung stimmt er ebenfalls. Wird das Ergebnis angezweifelt, so ist die Abstimmung zu wiederholen.
12. Über jede Sitzung muss ein Protokoll erstellt werden, das vom Protokollführer und vom Vorsitzenden unterschrieben wird.
    Für Versammlungen mit vielen Teilnehmern wird die Geschäftsordnung zusätzlich regeln:
    - Wahl von Stimmenzählern
    - Beschränkung der Redezeit
    - Vorgehen bei Wahlen
    - Anträge durch eine bestimmte Anzahl Teilnehmer unterstützen lassen
    - Anwesenheitsliste zur Unterschrift zirkulieren lassen usw.

Aus Gassmann, Protokollführung, Taylorix-Verlag

Stichwortverzeichnis

A

2/3-Brief 163
Abkürzungen 61
Abschnittskennzeichnung
- alphanumerische 122 f.
- numerische 22 f.

Absichtssatz 51
Adjektiv 29., 35 ff., 59 f., 94, 106
- attributives 134 ff.
- Deklination 36 ff.
- prädikatives 134 ff.

Adjektiv-Attribut 66
adverbiale Bestimmung 66, 72 ff.
- der Art und Weise 73
- der Zeit 73
- des Grundes 73 f.
- des Ortes 72
- einschränkende 114

Adverbialsatz 79, 102
Adverbien 47 f., 107
Adversativsatz 51
akademische Grade 167
Akkusativ (4. Fall) 28
Akkusativ-Objekt 23, 69 f.
- doppeltes 70

Aktennotiz 263, 266 f.
Aktiv 17 f., 131 ff.
allgemeine Vorschriften 185 ff.
Anfrage 189, 223 ff.
Anführungszeichen 84 f., 185
- halbe 85

Angebot 189, 222 ff., 230 ff.
- unaufgefordertes 236 f.
- unverbindliches 236
- unverlangtes 226
- verlangtes 228

Angebotsbedingungen 236
Angebotsvergleich 230 f.
Angemessenheit der Sprache 109
Anlagenvermerk 180
Annahme 222
Annahmeverzug 189, 251 ff.
Anpreisung 224
Anreden 172 ff.
Anredewörter 167
Anschrift 165 ff.
Antrag 222
Antwortschreiben 183
Apposition 68 f., 75 ff., 80, 87
Artikel 35
- bestimmte 29, 35
- unbestimmte 29, 35

Artsatz 51
Attribut 66, 140
- adverbiales 67
- präpositionales 67 f.

Attributarten 68
Attributsatz 78 f., 102
Auftragsbestätigung 239
Ausdruck 93 ff.
- allgemeiner 95
- besonderer 95

Ausdrucksfehler 104 ff.
Ausdrucksverdoppelungen 145 f.
Ausdrucksweise 53
Auslandsanschriften 168
Ausrufewörter 52
Ausrufezeichen 81 f.
Auswahltexte 153, 157
Autorenkorrekturen 185 ff.

B

Bedingungssatz 51, 102
Befehlsform 22 f.
Befehlssatz 102
Begriffe 101
- Rangordnung 98

Begründungssatz 51
Behandlungsvermerk 171
Beinamen 69
Beisatz 68 f.
Bericht 263 f.
Berufsbezeichnung 167
Beschlussprotokoll 268

Bestellung 189, 230 ff., 237 ff.
– nach DIN 4992 163
Bestellungsannahme nach
   DIN 4993 163, 235 f., 239
Betreffvermerk 171 f.
beugen 26
Beugung 28 ff.
Beweis 263
Bewerbung 190 ff.
Bewerbungsschreiben 191
Bezugszeichenzeile 171 f.
Bild 153
Binär-System 3
Bindewörter 51 f.
Blitzantwort 156 f.
Brief 153
– Einleitungen 182 f.
– handgeschriebener 153
– maschinengeschriebener 153
– Schlussformulierungen 182 f.
Briefblatt ohne Aufdruck 160 f.
Briefe
– an Behörden 194 ff.
– an Unternehmen 194 ff.
Briefgestaltung 159 ff.
– im Sekretariat 165 ff.
Btx 153

D

das 54
dass 54
Dativ (3. Fall) 28
Dativ-Objekt 69 f.
Datumsangaben 87 f.
definieren 101
Deklination 28 ff.
– gemischte 30
– schwache 30, 38
– starke 30, 38
deklinieren 26
Demonstrativpronomen 29, 42 f.
Determinativpronomen 45
Diktion 53, 109 ff.
DIN-Vorschriften 159

Dokumentation 263
Doppelausdrücke 146
Doppelpunkt 83

E

Einladung 292 ff.
Einleitung 121
Einräumungssatz 51
Einschübe 87 f.
Enzyklopädien 14
Ereignisbericht 264
Erfüllungsgeschäft 242
Erzählstil 138
Exkurs 122

F

Fachbücher 15
Fachlexika 14
Fall 28 ff.
Femininum 27 f.
Fettschrift 185
Finalsatz 51, 79
Fixgeschäft 248 f.
Folgesatz 51
Formulierungsgrundsätze 220 ff.
Formulierungsregeln 125 ff.
Fragesatz 102
– direkter 44
– indirekter 44
Fragezeichen 82 f.
Fremdwörter 10 f.
Fürwörter 40 ff.
Futur I 19, 116
Futur II 19, 116

G

Gedankenstrich 83
Gegenangebot 232
Gegenteilsatz 51
Gegenwart 17
Genesungswünsche 213 ff.
Genitiv (2. Fall) 28
Genitiv-Attribut 67
Genitiv-Objekt 69 ff.

Genus 26 f.
Geschäftsbriefblatt 2/3 163
Geschäftsbriefblatt A4 163
Geschäftsbrief nach DIN 676 161 f., 182 f.
- Normblatt 161 f.
Geschäftsordnung 295 ff.
Geschlecht 26 f.
- männliches 27
- sächliches 27
- weibliches 27
Gespräch 153
- persönliches 153
Gestaltungsregeln für den Vordruck nach DIN 676 181
Gestaltung von Texten 123 f.
- äußere 123 f.
- allgemeine Regeln 199 f.
- innere 123 f.
Getrenntschreibung 58 ff.
Gleichsetzungsnominativ 64
Gliederung 99 ff.
- äußere Form 122 f.
- deduktive 100
- des Brieftextes 176
- induktive 100
Grammatik 8, 53
Gratulationen 201 ff.
Großbuchstaben 185
Grundform 16
Grundzahlen 46
Grußformeln 172 ff., 177 f.

H
Hackstil 138
Handelskorrespondenz 189, 220 ff.
Hauptsatz 74, 80
Hauptteil 121
Hauptwörter 12
Hervorhebungen 184 f.

I
Imperativ 22 f.
Imperfekt 115 f.
Indikativ 18 ff.

Infinitiv 16, 21
Infinitiv-Attribut 68
Infinitivsatz 75 ff., 80, 90, 102
- erweiterter 90
Information 153, 263 f.
- pragmatische 6
- schriftliche 264
- semantische 6
- syntaktische 6
Informationsaustausch 4
Informationsspeicherung, schriftliche 263 ff.
Informationsunterlagen 263
Inhalt 109 ff.
Interjektionen 52
Interrogativpronomen 43 f.
Interrogativsatz 43
ISO-Normen 159

K
Kardinalzahlen 46
Kasus 28 ff.
Kauf an der Haustür 223
Kaufvertrag 222 ff.
- Störungen bei der Erfüllung 242 ff.
Kausaladverbiale 73 f., 140
Kausalsatz 51, 79
Kettensatz 138 f.
Klammern 86
Kodierung 3
Komma 86 ff.
- in Aufzählungen 86
- in herausgehobenen Satzteilen 86 f.
- in Nebensätzen 89 ff.
- nach Interjektionen 87
Kommunikation 4
Kommunikationstechniken 4
Komparationen 38 f.
Komparativ 38 f.
Komparativsatz 51, 80
Konditionalsatz 51
Kondolation 215 ff.
Konjunktionalsatz 75 f., 80, 89 ff., 102
- verkürzter 90

- vollständiger 89
Konjunktionen 51 f., 107 f.
- adversative 51, 89
- anreihende 51
- ausschließende 51, 89
- begründende 51
- begründete 89
- disjunktive 51, 86, 89
- folgernde 51, 89
- gegensätzliche 51, 89
- kausale 51, 89
- konsekutive 51, 89
- kopulative 51, 86, 89
- lokale 51
- örtliche 51
- temporale 51
- zeitliche 51
Konjunktiv 18 ff., 20 f., 117 ff., 279, 284 f.
Konjunktiv I 20 f.
Konjunktiv II 20 f.
Konjunktiv Imperfekt 117
Konjunktiv Präsens 117
Konsekutivsatz 51, 79
Kontext 5
Konversationslexika 14
Konzessivadverbiale 140
Konzessivsatz 51, 79
Korrekturzeichen 185
Korrespondenz
- der Sekretärin 149 ff.
- private 190 ff.
- Rationalisierung 153 ff.
Kurzbrief 153 f.
Kurzprotokoll 268 f.
Kurzschrift 3, 153

L

Lebenslauf 191
Leideform 17 f.
Lesen, bewusstes 92
Lichtbild 191
Lieferanzeige nach DIN 4994 163
Lieferschein nach DIN 4994 163
Lieferverzug 189, 247 ff.
Lokaladverbiale 72

Lokalsatz 51, 79

M

Mängelrüge 189, 243 ff.
Mahnung
- berechtigte 257 f.
- dritte 255 ff.
- erste 254
- zweite 255 ff.
Manuskriptaufzeichnungen 263, 266
Maskulinum 27 f.
Mittelwörter 24 ff.
Mittelwort der Gegenwart 24
Mittelwort der Vergangenheit 16, 25
Modaladverbiale 73
Modalsatz 51, 79 f.
Möglichkeitsform 18 ff.
Monographien 15
Morsealphabet 3

N

Nachbesserung 246
Nachfrist 249 f.
Nachschlagewerke 14
Nebensatz 74 f.
Neutrum 27 f.
Nomen 12, 26 ff., 94, 106
- Arten 30 ff.
Nominativ (1. Fall) 28
Nominisierungen
- von Verben und Adjektiven 32 ff.
- von Wortarten 34
normalsprachliche Ebene 126
Normblatt DIN 198 163
Normvordrucke im kaufmännischen
   Schriftverkehr 161 ff.
Numerale 46 f.
Numerus 26 f.

O

Oberbegriffe 98
Objekt 66, 69 ff., 140
- doppeltes 72
- präpositionales 69 ff.
Objektsatz 79, 102

Ordinalzahlen 46
Ordnungszahlen 46
Ortssatz 51
Orts- und Ländernamen als abgeleitete
    Adjektive 61

P
Papierformate 159
Partizip 24, 66
Partizipialsatz 75 ff., 80, 91, 102, 140
Partizipien 24 ff.
Partizip Perfekt 16, 25
Partizip Präsens 24
Passiv 17 f., 131 ff.
Pendelbrief 153 f.
Perfekt 19, 115
Personalbereich 189
Personen 129
Phoneme 3
Pleonasmus 147
Plural 27, 128
Plusquamperfekt 19, 116
Positiv 38 f.
Possessivpronomen 41 f.
Postkarte 153
Prädikat 63, 74, 80
Prädikatsatz 78, 102
Prädikatsnomen 65
Präfixe 96 f.
Präpositionen 49 f.
– mit dem Akkusativ 50
– mit dem Akkusativ und dem
    Dativ 50
– mit dem Dativ 50
– mit dem Genitiv 49
– zusammengesetzte 59
Präsens 19, 114, 283 f.
– historisches 114 f.
Präteritum 16, 19, 21, 115 f., 283 f.
Privatbriefe 183, 190
Pronomen 40 ff.
– bestimmte, zielende 45
– determinative 45
– indefinite 45 f.
– unbestimmte 45 f.

Protokoll 263, 268
– ausführliches 268, 270 f., 280
– innere Gestaltung 279 ff.
– wörtliches 268 f.
Protokollanten, Anforderungen 286 ff.
Protokollaufnahme
– Nachbereitung 290 f.
– Vorbereitung 288 f.
Protokollführung 261 ff.
Protokollieren 286 ff.
Protokollkern 272 f.
Protokollnotiz 280
Protokollrahmen 271 f.
Punkt 81

R
Ratenzahlungsverträge 223
Raumaufteilung 182
Rechnung nach DIN 4991 163
Rechtschreibklippen 48, 53 ff.
Rechtschreibregeln 53 f.
– Ausnahmen 62
Rechtschreibung 5, 53
Rechtsgeschäfte, zweiseitige 222
Redundanz 5
Reflexivpronomen 40 f.
Reklamation 194 f.
Relativpronomen 44 f.
Relativsatz 75 f., 80, 91, 102
Rücktrittsrecht 223

S
Sachen 129
Sachlogik 53, 109, 112 f.
Satz 80, 114 ff.
– einfacher 63 ff., 80
– erweiterter einfacher 66 ff., 80
– reiner einfacher 80
– zusammengesetzter 74 ff., 80
Satzaussage 63
Satzbau 5
Satzbildung 137 ff.
Satzgefüge 74 ff., 80
Satzreihe 74, 80
Satzteile 63 ff.

Satzverbindung 74
Schachtelsatz 137, 139
Schemabrief 153, 158
Schluss 122
Schlussformulierungen 183
Schluss-Silben 31 f., 97
Schnellantwort 153, 156 f.
Schreiben 141 ff., 151 f.
Schreib- und Anordnungsregeln nach
   DIN 5008 165 ff.
Schriftart, Wechsel 185
Schriftstück 153
Schriftverkehr 189
Sekretariatskorrespondenz 198 ff.
Semikolon 83
Singular 27, 128
Sprachangemessenheit 53
Sprache 3 ff.
Sprachlehre 1 ff.
Sprachlogik 53, 109, 112 f.
Sprachrhythmus 53, 109, 111 f.
Sprachstil 109 f.
Stammform 15 ff.
Steigerungsstufen 38 f.
Stichwortprotokoll 268
Stil 8 ff., 110
Stilfärbungen 126
Stilkunde 92 ff.
Stillehre 1 ff.
Stilschichten 126
Stopfsatz 138, 140
Straßennamen 57 f.
Streckkonstruktion 144 f.
Subjekt 74, 80
Subjektsatz 78, 102
Substantiv 12, 26
Superlativ 38 f.
Syntax 8, 109 ff.

T

Tagebuch 266
Tagebuchaufzeichnungen 263, 266
Tagesordnung 292 ff.
Tatform 17 f.

Telefax 153
Telefon 153
Telefonnotiz 266
Telegramm 153
Teletex 153
Telex 153
Temporaladverbiale 73, 140
Temporalsatz 51, 79
Tempusstufen des Verbs 17
– im Konjunktiv 19
Termini 101
Textbausteine 153, 158
Texte 114 ff.
– frei formulierte 153
Textformulierung 121 ff.
– angewandte 189 ff.
Textgestaltung 123, 182 ff.
Textgliederung 121 f., 182 f.
Textkonserven 157 f.
Textteile, eingerückte 184
Textverarbeitung, programmierte 153
Textzusammenfassungen 279 f.
Titelbibliographien 15
T-Online 153
Trennung, von Fremdwörtern 56
Trennungsregeln, deutscher Wörter 54 f.

U

Umtausch 245
Unterbegriffe 98
Unterrichtsprotokoll 266
Unterschriften 172 ff., 178 ff.
Unterstreichung 184
Urkunde 263

V

Verben 15 ff., 58 f., 94, 104 ff.
– bestimmte Form 24
– echte reflexive 23
– finite Form 24
– infinite Form 24
– intransitive 23 f.
– nicht-transitive 12
– nichtzielende 23 f.

- reflexive 23
- schwache 16 f.
- starke 16 f.
- transitive 12, 23 f.
- treffende 281 ff.
- unbestimmte Form 24
- unechte reflexive 24
- unregelmäßige 16
- zielende 23 f.

Verbraucher-Kreditgesetz 223
Vergangenheit 16
Vergleichssatz 51, 90
Verpflichtungsgeschäft 242
Verteilervermerk 180
Vordrucke 153 f.
Vorgangsbericht 264
Vorreiter 143 f.
Vorsilben 31 f., 96 f.
Vorwörter 31

W

Werbebrief 225
Wirklichkeitsform 18 ff.
Wort 8 ff.
Wortarten 14 ff.
Wortbildung 96 f.
Worterweiterungen 31 f.
- im Satz 135 ff.
- mit „zu" 60

Wortfamilien 96 f.
Wortfelder 93 ff.
Wortschatz 53
- aktiver 14
- passiver 14
Wortstellung, im Satz 102 ff.
Wortwahl 125 f.
Wortzusammensetzungen 30 f.
Wunschsatz 102

Z

Zahl 26 f.
Zahlungsverzug 189, 254 ff.
Zahlwörter 46 f.
Zeichendimension
- pragmatische 6
- semantische 6
- syntaktische 6
Zeichensetzung 5, 53, 81 ff.
Zeiten 17
- einfache 17 f., 19
- zusammengesetzte 17 f., 19
Zeitsatz 51
Zentrierung 185
Zeugnis 193 f.
Zeugniskopien 191
Zusätze 87 f.
Zusammenschreibung 58 ff.
Zwergsatz 137